家事裁判から戸籍まで

事例からみる手続の一体的解説と
書式・記載例

【親子・認知編】

南 敏文【編著】

木村 三男
青木 惺【著】

日本加除出版株式会社

は し が き

　数年前，当時日本加除出版編集部の課長であった髙山さんから，家事事件の裁判に関する本は沢山刊行されているし，戸籍に関する本も同様であるが，その両者を一体化した書籍は未だ刊行されていないので，そのような本を作成すればどうであろうか，と提案がなされた。この提案について，南は極めて有益な書物ができあがるであろうと諸手を挙げて賛成した。

　離婚や親子関係不存在確認の裁判等，家事事件に関する裁判が確定した場合，身分関係はその確定により変動するが，その結果を，戸籍に反映させるためにはどのような手続が必要かを承知していない法律専門家が存在する。他方，市町村で戸籍を担当する方々の中には，戸籍訂正申請等に添付される裁判の謄本につき，どのように申し立てればそのような裁判の謄本を得られるかを承知していない方も存在する。そして，それぞれの方が，戸籍の書物や裁判に関する書物を紐解いても，問題の事案がどの類型に当てはまるのかが分からなければ，正確な情報を掴むことは困難である。本書は，その橋渡しを目指したものである。

　財産関係の裁判でいえば，訴状の書き方と強制執行の申立方法を一体的に説明した書物を刊行するのと同様の試みであるが，財産関係については，そのような書物を見受けることが少ない。これは，例えば，金銭請求の裁判には多くの類型があるし，強制執行の方法にも，動産や不動産の競売とか，債権差押え等多くの類型があり，かつ，両者があまり関連性を持たないからである。他方，家事事件に関する裁判（調停，審判，人事訴訟）の場合，その裁判の類型ごとに戸籍訂正等の手続が決まっていて，これを一体的に説明することが可能である。例えば，法的に同じような効果を持つ嫡出子否認の裁判と親子関係不存在確認の裁判では，その確定による戸籍の手続が異なり，前者の場合は，出生届による出生事項をそのままにし，それを前提に，嫡出子否認に関する戸籍の記載をするが，後者の場合は，出生届が誤りであったことを前提とする戸籍訂正を行う。このようなことを知った上で裁判を提起すると，結論を見据えた裁判をすることが可能となる。

はしがき

　本書が完成するまで，どのように順序立てて説明をすれば分かりやすいか，羅針盤のない航海に出たように紆余曲折を要した。そして，裁判の専門家と戸籍の専門家が知恵を出し合って，ようやく親子関係につき一冊の本に纏めることができたが，この間，日本加除出版の編集部の皆様には大変お世話になった。

　ようやく本書が完成したが，養子縁組，婚姻・離婚等に関しても，出版の準備を行っている。本書が，例えば，法律相談を受けた弁護士の方々が，裁判の結果どのような戸籍となるのかと質問されたときに，その説明をするための参考としたり，市町村の戸籍の窓口で，市民の方が，このような場合どのような裁判をすればよいかと尋ねられたときに，指針を説明する場合の参考となれば，産みの苦しみを経た執筆者にとって，望外の幸せである。

　令和元年10月

編著者　南　　敏文

目　次

第*1*編　総　論

第*1*章　家事事件手続等の概要 —— 3

第**1**　家事事件 —— 3

1　家事事件の特色 …… 3
　ア　家事紛争 …… 3
　イ　民法と家事法 …… 4
　ウ　紛争解決手段 …… 4
2　家事法の制定 …… 4
　ア　家事審判法から家事法へ …… 4
　イ　両者の比較 …… 5
3　家事法の構造 …… 6
4　家庭裁判所の陣容 …… 7
　ア　家庭裁判所調査官 …… 7
　イ　医務官 …… 8
　ウ　調停委員 …… 8
　エ　参与員 …… 8

第**2**　家事審判 —— 8

1　審判事項 …… 8
　⑴　別表第1の審判事項 …… 9
　⑵　別表第2の審判事項 …… 11
2　家事審判手続 …… 12
　⑴　家事審判の申立て …… 12
　⑵　事件の審理 …… 12
　　ア　家事事件一般 …… 12
　　イ　子の意思の把握等 …… 13

iii

目 次

ウ　別表第2の事項の特則 ……………………………………………… *14*

エ　取下げの可否 ………………………………………………………… *14*

3　審　判 ……………………………………………………………………… *14*

ア　裁　判 ………………………………………………………………… *14*

イ　即時抗告の可否 ……………………………………………………… *15*

ウ　審判の効力 …………………………………………………………… *15*

エ　審判の取消し・変更 ………………………………………………… *15*

4　審判前の保全処分 ………………………………………………………… *16*

ア　財産の管理者の選任等の処分 ……………………………………… *16*

イ　後見命令等の処分 …………………………………………………… *16*

ウ　職務執行停止等の処分 ……………………………………………… *16*

エ　仮差押え，仮処分等の処分 ………………………………………… *17*

第3　家事調停 ————————————————————— *17*

1　家事調停とは ……………………………………………………………… *17*

(1)　調停制度 ……………………………………………………………… *17*

(2)　調停機関 ……………………………………………………………… *18*

(3)　調停前置 ……………………………………………………………… *19*

2　家事調停の申立て及び審議 ……………………………………………… *19*

(1)　家事調停の申立て …………………………………………………… *19*

(2)　調停の審議 …………………………………………………………… *20*

ア　事情聴取等 …………………………………………………………… *20*

イ　審議の方法 …………………………………………………………… *20*

ウ　事実の調査及び証拠調べ …………………………………………… *21*

エ　調停案の作成 ………………………………………………………… *21*

(3)　調停成立 ……………………………………………………………… *22*

ア　調停の成立 …………………………………………………………… *22*

イ　調停の効力 …………………………………………………………… *22*

3　家事調停に関する審判 …………………………………………………… *23*

(1)　合意に相当する審判 ………………………………………………… *23*

ア　趣　旨 ………………………………………………………………… *23*

イ　審判事項 ……………………………………………………………… *23*

ウ　審判の要件 …………………………………………………………… *23*

エ　異議の申立て ………………………………………………………… *24*

iv

オ　審判の効力 ……………………………………………………… 25

カ　特　則 …………………………………………………………… 25

(2) 調停に代わる審判 …………………………………………………… 25

ア　趣旨及び要件 …………………………………………………… 25

イ　審判の手続 ……………………………………………………… 25

ウ　異議の申立て …………………………………………………… 26

エ　審判の効力 ……………………………………………………… 26

第4　人事訴訟 ————————————————————————— 26

1　訴えの提起 ……………………………………………………………… 27

(1) 人事訴訟の範囲 …………………………………………………… 27

(2) 管　轄 ……………………………………………………………… 27

(3) 当事者 ……………………………………………………………… 27

ア　原　告 …………………………………………………………… 27

イ　被　告 …………………………………………………………… 28

ウ　訴訟能力 ………………………………………………………… 29

2　訴訟手続 ………………………………………………………………… 29

(1) 訴訟の流れ ………………………………………………………… 29

(2) 人事訴訟に特有の手続 …………………………………………… 30

ア　民事訴訟法の例外 ……………………………………………… 30

イ　裁判所による職権探知 ………………………………………… 30

ウ　非公開の決定 …………………………………………………… 30

エ　検察官の関与 …………………………………………………… 30

(3) 同時全面解決の手段 ……………………………………………… 31

ア　全面解決 ………………………………………………………… 31

イ　附帯処分 ………………………………………………………… 31

(4) 参与員 ……………………………………………………………… 31

3　判決等 …………………………………………………………………… 32

(1) 判　決 ……………………………………………………………… 32

ア　対世効 …………………………………………………………… 32

イ　再訴の禁止 ……………………………………………………… 32

(2) 和　解 ……………………………………………………………… 32

目　次

第5　戸籍の届出・訂正に関する裁判・調停 —————— 33

1　戸籍の届出又は訂正申請を前提とする許可の審判 ············· 33
　(1)　子の氏の変更についての許可 ·································· 33
　(2)　養子縁組をするについての許可 ································ 34
　(3)　死後離縁をするについての許可 ································ 34
　(4)　親権又は管理権を辞し，又は回復するについての許可 ········ 34
　(5)　氏又は名の変更についての許可 ································ 35
　　ア　氏の変更 ··· 35
　　イ　名の変更 ··· 35
　(6)　就籍許可 ··· 35
　(7)　戸籍の訂正についての許可 ···································· 36
　　ア　戸籍訂正 ··· 36
　　イ　戸籍法113条による訂正 ···································· 36
　　ウ　戸籍法114条による訂正 ···································· 37
　(8)　戸籍事件についての市町村長の処分に対する不服 ············ 37
2　戸籍の届出又は訂正申請等を要することとなる審判 ··········· 37
　(1)　失踪宣告関係 ··· 38
　　ア　失踪の宣告 ··· 38
　　イ　失踪宣告の取消し ··· 38
　(2)　特別養子関係 ··· 38
　　ア　特別養子縁組の成立 ······································· 38
　　イ　特別養子縁組の離縁 ······································· 39
　(3)　親権の喪失等の関係 ··· 39
　　ア　親権喪失，親権停止又は管理権喪失 ························· 39
　　イ　親権喪失，親権停止又は管理権喪失の審判の取消し ········· 40
　(4)　未成年後見関係 ··· 40
　　ア　養子の離縁後に未成年後見人となるべき者の選任 ··········· 40
　　イ　未成年後見人の選任 ······································· 40
　　ウ　未成年後見人の辞任についての許可 ······················· 41
　　エ　未成年後見人の解任 ······································· 41
　　オ　未成年後見監督人の選任 ··································· 42
　　カ　未成年後見監督人の辞任についての許可 ··················· 42
　　キ　未成年後見監督人の解任 ··································· 42

vi

（5）推定相続人の廃除関係 ·· 42

　ア　推定相続人の廃除 ·· 42

　イ　推定相続人の廃除の審判の取消し ································ 43

（6）性別の取扱いの変更 ·· 43

（7）親権者の指定関係 ·· 44

　ア　養子の離縁後に親権者となるべき者の指定 ················ 44

　イ　親権者の指定又は変更 ································ 44

3　戸籍の届出又は訂正申請を要することとなるその他の裁判又は調

停 ·· 45

（1）家事調停 ·· 45

（2）合意に相当する審判 ································ 45

（3）調停に代わる審判 ·· 46

（4）人事訴訟 ·· 46

第2章　戸籍制度の概要 ———————————— 49

第1　戸籍制度の目的 ———————————— 49

1　身分関係の登録と公証 ································ 49

2　身分関係の発生・消滅等への関与 ································ 49

3　戸籍の利用目的 ·· 49

4　戸籍の記載と特色（索引的機能）································ 50

5　戸籍の記載の効力 ·· 51

（1）戸籍の記載の証明力 ································ 51

（2）証明力の担保措置 ·· 51

（3）戸籍の記載の是正 ·· 51

第2　戸籍に関する諸帳簿と保存年限 ———————— 52

1　戸籍・除籍簿等 ·· 52

（1）戸籍簿 ·· 52

（2）コンピュータシステムによる戸籍簿 ································ 53

（3）除籍簿 ·· 53

（4）戸籍の改製と原戸籍簿 ································ 53

　ア　改製の趣旨 ·· 53

vii

目　次

イ　改製の特色 ……………………………………………………………… *54*

(5)　戸（除）籍の再製と再製原戸籍簿 ……………………………………… *55*

ア　滅失した戸（除）籍の再製 ……………………………………………… *55*

イ　訂正記載のある戸（除）籍の再製 ……………………………………… *55*

ウ　滅失のおそれがある戸（除）籍の再製 ………………………………… *55*

(ア)　虫害，汚損等を原因とする再製 ……………………………………… *55*

(イ)　後見又は保佐の登記の通知による戸籍の再製 …………………… *56*

(ウ)　嫡出でない子の父母との続柄欄の記載更正後の再製 …………… *56*

エ　再製原戸籍簿の保存期間 ………………………………………………… *57*

2　戸籍受附帳 ………………………………………………………………………… *58*

(1)　受附帳の調製と目的 ………………………………………………………… *58*

(2)　受附帳の記載事項と役割 …………………………………………………… *58*

3　諸帳簿の保存年限 ………………………………………………………………… *59*

4　戸籍の記載を要しない届書類 ………………………………………………… *60*

(1)　戸籍法の効力 ………………………………………………………………… *60*

(2)　身分行為の準拠法と外国人の戸籍届出 ………………………………… *60*

(3)　外国人の身分行為の公証 …………………………………………………… *61*

(4)　外国人に関する戸籍届書とその保存期間 ……………………………… *61*

第3　戸籍の記載及び届出 ──────────── *62*

1　戸籍の編製・記載 ……………………………………………………………… *62*

(1)　戸籍の編製 …………………………………………………………………… *62*

(2)　戸籍の編製事由 (原因) …………………………………………………… *62*

ア　婚姻の届出があったとき ………………………………………………… *63*

イ　戸籍の筆頭者でない者と外国人との婚姻の届出があったとき

……………………………………………………………………………………… *63*

ウ　戸籍の筆頭者及びその配偶者以外の者 (すなわち同籍する子 (又
は養子)) が，同一の氏を称する子又は養子を有するに至ったと
き ……………………………………………………………………………… *63*

エ　復氏する場合に，復籍すべき戸籍が除かれているとき又は新
戸籍編製の申出があったとき ……………………………………………… *63*

オ　離婚又は離縁の際に称していた氏を称する旨の届出があった
場合 (民767条2項・816条2項) において，その届出をした者を筆
頭者とする戸籍が編製されていないとき，又はその者を筆頭者

viii

目 次

とする戸籍に他の在籍者があるとき ·················· 64

カ　縁組又は離縁等によって他の戸籍に入籍又は復籍すべき者に
配偶者があるとき ····················· 64

キ　外国人と婚姻をした者がその氏を外国人配偶者の称している
氏に変更する届出があった場合，又はこの届出によって氏を変
更した後に当該外国人との婚姻が解消（すなわち離婚，婚姻の取消
し又は外国人配偶者の死亡）し，その日以後にその氏を変更の際に
称していた氏に変更する届出があった場合において，その届出
人の戸籍に在籍する子があるとき ·············· 64

ク　戸籍の筆頭者又はその配偶者でない者（すなわち同籍者である
子）が，その氏を外国人である父又は母の称している氏に変更
する届出があったとき ···················· 65

ケ　特別養子縁組の届出があったとき ··············· 65

コ　分籍の届出があったとき ····················· 65

サ　帰化者，棄児等のように入るべき戸籍がない者について，新
たに戸籍の記載をすべきとき ················· 66

(3)　戸籍の記載事項 ··························· 66

ア　戸籍の記載の意義 ······················· 66

イ　戸籍の記載事項 ························ 66

ウ　戸籍の記載欄と記載例 ····················· 66

(4)　戸籍の記載上の留意事項 ······················ 67

ア　新戸籍又は入籍戸籍に身分事項の移記を要しないとされてい
る場合との関係について ················· 67

イ　他の戸籍から入籍した者について，その氏又は名を誤って移
記（記録）されている場合との関係について ············ 68

ウ　旧民法当時の養親の去家による養親子関係消滅の戸籍記載と
の関係について ···················· 68

第4　戸籍の届出 ———————————— 69

1　戸籍記載の事由（原因） ························ 69

2　届出主義 ······························· 69

3　届出の種類 ····························· 69

(1)　報告的届出 ·························· 69

(2)　創設的届出 ··························· 70

ix

目　次

(3)　報告的届出と創設的届出の性質を併有している届出 ……………… 70

4　嘱託による戸籍の記載 ……………………………………………………… 71

第5　届出の一般原則 ——————————————————— 72

1　届出人（届出義務者）……………………………………………………… 72

(1)　報告的届出の場合 ……………………………………………………… 72

(2)　創設的届出の場合 ……………………………………………………… 72

2　制限能力者の届出 ………………………………………………………… 72

(1)　報告的届出の場合 ……………………………………………………… 72

(2)　創設的届出の場合 ……………………………………………………… 72

3　届出の代理 ………………………………………………………………… 73

4　届出地 ……………………………………………………………………… 73

(1)　一般原則 ………………………………………………………………… 73

(2)　特　例 …………………………………………………………………… 74

ア　固有の届出地 ……………………………………………………… 74

イ　付加的届出地 ……………………………………………………… 74

5　届出期間 …………………………………………………………………… 74

(1)　届出の強制 ……………………………………………………………… 74

(2)　届出期間の起算日 ……………………………………………………… 75

(3)　届出期間の満了日 ……………………………………………………… 75

6　届出期間経過後の届出 …………………………………………………… 76

第6　届出の方法 ——————————————————————— 76

1　通　則 ……………………………………………………………………… 76

2　書面による届出 …………………………………………………………… 76

(1)　届書の様式 ……………………………………………………………… 76

ア　法定様式 …………………………………………………………… 76

イ　標準様式 …………………………………………………………… 76

(2)　届書の記載事項 ………………………………………………………… 77

(3)　届出人又は証人の署名押印 …………………………………………… 77

(4)　届書の通数 ……………………………………………………………… 77

(5)　添付書類 ………………………………………………………………… 78

ア　父母その他の者の同意書・承諾書 ……………………………… 78

イ　裁判又は官庁の許可書の謄本 …………………………………… 78

x

目 次

　　ウ　一定の事実（又は法律関係）を証する書面 ················· 79
　(6)　添付書面の原本還付 ················· 79
3　郵便等による届出 ················· 80

第7　届書の審査と受理，不受理 ——— 80

1　審査の基本 ················· 80
2　届出の受付と受理 ················· 81
3　届出の不受理 ················· 81
4　届出の効力の発生時期 ················· 82

第8　市町村長の処分に対する不服申立て ——— 82

1　不服申立制度 ················· 82
2　不服申立ての要件 ················· 82
　(1)　申立人の適格 ················· 82
　(2)　処分が不当であること ················· 82
3　不服申立手続 ················· 83

第3章　現行戸籍手続上の予備知識 ——— 85

第1　戸籍届出・記載の正確性の担保措置との関係 ——— 85

1　創設的届出における本人確認 ················· 85
　(1)　届出の際の出頭者の確認 ················· 85
　(2)　本人確認の方法 ················· 85
　(3)　届書が偽造された疑いのある場合 ················· 85
　(4)　本人であることが確認できない場合 ················· 86
2　不受理申出の有無の確認 ················· 86
　(1)　不受理申出の制度 ················· 86
　(2)　申出の有無の確認 ················· 87
　(3)　届出の不受理 ················· 87
3　管轄法務局の指示を要する届出 ················· 87

第2　戸籍の訂正 ——— 90

1　戸籍訂正の意義 ················· 90

xi

目 次

```
2  戸籍訂正手続の原則 ························· 91
3  戸籍訂正手続の種類 ························· 91
4  戸籍訂正の適用法条と対象 ··················· 94
5  裁判手続 ································· 95
6  戸籍訂正の手続（訂正の申請）················· 95
```

第2編　各　論

第1章　親子関係事件 ———————————————— 99

第1　嫡出否認の裁判 ———————————————— 99

```
1  解　説 ································· 99
 (1)  嫡出否認 ····························· 99
 (2)  推定されない嫡出子 ····················· 100
 (3)  子の出生による入籍 ····················· 101
 (4)  嫡出否認の裁判 ························· 101
 (5)  渉外関係 ····························· 103
2  出生届が済んでいる場合の事案 ················· 104
 (1)  子が婚姻中に出生した場合 ·················· 104
  ①  嫡出否認の裁判 ························· 104
  ②  戸籍の訂正 ··························· 108
     a  戸籍訂正申請書　109　／　b　子の出生当時の戸籍中子の記載　110
 (2)  夫婦の離婚後に子が出生した場合 ··············· 111
  ①  嫡出否認の訴え ························· 111
  ②  戸籍の記載 ··························· 113
     a  戸籍訂正申請書　115　／　b　子の出生当時の戸籍中子の記載
     116　／　c-1　離婚の際に母について新たに戸籍が編製された場
     合　117　／　c-2　母が離婚の際に実方の戸籍に復籍している場
     合　118　／　(a)　母の従前の戸籍　118　／　(b)　母の新戸籍　119
3  出生届が未了の場合の事案 ···················· 120
 (1)  母が再婚していない場合 ···················· 121
  ①  嫡出否認の裁判 ························· 121
  ②  戸籍の届出及び戸籍の記載 ·················· 123
```

xii

目 次

　　　　a　出生届書　*125* ／ b　母の離婚後の戸籍中子の記載　*126*

　(2)　母が再婚した場合 ……………………………………………………… *127*

　　①　嫡出否認の裁判 …………………………………………………… *127*

　　②　戸籍の届出及び戸籍の記載 …………………………………… *129*

　　　　a　出生届書　*130* ／ b　母の後夫の戸籍　*131*

4　渉外事件の場合 ………………………………………………………………… *132*

　(1)　父が日本人・母が外国人の場合 ……………………………………… *133*

　　①　嫡出否認の裁判 …………………………………………………… *133*

　　②　戸籍の訂正 …………………………………………………………… *135*

　　　　a　戸籍訂正申請書　*137* ／ b　子の出生当時の父の戸籍中子の
　　　　記載　*138*

　(2)　父が外国人・母が日本人の場合 ……………………………………… *139*

　　①　嫡出否認の裁判 …………………………………………………… *139*

　　②　戸籍の訂正 …………………………………………………………… *141*

　　　　a　戸籍訂正申請書　*142* ／ b　子の出生当時の母の戸籍中子の
　　　　記載　*143*

第2　親子関係不存在確認の裁判 ————————————— *144*

1　解　説 ……………………………………………………………………………… *144*

　(1)　親子関係不存在の類型 …………………………………………………… *144*

　　①　父子関係の不存在確認の裁判 ………………………………… *144*

　　②　父母との関係における親子関係不存在確認 ……………… *146*

　　③　母子関係不存在確認の裁判 …………………………………… *147*

　　④　渉外事件 …………………………………………………………… *148*

　(2)　親子関係不存在確認の裁判の手続 …………………………………… *150*

　(3)　戸籍訂正とその処理 ……………………………………………………… *151*

　　①　戸籍訂正申請の義務 …………………………………………… *151*

　　②　訂正申請書の作成 ……………………………………………… *151*

　　　ア　申請書の様式 ………………………………………………… *151*

　　　イ　申請書の記載 ………………………………………………… *151*

　　③　戸籍訂正と届出の追完との関係 …………………………… *152*

　　　ア　届書の補正と追完 …………………………………………… *152*

　　　イ　親子関係の存否に関する戸籍訂正に伴う届出の追完 ……… *152*

2　父子関係不存在（出生届出済の場合）………………………………………… *153*

xiii

目 次

(1) 父母が婚姻中の場合 ……………………………………………… *153*
　① 親子関係不存在確認の裁判 ………………………………… *154*
　② 戸籍の訂正 …………………………………………………… *157*
　　a 戸籍訂正申請書 *158* ／ b 子の出生当時の父母の戸籍中子
　　の記載 *159*

(2) 夫婦が子の出生後離婚した場合 ……………………………… *160*
　① 親子関係不存在確認の裁判 ………………………………… *161*
　② 戸籍の訂正 …………………………………………………… *163*
　　a 戸籍訂正申請書 *164* ／ b 子の出生当時の父母の戸籍中子
　　の記載 *165*

(3) 父母の離婚後300日以内に子が出生した場合 ……………… *168*
　① 親子関係不存在確認の裁判 ………………………………… *168*
　② 戸籍の訂正 …………………………………………………… *168*
　　a 戸籍訂正申請書（母が離婚の際に新戸籍を編製している場合）
　　170 ／ b 戸籍の記載（母が離婚の際に新戸籍を編製している場
　　合） *171* ／ b−1 子の出生当時の父母の戸籍中子の記載
　　171 ／ b−2 離婚の際に新たに編製された母の戸籍中子の記載
　　173 ／ c 戸籍訂正申請書（母が離婚の際に実方の父母の戸籍に
　　復籍している場合） *174* ／ d 戸籍の記載（母が離婚の際に実方
　　の父母の戸籍に復籍している場合） *175* ／ d−1 子の出生当時
　　の父母の戸籍中子の記載 *175* ／ d−2 母が離婚後復籍した実
　　方の戸籍中母の記載 *177* ／ d−3 母について編製した新戸籍 *178*

(4) 母の夫が死亡している場合 …………………………………… *179*
　① 親子関係不存在確認の裁判 ………………………………… *179*
　② 戸籍の訂正 …………………………………………………… *182*
　　a 戸籍訂正申請書 *182* ／ b 子の出生当時の父母の戸籍 *183*

3 父子関係不存在（出生届未了の場合） ………………………… *185*
(1) 解 説 ……………………………………………………………… *185*
(2) 夫婦の婚姻中に子が出生した場合 …………………………… *186*
　① 親子関係不存在確認の裁判 ………………………………… *186*
　② 戸籍の記載 …………………………………………………… *189*
　　ア 婚姻中に出生した子が母の戸籍に入籍する場合 ……… *189*
　　　a 出生届書 *190* ／ b 母の離婚後の戸籍 *191*
　　イ 婚姻中に出生した子がひとまず母の前夫の戸籍に入籍する
　　　場合 ………………………………………………………… *192*
　　　a 出生届書 *192* ／ b 母と前夫の婚姻中の戸籍 *193*

xiv

(3)　母の離婚後300日以内に子が出生した場合 ……………………… 195
　　　①　親子関係不存在確認の裁判 ……………………………………… 195
　　　②　戸籍の記載 ………………………………………………………… 197
　　　　ア　母が再婚していない場合 …………………………………… 197
　　　　　a　出生届書　198　／　b　母の離婚後の戸籍　199
　　　　イ　母が子の出生後再婚した場合 ……………………………… 200
　　　　　a　出生届書　201　／　b　父母の戸籍中子の記載　202
　　　　ウ　母と前夫の離婚後300日以内かつ母と後夫（実夫）の婚姻成
　　　　　立後200日以内に出生した子の場合 ………………………… 203
　　　　　a　出生届書　204　／　b　父母の戸籍　205
　4　父母双方との親子関係不存在の場合 ……………………………… 207
　　(1)　裁判の提起者が父若しくは母又は子の場合 …………………… 207
　　　①　親子関係不存在確認の裁判 ……………………………………… 208
　　　②　戸籍の訂正 ………………………………………………………… 210
　　　　a　戸籍訂正申請書　211　／　b　子の出生当時の父母の戸籍中子
　　　　の記載　212
　　(2)　裁判の提起者が第三者の場合 …………………………………… 213
　　　①　親子関係不存在確認の裁判 ……………………………………… 213
　　　②　戸籍の訂正 ………………………………………………………… 215
　　　　a　戸籍訂正申請書　217　／　b　子の出生当時の父母の戸籍
　　　　218　／　c　子の婚姻後の戸籍　220
　5　母子関係不存在の場合 ……………………………………………… 222
　　(1)　子が嫡出子として出生届がされている場合 …………………… 222
　　　①　親子関係不存在確認の裁判 ……………………………………… 223
　　　②　戸籍の訂正 ………………………………………………………… 225
　　　　a　戸籍訂正申請書　226　／　b　子の出生当時の父母の戸籍　227
　　(2)　嫡出でない子の出生届がされた場合 …………………………… 229
　　　①　親子関係不存在確認の裁判 ……………………………………… 229
　　　②　人事訴訟 …………………………………………………………… 229
　　　③　戸籍の訂正 ………………………………………………………… 231
　　　　a　戸籍訂正申請書　233　／　b　子の出生による新戸籍
　　　　234　／　c　母の従前戸籍　235
　6　親子関係不存在（渉外事件） ……………………………………… 236
　　(1)　日本人父と外国人母の場合 ……………………………………… 236

目 次

　　　① 胎児認知がない場合 ……………………………………………… *236*
　　　　ア 親子関係不存在確認の裁判 ……………………………… *237*
　　　　イ 戸籍の訂正 ………………………………………………… *239*
　　　　　a 戸籍訂正申請書 *240* ／ b 子の出生当時の父の戸籍中子の
　　　　　欄 *241*
　　　② 胎児認知がされている場合 ……………………………………… *242*
　　　　ア 親子関係不存在確認の裁判 ……………………………… *242*
　　　　イ 戸籍の届出関係 …………………………………………… *244*
　　　　　a 出生届書 *245* ／ b 父母の婚姻中の戸籍 *246*
　　(2) 日本人母と外国人父の場合 ……………………………………… *247*
　　　① 親子関係不存在確認の裁判 ……………………………………… *247*
　　　② 戸籍の訂正 ………………………………………………………… *249*
　　　　　a 戸籍訂正申請書 *250* ／ b 子の出生当時の母の戸籍中子の
　　　　　記載 *251*
　　(3) 日本人子が外国人夫婦の子とされていた場合 ………………… *252*
　　　① 親子関係不存在確認の裁判 ……………………………………… *253*
　　　② 戸籍の届出 ………………………………………………………… *255*

第3 親子関係存在確認の裁判 —————————————— *256*

1 解　説 …………………………………………………………………… *256*
　(1) 親子関係存在確認の類型 …………………………………………… *256*
　(2) 嫡出推定等との関係 ………………………………………………… *257*
　(3) 渉外関係 ……………………………………………………………… *257*
　(4) 裁判手続 ……………………………………………………………… *258*
2 日本人同士の場合 …………………………………………………… *259*
　(1) 親子関係存在確認の裁判 …………………………………………… *259*
　(2) 戸籍の訂正 …………………………………………………………… *261*
　　　　a 戸籍訂正申請書 *263* ／ b 子の出生当時の表見上の父母の
　　　　戸籍中子の記載 *264* ／ c 実母の戸籍中子の記載（出生届がな
　　　　された場合）*265*
3 外国人父との間の親子関係存在確認の場合 ……………………… *266*
　(1) 親子関係存在確認の裁判 …………………………………………… *266*
　(2) 戸籍に記載された父が外国人である場合 ……………………… *268*
　　　　a 認知届書 *269* ／ b 母の戸籍中子の記載 *270*

xvi

目 次

第4 父を定める裁判 ———————————— *271*

1 解 説 ··· *271*
(1) 父を定める訴えがある理由 ··· *271*
(2) 出生届との関係 ··· *272*
(3) 渉外関係 ··· *272*
(4) 裁判手続 ··· *273*

2 父を定める裁判 ·· *274*
(1) 家事調停 ··· *275*
(2) 戸籍の訂正（前夫を父と定める裁判が確定した場合）··························· *277*

　　　a　戸籍訂正申請書　*278*　/　b　母の後夫の戸籍中子の記載
　　　279　/　c　母の前夫の戸籍中子の記載　*280*

(3) 人事訴訟 ··· *281*
(4) 戸籍の訂正（後夫を父と定める裁判が確定した場合）··························· *283*

　　　a　戸籍訂正申請書　*284*　/　b　母の後夫の戸籍中子の記載　*285*

第5 出生に関するその他の事例 ———————— *286*

1 解 説 ··· *286*
2 戸籍訂正 ··· *286*
(1) 戸籍訂正の種類 ··· *286*
(2) 裁判手続 ··· *287*
(3) 具体的事例 ·· *288*
　① 出生日等の訂正 ··· *288*
　　ア　戸籍訂正許可の裁判 ·· *288*
　　（出生の年月日及び場所の訂正）　*288*

　　イ　戸籍の訂正 ··· *290*
　　　a　戸籍訂正申請書　*291*　/　b　訂正すべき記録のある者の戸籍
　　中その身分事項欄　*292*

　② 続柄の訂正 ·· *293*
　　ア　戸籍訂正許可の裁判 ·· *293*
　　（性別の訂正）　*293*

　　イ　戸籍の訂正 ··· *295*
　　　a　戸籍訂正申請書　*296*　/　b　訂正すべき記録のある者の戸籍
　　中その身分事項欄　*297*

　③ 父欄の記載の訂正等 ··· *299*

xvii

目 次

　　　ア　戸籍訂正許可の裁判 ··· *299*
　　　イ　戸籍の訂正 ·· *301*
　　　　a　戸籍訂正申請書　*302*／b　子の戸籍中その身分事項欄　*303*
　3　市町村長の処分 ··· *304*
　(1)　不服申立て ·· *304*
　(2)　裁判手続 ··· *304*
　(3)　具体的事例 ··· *305*

第2章　認　知 ——————————————— *307*

第1　認知の裁判 ——————————————— *307*

　1　認知の制度 ··· *307*
　(1)　父子関係の成立 ··· *307*
　(2)　認知の種類 ··· *307*
　　　ア　任意認知と裁判認知 ·· *307*
　　　イ　死後認知 ·· *308*
　　　ウ　胎児認知 ·· *308*
　2　認知を求める裁判 ·· *308*
　(1)　調停の申立てと訴えの提起 ··· *308*
　(2)　裁判認知の可否が問題となる場合 ··································· *310*
　　　ア　子が血縁上の父以外の者の嫡出子とされる場合 ············· *311*
　　　イ　子の出生の届出が未了の場合 ··································· *312*
　　　ウ　胎児認知請求の可否 ·· *312*
　3　渉外認知 ··· *313*
　(1)　子出生後の認知 ··· *313*
　(2)　渉外的胎児認知 ··· *314*
　　　ア　胎児認知の趣旨 ·· *314*
　　　イ　渉外的胎児認知の届出と効力 ··································· *314*
　　　ウ　日本人男と婚姻中の外国人女の胎児認知届の取扱い ········ *315*
　　　　①　胎児認知の届出について相談があった場合 ··············· *315*
　　　　②　胎児認知の届出があった場合の手続 ······················ *315*
　　　　　 i　届書等の受付 ··· *315*
　　　　　 ii　届書等に不備がある場合 ··································· *316*

xviii

　　　　ⅲ　届出の受理処分及びその撤回 ……………………………… *316*
　　　エ　渉外的胎児認知の届出が効力を生じた場合の効力と戸籍 ……… *316*
4　事例ごとの記載例 …………………………………………………………… *317*
（1）　嫡出でない子の強制認知 …………………………………………… *318*
　　　ア　家事調停（審判）………………………………………………… *318*
　　　イ　戸籍の届出等 ……………………………………………………… *321*
　　　　a　認知届書 *321* ／　b　母の戸籍中子の記載 *323* ／　c　父
　　　　の戸籍の記載 *324*
　　　ウ　人事訴訟 …………………………………………………………… *325*
　　　エ　戸籍の届出等 ……………………………………………………… *327*
　　　　a　認知届書 *327* ／　b　母の戸籍中子の記載 *329* ／　c　父
　　　　の戸籍の記載 *330*
（2）　嫡出子の強制認知（嫡出子として出生届が済んでいる場合）………………… *331*
　　　ア　家事調停（審判）………………………………………………… *331*
　　　イ　戸籍の訂正申請・届出等 ………………………………………… *333*
　　　　a－1　戸籍訂正申請書 *335* ／　a－2　認知届書 *336* ／　b－
　　　　1　父母の戸籍中子の記載 *337* ／　b－2　認知者の戸籍 *338*
　　　ウ　人事訴訟 …………………………………………………………… *339*
　　　エ　戸籍の届出等 ……………………………………………………… *341*
　　　　a－1　戸籍訂正申請書 *342* ／　a－2　認知届書 *343* ／　b－
　　　　1　夫婦（母）の戸籍中子の記載 *344* ／　b－2　認知者の戸籍 *345*
（3）　嫡出子の強制認知（出生届をしていない場合）………………………………… *346*
　　　ア　家事調停（審判）………………………………………………… *346*
　　　イ　戸籍の届出等 ……………………………………………………… *349*
　　　　a－1　出生届書 *350* ／　a－2　認知届書 *351* ／　b　父母の
　　　　戸籍中父及び子の記載 *352*
　　　ウ　人事訴訟 …………………………………………………………… *353*
　　　エ　戸籍の届出等 ……………………………………………………… *355*
　　　　a－1　出生届書 *355* ／　a－2　認知届書 *356* ／　b－1　母
　　　　の戸籍中子の記載 *357* ／　b－2　父の戸籍の記載 *358*
（4）　父死亡後の強制認知 ………………………………………………… *359*
　　　ア　人事訴訟 …………………………………………………………… *359*
　　　イ　戸籍の届出等 ……………………………………………………… *361*
　　　　a　認知届書 *361* ／　b－1　母の戸籍中子の記載 *362* ／　b－
　　　　2　父の戸籍の記載 *363*

目　次

(5)　渉外認知の場合 ……………………………………………… 364

　　ア　家事調停（審判） ……………………………………… 365

　　イ　戸籍の届出等 …………………………………………… 368

　　　　a　認知届書　368 ／ b　母の戸籍中子の記載　369

　　ウ　人事訴訟 ………………………………………………… 370

　　エ　戸籍の届出 ……………………………………………… 372

　　　　a　認知届書　372 ／ b　父の戸籍　373

(6)　胎児認知の調停の申立て …………………………………… 374

　　ア　家事調停 ………………………………………………… 374

　　イ　戸籍の届出等 …………………………………………… 376

　　　　a－1　認知届書　379 ／ a－2　出生届書　380 ／ b－1　子
　　　　の新戸籍　381 ／ b－2　父の戸籍の記載　382

第2　認知無効の裁判 ————————————————— 383

1　認知が無効である場合 ………………………………………… 383

2　認知無効の対象となる認知 …………………………………… 383

3　認知無効の裁判 ………………………………………………… 384

(1)　提起者 …………………………………………………………… 384

(2)　認知請求との併合 …………………………………………… 384

4　事例ごとの記載例 ……………………………………………… 385

(1)　認知者が裁判を求める場合 ………………………………… 387

　　ア　裁判の提起 ……………………………………………… 387

　　　　戸籍訂正許可の審判の申立書 ………………………… 390

　　イ　戸籍の訂正 ……………………………………………… 392

　　　　a－1　認知無効に関する戸籍訂正申請書　392 ／ a－2　入籍無
　　　　効に関する戸籍訂正申請書　393 ／ b－1　父母の戸籍　394 ／
　　　　b－2　母の婚姻前の戸籍　396 ／ b－3　母の回復後の戸籍　398

(2)　認知された子が裁判をする場合 …………………………… 399

　　ア　裁判の提起 ……………………………………………… 399

　　　　①　人事訴訟 …………………………………………… 399

　　　　②　戸籍訂正許可の審判の申立書 …………………… 401

　　イ　戸籍の訂正 ……………………………………………… 403

　　　　a－1　認知無効に関する戸籍訂正申請書　403 ／ a－2　入籍無
　　　　効に関する戸籍訂正申請書　404 ／ b－1　父の婚姻前の戸籍
　　　　405 ／ b－2　父母の戸籍　406 ／ b－3　母の婚姻前の戸籍

408 / b‐4　母の離婚後の戸籍　*410*

第3　認知取消しの裁判 ——————————————— *411*

1　認知の取消しの可否 ……………………………………………… *411*
2　認知取消しの裁判の提起者 …………………………………… *412*
3　事例ごとの記載例 ……………………………………………… *413*
(1)　被認知者の承諾を欠く場合 ……………………………… *413*
ア　家事調停（審判）…………………………………………… *413*
イ　戸籍の訂正 ……………………………………………… *416*
　　　a　戸籍訂正申請書　*416* ／ b‐1　認知者の戸籍　*417* ／ b‐2　母の戸籍中子の記載　*418*
(2)　被認知者が承諾を取り消す場合 ……………………… *419*
ア　人事訴訟 …………………………………………………… *419*
イ　戸籍の訂正 ……………………………………………… *420*

第4　認知に関するその他の事例 ——————————— *420*

1　解　説 ………………………………………………………… *420*
2　戸籍訂正 ……………………………………………………… *421*
(1)　戸籍訂正の種類 ………………………………………… *421*
ア　概　説 ……………………………………………………… *421*
イ　戸籍法113条に基づく戸籍訂正 ……………………… *421*
ウ　戸籍法114条に基づく戸籍訂正 ……………………… *422*
(2)　裁判手続 …………………………………………………… *423*
(3)　具体的事案の記載例（遺言認知があった場合）………… *424*
ア　戸籍訂正許可の裁判 …………………………………… *424*
イ　戸籍の訂正 ……………………………………………… *427*
　　　a　戸籍訂正申請書　*427* ／ b‐1　子の戸籍　*428* ／ b‐2　父の戸籍　*429*
3　市町村長の処分 ……………………………………………… *430*
(1)　認知届に対する市町村長の処分に対する不服申立て ……………… *430*
(2)　具体的事案の記載例（成年被後見人がした認知届）………… *432*
ア　市町村長の処分に対する不服申立て ………………… *432*
イ　不服申立てが認められた場合の戸籍の届出等 …………………… *435*
　　　a　認知届書　*435* ／ b‐1　父の戸籍　*436* ／ b‐2　子の戸籍　*437*

xxi

編著者／著者

編著者 ／ 著 者

編著者　南　　敏文　（元京都家庭裁判所長）
　　　　　　　　　　（元東京高等裁判所部総括判事）

著者　　木 村 三 男　（元大津地方法務局長）

　　　　青 木　　惺　（元千葉地方法務局長）

第1編 総論

第１編　総　論

第1章 家事事件手続等の概要

第1 家事事件

1 家事事件の特色

ア 家事紛争

　一般の民事事件は，取引の相手方や交通事故のように偶然出くわした他人との紛争であるのに比し，家事事件は，家族若しくは家族であった者又はその関係者間という，長年の交流のある者又はその関係を断ち切ることが困難な関係にある者の間の紛争であるということができます。その紛争が家族間の遙か前からの出来事に起因している場合があったり，財産関係事件におけるようなそろばん勘定では解決が困難な心情的な確執が当事者間にある場合もあります。さらには，紛争が終了した後においても，親族間や関係者を通じて人間関係が継続する場合もあります。例えば，離婚がされると夫婦は他人のように思われますが，夫婦間に子があるときは，当該子の養育等を巡って，もとの夫婦は一定の関係を継続せざるを得ません。家事事件にはこのような特色があるので，一般に第三者に知られたくない事項を調査しなければ解決しない場合があったり，過去の紛争の解決とともに将来の関係をも調整しておくべき必要性がある場合もあります。それ故に，家事事件については，当事者の権利義務の確定という形式張った判断ではなく，裁判所等の裁量により，より情宜に叶った解決をすることが望ましいということができます。

　また，特別養子縁組の成立や後見開始の審判等，身分関係の成立を当事者の意思に任せるのではなく，家庭裁判所が，身分行為の成立や社会的弱者の保護のために国家の機関として後見的に関与すべき事項も存在します。

　このように，家事事件については，公開の法廷で厳格な証拠調べを行った上で権利義務の存否を客観的に判断する訴訟の形式によって，これを解決することが相当ではない場合もあります。そこで，家事事件について，

非公開により，かつ，柔軟な解決を目指して裁判をするため，家事事件手続法（平成23年法律第52号，以下「家事法」という。）が制定されています。

イ　民法と家事法

　家族法の分野は，戦後，幾たびか改正されてきましたが，これらの改正は，まず，両性の平等を実質的に確保するための妻の権利の確保，次いで，家庭内の弱者である子どもの権利確保，さらには，高齢者が充実した人生を送れるための手段の確立を目指してきたということができます。そして，家族法が実体法として定める権利は，裁判所による手続を通じて実現されますが，その手続を定めるのが家事法ということができます。なお，家事事件に関する裁判等の実現のためには，面会交流のように，任意の履行を待つべきであって，間接強制等の強制執行が最終的な手段となるべきものや，月々の養育費の支払いのように，強制執行のために要する費用や時間を考えると民事執行法に定める強制執行が現実的ではないものがあります。そこで，家庭裁判所が義務者に対して履行を勧告する制度も設けられていますが，その概要は，後記３を参照願います。

ウ　紛争解決手段

　家事法では，家事に関する紛争については，まず，調停に付するものとしています。当事者間の合意が紛争解決の基調にあれば，そこで約束された事項については任意の履行を期待することができますし，将来における関係も調整することができるからです。調停が成立しない場合は，当事者の申立てにより離婚等の訴訟事件又は遺産分割等の家事審判と手続が進行します。なお，家庭裁判所が後見作用を行うべき事件については，調停に付されることなく，直ちに家事審判が行われます。

　このように，家事に関する紛争については，家事調停，家事審判，人事訴訟の３つの手段が存在します。これらの手続の概要については，**第２**以下において説明します。

2　家事法の制定

ア　家事審判法から家事法へ

　家事事件については，戦後，これを扱うべき裁判所として家庭裁判所が

設立されるとともに，家事審判法が制定され，同法に基づき，家事審判や家事調停が行われてきました。しかし，条文数が少なく，本来法律事項として定めるのが相当と思われる事項についても，最高裁判所が定めた規則である家事審判規則により補充されていたり，当事者に対する手続的保障に欠けるところがありました。そこで，同法を全面改正するものとして家事法が立法され，平成25年1月1日から施行されています。これに伴い，家事審判法は廃止されました。なお，家事法は，明文の規定こそ設けていないものの，家事審判法1条が「個人の尊厳と両性の本質的平等を基本として，家庭の平和と健全な親族共同生活の維持を図ることを目的とする」と規定していた精神をそのまま引き継いでいます。

イ　両者の比較

　家事法と家事審判法とを比較しますと，家事法は，家事事件の手続を国民にとって分かり易く利用し易いものとするためのシステムが構築されています。まず，当事者の手続的保障，すなわち，当事者が裁判の基礎となる証拠や資料を十分に知ることができたり，裁判所に資料を十分に提出することもできるようにされています。このために，参加人の権限を明確にしたり，当事者による記録の閲覧・謄写を原則的に認めるものとしたり，電話会議システム等による審理を行ったり，調停条項の書面による受諾により調停を成立させる範囲を拡大する等のことを行っています。

　次に，裁判管轄，必要的陳述聴取，即時抗告といった，当事者の権利義務に重大な影響を及ぼす事項や家事事件の大綱については，法律で規定し，それ以外の細目的事項を規則に委ねるものとしています。また，家事審判法では，非訟事件手続法第1編の規定を準用していたため，これも参照しなければならない場合がありましたが，家事法は，国民の便利のため，このような包括的な準用をやめ，自己完結的に制定されています。すなわち，家事法のみを見れば，基本的に他の法律を参照しなくても，手続の全体が分かる仕組みとなっています。

　なお，最高裁判所の規則に関しては，従前は，民法に関する事項については家事審判規則により，戸籍法等民法以外の法律に関する事項については特別家事審判規則により，それぞれ定めていましたが，家事法において

第1章　家事事件手続等の概要

規定された事項のすべてにつき，その細則を家事事件手続規則（以下「家事規則」という。）で定めています。

3　家事法の構造

家事法は，「総則」「家事審判に関する手続」「家事調停に関する手続」「履行の確保」及び「罰則」の5編から成り，合計293条の条文が置かれています。

第1編「総則」では，管轄，裁判所職員の除斥及び忌避，当事者能力及び手続行為能力，手続代理人及び補佐人，手続費用，家事事件の審理等が規定されています。このうち，33条では，「家事事件の手続は，公開しない。ただし，裁判所は，相当と認める者の傍聴を許すことができる。」と規定し，手続の非公開が定められています。

第2編「家事審判に関する手続」には，家事法の3分の2以上に当たる209の条文が置かれ，家事審判の手続，不服申立て，審判前の保全処分，民法上の審判事件，戸籍法等の特別法上の審判事件等に関する規定が置かれています。そして，審判事項については，別表第1，別表第2において限定列挙されています。その詳細は，「**第2　家事審判**」において説明します。

第3編「家事調停に関する手続」では，調停事項，調停機関，家事調停の手続，調停の成立，合意に相当する審判，調停に代わる審判等の規定が設けられています。その詳細は「**第3　家事調停**」において説明します。なお，「合意に相当する審判」及び「調停に代わる審判」は，審判ではありますが，家事調停において説明します。

第4編「履行の確保」では，義務者に対する履行の勧告等を定めています。すなわち，家事審判や家事調停などで定められた金銭支払等の家事債務については，その義務者が履行しない場合は，強制執行の際の債務名義となりますが，強制執行の手続は時間等を要するため，家庭裁判所（家事法289条1項で定める場合は，高等裁判所）は，アフターケアとして，義務者の履行を確保するために積極的に関与すべきことを定めています。履行勧告等の制度であり，家庭裁判所等は，①権利者の申出があるときは，審判又は調停で定められた義務の履行状況を調査し，義務者に対して，その義務の履行を勧告すること

ができ，このために必要があるときは，事件の関係人の家庭環境等の調整の
ために社会福祉機関との連絡等を行ったり，銀行等に対して報告を求めたり
することができます。また，②審判又は調停で定められた金銭の支払いその
他財産上の給付を目的とする義務の履行を怠った者がある場合において，相
当と認めるときは，権利者の申立てにより，義務者に対し，相当の期限を定
めてその義務の履行をなすべきことを命ずることができます。さらには，義
務者が正当な事由なくこれに従わないときは，10万円以下の過料に処するこ
とができる（同法289条・290条）ものとしています。

　第5編「罰則」では，人の秘密を漏らす罪や評議の秘密を漏らす罪等を定
め，秘密の確保のための手当をしています。

4　家庭裁判所の陣容

　家庭裁判所では，紛争解決のため，地方裁判所にあるような裁判官や裁判
所書記官以外に，家庭裁判所調査官等の人員が配置されています。なお，家
事審判法では，家庭裁判所の裁判官のことを「審判官」と称していましたが，
家事法では，他の裁判手続と同様に，「裁判官」と称しています。

ア　家庭裁判所調査官

　家庭裁判所調査官（以下「調査官」という。）は，家事紛争に関して，法律
のみならず，心理学等の専門的知識を駆使して，事案の解明やあるべき解
決方法を提案することを職務とします。例えば，夫婦間の紛争において，
父母のうち，いずれが親権者となるのが相当か，親権者とならない親と子
との面接はどのようにするのが相当かを判断するため，それぞれの生活の
本拠を訪れて事実を調査したり，科学的方法により子の深層心理を分析し
ます。また，家庭裁判所が後見作用として審判を行うべきときは，審判の
前提となる事実調査も行います。例えば，成年後見審判の申立てがあった
場合，事件本人等の状況を調査します。遺産分割においても，当事者の心
理的対立が激しいときに，その調整を行う等の場面に活躍しています。か
つては，婚姻費用や子の養育費に関する調査が相当のウエイトを占めてい
ましたが，夫婦それぞれの収入に基づく算定基準が確立したため，現在で
は，家事部配属の調査官の業務は，上記の調査等が主流となっています。

第1章　家事事件手続等の概要

これらの調査は，調停の時から行っており，調停成立のための重要な説得手段となるのみならず，合意される調停条項が正当かどうかの客観的判断の根拠ともなっています。調停が成立しない場合には，その調査の結果は，審判において活用されます。

イ　医務官

家庭裁判所には，医師の資格を有する医務官も置かれ，関係当事者の心理状態のさらなる調査が必要な場合，精神分析等に基づく意見を述べます。

ウ　調停委員

家事紛争については，調停による解決が主流を占めるため，これを担当する調停委員会が置かれています。調停委員会は，裁判官又は家事調停官（弁護士から選任される。）が調停主任となり，あと2人以上の民間人が調停委員として調停に当たります。夫婦関係の調整が問題となるときは，男性と女性の調停委員それぞれ1名ずつと裁判官等の3名からなる調停委員会が調停を実施します。調停委員は，40歳以上の者から裁判所により選任されます。

エ　参与員

さらに，参与員も置かれ，審判の前提となる事実を調査して，裁判官に報告します。例えば，名の変更の審判申立てがあれば，事件本人や関係者から事情を聴取したり，資料の提供を求め，当否の意見を添えて，裁判官に報告します。参与員は，調停委員が兼任したり，その任期後に任命されることがあります。戸籍に関する審判については，裁判官の求めにより，法務局OBが参与員として，戸籍に関する詳細な手続や通達・回答等を紹介しています。なお，人事訴訟事件についても，一般人の意見を反映させるための参与員が置かれていますが，これについては，人事訴訟の箇所で説明します。

第2　家事審判

1　審判事項

家事審判とすべき事項は，民法や戸籍法等の法律により定められており，

家事法の別表第1，別表第2において，これらの事項が網羅的に掲げられています。そして，家事法は，39条において「家庭裁判所は，…別表第1及び別表第2に掲げる事項並びに同編（筆注・第2編）に定める事項について，審判をする。」と定めるとともに，第2編において，詳細な手続等を定めています。

　家事審判は，裁判所が後見的に当事者が行う法律行為の許可を与えたり，後見開始等を決定するための審判と，争訟性（紛争性）のあるものに関して，裁判所として紛争解決のための判断をする審判に分けることができます。別表第1は，前者に関するものであり，別表第2は後者に関するものです。家事審判法では，9条1項で前者を甲類として，後者を乙類として列挙していたところ，その多くは，家事法別表第1と別表第2に一致しますが，例えば，推定相続人の廃除等，家事審判法上乙類であったものが家事法では別表第1に振り替えられたものもあります。また，家事調停の過程において行う合意に相当する審判や調停に代わる審判もありますが，これらは，家事調停の解説の中で説明します。

(1) 別表第1の審判事項

　別表第1では，民法で定められた成年後見，保佐，補助，不在者の財産の管理，失踪の宣告，婚姻（夫婦財産契約），親子，親権，未成年後見，扶養，推定相続人の廃除，相続の承認及び放棄，財産分離，相続人の不存在，遺言及び遺留分に関する審判事項を列挙するとともに，民法以外の法律については，戸籍法，性同一性障害者の性別の取扱いの特例に関する法律，児童福祉法，生活保護法，心神喪失等の状態で重大な他害行為を行った者の医療及び観察等に関する法律，破産法及び中小企業における経営の承継の円滑化に関する法律で家事審判事項と定められた事項を列挙しています。これらの事項は，当事者の任意処分に委ねるのが相当ではないものであって，家庭裁判所が公の立場から審判で決定しなければならないものです。そして，その性質上，家庭裁判所が当事者の合意に拘束されるものではなく，また，調停に付することができないものです。その中には，特別養子縁組及びその離縁に関する処分等の宣言的な審判，子の氏の変更についての許可や未成年養子縁組に関する許可等を行う審判，相続放棄の申述の受

第1章　家事事件手続等の概要

理等の公証的機能を有する審判，さらには，遺産の管理に関する処分等を公益的な見地から行うための審判が存在します。

　これらのうち，当該審判に基づき戸籍の記載等を行ったり，戸籍申請のときに問題となり得る事項としては，次のようなものがあります（各項目の概要については**第5**で説明します。）。

項番号	審判事項	根拠条文
56	失踪の宣告	民法30条
57	失踪の宣告の取消し	民法32条1項
60	子の氏の変更についての許可	民法791条1項，3項
61	養子縁組をするについての許可	民法794条・798条
62	死後離縁をするについての許可	民法811条6項
63	特別養子縁組の成立	民法817条の2
64	特別養子縁組の離縁	民法817条の10第1項
67	親権喪失，親権停止又は管理権喪失	民法834条〜835条
68	親権喪失，親権停止又は管理権喪失の審判の取消し	民法836条
69	親権又は管理権を辞し，又は回復するについての許可	民法837条
70	養子の離縁後に未成年後見人となるべき者の選任	民法811条5項
71	未成年後見人の選任	民法840条1項，2項
72	未成年後見人の辞任についての許可	民法844条
73	未成年後見人の解任	民法846条
74	未成年後見監督人の選任	民法849条
75	未成年後見監督人の辞任についての許可	民法852条・844条
76	未成年後見監督人の解任	民法852条・846条
86	推定相続人の廃除	民法892条・893条
87	推定相続人の廃除の審判の取消し	民法894条

122	氏又は名の変更についての許可	戸籍法107条 1 項・107条の 2
123	就籍許可	戸籍法110条 1 項
124	戸籍の訂正についての許可	戸籍法113条・114条
125	戸籍事件についての市町村長の処分に対する不服	戸籍法121条
126	性別の取扱いの変更	性同一性障害者の性別の取扱いの特例に関する法律 3 条 1 項

　これらの審判に関する特別の管轄，特別の手続等は第 2 編第 2 章「家事審判事件」において個別に定められています。

(2) 別表第 2 の審判事項

　別表第 2 では，1 項の「夫婦間の協力扶助に関する処分」から16項の生活保護法に基づく「扶養義務者の負担すべき費用額の確定」まで16の審判事項が列挙されています。これらの事項は，当事者間の協議や合意で決めることが可能であるものであって，調停に親しむものです。この中では，婚姻費用の分担に関する処分（2 項），子の監護に関する処分（子の養育費の負担。3 項），財産の分与に関する処分（4 項），寄与分を定める処分を含む遺産分割に関する審判（12項から14項まで）などが実際にしばしば申し立てられています。そして，婚姻費用の分担や子の養育費の負担等，いわゆる金銭が問題となる事項については，比較的早く審判がなされるように配慮して運用がされています。

　この別表第 2 の審判事項は，争訟性を有するものであるため，これを非公開の審判で判断することが憲法82条に抵触しないかどうかが問題となりますが，最大決昭和40・6・30民集19巻 4 号1089頁は，夫婦間の協力扶助に関する処分（家事審判法の乙類事件）は，夫婦同居義務等の実体的権利義務自体を確定する趣旨のものではなく，これらの実体的権利義務の存することを前提として，家庭裁判所が，後見的立場から，合目的の見地に立って，裁量権を行使してその具体的権利内容を形成するものであって，本質的に非訟事件の裁判であって，公開の法廷における審判及び判決によって

第1章 家事事件手続等の概要

なすことを要しないとして，憲法に違反しないとしています。このため，例えば，遺言の有効性や遺産の範囲に問題が生じた場合には，その前提問題を判決により確定しておく必要があり，これを争う当事者が遺言無効確認や遺産確認の訴訟を地方裁判所に提起しなければならないこともあります。このような場合は，遺産分割の審判は，その前提となる裁判が確定するまで行うことが事実上できなくなります。

なお，別表第2の審判に基づき戸籍の記載等を行う事項としては，次のようなものがあります（各項目の概要については**第5**で説明します。）。

項番号	審判事項	根拠条文
7	養子の離縁後に親権者となるべき者の指定	民法811条4項
8	親権者の指定又は変更	民法819条5項，6項

2 家事審判手続

(1) 家事審判の申立て

家事審判の申立ては，申立書を家庭裁判所に提出して行います（家事法49条1項。以下，第2及び第3においては，家事法については，条文番号のみを記載します。）。申立書には，当事者及び法定代理人や申立ての趣旨及び理由を記載しなければならないものとされています（同条2項）。実務では，別表第1や第2の項目ごとに独立の審判事件として立件されますが，同一の申立書で子の引渡しと親権者指定を申し立てることは可能であり，この場合は，2件（子が2人の場合は4件）として立件されます。家庭裁判所は，家事事件手続案内を行っており，多く申し立てられる類型の事件に関しては，申立書のひな形が備え置かれており，これを利用して申立書を記載することも可能です。

(2) 事件の審理

ア 家事事件一般

審判事件の申立てがあった場合，家庭裁判所は，家事審判の手続の期日を指定して，事件の関係人を呼び出します（51条）。そして，申立てに

かかる事項について，職権で事実関係を調査し，かつ，当事者の申立て又は職権により証拠調べを行わなければなりません。当事者も，適切かつ迅速な審理及び審判の実現のため，事実の調査及び証拠調べに協力をしなければならないものとされています（56条）。なお，家事審判の手続の期日につき，通常の期日のことを「審判期日」と，鑑定などの証拠調べを行う期日のことを「証拠調べ期日」と，当事者や関係人を審問する期日のことを「審問期日」と，それぞれ称しています。当事者や関係人の供述を証拠として用いる場合，民事訴訟法の例によって行う本人尋問や証人尋問のほか，自由な方法で質問を行う審問がありますが（調書に要点を記録しておきます。），殆どの場合，後者の手続で行われます。

　事実の調査としては，関係者から事情を聴取したり，関連する書類の提出を受けたりしますが，必要に応じ，事件の関係人の性格，経歴，生活状況，財産状態及び家庭環境その他の環境等について，医学，心理学，社会学，経済学その他の専門的知識を活用して行うように努めなければならないものとされており（家事規則44条1項），家庭裁判所は，家庭裁判所調査官に事実の調査をさせることができます。調査官は，関係者から事情を聴取したり，現場等に実際に赴いて状態を調べたり（例，後見開始の審判に当たり，事件本人の確認のため入院先の病院に行って本人の状況を見分したり，医師から意見を聞きます。また，親権者の指定に当たっては，父母双方の居住先を訪れて，子の監護が可能かどうかを調査します。），写真撮影を行います。そして，家庭裁判所（単独事件の場合は，裁判官。以下，同じ。）に対して，これらの事実の調査の結果を書面又は口頭で行い，また，その報告に意見を付することができます（58条）。なお，事実の調査の結果が当事者による家事審判の手続の追行に重大な変更を生じ得る場合は，家庭裁判所は，これを当事者等に通知しなければならないものとされており（63条），手続の透明性を図っています。

イ　子の意思の把握等

　親権等に関する審判で，その結果が未成年者である子に影響を与えるときは，子の陳述の聴取等，子の意思の把握に努め，審判をするに当たり，子の年齢及び発達の程度に応じて，その意思を考慮しなければなら

第1章　家事事件手続等の概要

ないものとされています（65条）。

ウ　別表第2の事項の特則

　別表第2の事項は，紛争性のあるものであって，訴訟事件と同じような手続で審判するのが相当であることに鑑み，同事項に関する家事審判においては，家事審判の申立書を相手方に送付することが必要であり（67条），審問の期日で当事者の陳述を聴くときは，他の当事者は，原則としてその期日に立ち会うことができるものとされています（69条本文）。また，家庭裁判所は，原則として，相当の猶予期間を置いて審理を終結する日及び審判をする日を定め，当事者に最終の主張をする機会を与えたり，突然に審判をしないものとされています（71条・72条）。

エ　取下げの可否

　家事審判の申立ては，審判があるまで取り下げることができるのが原則ですが（82条），後見開始等の申立てを取り下げるためには，裁判所の許可が必要です（121条等）。

3　審　判

ア　裁　判

　家庭裁判所は，家事審判事件が裁判をするのに熟したとき，すなわち，当事者の主張や裁判所の調査が尽きたときは，審判をします（73条。なお，「審判」の言葉は，上記のように審判手続を指す場合と，民事事件における「判決」のように裁判所の最終判断（裁判）を指す場合とがあります。文脈により，そのいずれであるかを判断することが必要です。）。

　審判は，審判書を作成してこれを行うのが原則であり，審判書には，主文，理由の要旨（「相当と認め」が理由の場合もあります。），当事者及び法定代理人，裁判所が記載されます（76条2項）。もっとも，即時抗告をすることができない審判については，家事審判の申立書又は調書に主文を記載することをもって審判書の作成に代えることができます（76条1項）。実際に，子の氏の変更についての許可（民791条1項，3項）等については，この方法が用いられており，家事審判の申立書に「右許可する。」との主文を記載しています。

14

イ　即時抗告の可否

審判は，相当と認める方法で当事者等に告知され，即時抗告をすることができない審判は，告知によりその効力を生じます。他方，即時抗告をすることができる審判は，確定しなければその効力を生じないので(74条)，当該審判に基づき戸籍の届出等をするときは，即時抗告の期間満了の後，原則として，家庭裁判所の確定証明書も添付して申請することが必要です。

審判について，即時抗告をすることができるかどうかは審判ごとに個別に定められており，基本的に別表第2の審判は，即時抗告をすることができます。別表第1の審判で，戸籍の記載等を行ったり，戸籍届出のときに問題となり得るもののうち，即時抗告をすることができない審判は次のとおりです。なお，これらの申立てを却下する審判については即時抗告をすることができます。

項番号	審判事項
69	親権又は管理権を辞し，又は回復するについての許可
71	未成年後見人の選任
72	未成年後見人の辞任についての許可
74	未成年後見監督人の選任
75	未成年後見監督人の辞任についての許可
87	推定相続人の廃除の審判の取消し
122	氏又は名の変更についての許可
126	性別の取扱いの変更

ウ　審判の効力

金銭の支払，物の引渡し，登記義務の履行その他の給付を命ずる審判は，執行力のある債務名義と同一の効力を有します（75条）。すなわち，当該審判により強制執行をすることができます。

エ　審判の取消し・変更

家庭裁判所は，審判をした後，その審判を不当と認めるときは，即時

第1章　家事事件手続等の概要

抗告をすることができる審判等を除き，職権で，これを取り消し，又は変更することができます（78条1項）。後見開始の審判の取消し等，明文の規定のあるものもありますが，これがなくても，事情変更が生じたときは，取消しや変更の審判をすることがあります。例えば，婚姻費用分担額の取消変更，養育費の増額・減額などです。

4　審判前の保全処分

家事審判の目的である財産の隠匿等を防止したり，関係人に生じた生活上の危険状態を除去するために，審判前の保全処分の制度があります。これには，次のようなものがあり，本案の係属している裁判所に申し立てます（105条1項）。

ア　財産の管理者の選任等の処分

後見開始の申立てがあった場合において，成年被後見人となるべき者の生活，療養看護又は財産の管理のため必要があるときは，家庭裁判所は，申立てにより又は職権で，担保を立てさせないで，後見開始の申立てについての審判が効力を生ずるまでの間，財産の管理者を選任し，又は事件の関係人に対し，成年被後見人となるべき者の生活，療養看護若しくは財産の管理に関する事項を指示することができます（126条1項）。保佐開始の審判等の申立ての場合も同様です。

イ　後見命令等の処分

後見開始の申立てについての審判が効力を生ずるまでの間，当該審判の申立人の申立てにより，家庭裁判所は，成年被後見人となるべき者の財産上の行為（民法9条ただし書に規定する行為を除く。）につき，上記アに記載の財産の管理者の後見を受けることを命ずることができます（126条2項）。

ウ　職務執行停止等の処分

親権喪失，親権停止又は管理権喪失の申立てがあった場合において，子の利益のため必要があると認めるときは，家庭裁判所は，当該申立てをした者の申立てにより，親権喪失，親権停止又は管理権喪失の申立てについての審判が効力を生ずるまでの間，親権者の職務の執行を停止し，

又はその職務代行者を選任することができます（174条1項）。

エ　仮差押え，仮処分等の処分

　婚姻費用の分担に関する処分や子の監護に関する処分等についての審判又は調停の申立てがあった場合において，強制執行を保全し，又は子その他の利害関係人の急迫の危険を防止するため必要があるときは，家庭裁判所は，当該申立てをした者の申立てにより，当該事項についての審判を本案とする仮差押え，仮処分その他の必要な保全処分を命ずることができます（157条）。

第3　家事調停

1　家事調停とは

(1)　調停制度

　民事調停法1条は，同法の目的として，「民事に関する紛争につき，当事者の互譲により，条理にかない実情に即した解決を図ること」を掲げていますが，家事調停についても，同様のことをいうことができます。すなわち，家事調停とは，家事に関する紛争につき，当事者の互譲により，条理にかない実情に即した解決を図る紛争解決手段です。訴訟の場合は，権利の存否が主題となり，義務者の支払能力を度外視して判断がされますが，調停の場合は，当事者双方が両立し得る解決を目指すことができます。17条憲法で「一曰．以和為貴」とあり，同条は，その後「上（かみ）和（やわら）ぎ下（しも）睦（むつ）びて，事を論（あげつら）うに諧（かな）うときは，すなわち事理おのずから通ず」，すなわち，上の者が協調し，下の者も親睦の気持ちをもって論議するなら，おのずからものごとの道理にかなうとしています。このように，協調と睦みの精神により，紛争を解決させるために，調停制度は存在します。

　調停による解決において，権利者は，満額の債務名義を取得することができず，相当額を放棄する場合もあります。しかし，義務者が自ら支払いを約束し，かつ，その履行がぎりぎり可能である場合に調停がなされますから，義務者の任意の履行を期待することができます。訴訟手続により満

17

第1章　家事事件手続等の概要

額の認容判決が得られても，義務者の支払能力に問題があり，結局，破産となり，債権者が実際に入手できる支払額が極小となることがあります。それよりも，支払約束額が少なくても，その全額を支払ってもらうほうが，債権者にとって結論として有利となることもあります。これが「実情に即した解決」ですが，裁判所が行う紛争解決であることや，当事者の権利意識の高まりもあり，法律の定めも十分考慮して調停を進めることが必要となっています。

　以上のことを親権者の指定についてみますと，調停において，例えば母親が親権者となることを定めること以外に，子と父親との面会交流の具体的方法を定めたり，養育費の支払いを定めたりすることができます。そして，母親や父親は，自らの責任でそのことを調停条項に盛り込むわけですから，任意の履行を期待することができるのです。

(2)　調停機関

　家事調停は，調停委員会が実施することを原則としますが，家庭裁判所が相当と認めるときは，裁判官のみで行うことができます（247条1項）。調停委員会は，裁判官1人と家事調停委員2名以上で組織し，これを組織する家事調停委員は，家庭裁判所が各事件について指定します（248条1項，2項）。夫婦関係調整（離婚）の調停の場合は，男女1人ずつの調停委員が指名されるのが原則です。遺産分割では，弁護士とあと1人，不動産の価額に詳しいと考えられる不動産鑑定士や銀行実務経験のある調停委員が指名されることもあります。このように，事件の種類，性格によって，相応しい調停委員が指名されます。

　調停委員会が行う家事調停の手続は，調停委員会を組織する裁判官が指揮しますが（259条），調停委員会の決議については，過半数の意見によります。なお，調停委員が3名選ばれる等したため，可否同数となる場合がありますが，この場合は，裁判官の決するところによります（248条3項）。調停委員会の評議は，秘密とされています（同条4項）。

　なお，最高裁判所は，5年以上の経験を有する弁護士の中から，家事調停官を任命することができます。家事調停官は，調停において裁判官と同一の職務を行うことができ（250条1項・251条2項），裁判官に代わって，家

18

事調停の手続を指揮します。

(3) 調停前置

　人事に関する訴訟事件その他一般に家庭に関する事件（別表第1に掲げる事項についての事件を除く。）について訴えを提起しようとする者は，まず家庭裁判所に調停を申し立てなければならないものとされています（257条・244条）。人事訴訟や別表第2に掲げる事件で審判の対象となる事件は当然として，民事訴訟の対象となる遺留分減殺請求訴訟もここにいう「家庭に関する事件」に該当します。これらの事件については，裁判所が一刀両断に裁判をするよりも，当事者の互譲により，条理にかない実情に即した解決を図ることのほうが望ましいので，まず，調停を行うものとしたからです。そこで，このような事件が調停を経ずに直接訴えが提起された場合は，裁判所は，その事件を家庭裁判所の調停に付さなければならないものとされています（257条2項本文）。もっとも，相手方が行方不明等，裁判所が事件を調停に付すことが適当でないと認めるときは，調停に付すことなく，事件を審理することができます（同項ただし書）。

　さらに，裁判所は，家事法244条の規定により調停を行うことができる事件について，訴訟又は家事審判事件が係属している場合においても，当事者（本案について被告又は相手方の陳述がされる前は，原告又は申立人に限る。）の意見を聴いて，いつでも，職権で，事件を家事調停に付すことができます。この場合，裁判所は，当該事件を家庭裁判所に処理させることを要しますが，家庭裁判所及び高等裁判所は，その家事調停事件を自ら処理することができます（274条）。この付調停は，遺産分割の調停が不調となり，審判手続が開始したものの，その手続の過程で合意ができる場合などで活用されています。

2　家事調停の申立て及び審議

(1) 家事調停の申立て

　家事調停の申立ては，「家事調停の申立書」を家庭裁判所に提出してしなければなりません。家事調停の申立書には，①当事者及び法定代理人，②申立ての趣旨及び理由を記載することを要します（255条1項，2項）。こ

のうち、「申立ての趣旨」としては、離婚と財産分与、慰謝料等どのような調停を求めるのかを明らかにします。「申立ての理由」としては、その調停の結果を導くのに必要な事情を端的に記載します。申立書は原則として相手方にその写しが送付されるので、相手方にとって刺激的なことを書くことを控えるのが相当です。家庭裁判所には、家事審判事件と同様、申立書のひな形が備え置かれており、これを利用して申立書を記載することも可能です。なお、離婚を希望する場合、「夫婦関係調整の申立て」を行います。

(2) 調停の審議

ア 事情聴取等

調停は、申立人と相手方から事情を聴取することから始まります。夫婦関係調整の申立ての場合において、夫婦に未成年の子がいるときは、その親権の帰属が問題となりますので、これに関する主張（単なる希望ではなく、子とどのように暮らすのか、それが可能であることの根拠に関する主張を含みます。）や主張を裏付けるべき資料があればそれを提出してもらいます。さらに、財産分与や子の養育費の支払いが問題となるため、当事者から財産や収入等に関する資料の提供を求めたりします。遺産分割の調停の場合、相続人から、遺産としてどのような財産があるのかを示してもらったり、特別受益の対象となる生前贈与の有無を示してもらったりします（この点は、自ら進んで申告する場合もありますが、他の相続人からの指摘で、その内容や金額を明らかにする場合が多いです。）。さらに、寄与分の主張をする相続人がある場合、当該相続人に、その旨の申立てをしてもらい、その具体的内容を明らかにし、かつ、それを裏付ける資料を提供してもらったりします。そして、遺産の範囲に争いがない場合、各相続人に、どの遺産の相続を希望するか、及びその必要性を聴く等の手続を経ます。

イ 審議の方法

事情の聴取に当たり、申立人と相手方のそれぞれにつき、他方が同席することなく個別に聴取すること（別席調停）もあれば、双方立会いの下に聴取すること（同席調停）もあります。他方のいる前では話すことが躊躇される事実は個別に聴取されますが、この場合は、当該他方に

とっては，相手方が何を吹聴しているか不安のこともあるので，調停委員会は，他方が入室したとき，どのような事項について事情を聴取したのか（内容は秘して）教示することが多いです。

ウ　事実の調査及び証拠調べ

調停委員会を組織する裁判官は，当該調停委員会の決議により，事実の調査及び証拠調べをすることができます。上記のように当事者が任意に提出した資料だけでは不足すると考えられる場合に，このような正式な手続が採られるのです。そして，このために，家庭裁判所調査官や裁判所書記官に事実の調査をさせ，又は医師である裁判所技官に事件の関係人の心身の状況について診断をさせることができるものとされています（261条）。例えば，離婚の調停で子の親権者を誰にするかが争われるような事件では，家庭裁判所調査官に当事者の住居等に赴いて実情を調査させたり，子の面会交流が問題となる事件では，同調査官立会の下で，試験面接を実施したりします。証拠調べでよく行われるのは，銀行等金融機関への調査嘱託であり，離婚では夫に隠し財産がないかを調べたり，遺産分割では被相続人名義の預金の有無等を調べたりします。

また，調停委員会は，相当と認めるときは，当該調停委員会を組織する家事調停委員に事実の調査をさせることができます（262条本文）。さらに，必要があると認めるときは，当該調停委員会を組織していない家事調停委員の専門的な知識経験に基づく意見を聴取することもできます（264条1項）。例えば，遺産分割に当たり，不動産鑑定士の資格を有する調停委員に不動産の価格を調査させたり，金融機関出身の調停委員に相続開始時の株価を調査させたり，意見を求めるような場合です。

エ　調停案の作成

調停委員会は，これらの事情聴取や資料に基づいて，調停案を作成し，これを当事者に示し，当事者双方が納得した場合，調停成立の運びとなります。もっとも，その前に，各当事者に個別に調停の草案を示して，意向を打診したり，説得したりし，その結果を踏まえて調停委員会としての最終案を作成するのが通常の手順です。

第1章　家事事件手続等の概要

(3)　調停成立

ア　調停の成立

　調停において当事者間に合意が成立したときは，これを調書に記載します。この記載により，調停が成立したものされます。なお，家事調停事件の一部について当事者間に合意が成立したときは，その一部について調停を成立させることができます（268条1項，2項）。さらに，家庭裁判所は，当事者が遠隔の地に居住しているときその他相当と認めるときは，当事者の意見を聴いて，最高裁判所規則で定めるところにより，家庭裁判所及び当事者双方が音声の送受信により同時に通話をすることができる方法（いわゆる電話会議）によって，調停を成立させることができます（258条1項・54条1項）。もっとも，離婚又は離縁の調停では，この方法によることができません（268条3項）。

イ　調停の効力

　調停調書の記載は，確定判決（別表第2に掲げる事項にあっては，確定した39条の規定による家事審判）と同一の効力を有します。例えば，離婚等の調停が成立しますと，離婚に関しては確定判決と同一の効力を有し，ここにいう確定判決とは人事訴訟における確定判決のことですから，第三者に対してもその効力を有します（人訴24条1項）。そこで，その事実を戸籍に反映させる必要があるので，離婚や離縁の調停の申立人は，調停成立の日から10日以内に，市町村長にその旨を届け出なければならず（戸73条・77条・63条），さらに，裁判所書記官は，次に掲げる事項についての調停が成立したときは，遅滞なく，それぞれの者の本籍地の戸籍事務を管掌する者に対し，その旨を通知しなければならないものとされています（家事規則130条）。

　　①　離婚，離縁その他戸籍の届出又は訂正を必要とする事項（親権者の指定及び変更を除く。）　当該調停に係る身分関係の当事者

　　②　親権者の指定又は変更　子

22

3 家事調停に関する審判

(1) 合意に相当する審判

ア　趣　旨

調停に付される事件は，「家庭に関する事件」と幅が広いですが，調停で事件を終了させることができない事件もあります。婚姻又は養子縁組の無効又は取消し等の事件であり，これらについては，第三者の利害に影響するため，当事者の合意によってのみでは，その効力を認めるのは相当ではありません。そこで，調停で当事者に無効又は取消事由等の存否について争いがない場合において，家庭裁判所による事実調査を経て，正当と考えられるときは，調停委員会の意見を聴いた上で，合意に相当する審判をすることができるものとされています。

イ　審判事項

まず，合意に相当する審判が可能な事項ですが，277条1項は，「人事に関する訴え（離婚及び離縁の訴えを除く。）を提起することができる事項」と定めています。これには，①婚姻の無効及び取消しの訴え，協議上の離婚の無効及び取消しの訴え並びに婚姻関係の存否の確認の訴え，②嫡出否認の訴え，認知の訴え，認知の無効及び取消しの訴え，民法773条の規定により父を定めることを目的とする訴え，実親子関係の存否の確認の訴え，③養子縁組の無効及び取消しの訴え，協議上の離縁の無効及び取消しの訴え，養親子関係の存否の確認の訴え（人事訴訟法2条の各号から離婚及び離縁の訴えを除いたもの。）に係る事項が該当します。離婚及び離縁については，民法上，協議離婚や協議離縁をすることができることから除かれています。

ウ　審判の要件

これらの事項についての家事調停の手続において，①当事者間に申立ての趣旨のとおりの審判を受けることについて合意が成立していることと，②当事者の双方が申立てに係る無効若しくは取消しの原因又は身分関係の形成若しくは存否の原因について争わないことのいずれにも該当する場合には，家庭裁判所は，必要な事実を調査した上，この合意を正当と認めるときは，合意に相当する審判をすることができます。事実調

査としては，当事者や関係人の審問やＤＮＡ鑑定等を行います。任意認知の場合は，血縁上の親子関係がないことが判明したときは，認知無効の裁判を提起することができますが，合意に相当する審判が確定した場合，これを覆すためには再審（103条）しかありません。しかし，そのような事実の相違は再審事由に該当しないので，慎重に事実調査が行われます。なお，当該事項に係る身分関係の当事者の一方が死亡した後は，この審判をすることができません。

　家庭裁判所は，合意に相当する審判をするときは，調停委員会を組織する家事調停委員の意見を聴かなければなりません（277条3項）。また，家庭裁判所が上記当事者の合意を正当と認めない場合は，調停が成立しないものとして取り扱うことを要します（同条4項）。例えば，合意の内容が法律的に見て相当でなかったり，客観的事実と異なる場合，この審判をすることは相当ではありません。

エ　異議の申立て

　合意に相当する審判に対しては，当事者及び利害関係人は，家庭裁判所に異議を申し立てることができます。ただし，当事者にあっては，上記ウの①又は②の要件に該当しないことを理由とする場合に限ります。この異議の申立ては，2週間の不変期間内にしなければなりません。そして，異議の期間は，異議の申立てをすることができる者が，審判の告知を受ける者である場合にあってはその者が審判の告知を受けた日から，審判の告知を受ける者でない場合にあっては当事者が審判の告知を受けた日（2以上あるときは，当該日のうち最も遅い日）から，それぞれ進行します（以上279条）。

　異議の申立てが不適法であるときは，家庭裁判所は，これを却下することを要しますが，この却下審判に対しては即時抗告をすることができます。家庭裁判所は，当事者から適法な異議の申立てがあった場合において，異議の申立てを理由があると認めるときは，合意に相当する審判を取り消すことを要します。他方，利害関係人から適法な異議の申立てがあったときは，合意に相当する審判は，その効力を失います。この場合は，家庭裁判所は，当事者に対し，その旨を通知しなければなりませ

第3　家事調停

ん（以上280条）。

オ　審判の効力

　上記のような2週間以内における異議の申立てがない場合，又は異議の申立てが不適法のために却下の審判があり，その審判が確定したときは，合意に相当する審判は，確定判決と同一の効力を有します（281条）。

カ　特則

　婚姻の取消しについての合意に相当する審判については，次の特則があります。すなわち，当該審判をするときは，当該審判において，当事者間の合意に基づき，子の親権者を指定しなければなりません。婚姻の取消しについては異論はないものの，子の親権者の指定につき当事者間で合意が成立しないとき，又は成立した合意が相当でないと認めるときは，家庭裁判所は，当該審判をすることができません（282条）。

(2)　調停に代わる審判

ア　趣旨及び要件

　離婚又は離縁の調停において相手方が合意しないため調停が成立しない場合であっても，家庭裁判所は，当事者双方のために衡平に考慮し，一切の事情を考慮して，職権で，事件の解決のため必要な審判をすることができます。これを「調停に代わる審判」といいますが，その対象は，合意に相当する審判の対象とはならない事項に限られています。具体的には，離婚及び離縁の訴えを提起することができる事項（284条1項）と別表第2に列挙された事項です。例えば，当事者双方が，自らは合意することは嫌であるが，裁判所の判断なら応じても良いとの意向が見て取られる場合，離婚等を早期にしなければ申立人に害が及ぶおそれがあり，かつ，相手方が離婚を拒否する理由が客観的に見て非常識の場合，離婚自体には合意があるものの，財産分与を巡って僅かな金額に争いがあるために，調停離婚ができない場合等に行われます。さらには，外国人が事件当事者となる離婚の調停において，外国人の本国法上，離婚のためには裁判を要する場合に，当事者の希望でなされることもあります。

イ　審判の手続

　家庭裁判所は，調停に代わる審判をするときは，その調停委員会を組

25

第1章　家事事件手続等の概要

織する家事調停委員の意見を聴くことが必要です。また，この審判にお
いて，当事者に対し，子の引渡し又は金銭の支払その他の財産上の給付
その他の給付を命ずることができます（284条2項，3項）。

ウ　異議の申立て

当事者は，調停に代わる審判に対し，家庭裁判所に異議を申し立てる
ことができますが，合意に代わる審判とは異なり，利害関係人による異
議の申立ては認められていません。同審判に対する異議の申立ての期間
等その他の事項は，合意に相当する審判に対する異議の申立てと同様で
す（286条1項，2項）。

適法な異議の申立てがあったときは，調停に代わる審判は，その効力
を失います（286条5項）。

なお，当事者が，申立てに係る家事調停（離婚又は離縁についての家事調
停を除く。）の手続において，書面により，調停に代わる審判に服する旨
の共同の申出をしたときは，異議権を喪失し，審判の告知とともに，そ
の効力が生じます（286条8項，9項）。一種の仲裁的解決を目指したもの
ですが，この申出は，調停に代わる審判の告知前に限り，一方的に撤回
することができます（286条10項）。

エ　審判の効力

調停に代わる審判に対して異議の申立てがないとき，又は異議の申立
てを却下する審判が確定したときは，別表第2に掲げる事項についての
調停に代わる審判は確定した通常の家事審判と同一の効力を，その余の
調停に代わる審判は，確定判決と同一の効力を有します（287条）。

第4　人事訴訟

離婚等の事件で家事調停が成立しなかったり，合意に相当する審判又は離
婚又は離縁についての調停に代わる審判が異議申立てにより失効したときは，
申立人は，人事訴訟を提起することにより裁判所の判断を求めることが必要
となります。人事訴訟には，裁判上の自白がないこと，職権探知が可能であ
ること，確定判決が対世効を有すること，参与員制度があること等，通常の

26

民事訴訟と異なる点が多々ありますが，これらの特色を織り交ぜながら，人事訴訟について説明します。

1　訴えの提起

(1)　人事訴訟の範囲

　　人事訴訟の範囲は，人事訴訟法2条で規定されています。これによれば，「人事訴訟」とは，次の訴えその他の身分関係の形成又は存否の確認を目的とする訴えに係る訴訟をいうものとされています。

　　　①　婚姻の無効及び取消しの訴え，離婚の訴え，協議上の離婚の無効及び取消しの訴え並びに婚姻関係の存否の確認の訴え

　　　②　嫡出否認の訴え，認知の訴え，認知の無効及び取消しの訴え，民法773条の規定により父を定めることを目的とする訴え並びに実親子関係の存否の確認の訴え

　　　③　養子縁組の無効及び取消しの訴え，離縁の訴え，協議上の離縁の無効及び取消しの訴え並びに養親子関係の存否の確認の訴え

(2)　管　轄

　　人事訴訟に関する訴えは，管轄する家庭裁判所に訴状を提出して行うことを要します。

　　管轄につき，人事訴訟法4条1項は，「人事に関する訴えは，当該訴えに係る身分関係の当事者が普通裁判籍を有する地又はその死亡の時にこれを有した地を管轄する家庭裁判所の管轄に専属する。」と定めています。これが原則的な管轄ですが，調停事件が係属していた家庭裁判所が自庁処理のため人事訴訟につき管轄を持つ（同法6条）等の例外的な管轄も定められています。

(3)　当事者

ア　原　告

　　原告適格については，民法において個別的に定められているものがあります。例えば，不適法婚の取消しでは，744条で「各当事者，その親族又は検察官」と定めています。その他，747条・764条・774条等，多数の条文が存在します。また，人事訴訟法でも，原告適格が特別に定め

第1章　家事事件手続等の概要

られているものがあり，嫡出否認の訴えに関する41条，認知の訴えに関する43条１項がこれに該当します。

　なお，人事訴訟の係属中に原告が死亡した場合には，特別の定めがある場合を除き，当該人事訴訟は，当然に終了します（人訴27条１項）。特別の定めとしては，嫡出否認の訴えにつき，人事訴訟法41条２項があります。

イ　被　告

　次に，被告となるべき者は，次のとおり，人事訴訟法12条で法定されています。

①　人事に関する訴えであって当該訴えに係る身分関係の当事者の一方が提起するものにおいては，特別の定めがある場合を除き，他の一方を被告とします。例えば，離婚の場合，他方配偶者が被告となります。

②　人事に関する訴えであって当該訴えに係る身分関係の当事者以外の者が提起するものにおいては，特別の定めがある場合を除き，当該身分関係の当事者の双方を被告とし，その一方が死亡した後は，他の一方を被告とします。例えば，戸籍上の弟と母との親子関係が存在しないことを兄が訴える場合，被告は弟と母であり，母が死亡しているときは弟のみが被告となります。特別の定めとしては，認知の訴えにつき同法42条，父を定めることを目的とする訴えにつき同法43条がこれに該当します。

③　当該訴えの被告とすべき者が死亡し，被告とすべき者がないときは，検察官を被告とします。例えば，死後認知の場合は，検察官が被告となります。

　なお，上記②により，人事に関する訴えに係る身分関係の当事者の双方を被告とする場合において，その一方が死亡したときは，他の一方を被告として訴訟を追行することとなり，さらに，上記①又は②の訴えで，被告がいずれも死亡したときは，検察官を被告として訴訟を追行します（人訴26条）。もっとも，離婚，嫡出否認又は離縁を目的とする人事訴訟の係属中に被告が死亡した場合には，当該人事訴訟は，当然に終了しま

す（人訴27条２項）。

ウ　訴訟能力

　身分行為については，意思能力がある限り，当事者本人の意思に基づく訴訟の追行が確保されるべきであるので，行為能力制限に関する民事訴訟法の規定の適用は排除されています。もっとも，訴訟行為につき行為能力の制限を受けた者が訴訟行為をしようとする場合において，必要があると認めるときは，裁判長は，申立て又は職権により，弁護士を訴訟代理人に選任することができます（人訴13条）。なお，人事に関する訴えの原告又は被告となるべき者が成年被後見人であるときは，その成年後見人は，成年被後見人のために訴え，又は訴えられることができるものとされています（人訴14条）。

2　訴訟手続

(1)　訴訟の流れ

　訴えが提起されると，家庭裁判所は，第１回口頭弁論期日を指定するとともに，訴状の写しを被告に送達します。被告は，答弁書を作成し，争う点を明確にします。弁論期日では，裁判長は，争点を整理し，これに必要な立証を促します。通常は，本人や関係者の陳述書（相手方との婚姻から現在に至るまでの生活，相手方の行為及びこれによる自己の被害の状況などを記載します。）を提出し，財産分与が問題となるときは，登記事項証明書や銀行の預金通帳等を証拠として提出します。相手方の銀行口座の内容を調べるため，銀行への調査嘱託もされることがあります。争点が煮詰まり，これに関係する書証も整理されますと，双方本人や関係者の尋問が行われ，これらの証拠に基づき，判決がされます。離婚事件や離縁事件では，和解の勧告が行われます。

　以上は，通常の民事訴訟とは変わりませんが，人事訴訟については，客観的事実に基づいて対世的に確定する必要があることや，公益的な見地から，次に説明するような通常の民事訴訟と異なる手続が存在します。

第1章　家事事件手続等の概要

(2)　人事訴訟に特有の手続

ア　民事訴訟法の例外

　まず，裁判所は，当事者の自白に拘束されません。このため，当事者間で争いのないことのみを理由に当該事実を真実と認めることができず，裁判所は，証拠に基づく事実関係及び弁論の全趣旨に基づき判断することを要します。また，当事者不出頭の場合の擬制自白，時機に後れた攻撃防御方法の却下，当事者が文書提出命令に従わない場合の効果，審理の現状に基づく判決等，民事訴訟では認められている訴訟における当事者の行動による事実の認定等もすることができません（以上，人訴19条）。

イ　裁判所による職権探知

　裁判所は，当事者が主張しない事実を斟酌し，かつ，職権で証拠調べをすることができます（人訴20条）。なお，裁判所は，当事者本人を尋問する場合には，その当事者に対し，期日に出頭することを命ずることができます（人訴21条）。

ウ　非公開の決定

　本人又は証人等が，当該人事訴訟の目的である身分関係の形成又は存否の確認の基礎となる事項であって自己の私生活上の重大な秘密に係るものについて尋問を受ける場合があります。例えば，親子間の性的関係等についての尋問です。このような場合，裁判所は，裁判官の全員一致により，その当事者等又は証人が公開の法廷で当該事項について陳述をすることにより社会生活を営むのに著しい支障を生ずることが明らかであることから当該事項について十分な陳述をすることができず，かつ，当該陳述を欠くことにより他の証拠のみによっては当該身分関係の形成又は存否の確認のための適正な裁判をすることができないと認めるときは，当事者の意見を聴いた上で，決定で，当該事項の尋問を公開しないで行うことができます（人訴22条）。

エ　検察官の関与

　人事訴訟においては，裁判所は，必要があると認めるときは，公益の代表者である検察官を期日に立ち会わせて事件につき意見を述べさせることができます。この場合，検察官は，事実を主張し，又は証拠の申出

第4　人事訴訟

をすることができます（人訴23条）。さらに，これまで説明したとおり，被告とすべき者が死亡しているときは，検察官が被告となる場合もあります（人訴12条・42条・43条）。

(3)　同時全面解決の手段

ア　全面解決

人事訴訟に関する訴訟については，訴訟の結果に対世効があることから，同一の身分関係が反復して争われないように，同一の手続で全面的に解決させるため，訴えの併合，変更，反訴などについては，広範囲で認められています（人訴17条・18条）。

イ　附帯処分

附帯処分による同時解決のため，本来は審判事項とされるものであっても，人事訴訟の中で判断するものとされています（人訴32条1項）。すなわち，裁判所は，申立てにより，夫婦の一方が他の一方に対して提起した婚姻の取消し又は離婚の訴えに係る請求を認容する判決において，子の監護者の指定その他の子の監護に関する処分，財産の分与に関する処分又は年金分割のための処分についての裁判をしなければなりません。この場合は，裁判所は，当事者に対し，子の引渡し又は金銭の支払その他の財産上の給付，その他の給付を命ずることができます。なお，親権者の指定は，職権でも行わなければなりません。

裁判所は，子の監護者の指定その他の子の監護に関する処分についての裁判又は親権者の指定についての裁判をするに当たっては，子が15歳以上であるときは，その子の陳述を聴かなければなりません（人訴32条4項）。

これらの附帯処分等のため，裁判所は，家庭裁判所調査官に事実の調査をさせることができます（人訴34条）。例えば，子に対する親権の帰属に争いがあるとき等は，家庭裁判所調査官が本人の自宅等に赴いて調査を行いますが，その調査結果も判決のための資料となります。

(4)　参与員

人事訴訟に一般国民の良識をより反映させるため，事件に参与員が関与することがあります。ここにいう「参与員」は，家事審判における参与員

31

とは異なり，一般国民の中から選ばれた人です。そして，家庭裁判所は，必要があると認めるときは，参与員を審理又は和解の試みに立ち会わせて事件につきその意見を聴くことができます。参与員の員数は，各事件について１人以上とされ，離婚事件では，事件ごとに男女１人ずつ合計２名の参与員が指定されるのが通例です（人訴9条）。参与員は，本人尋問等の際に質問し，また，閉廷後に，事件に関して裁判官に対して意見を述べることにより，一般国民の良識を反映させます。

3　判決等

(1)　判　決

ア　対世効

通常民事訴訟の確定判決の効力の及ぶ人的範囲は，当事者及びその一般承継者等に限定されているのに比し，人事訴訟の確定判決は，第三者に対してもその効力を有します（人訴24条1項）。なお，重婚を理由として婚姻の取消しの請求がされた場合において，その請求を棄却した確定判決は，前婚の配偶者に対しては，その前婚の配偶者が当該訴訟に参加したときに限り，その効力を有します（人訴24条2項）。

イ　再訴の禁止

一回的解決の重視のため，再訴の禁止の規定もあり，人事訴訟の判決が確定した後は，原告は，当該人事訴訟において請求又は請求の原因を変更することにより主張することができた事実に基づいて同一の身分関係についての人事に関する訴えを提起することができません（人訴25条1項）。このため，例えば，離婚請求が棄却された場合，新たな離婚事由が発生しない限り，再訴は禁止されます。被告が，当該人事訴訟において反訴を提起することにより主張することができた事実についても同様であり，その事実に基づいて同一の身分関係についての人事に関する訴えを提起することができません（人訴24条2項）。

(2)　和　解

身分関係事件は当事者の任意の処分になじまない性質のものが多く，基本的に和解（和解により一定の法律関係が形成されるもの）や請求の放棄・認諾

第5　戸籍の届出・訂正に関する裁判・調停

は禁止されています（人訴19条2項）。もっとも，離婚や離縁については和解が認められています。ただし，請求の認諾については，子の監護処分等の附帯処分についての裁判や親権者の指定についての裁判をすることを要しない場合に限られます。なお，書面受諾による和解（民訴264条）や当事者が予め裁判所が定める和解条項を受諾する旨の書面を提出しても和解（同法265条）はすることができません（以上，人訴37条・44条）。

第5　戸籍の届出・訂正に関する裁判・調停 ────────────●

1　戸籍の届出又は訂正申請を前提とする許可の審判

　戸籍の届出・訂正に関する裁判・調停の中には，次の2つがあります。第1は，戸籍の届出自体はいわゆる創設的届出であって，その届出をしなければ身分関係の変動等の実体法上の効果や戸籍法上の効果が生じませんが，その届出に当たり家庭裁判所の許可を要するために，当該審判がなされるものです。第2は，実体上の効果は，当該裁判（判決及び審判）や調停により生じていますが，そのことを戸籍に反映することが必要なものです。

　ここでは，前者について説明し，後者については2以下において説明します。前者に該当する審判は，別表第1のうち，次に掲げる事項に関するものです。なお，この場合は，許可審判があったからといって，身分関係等に変動が生ずるものではなく，審判書を添付しての戸籍の届出があり，それが受理されたときに，その効力が生じます。

(1)　子の氏の変更についての許可

　父母の離婚の際に母が復氏した結果，母と子の氏が異なることとなった等，子が父又は母と氏を異にする場合には，子は，家庭裁判所の許可を得た上で，戸籍の届出をすることによって，その父又は母の氏を称することができます（民791条1項）。なお，子が15歳未満であるときは，その法定代理人（親権者等）が，これに代わって，これらの行為をすることができます（同条3項）。子が未婚の場合，この届出によって氏を称することとなった親の戸籍に入籍するので，離婚後復氏した母が親権者となった場合，子の氏を母の氏に変更して，子が母と同一戸籍に入籍するために，この手続

第1章　家事事件手続等の概要

をすることが多いです。母が婚氏を続称しても，母と子の氏が異なるので，同様です。

(2)　養子縁組をするについての許可

　民法798条は，未成年者を養子とするには，家庭裁判所の許可を得なければならないものと定めています（なお，孫を養子とするように自己の直系卑属を養子とする場合や，連れ子養子のように配偶者の直系卑属を養子とする場合は，この許可は不要です。）。また，民法794条では，後見人が未成年被後見人又は成年被後見人を養子とするには，家庭裁判所の許可を得なければならないものとしています。後見人の任務が終了しても，未だその管理の計算が終わらない間も，同様です。これらの場合，養子となる者の保護のため，後見的見地から家庭裁判所の許可を要します。縁組自体は，この家庭裁判所の許可審判を添付して市町村長に養子縁組の届出をしたときに成立します。

(3)　死後離縁をするについての許可

　死後離縁，すなわち，縁組の当事者の一方が死亡した後に生存当事者が離縁をするためには，家庭裁判所の許可を得ることが必要です（民811条6項）。離縁は，養親と養子との共同の届出によるのが原則であり，この場合は，お互いに利害得失を熟慮した上でなされるはずですから，家庭裁判所の関与は不要ということができますが，縁組の当事者の一方が死亡した場合，生存当事者の単独届出となるので，その可否を家庭裁判所がチェックするため，その許可を要するものとしています。

(4)　親権又は管理権を辞し，又は回復するについての許可

　親権を行う父又は母は，やむを得ない事由があるときは，家庭裁判所の許可を得て，親権又は管理権を辞することができます（民837条1項）。「やむを得ない事由があるとき」とは，海外への単身赴任のため長期間不在となるような場合です。このような場合，他方の親権者は単独で親権を行使し得ますが，取引の安全のために親権を辞することができます。管理権の辞任は，父又は母が財産の管理能力を欠くような場合になされますが，親権者が自ら進んで許可を受けるかは疑わしいところです。なお，監護権のみを辞することは認められません。

　次に，やむを得ない事由が消滅したときは，父又は母は，家庭裁判所の

許可を得て，親権又は管理権を回復することができます（民837条2項）。

いずれの場合も，戸籍の届出により効力が生じます。

(5) 氏又は名の変更についての許可

ア　氏の変更

やむを得ない事由があるときは，氏を変更することができますが，そのためには，戸籍の筆頭に記載した者及びその配偶者は，家庭裁判所の許可を得た上で，戸籍の届出をすることが必要です（戸107条1項）。難読の氏や奇異な氏等，現在の氏を継続することが社会観念上甚だしく不当と認められる場合に許可がなされます。名の変更は個人単位で行われますが，氏の変更は，戸籍単位で行われ，同一戸籍にいる筆頭者，その配偶者及び子のすべての氏が変更されます。

次に，父又は母が外国人である場合は，家庭裁判所の許可を得て，その氏を当該外国人父又は母の称している氏に変更することができます（戸107条4項）。この場合は，外国人の父又は母を持つ子の個人単位に氏が変更され，かつ，戸籍法107条1項とは異なり「やむを得ない事由」の要件はありません。なお，子が戸籍の筆頭に記載されたり，配偶者となっている場合は，これによることができず，同条1項に基づく氏の変更許可によります。この外国人親の氏への変更については，家庭裁判所は，氏の変更が不法目的等乱用にわたるおそれがあるか等を判断して，許可を決定します。

イ　名の変更

正当な事由があるときは，名を変更することができますが，そのためには，家庭裁判所の許可を得て，戸籍の届出をすることが必要です（戸107条の2）。「正当な事由」がある場合とは，奇異な名で社会生活上支障がある場合，商売上の襲名の必要がある場合等であり，姓名判断に基づく名の変更は正当な事由がないと解されています。

(6) 就籍許可

日本人でありながら，出生届がされなかった等のために，本籍を有しない者がいます。当該者のために出生届をすることができる者がいる場合は，その者が出生届をすれば本籍を有することとなりますが，そのような者が

第1章　家事事件手続等の概要

いない場合，出生届に基づく入籍は事実上不可能です。このような場合の
ため，戸籍法110条1項は「本籍を有しない者は，家庭裁判所の許可を得
て，許可の日から10日以内に就籍の届出をしなければならない。」と定め，
就籍の方法を定めています。家庭裁判所は，この許可審判の申請がされる
と，事実関係を調査し，申請人が国籍法上日本人であるかどうかや，出生
届がされなかった理由等を調査した上で，許可の可否を判断します。

(7)　戸籍の訂正についての許可

　ア　戸籍訂正

　戸籍の記載は，正確であることが必要ですが，時には誤って記載され
ることがあります。しかし，戸籍の記載は，事実上の事実推定力がある
ため，正規の手続で訂正しておかないと問題が生ずるおそれがあります。
例えば，婚姻の事実がないのに誤って婚姻の記載がされている場合は，
その訂正をしない限り，婚姻届は受理されず，婚姻をすることができな
い結果となります。戸籍訂正は，戸籍の記載が当初から不適法又は真実
に反している場合になされる是正措置ということができます。戸籍訂正
の手続は，市町村長側の過誤によって生じたかどうかにより，職権によ
る訂正と申請による訂正とがあります。申請による訂正には，戸籍法
113条，114条及び116条による届出に分けられます。このうち，116条に
基づく訂正については「2」以下で説明しますが，家庭裁判所の許可に
より訂正するのが次の2つです。

　イ　戸籍法113条による訂正

　同条は，「戸籍の記載が法律上許されないものであること又はその記
載に錯誤若しくは遺漏があることを発見した場合には，利害関係人は，
家庭裁判所の許可を得て，戸籍の訂正を申請することができる。」と規
定しています。例えば，前科や死産の事実等，戸籍の記載事項でない事
項の記載，外国人配偶者や日本国籍を有しない自己の子を日本人配偶者
の戸籍の名欄に記載したもの，生存者についての死亡の記載，出生年月
日や父母との続柄等についての記載の錯誤，氏又は名の記載の錯誤等が
これに該当し，同条による戸籍訂正が最も一般的なものです。利害関係
人（事件本人，届出人その他当該戸籍の記載に関し身分上又は財産上何らかの利害

36

を有する者）が家庭裁判所の許可審判を得た上で，訂正申請をします。

ウ　戸籍法114条による訂正

同条は，「届出によつて効力を生ずべき行為（第60条，第61条，第66条，第68条，第70条から第72条まで，第74条及び第76条の規定によりする届出に係る行為を除く。）について戸籍の記載をした後に，その行為が無効であることを発見したときは，届出人又は届出事件の本人は，家庭裁判所の許可を得て，戸籍の訂正を申請することができる。」と規定しています。届出によって効力を生ずべき行為（いわゆる創設的行為）についての戸籍の記載で，当該行為が無効である場合が対象となります。例えば，父又は母と氏を異にする子が家庭裁判所の許可を得ないでした入籍届による記載，死亡者によってなされた婚姻届又は離婚届による記載等がこれに該当します。本条による戸籍訂正の対象となるものは，創設的行為の無効であることが戸籍面上明らかである場合，又は親族法や相続法上重大な影響を与えない場合に限られます。

(8)　**戸籍事件についての市町村長の処分に対する不服**

戸籍法122条は，「戸籍事件（第124条に規定する請求に係るものを除く。）について，市町村長の処分を不当とする者は，家庭裁判所に不服の申立てをすることができる。」と規定し，例えば，戸籍の届出をしたものの不受理処分を受けた場合，家庭裁判所に不服を申し立てることができます。そして，家庭裁判所が，市町村長に戸籍への記載を命ずる審判を行い，これが確定したときは，市町村長は，そのとおり戸籍の記載をしなければなりません。子の名について許容漢字以外のものを用いたために出生届が不受理となった場合において，家庭裁判所がその漢字による戸籍の記載を命ずる審判を行うのがその例です。

2　戸籍の届出又は訂正申請等を要することとなる審判

以下に説明する審判には，戸籍の届出又は訂正申請を要することとなるもの以外に，裁判所書記官の嘱託により戸籍の記載をするものもあります。家事審判法では，すべて戸籍の届出を要したのですが，家事法では，一部の審判において，嘱託に基づき戸籍の記載をするものも設けられています。

(1) 失踪宣告関係

ア 失踪の宣告

不在者の生死が7年間明らかでないときは，家庭裁判所は，利害関係人の請求により，失踪の宣告をすることができます（民30条1項）。また，戦地に臨んだ者，沈没した船舶の中に在った者その他死亡の原因となるべき危難に遭遇した者の生死が，それぞれ，戦争が止んだ後，船舶が沈没した後又はその他の危難が去った後1年間明らかでないときも，失踪宣告をすることができます（同条2項）。この失踪宣告の審判は，即時抗告期間の経過により効力を生じ，失踪宣告を受けた者は，通常の失踪宣告の場合は上記7年間の経過時に，危難失踪の場合はその危難が去った時に，それぞれ死亡したものとみなされます（民31条）。審判が確定しますと，申立人は，戸籍への届出（報告的届出）を要します。

イ 失踪宣告の取消し

失踪者が生存すること又は上記アで説明した時と異なる時に死亡したことの証明があったときは，家庭裁判所は，本人又は利害関係人の請求により，失踪の宣告を取り消すことを要します（民32条1項前段）。失踪宣告は，人の生死という客観的な事実を確認することができないままになされるので，失踪者が生存していたり，死亡したとみなされた時以外の時に死亡している場合があります。これらの場合は，その客観的な事実を優先すべきであるので（死亡時の違いにより相続人が代わる場合もあります。），失踪宣告を取り消すのです。失踪者が生存していた場合は，戸籍上の失踪の記載を消除しますが，死亡日時が異なっていた場合は，さらに，客観的事実に基づく死亡届により，死亡の事実を戸籍に記載します。なお，失踪宣告の取消しは，失踪の宣告後その取消前に善意でした行為の効力に影響を及ぼしません（同条後段）。

(2) 特別養子関係

ア 特別養子縁組の成立

特別養子縁組は，市町村長への縁組届ではなく，家庭裁判所の審判により成立します（民817条の2第1項）。特別養子縁組は，実親との法律上の親子関係が断絶し，また，離縁も制限されるという強い法律効果が生

ずるので，家庭裁判所が，民法に定める要件を具備していることを認定した上で，審判を行い，その審判の確定により成立させるものとしているのです。特別養子縁組成立の審判が確定した場合，市町村長への報告的届出が必要です。

イ　特別養子縁組の離縁

　特別養子縁組が成立した場合，実親との法律上の親子関係が断絶し，養親と養子とは実親子関係と同等の関係となります。このため，その離縁は，実親子関係の縁を切るのと同じようなものとなり，厳しい要件の下，家庭裁判所の審判の確定によってのみすることができるものとしています。すなわち，民法817条の10第1項によれば，①養親による虐待，悪意の遺棄その他養子の利益を著しく害する事由があること，②実父母が相当の監護をすることができることのいずれの要件をも満たし，かつ，養子の利益のため特に必要があると認めるときにおいてのみ，家庭裁判所は，養子，実父母又は検察官の請求により，特別養子縁組の当事者を離縁させることができるのです。特別養子縁組の離縁の審判が確定した場合も，市町村長への報告的届出が必要です。

(3)　親権の喪失等の関係

ア　親権喪失，親権停止又は管理権喪失

　父又は母が子を虐待又は悪意で遺棄する等のため子の利益を著しく害するときは，当該父又は母に親権の行使をさせることは相当ではありません。そこで，このような場合は，家庭裁判所は，子，その親族等の請求により，親権喪失の審判をすることができます（民834条）。また，そこまでの程度ではなくても，父又は母による親権の行使が困難又は不適当であることにより子の利益を害するときは，家庭裁判所は，その父又は母について，親権停止の審判を行い，一時的に様子をみることができます（民834条の2第1項）。親権停止の審判をするときは，その原因が消滅するまでに要すると見込まれる期間，子の心身の状態及び生活の状況その他一切の事情を考慮して，2年を超えない範囲内で，親権を停止する期間が定められます（同条2項）。

　さらに，父又は母による親権の行使のうち，監護権については問題が

ないものの，財産管理権の行使が困難又は不適当である場合もあります。このような場合は，家庭裁判所は，その父又は母について，管理権喪失の審判をすることができます（民835条）。

これらの審判が確定した場合は，家庭裁判所の裁判所書記官は，戸籍の記載のため，子の本籍地に戸籍の記載の嘱託をしなければならず（家事法116条，家事規則76条1項1号），市町村長は，その嘱託に基づき，戸籍の記載をします。これらの場合は，審判の申立人が戸籍の届出をする必要はありません。

イ　親権喪失，親権停止又は管理権喪失の審判の取消し

親権喪失，親権停止又は管理権喪失の審判があった場合において，それぞれの原因が消滅したときは，家庭裁判所は，本人又はその親族の請求によって，それぞれ親権喪失，親権停止又は管理権喪失の審判を取り消すことができます（民836条）。

この取消審判が確定したときは，取消しを受けた親権者からの「親権喪失の審判取消届」等により，戸籍に各審判取消の旨の記載をします。

(4)　未成年後見関係

ア　養子の離縁後に未成年後見人となるべき者の選任

養子縁組の成立により養親が親権者となりますが，離縁したときは，実父母が親権者となるのが原則です。この場合において，実父母がいない等のため，離縁後に養子の法定代理人となるべき者がないときは，家庭裁判所は，養子の親族その他の利害関係人の請求によって，養子の離縁後にその未成年後見人となるべき者を選任します（民811条5項）。

この審判は告知により効力を生じます。この場合は，家庭裁判所の裁判所書記官は，戸籍の記載のため，子の本籍地に戸籍の記載の嘱託をしなければならず（家事法116条，家事規則76条1項2号），市町村長は，その嘱託に基づき，戸籍の記載をします。

イ　未成年後見人の選任

親の一方が死亡し，生存している親が単独親権者となっている等，未成年者に対して最後に親権を行う者は，遺言で，未成年後見人を指定することができます（民839条1項本文）。しかし，その指定がなく，未成年

後見人となるべき者がないときは，家庭裁判所は，未成年被後見人又は
その親族その他の利害関係人の請求によって，未成年後見人を選任する
ものとされています。未成年後見人が欠けたときも，同様です（民840条
1項）。

　なお，未成年後見人は複数人いても差し支えなく，例えば，身上監護
は叔母に委ね，財産管理は弁護士が行うのが適当な場合があります。そ
こで，未成年後見人がある場合においても，家庭裁判所は，必要がある
と認めるときは，更に未成年後見人を選任することができます（民840条
2項）。

　これらの審判により未成年後見人が選任された場合も，上記アと同じ
く，裁判所書記官の嘱託により戸籍の記載がされます。

ウ　未成年後見人の辞任についての許可

　後見人は，社会的公益的な責任を負うため，その職務の自由な辞任を
認めるのは相当ではありません。そこで，民法844条は「後見人は，正
当な事由があるときは，家庭裁判所の許可を得て，その任務を辞するこ
とができる。」と定め，疾病等の「正当な事由」という実体的要件と
「家庭裁判所の許可」という手続的要件を満たした場合にのみ，辞任を
することができるものとしています。

　この審判は告知により効力を生じますが，この場合も，上記アと同じ
く，裁判所書記官の嘱託により戸籍の記載がされます。

エ　未成年後見人の解任

　未成年後見人が未成年者の財産を私的に流用する等の不正行為を行う
等の事態が発生した場合，後見人としては不適格といわざるを得ません。
そこで，民法846条は，「後見人に不正な行為，著しい不行跡その他後見
の任務に適しない事由があるときは，家庭裁判所は，後見監督人，被後
見人若しくはその親族若しくは検察官の請求により又は職権で，これを
解任することができる。」と定め，解任の要件とその手続を定めていま
す。

　この審判は即時抗告期間経過により確定しますが，確定後は，上記ア
と同じく，裁判所書記官の嘱託により戸籍の記載がされます。

第1章　家事事件手続等の概要

オ　未成年後見監督人の選任

家庭裁判所は，後見人に対し後見の事務の報告若しくは財産の目録の提出を求める等，未成年後見人の後見の事務の監督をするものとされています（民863条）。これに加え，家庭裁判所は，必要があると認めるときは，後見監督人を選任することもできます（民849条）。未成年後見は，未成年者の身上監護を伴うので，叔父叔母が選任されることが多いですが，その財産管理に関する信頼性は人によって異なるので，必要があると認める場合に，後見監督人による監督を行うわけです。

未成年後見監督人が選任された場合も，上記アと同じく，裁判所書記官の嘱託により戸籍の記載がされます。

カ　未成年後見監督人の辞任についての許可

未成年後見監督人は，正当な事由があるときは，家庭裁判所の許可を得て，その任務を辞することができます（民852条・844条）。例えば，未成年後見監督人が重病を患い，任務を遂行することができないような場合です。

この審判は告知により効力を生じますが，この場合も，上記アと同じく，裁判所書記官の嘱託により戸籍の記載がされます。

キ　未成年後見監督人の解任

未成年後見監督人に不正な行為，著しい不行跡その他後見の任務に適しない事由があるときは，家庭裁判所は，これを解任することができます（民852条・846条）。この解任の手続は未成年後見人解任の場合と同じです。

この場合も，上記アと同じく，裁判所書記官の嘱託により戸籍の記載がされます。

(5)　推定相続人の廃除関係

ア　推定相続人の廃除

推定相続人が被相続人を殺害する等の行為をしたときは，法律上，当然に相続人となることができません（民891条）。これに加え，民法は，一定の事由があるときは，相続人から廃除すべきかどうかを被相続人の意思に委ねる制度を設けています。推定相続人の廃除がこれであり，被

相続人の生前に家庭裁判所に請求する方法と遺言による方法があります
が，被相続人の意思のみならず，家庭裁判所による客観的に合理的な判
断も必要としています。

　まず，遺留分を有する推定相続人（以下同じ。）が，被相続人に対して
虐待をし，若しくはこれに重大な侮辱を加えたとき，又は推定相続人に
その他の著しい非行があったときは，被相続人は，その推定相続人の廃
除を家庭裁判所に請求することができます（民892条）。家庭裁判所は，
これらの非行事実の有無のみならず，その非行事実により相続権を否定
するほどに協同関係を破壊したかどうかを判断して，その請求の当否を
判断します。

　次に，被相続人は，遺言で推定相続人を廃除する意思を表示すること
ができ，この場合は，遺言執行者は，その遺言が効力を生じた後，遅滞
なく，その推定相続人の廃除を家庭裁判所に請求しなければならないも
のとしています（民893条）。遺言による場合も，客観的な判断が必要な
ので，遺言執行者は，家庭裁判所に請求をしなければなりません。

　家庭裁判所は，廃除を求められた推定相続人の陳述を聴いた後に，申
立ての適否を判断します。

　審判が確定した場合，審判を求めた被相続人又は遺言執行者の届出に
より，廃除された者の戸籍に廃除の旨を記載します。

イ　推定相続人の廃除の審判の取消し

　被相続人は，いつでも，推定相続人の廃除の取消しを家庭裁判所に請
求することができます（民894条）。推定相続人の廃除の取消しを被相続
人の意思に委ねるとともに，家庭裁判所がその意思を確認するものとし
ているのです。

　これについての認容審判は申立人に対する告知により効力を生じ，審
判を求めた被相続人の届出により，廃除された者の戸籍に廃除取消しの
旨を記載します。

(6)　性別の取扱いの変更

　性同一性障害者の性別の取扱いの特例に関する法律3条1項は「家庭裁
判所は，性同一性障害者であって次の各号のいずれにも該当するものにつ

いて，その者の請求により，性別の取扱いの変更の審判をすることができる。」とし，①20歳以上であること，②現に婚姻をしていないこと，③現に未成年の子がいないこと，④生殖腺がないこと又は生殖腺の機能を永続的に欠く状態にあること，⑤その身体について他の性別に係る身体の性器に係る部分に近似する外観を備えていることの要件を定めています。

これについての認容審判は，申立人に対する告知により効力を生じ，この場合は，家庭裁判所の裁判所書記官は，戸籍の記載のため，申立人の本籍地に戸籍の記載の嘱託をしなければならず（家事法116条，家事規則76条1項6号），市町村長は，その嘱託に基づき，性別の取扱いの変更の審判を受けた者について新戸籍を編製する等の作業を行います。

(7) 親権者の指定関係

次に説明する親権者の指定は，家事法別表第2に掲げられており，父母の合意がない場合に家事審判がされます。

ア 養子の離縁後に親権者となるべき者の指定

未成年者の離縁に関し，民法811条は，養子の父母（実父母又は転縁組の場合の元の養親）が離婚しているときは，その協議で，その一方を養子の離縁後にその親権者となるべき者と定めなければならないことを定め，その4項で「協議が調わないとき，又は協議をすることができないときは，家庭裁判所は，同項の父若しくは母又は養親の請求によって，協議に代わる審判をすることができる」ことを定めています。このようにあらかじめ離婚後の父母のいずれかを親権者と定めることにより，離縁後の親権の帰属に問題がないようにしています。この審判が確定したときは，離縁時又は別途に，その申立人の届出により，離縁後の子の戸籍にその旨の記載をします。養子が15歳未満の場合は，その親が離縁の代諾者となります。

イ 親権者の指定又は変更

父母の離婚又は婚姻の取消しの場合は，父母は離婚後等の子の親権者を合意で定めなければなりません（民819条2項・749条）。また，子の出生前に父母が離婚した場合には，親権は，母が行いますが，子の出生後に，父母の協議で，父を親権者と定めることができます（民819条3項）。さら

に，父が認知した子に対する親権は，父母の協議で父を親権者と定めた
ときに限り，父が行います（同条4項）。しかしながら，これらの協議が
調わないとき，又は協議をすることができないときは，家庭裁判所は，
父又は母の請求によって，協議に代わる審判をすることができるものと
されています（同条5項）。また，子の利益のため必要があると認めると
きは，家庭裁判所は，子の親族の請求によって，親権者を他の一方に変
更することができます（同条6項）。これらの親権者指定又は変更の審判
が確定したときは，その申立人の届出により（戸79条・63条），子の戸籍
にその旨の記載をします。

3 戸籍の届出又は訂正申請を要することとなるその他の裁判又は調停

(1) 家事調停

　離婚や離縁に関する家事調停において当事者間に合意が成立したときは，
これを調書に記載します。この記載により，調停が成立したものとされ，
その記載は，確定判決（別表第2に掲げる事項にあっては，確定した39条の規定に
よる家事審判）と同一の効力を有します。離婚を例にあげますと，離婚自体
は，確定判決と同一の効力を有し，親権者の指定は，確定した審判と同一
の効力を有します。そこで，調停が成立すると，調停の申立人の離婚の届
出（報告的届出）により（戸79条・63条），戸籍には離婚や親権者指定の記載
をします。

(2) 合意に相当する審判

　第3の3(1)で説明したとおり，婚姻の無効確認，嫡出否認，認知等につ
いては，調停前置により調停手続が先行しますが，第三者の利害に影響す
るため，当事者の合意によってのみでは，その効力を認めるのは相当では
なく，調停を成立させることができません。そして，調停において当事者
に無効又は取消事由等の存在の存否について争いがなく，かつ，家庭裁判
所が，必要な事実を調査した上，この合意を正当と認めるときは，合意に
相当する審判をすることができます。

　この審判が確定したときは，調停の申立人は，戸籍の記載又は戸籍訂正
の申請をしなければなりません。これらの審判のうち，認知等身分関係創

第1章　家事事件手続等の概要

設の審判と，婚姻の取消し等身分行為の取消しの審判が確定したときは，その旨の戸籍の届出が必要です（戸75条）。身分関係創設の場合は，その旨を新たに戸籍に記載するので当然ですが，身分行為の取消しの審判の場合も，当該身分関係は取り消されるまでは有効ですから，当該身分関係取消しの届出によって戸籍の記載をします。これらは，戸籍訂正ではありません。

　他方，身分関係の無効確認の審判やその他一定の審判が確定したときは，これと相矛盾する戸籍の記載について戸籍法116条による戸籍訂正の申請となります。これに関する審判としては，嫡出子否認，父の決定，認知の無効確認又は取消し，婚姻又は協議離婚の無効確認，養子縁組又は協議離縁の無効確認，親子関係の存否確認などに関する合意に相当する審判です。同条1項は「確定判決によつて戸籍の訂正をすべきときは，訴を提起した者は，判決が確定した日から1箇月以内に，判決の謄本を添附して，戸籍の訂正を申請しなければならない。」と定めていますが，人事訴訟の判決に限らず，ここにいう「判決」には，家事審判も含まれるものとして解釈されています。

(3)　調停に代わる審判

　第3の3(2)で説明したとおり，離婚又は離縁の調停では，相手方が合意しないため調停が成立しない場合であっても，家庭裁判所は，職権で，事件の解決のため必要な審判（調停に代わる審判）をすることができます。この調停に代わる審判が確定したときは，その申立人からの届出により，離婚又は離縁の旨及び親権者の指定について戸籍の記載をします。

(4)　人事訴訟

　人事訴訟の裁判が確定したときも，訴えを提起した者の届出又は申請により，戸籍の記載又は戸籍訂正を行います。人事訴訟で裁判のされる事項は第4の1の(1)で説明したとおりですが，このうち，戸籍の届出に基づき戸籍の記載をするのか，あるいは戸籍訂正によるかの区分は，上記「(2)合意に相当する審判」で説明したとおりです。

　なお，戸籍法116条は，確定した裁判の効力として戸籍訂正を認めるものではなく，訂正事項を明確にする証拠方法として確定判決を要するとす

46

第5　戸籍の届出・訂正に関する裁判・調停

る趣旨です。そこで，判決の主文と理由とを総合して訂正事項が明確にされているときは，必ずしも主文に訂正事項そのものが表現されていることを要するものではありません（最判昭和32・7・20民集11・7・1314）。例えば，推定されない嫡出子が妻の夫甲の子として戸籍に記載されていたところ，真実の父との間に認知の裁判があったときも，その裁判は同条にいう確定判決に該当し，父を甲とする記載は，その判決に基づく同条の訂正申請により，訂正することができます（昭和37・6・7民事甲1506号回答）。

第2章 戸籍制度の概要

第1 戸籍制度の目的

1 身分関係の登録と公証

　戸籍制度は，日本国民の出生から死亡に至るまでの親族的身分関係を，公文書である「戸籍」に登録（記録）して，これを公証することを目的としています。

　身分関係の公証は，具体的には，各人の戸籍の謄抄本及び記載事項証明書によって行われます（戸10条・10条の2・12条の2）。

2 身分関係の発生・消滅等への関与

　各人の身分関係の要件等は，民法に規定されていますが，その中の主要な身分関係については，戸籍上の届出の受理によって効力を生ずるものとしています。すなわち，民法は，婚姻，認知，養子縁組，協議離縁・離婚等の身分行為については，戸籍事務管掌者である市町村長（政令指定都市の場合は「区長」。以下同じ。）への届出とその受理によって成立するものとしています（民739条・764条・781条・799条・812条）。このことから，戸籍制度ひいては戸籍に関する事務は，人の身分関係の形成・変更等にも関与しているということができます。

3 戸籍の利用目的

　戸籍は，日本国民の親族的身分関係の公証を目的とし，親族・相続法上の重要な事実又は法律関係は，戸籍によって証明されます。このため，戸籍は，その制度の目的からしても国民の利用に供されなければなりません。ちなみに，戸籍に登録・公証される身分関係の内容と戸籍の利用目的は，おおよそ次の表のようになります。

第２章　戸籍制度の概要

分　類	身分関係	戸籍の利用目的
(1)　公的身分	日本国民	国籍証明
(2)　私的身分	親子関係	相続・親権・扶養
	夫婦関係	相続・扶助
	兄弟姉妹関係	相続・扶養
	成年・未成年	取引能力・婚姻能力・養子縁組能力
	未成年者の法定代理関係など	取引

4　戸籍の記載と特色（索引的機能）

　戸籍は，各人の親族的身分関係を公証する唯一の公文書ですが，この身分関係の公証は，戸籍の記載事項を媒介して行われます。ちなみに，戸籍には，本籍のほか，戸籍内の各人について戸籍法13条各号に定める事項が記載されることになっていますが，それらの事項のうち最も特色のある事項として，一般に「索引的機能」といわれる事項があります。すなわち，ある戸籍に在籍していた者について，例えば，婚姻，縁組等の届出によって新戸籍が編製され，又は他の戸籍に入籍する場合（戸16条〜20条）には，その新戸籍又は入籍する戸籍において従前の戸籍の表示（本籍及び筆頭者の氏名）を記載することとされ，また，反対に，従前の戸籍においても，新戸籍又は入籍する戸籍の表示を記載することになっています（戸13条３号，７号，戸規38条）。これによって，当該当事者の入・除籍する前後の戸籍の関連が明らかにされる仕組みとなっています。

　また，このようにして，入・除籍する前後の戸籍に相互のつながりをもたせていることから，例えば，何らかの身分行為等によってその在籍戸籍から除かれた者については，必ずその者の戸籍上の行先が明らかにされるため，現在の戸籍の記載事項から従前の戸籍に遡ってその記載事項（つまり身分関係事項）をはじめ他の戸籍に在籍する者の間の親族関係のつながり等を把握することが可能となります。ちなみに，相続問題において，相続人を把握する必要が生じた場合には，被相続人の戸（除）籍を中心にして関連する戸（除）

50

籍を順次にたどり，その記載事項を調査することによって目的を達することが可能となりますが，これは，戸籍には，制度上，上記のような索引的機能があるからにほかなりません。

そして，この検索機能の結果，日本人の身分関係が一つの帳簿に記載されているのと同一の効果があります。また，出生や死亡における届出義務と婚姻等は届出によって身分関係が発生・消滅するとの創設的届出の制度を総合すると，日本人の身分関係は一つの帳簿に必ず記載されるということができます。さらに，このことから，戸籍に記載されている事項の存在の事実のほか，戸籍に記載されていないという事実に基づき，身分行為が存在しない，あるいは継続していること（例，婚姻の記載があるのに離婚の記載がないことは，婚姻関係が継続していること）も証明することができます。

5　戸籍の記載の効力

(1)　戸籍の記載の証明力

戸籍は，日本国民の出生から死亡に至るまでの重要な身分に関する事項を記載（記録―以下本項において同じ。）して，これを公証する唯一の公文書であって，その記載は，反証のない限り，記載に相応する身分関係が存在するものとして推定されます（大判明治37・1・23民録10輯29頁，最判昭和28・4・23民集7巻4号396頁）。

(2)　証明力の担保措置

戸籍の記載は，原則として，戸籍法に定める各種の届出に基づいて行われますが（戸15条），その届出に際しては，婚姻，養子縁組等の創設的届出にあっては証人を必要とし（民739条2項・764条・799条・812条，戸33条），また，出生，死亡，裁判認知等の報告的届出にあっては，その事実又は裁判の成立を証する書面（例・出生証明書，死亡診断書又は死体検案書，認知の審判又は判決の謄本ほか）の添付を要求しており（戸49条・86条・90条・63条ほか），さらに虚偽の届出をした者に対しては刑罰を科する（刑157条1項）ことによって戸籍記載の真正を担保することとしています。

(3)　戸籍の記載の是正

戸籍法は，戸籍の記載の正確性を担保するため，上記(2)のとおり，戸籍

第2章　戸籍制度の概要

の記載の基礎となる届出の正当性を立証する書面の添付を要求するなど種々の措置を講じています。しかし，戸籍の記載が常に真実を反映しているとは限りません。市町村長は，届出の受理に際して，届出事項の真偽を審査する権限（いわゆる実質的審査権）を有しておらず，一般に形式的審査主義によって届出の受理を行っているからです。そこで，戸籍の記載が真実に反する場合には，これを速やかに是正する措置が講じられなければなりません。その是正措置（すなわち，戸籍の記載を真実に合致させ，あるいは不適法な記載を改める。）として認められているのが戸籍訂正の手続（戸24条・113条・114条・116条）であるわけです。なお，戸籍の訂正は，単に戸籍の記載を真実に合致させる手続にすぎないものであり，戸籍の記載を訂正することによって新たな身分関係を発生・変更・消滅させる効果をもつものではないことに注意することが必要です。

第2　戸籍に関する諸帳簿と保存年限

1　戸籍・除籍簿等

戸籍事務の管掌者である市町村長は，戸籍事務を管理・執行する上で必要な各種の帳簿を整備しなければなりませんが，その中でも特に戸籍簿，除籍簿，改製原戸籍簿は，戸籍制度の中核をなすべき最も重要な帳簿といえます。

(1)　戸籍簿

戸籍は，日本国民の親族的身分関係を登録（記録）し，これを公証する公文書（公正証書）であり，これをつづって帳簿としたのが戸籍簿です（戸7条）。その意味で，戸籍簿は，公正証書のいわば集合体ということができます。

ところで，戸籍の調製に用いる用紙の規格，様式については，その性質上，全国的に統一する必要があるため，法務省令をもって定められています。すなわち，戸籍用紙は，戸籍法施行規則1条の規定により，日本工業規格B列4番若しくは美濃判の丈夫な用紙を用い，同規則附録第1号様式によって調製すべきものとされています。

52

(2) コンピュータシステムによる戸籍簿

　平成6年法律第67号による戸籍法の一部改正（同年12月1日施行）により，電子情報処理組織（以下「コンピュータシステム」といいます。）を用いて戸籍事務を処理する制度が創設されました（戸118条）。

　戸籍事務をコンピュータシステムによって処理する場合，戸籍は，磁気ディスクに記録し，これをもって調製するものとされています（戸119条1項）。また，この場合には，磁気ディスクをもって調製された戸籍（一般に「コンピュータ戸籍」と呼んでいます。）を蓄積して戸籍簿とします（同条2項）。

(3) 除籍簿

　ある戸籍に在籍する者について，婚姻，縁組等の届出によって新戸籍が編製され，又は他の戸籍に入籍したとき（戸16条～21条）は，従前の戸籍から除籍されます（戸23条前段）。このことは，その者が死亡し，失踪宣告を受け，又は日本国籍を喪失したときも同様です（同条後段）。このようにして，一戸籍内の全員が除かれ，在籍する者がいなくなったときは，その戸籍は戸籍簿から除籍簿につづり替えて保存されることになります（戸12条）が，この除かれた戸籍も，身分関係を公証する上で欠くことのできない公正証書です。死亡者の生前の身分関係や相続人を知る必要が生じた場合には，除かれた戸籍に遡ってこれを参照することによりその目的を達することが可能となります。このようなことから，除かれた戸籍も重要な役割をもっているということができます（なお，前記**第1の4**参照）。

(4) 戸籍の改製と原戸籍簿

ア　改製の趣旨

　戸籍の改製は，一般に戸籍法の改正に伴って戸籍の様式が改められた場合に，旧法の規定による様式をもって編製されていた戸籍を新法の規定による様式の戸籍用紙をもって書き替えることをいい，改製前の元の戸籍を「改製原戸籍」といいます。

　戸籍の改製には，戸籍法の変遷とともにこれまでに，①明治5年式戸籍（明治4年太政官布告第170号戸籍法三三則（明治5・2・1施行）による編製戸籍）について明治19年式戸籍への改製，②明治19年式戸籍（明治19・10・16内務省訓令第22号戸籍取扱手続による編製戸籍）について明治31年式戸籍へ

第2章　戸籍制度の概要

の改製，③明治31年式戸籍（明治31・6・15法律12号の戸籍法及び同31・7・13司法省令5号戸籍取扱手続（いずれも同31・7・16施行）による編製戸籍）について大正4年式戸籍への改製，④大正4年式戸籍（大正3・3・31法律26号戸籍法及び同3・10・3司法省令7号同法施行細則（いずれも大正4・1・1施行））による編製戸籍についての現行戸籍法（昭和22・12・22法律224号）による戸籍（昭和22・12・29司法省令94号戸籍法施行規則（いずれも昭和23・1・1施行））への改製〔**注1**〕，⑤戸籍事務をコンピュータシステムによって取り扱う場合（戸118条・119条（平成6・12・1施行））における戸籍の改製〔**注2**〕があります。

イ　改製の特色

　上記の改製のうち①から③の改製は，それぞれ旧法の様式による戸籍を法律改正後の戸籍様式（用紙）に書き改める（旧様式の戸籍中現に在籍している者のみを新法様式の戸籍に移記する。）というものでしたが，④の改製は，単に戸籍の様式を新法のそれに書き替えるというだけではなく，旧民法のいわゆる「家」の制度を前提として編製された旧法戸籍（戸主を中心とする，いわゆる三代戸籍）を，新民法の立法精神及び新戸籍法の編製基準（戸6条）に適合させるため，一組の夫婦とこれと氏を同じくする子（又は配偶者のない者とこれと氏を同じくする子）ごとに分解して編製替えを行うというものであり，その完成によっていわば新戸籍法の完全実施が実現することとなる極めて重要な意義を持っていました。なお，この改製は，新法施行後直ちに実施することは経費，労力等の面から事実上困難であったため，新法施行10年後の昭和33年4月1日から全国市町村一斉に実施され（昭和32・6・1法務省令第27号，同日付け民事甲1358号通達等参照），昭和41年3月末に完了しています（木村三男「旧法戸籍の新法戸籍への改製」（戸籍法50周年記念論文集編纂委員会編『現行戸籍制度50年の歩みと展望』116頁所収）。

〔**注1**〕　明治31年式戸籍の大正4年式戸籍への改製は，事情の許す市町村の上申に基づく命令によって行われていた（大正3年戸籍法184条2項）ことなどから，明治31年式戸籍で大正4年式戸籍に改製されなかったものについては，昭和32年法務省令第27号に基づく改製の対象とされました。

54

〔注2〕　この場合の改製は，従前の様式による紙戸籍に記載されている事項を，磁気ディスクによる戸籍に移記する方法によって行われます（平成6年改正省令附則2条，平成6・11・16民二7000号通達第7）。なお，前記④の旧法戸籍の改製と本項における⑤の改製とを区別する意味から，戸籍実務の担当者の間では，前者を「昭和改製」，後者を「平成改製」と呼んでいます。

(5)　戸（除）籍の再製と再製原戸籍簿

　戸籍又は除籍の全部又は一部が滅失したとき又は滅失のおそれが生じたときは，法務大臣の指示によりこれを再製又は補完することとなります（戸11条・12条2項，戸規9条・10条）。

ア　滅失した戸（除）籍の再製

　戸籍又は除籍の原本の全部又は一部が滅失する場合としては，火災，水害，震災，毀棄，変造，汚損等の自然的又は人為的な種々の原因を挙げることができますが，そのいずれの場合においても市町村長からの報告に基づく法務大臣の指示によって再製します。この場合の再製は，滅失前の戸（除）籍をそのまま復元（回復）することですが，それには管轄法務局において保存する戸（除）籍の副本及び届出書類が最も有力な再製資料となります（戸規15条・48条・49条）〔注1〕。

イ　訂正記載のある戸（除）籍の再製

　虚偽若しくは錯誤による届出等，又は市町村長の過誤によって戸（除）籍に不実の記載又は過誤による記載がされ，これが訂正されている場合において，当該戸籍に記載されている者から，訂正事項のない戸（除）籍への再製の申出がされたときは，その戸（除）籍を訂正記載（欄外訂正を含む。）のない戸籍に再製します（戸11条の2，戸規10条，平成14・12・18民一3000号通達，同日付け民一3002号依命通知）。

ウ　滅失のおそれがある戸（除）籍の再製

(ア)　虫害，汚損等を原因とする再製

　戸籍又は除籍の原本の全部又は一部が虫害，汚損等によって滅失のおそれが生じた場合の再製は，一般に新たな用紙を用いて同一内容の戸（除）籍を編製する（つまり，当該滅失のおそれがある戸（除）籍の原本に記載されている事項を新たな戸籍用紙に移記する。）という方法によって行うことになっています〔注2〕。

第2章　戸籍制度の概要

(イ)　後見又は保佐の登記の通知による戸籍の再製

　平成11年法律第149号による民法の一部改正（平成12・4・1施行）により成年後見制度が創設され，従前の禁治産・準禁治産の宣告による後見人・保佐人は新制度における後見人・保佐人とみなされることになりました（改正民法附則3条1項）。さらに，後見登記等に関する法律（平成11年法律152号）の施行により，後見・保佐及び補助に関する事項は，登記によって公示されることになりました。これに伴い，旧制度の下で禁治産・準禁治産の宣告を受け，戸籍の記載がされた者については，本人，配偶者，四親等内の親族等からの申請に基づいて戸籍の記載による公示から登記（後見の登記）による公示へ移行したときは，登記官から上記本人の本籍地の市町村長にその旨の通知がされ，この通知を受けた市町村長は，当該戸籍に記載されている禁治産・準禁治産に関する事項を消除するため，滅失のおそれがある戸籍の再製手続に準じて，当該戸籍を再製することとされています（後見登記法附則2条，平成12年改正戸規附則4条，平成12・3・15民二603号通達，平成12・3・23民二700号通達）。

(ウ)　嫡出でない子の父母との続柄欄の記載更正後の再製

　嫡出でない子の戸籍における父母との続柄については，従前は，単に「男（女）」と記載することとされていましたが，平成16年法務省令第76号による戸籍法施行規則の一部改正（平成16・11・1施行）により，「長男（長女）」と記載することに改められるとともに，既に戸籍に記載されている嫡出でない子の父母との続柄については，本人（15歳未満の場合は法定代理人）又は母（本人が15歳以上の場合で，母が本人と同一戸籍に在籍するか又は在籍していたときに限る。）から更正の申出があったときは，市町村長限りの職権で更正することとされています（平成16・11・1民一3008号通達）。また，その更正後に，上記の申出人から，当該更正に係る事項の記載のない戸籍への再製の申出があったときは，滅失のおそれがある戸籍の再製手続（戸規9条）に準じて再製することができるものとされています（前掲通達4）。

56

〔注１〕 戸（除）籍の再製が完了したときは，管轄法務局においては，市町村長からの完了報告（標準準則16条・17条・18条）に基づいて，再製が適正にされているか否かを調査し，適正にされていると認められたときは，当該市町村長に調査完了の旨を通知しますが，当該戸（除）籍が戸籍としての効力が発生するのは，管轄法務局の上記の調査が完了した日となります（大正13・5・6民事7383号回答，昭和33・10・9民事二発478号回答二）。

〔注２〕 滅失のおそれがある戸（除）籍についても，戸（除）籍が滅失した場合と同様に，法務大臣は，その再製・補完につき必要な処分（すなわち，再製資料の収集及び再製・補完の方法等）について管轄法務局の長に訓令することになりますが，事務の簡素合理化上，管轄法務局の長が，法務大臣の訓令を専決処分することとされており（平成14・12・18民一訓2999条「戸籍事務についての専決に関する訓令」），そして，市町村長の報告に基づく滅失のおそれがある戸（除）籍の再製を相当と認めたときは，法務大臣の名において処分指示書を作成し，これに基づき市町村長に対し再製に関する指示を発する取扱いとされています（平成14・12・18民一3002号依命通達）。

エ　再製原戸籍簿の保存期間

① 滅失のおそれがある戸（除）籍として再製された場合（戸11条（戸12条2項において準用される―以下同じ））は，当該再製された戸籍は原則として従前戸籍と同一内容の記載（除かれたものも含めて）が再現されているため，再製前の戸籍（すなわち再製原戸籍）は戸籍としての効力を失うとともに，その保存期間は，当該年度の翌年から1年とされています（戸規10条の2第1項）。

② 訂正記載のある戸籍について再製した場合（戸11条の2第1項）の再製原戸籍については，当該年度の翌年から150年とされています（戸規10条の2第2項）。

③ 市町村長の記載過誤により欄外訂正がされている場合の再製原戸籍（戸11条の2第2項），後見又は保佐の登記の通知による場合の再製原戸籍，嫡出でない子の父母との続柄記載更正の場合の再製原戸籍は，いずれも当該年度の翌年から1年とされています（戸規10条の2第3項）。

第2章 戸籍制度の概要

2 戸籍受附帳

(1) 受附帳の調製と目的

受附帳は，市町村長の審査を経て受理と決定された届書・申請書等について，その受理又は送付（他の市町村長において受理し送付された届書等の場合）の事実を明確にするために調製されるものです（戸規21条）〔**注**〕。

受附帳は，所定の様式（戸規附録第5号）に従って毎年調製し，その年度内に受理し又は送付を受けたすべての戸籍届出等の事件について，受附の順序に従って記載することになっています。このため，受附帳の記載によって当該市町村がその年度内に取り扱った届出等の事件のすべてが明らかにされるとともに，届出等があったこと（言い換えれば，届出等を受理したこと）を立証する基礎資料ともなります。

(2) 受附帳の記載事項と役割

受附帳に記載すべき事項は，戸籍法施行規則21条1項に定められていますが，それらの事項中には，戸籍の記載事項とされている事項も含まれています。例えば，①出生の届出について，届出人の資格及び氏名，事件本人の出生の年月日（同項3号・6号），②死亡及び失踪の届出について，届出人の資格及び氏名のほか，死亡の届出については事件本人の死亡の年月日時分，失踪の届出については，事件本人の死亡とみなされる年月日（同項3号・7号）がそれです。以上のほか，例えば，郵送による届書類を受理したときは，受附帳の備考欄に「年月日（封筒に施されている通信日付印中の年月日）郵送」の旨を記載するものとされており（標準準則27条），また，婚姻の届出によって夫婦について新戸籍が編製される場合の新本籍，あるいは出生又は死亡の届出については出生又は死亡の場所を備考欄に記載するなど，後日の参考となるべき事項は極力「備考欄」に記載する取扱いがされています。このように，受附帳に記載される事項は詳細にわたることから，仮に届書類が紛失したり又は廃棄された後において，戸籍の記載の遺漏や過誤等を発見した場合でも，受附帳の記載を基礎として戸籍の記載又は訂正を行うことができます（大正10・5・19民事1554号回答，昭和36.12.5民事甲3061号通達参照）。また，戸籍・除籍簿等が震・火災等によって滅失した場合にも，その再製資料として役立てることができます。

第2 戸籍に関する諸帳簿と保存年限

　戸籍事務の適正円滑な処理運営を図る上で，受附帳が，戸（除）籍簿とともに欠くことのできない極めて重要な帳簿であるとされるゆえんです。

〔注〕　戸籍事務をコンピュータシステムによって取り扱う場合には，受附帳は，磁気ディスクをもって調製するものとされています（戸規76条）。

3　諸帳簿の保存年限

　戸籍に関する諸帳簿のうち，特に戸籍簿・除籍簿等の保存年限は，次表のとおりです。

種　別		保存期間	根拠規定
戸籍簿		除かれるまで（その後は，除籍簿等となる）	（現在戸籍）戸8条
除籍簿		除籍となった年度の翌年から150年	戸12条　　　　　　　　〔注1〕 戸規5条4項
改製原戸籍	1	改製の翌年から150年	戸籍法施行細則48条・51条，戸規88条4項　　　　　　　　〔注2〕
	2	改製の翌年から150年	附則3条，改正省令7条
	3	改製の日から150年	平成6年改正省令附則2条1項
再製原戸籍		再製した年度の翌年から150年	戸11条の2第1項（12条2項による準用の場合を含む。），戸規10条の2第2項　　　　　　　　〔注3〕
受附帳		調製した年度の翌年から150年	戸規21条3項

〔注1〕　一戸籍内の全員が除かれた戸籍は，なお日本国民の親族関係を公証する上で欠くことのできない公正証書であるということができます。例えば，死亡者についても，生前の身分関係を知る必要があり，また，他の戸籍に在る者との間の親族関係を明らかにする上からも，除かれた戸籍に遡って参照する必要が生じます。このことは，いわゆる相続問題において顕著です。このようなことから，除かれた戸籍は，戸籍簿から除いて除籍簿につづって保存することとされています（戸12条）。そして，その保存年限については，近時における国民の平均寿命の推移等が考慮され，改製原戸籍簿，再製原戸籍簿とともに150年に伸長されています（平成22年法務省令第22号による改正（平成22年6月1日施

第2章　戸籍制度の概要

　　行）後の戸籍法施行規則5条4項・88条4項等）。
〔注2〕　改製原戸籍の1は，明治31年式戸籍を大正3年式戸籍に改製した際に除かれ
　　た当該改製前の戸籍，同2は，明治31年及び大正3年式戸籍を現行戸籍法によ
　　る戸籍に改製（いわゆる昭和32年法務省令第27号による旧法戸籍の改製）した
　　際に除かれた当該改製前の戸籍，同3は，平成6年12月1日以降にコンピュー
　　タシステム化に伴い改製した際に除かれた当該改製前の戸籍です。
〔注3〕　この再製原戸籍は，虚偽又は錯誤による届出等によって不実の記載がされ，
　　かつ，その記載につき所定の手続によって訂正がされた戸籍について，申出に
　　よって再製した際に除かれた当該従前の戸籍です（戸11条の2第1項）。

4　戸籍の記載を要しない届書類

ここでは，戸籍に記載を要しない書類の公証的な機能について説明します。

(1)　戸籍法の効力

　戸籍法は，行政法規としての実質を有しているため，日本国内に居住す
る外国人にも適用されます（戸籍法の属地的効力）〔注〕。このことから，戸
籍法の施行地域内で外国人につき出生，死亡等の事実が発生したときは，
当然戸籍法の適用があり，その報告的届出をすべき義務を負うものと解さ
れています（昭和24・3・23民事甲3961号回答）。

(2)　身分行為の準拠法と外国人の戸籍届出

　婚姻，縁組等の創設的届出においては，当該身分行為の方式に関する準
拠法が，法の適用に関する通則法（以下「通則法」という。）の規定によって
日本法とされる場合には，日本国内に在る外国人も，民法及び戸籍法の規
定に従って市町村長に届け出ることができ，これによって一定の身分関係
を形成させることができます。ちなみに，渉外的婚姻の方式に関する準拠
法については，通則法は，婚姻の挙行地法によることを原則としており
（通則法24条2項），さらに婚姻当事者が日本で婚姻をする場合に，当事者の
一方が日本人であるときは，日本の方式によらなければならないとしてい
ます（通則法24条3項ただし書）。婚姻以外の身分行為の方式に関する準拠法
については，通則法34条は，その法律行為の成立について適用すべき法
（同条1項）又は行為地法（同条2項）によることを定めています。このこと
から，例えば，日本国内に居住の国籍を異にする外国人夫婦が離婚する場
合の準拠法が，共通常居所地法又は密接関連法（通則法27条・25条）として

60

日本法が適用されるときは，離婚の実質的成立要件及び形式的成立要件とともに日本法となるため，戸籍法の規定に従って市町村長に届出をすることによって離婚を成立させることができます（民763条・764条・739条，戸76条）。また，渉外的養子縁組の場合においても，養親となる者が外国人であって，日本で縁組をするときは，当該養親の本国法が実質的成立要件の準拠法となります（通則法31条1項）が，形式的成立要件（方式）については，行為地としての日本法が準拠法となる（通則法34条2項）ので，市町村長に対し届出をすることによって縁組を成立させることができます（戸66条）。

　なお，日本人と外国人の夫婦が離婚をする場合において，当該日本人当事者が日本に常居所を有しているときは，日本法が準拠法となる（通則法27条ただし書・25条）ので，市町村長に対する届出によって離婚を成立させることができます（民763条・764条，戸76条）。

(3)　外国人の身分行為の公証

　戸籍事務の管掌者である市町村長が，外国人に関する戸籍の届出を受理した場合において，当該届出の当事者の一方が日本人であるときは，その日本人当事者の戸籍に届出に係る身分関係事項が記載（記録）されることになり，これによってその外国人が日本人との婚姻，養子縁組等の身分行為を行っている事実が公証されることになります。これに対し，当該届出の当事者が外国人同士であるときは，戸籍に記載（記録）されることがないため，当該届出の受理証明書又は届書の記載事項証明書の交付によって公証されます（これらの証明書の交付を請求できる者について戸籍法48条，受理証明書の書式について戸籍法施行規則66条・同附録第21号書式参照）。

(4)　外国人に関する戸籍届書とその保存期間

　外国人のみを当事者とする戸籍の届出が市町村長に受理されても，その届出に基づいて戸籍に記載（記録）されることはないことから，日本人のように戸籍の記載（記録）によって身分関係を公証することはできません。当該届出人たる外国人の届出に関する事項の証明は，もっぱらこの届書類によってするほかはありません（前記(3)参照）。このことから，当該届書類は，外国人の身分関係を公証する重要な資料として，受理市町村長において一定期間保存することとされています（昭和27・7・8民事甲986号回答）。

第2章　戸籍制度の概要

すなわち，その保存期間は，出生，死亡等の報告的届出書類は，届出の年の翌年から10年間，婚姻，養子縁組等の創設的届出書類は，届出の年の翌年から50年間とされています（戸規50条2項）。

〔注〕　戸籍制度に特有の入籍届（戸98条），分籍届（戸100条），転籍届（戸108条），
　　　　氏名の変更届（戸107条・107条の2），復氏届（戸95条），就籍届（戸110条）に
　　　　ついては，外国人には適用されないことは当然です。

第3　戸籍の記載及び届出

1　戸籍の編製・記載

(1)　戸籍の編製

現行戸籍法（昭和22年法律第224号・昭和23年1月1日施行）は，夫婦・親子をもって一つの戸籍を編製し（戸6条），戸籍内の各人について，専ら身分法上の事実又は法律関係を公証することのみを目的としています。この点において，旧民法及び旧戸籍法の下における戸籍が，いわゆる「家」とその構成員（戸主とその家族）の身分関係（旧民732条・746条，旧戸9条等）の公証を目的としていたのと異なるところです。

なお，上記にいう身分関係の公証は，究極において戸籍の記載によって具現されることになります。

(2)　戸籍の編製事由（原因）

戸籍は，民法上の「氏」を基本として編製する建前となっています（戸6条）。民法は，夫婦は必ず氏を同じくすべきものとし（民750条），嫡出子は出生によって父母の氏を称し（民790条1項），嫡出でない子は出生によって母の氏を称し（同条2項），養子は養親の氏を称し（民810条），子が父又は母と氏を異にするときは，その父又は母の氏に変更することを認め（民791条），また，離婚，離縁等に伴う復氏を認めています。なお，親子同氏の原則は不変のものではなく，婚姻，縁組等によって親の氏が変動しても，子の氏がこれに随伴して当然に変動するということはありません。前記の民法791条の規定（子の親の氏への変更）が設けられた理由です。

新たに戸籍が編製されるのは，次の場合です。

ア　婚姻の届出があったとき

　戸籍は，一組の夫婦及びこれと氏を同じくする子ごとに編製するのを建前とする（戸6条）ため，戸籍の筆頭者でない者（同籍者）の氏（夫又は妻の氏）を称する婚姻の届出があったときは，その者を筆頭者として新戸籍を編製します（戸16条1項本文）。

イ　戸籍の筆頭者でない者と外国人との婚姻の届出があったとき

　戸籍の筆頭者でない日本人が外国人との婚姻の届出をしたときは，日本人間の婚姻の場合と同様に，当該日本人配偶者について新戸籍を編製します（戸16条3項本文）。

ウ　戸籍の筆頭者及びその配偶者以外の者（すなわち同籍する子（又は養子））が，同一の氏を称する子又は養子を有するに至ったとき

　戸籍は，夫婦・親子をもって編製する建前であるため，いわゆる「三代戸籍」となること（親・子・孫という三世代の者が同籍すること）を防止する上から，上記の場合（例えば，父母の戸籍にいる子が独身のまま養子を迎えたり，婚姻外で子を出産した場合）には，筆頭者及びその配偶者でない者について新戸籍を編製し，これと同氏の子又は養子を入籍させます（戸17条）。

エ　復氏する場合に，復籍すべき戸籍が除かれているとき又は新戸籍編製の申出があったとき

　離婚，離縁，生存配偶者の復氏等により従前の氏に復する者（民767条1項・816条1項本文・751条1項）は，従前の戸籍（婚姻・縁組前の戸籍）に復籍するのが原則であるところ，その戸籍が全員の除籍によって既に除かれているとき（戸9条1項）は，復籍することができないため，復籍すべき者について新戸籍を編製します（戸19条1項但し書）。また，本人の自由意思により復籍することなく，新戸籍を編製することも認められます（同項但し書後段・2項）。

63

オ 離婚又は離縁の際に称していた氏を称する旨の届出があった場合
（民767条2項・816条2項）において，その届出をした者を筆頭者とする
戸籍が編製されていないとき，又はその者を筆頭者とする戸籍に他の
在籍者があるとき

離婚による復氏者が現に戸籍の筆頭に記載されている場合において，
離婚の際に称していた氏を称する届出（戸籍法77条の2の届出）をしたと
きは，他に同籍者がいなければ，戸籍の変動はなく，単に，その戸籍の
筆頭者氏名欄の氏の記載を更正するにとどまります（昭和62・10・1民二
5000号通達第4の3）。しかし，その者が復籍後の戸籍の筆頭者でないと
き又は筆頭者であっても当該戸籍に同籍する子がある場合には，氏の変
更の効果は，その子に当然には及ばないので，離婚の際に称していた氏
（いわゆる呼称上の氏。以下同じ。）をもって新戸籍を編製します（戸19条3項）。

以上は，離縁の際に称していた氏を称する届出（戸籍法73条の2の届出）
の場合でも同様です。なお，上記の各届出については，婚姻の取消し又
は縁組の取消しについて準用されているので（民749条・808条2項），離婚
又は離縁の場合に準じて処理します（戸75条の2・69条の2）。

カ 縁組又は離縁等によって他の戸籍に入籍又は復籍すべき者に配偶者
があるとき

戸籍は，一組の夫婦を単位として編製する建前であるため，例えば，
婚姻の際に氏を改めなかった者（すなわち戸籍の筆頭者）が，民法791条1
項の規定により父又は母の氏に改めたとき，若しくは養子となったとき，
さらには夫婦で養子となったときなどには，必ずその夫婦について新戸
籍を編製します（戸20条）。

キ 外国人と婚姻をした者がその氏を外国人配偶者の称している氏に変
更する届出があった場合，又はこの届出によって氏を変更した後に当
該外国人との婚姻が解消（すなわち離婚，婚姻の取消し又は外国人配偶者の
死亡）し，その日以後にその氏を変更の際に称していた氏に変更する
届出があった場合において，その届出人の戸籍に在籍する子があると
き

外国人との婚姻又は婚姻の解消に伴う日本人配偶者の氏の変更（戸107

第3 戸籍の記載及び届出

条2項，3項）は，当該本人のまったく個人的事由によるものであり，したがって，氏変更の効果は，その者と同籍する子には及ばないものとされています（昭和59・11・1民二5500号通達第2の4(1)カ）。このことから，上記の各届出があった場合において，その届出人の戸籍に同籍する子があるときは，届出人について新戸籍を編製します（戸20条の2第1項）。

ク　戸籍の筆頭者又はその配偶者でない者（すなわち同籍者である子）が，その氏を外国人である父又は母の称している氏に変更する届出があったとき

　戸籍の筆頭者又はその配偶者以外の者で父又は母を外国人とするものは，家庭裁判所の許可を得て，その氏を外国人父又は母の称している氏に変更する届出をすることが認められます（戸107条4項）。この場合の氏変更の効果は，届出事件本人についてのみ生ずる（同籍者には及ばない。）ので，届出事件本人について新戸籍が編製されます（戸20条の2第2項）。

ケ　特別養子縁組の届出があったとき

　特別養子縁組は，家庭裁判所の審判によって成立し（民817条の2），その届出（戸68条の2・63条）があったときは，養子が養親と戸籍を異にする場合は，養子について，従前の本籍地に，養親の氏で，養子単独の新戸籍を編製します（戸20条の3第1項・30条3項）〔注〕。

〔注〕　養子は，上記により，いったん単独の新戸籍が編製された上，その戸籍から養親の戸籍に入籍するとの手続がとられます（戸18条3項）。これにより養子の単独戸籍は除籍となります（戸23条・12条）。なお，養子が既に養親の戸籍に在籍している場合（例・既に普通養子として入籍している者が養父母の特別養子となる場合や同籍する先妻の子を特別養子とする場合など。）は，特別養子縁組の届出によって養子をその戸籍の末尾に記載し，従前の養子の記載は消除されます（昭和62・10・1民二5000号通達第6の1(2)イ，戸14条3項，戸規40条3項）。

コ　分籍の届出があったとき

　親の戸籍に在籍する子で，成年に達したものは，その自由意思により，分籍することができます（戸21条）が，この届出（戸100条・101条）があったときは，氏の変動を伴うことなく，従前の戸籍から除籍し，新戸籍を編製します（戸21条2項）。

65

第2章 戸籍制度の概要

　サ　帰化者，棄児等のように入るべき戸籍がない者について，新たに戸
　　籍の記載をすべきとき

　　新たに戸籍に記載されるべき者は，通常は出生の届出によってその父
　又は母の戸籍に入籍することになるところ，帰化（戸102条の2），棄児
　（戸57条），就籍（戸110条）などのように入籍すべき父又は母の戸籍がな
　い者について新たに戸籍の記載をすべきときは，新戸籍を編製します
　（戸22条）。

(3)　戸籍の記載事項

　ア　戸籍の記載の意義

　　戸籍の記載は，戸籍制度の根幹ともいうべき重要な意味を持っていま
　す。戸籍によって公証されるべき日本国民の親族的身分関係は，戸籍の
　記載を通じて表示されるからです。

　イ　戸籍の記載事項

　　戸籍に記載すべき事項は，戸籍法13条及び同法施行規則30条に規定さ
　れています。そして，これらの規定は，原則として，コンピュータシス
　テムによる戸籍についても適用されます。なお，この場合に，同規定中
　「記載」については，「記録」と読み替えて適用します。

　ウ　戸籍の記載欄と記載例

　　次に，どのような事項をどの欄に記載すべきかについては，戸籍法施
　行規則33条から40条，同附録第6号及び同第24号に定められています。
　また，戸籍事項欄（新戸籍の編製あるいは氏の変更に関する事項など戸籍の全体
　に関する事項を記載する。）及び身分事項欄（戸籍内の各人について，その身分に
　関する事項（戸規35条・36条・38条等）を記載する。）に記載すべき事項をどの
　ような振り合いで記載するか（つまり，戸籍記載の文例。）については，同
　規則33条2項，同附録第7号及び同第25号（戸規73条1項）に定められて
　おり，実務上，一般にこれを「法定記載例」と呼んでいます。しかし，
　戸籍の記載事項は多岐にわたるため，それを補充するものとして，法務
　省民事局長通達（平成2・3・1民二600号通達，平成6・11・16民二7000号通
　達）をもって「参考記載例」が示されています。

66

第3　戸籍の記載及び届出

⑷　戸籍の記載上の留意事項

　各人の身分関係の公示・公証は，究極において戸籍の記載事項を媒介して行われますが，例えば，相続等の問題に関連して，被相続人等の関係戸籍・除籍等の記載により，相続人を探索し，あるいはその適格性を判断する等の場合には，次のような点に留意することが必要です。

ア　新戸籍又は入籍戸籍に身分事項の移記を要しないとされている場合との関係について

　婚姻，養子縁組等によって従前の戸籍から除かれて新戸籍が編製され，又は他の戸籍に入籍する場合（戸16条〜22条参照）において，次に掲げる身分事項は，当該新戸籍又は入籍戸籍には，移記を要しない（つまり，省略する。）とされています（戸規39条参照）〔注〕。そこで，これらの事項については，従前の戸籍を参照することが必要です。

　　㈠　認知者（父）について，認知に関する事項

　　㈡　養親について，現に継続している養子縁組に関する事項

　　㈢　離縁等により既に養親子関係が解消している場合の養子縁組及び離縁等に関する事項

　　㈣　離婚等により既に婚姻関係が解消している場合の婚姻及び離婚等に関する事項

　　㈤　国籍取得届又は帰化により日本国籍を取得した者（元外国人）の国籍の取得に関する事項

〔注〕　1　ここに「移記」とは，従前の戸籍に記載されていた事項を新戸籍又は入籍する戸籍に書き移すことをいいます。
　　　　2　新戸籍又は入籍戸籍に移記を要するとされている法定の重要身分事項については，戸籍法施行規則39条に定められています。
　　　　3　上記㈠及び㈡のとおり，認知者である父についての認知事項及び養親についての縁組事項については，新戸籍又は入籍戸籍には移記を要しないとされていますが，被認知者である子及び養子の新戸籍又は入籍戸籍にはそれぞれ認知及び縁組の事項が移記されます（戸規39条1項2号及び3号参照）。

67

第2章　戸籍制度の概要

イ　他の戸籍から入籍した者について，その氏又は名を誤って移記（記録）されている場合との関係について

　婚姻，養子縁組等の届出によって新戸籍が編製され，又は他の戸籍に入籍した者について，従前の戸籍の記載事項を当該新戸籍又は入籍戸籍に移記する場合において，例えば，「氏」又は「名」の記載が誤って移記され，当事者本人がその誤記に係る氏又は名を用いて多年にわたり社会生活を営んでいるような場合には，その氏又は名の記載を「戸籍の記載に錯誤がある」ものとして，みだりに戸籍訂正を許すべきではなく，もし誤記以前の氏又は名を用いるためには，戸籍法107条1項又は107条の2の規定により氏又は名の変更の手続によるべきであるとされています（昭和5・6・24民事601号回答，昭和42・12・19民事甲3689号回答）。その趣旨は，誤記された氏又は名によって当該本人の同一性が認識されるように至ったときは，もはや戸籍訂正の対象ではなくなったという点にあります。

ウ　旧民法当時の養親の去家による養親子関係消滅の戸籍記載との関係について

　旧民法中においては，養親（ただし，他家から婚姻又は養子縁組によって入籍した者に限る。）が離婚又は離縁によって養家（養子からみての意）を去ったときは，養親及びその実方の血族と養子との親族関係は消滅するものとされていました（旧民730条2項）〔注〕。このため，市町村長は職権をもって養子の戸籍に記載の養親の氏名，養親との続柄を消除した上，事項欄に「年月日養母家ヲ去リタルニ付キ年月日養親ノ氏名及養親トノ続柄ノ記載抹消㊞」の例により抹消事由を記載すべきものとされていました（大正13・7・14民事8408号回答）。しかし，上記の先例が発出される前の戸籍にはこの記載がなく，従前の養父母との縁組事項がそのまま移記されているものがあります。したがって，相続人探索の場合などにおいては特に注意が必要です。

〔注〕　なお，養親の去家の原因が，本家相続，分家及び廃絶家再興の場合は，養親族関係は依然継続しています（旧民731条）。また，養親の去家は，養家における既成の親族関係には影響を及ぼさないとされていました（大正5.3.17民390号回答）。

第4　戸籍の届出

第4　戸籍の届出

1　戸籍記載の事由（原因）

　戸籍の記載は，届出，報告，申請，請求若しくは嘱託，証書若しくは航海日誌の謄本又は裁判に基づいて行うのを原則とし（戸15条），届出又は申請等がされない場合おいて，例外として市町村長の職権によって行うときもあります（戸24条・44条・57条・57条，戸規41条・43条・45条）。

　なお，上記の記載事由のうちでも「届出」がその中心をなすものであり，かつ，最も重要なものであることから，戸籍法は第4章において届出に関する詳細な規定を設けています（戸25条～48条参照）。

2　届出主義

　戸籍の記載は，常に実体の身分関係を正しく反映するものであることが強く要請されます。日本国民の親族的身分関係は，戸籍の記載によって明らかにされ，かつ，その身分関係の公証は，戸籍の記載を通じて行われるからです。そこで，戸籍法は，この要請に応えるため，届出によって身分関係が形成される場合はもとより，それ以外の場合でも，戸籍に記載すべき事項と最も密接な関係にあり，それ故に，当該事項を最もよく知っている者からの届出に基づいて戸籍の記載をするのを原則としています。

3　届出の種類

　戸籍の届出は，大別して(1)報告的届出，(2)創設的届出，(3)報告的届出と創設的届出の性質を併有している届出の三つに分類することができます。

(1)　報告的届出

　この届出は，既に発生した事実（例・出生，死亡等）又は裁判（判決・審判・調停等）によって確定した法律関係（例・裁判認知，裁判離婚等）について，戸籍事務管掌者である市町村長に対し報告的に届け出るべきものであり，届出義務者及び届出期間が定められ，届出をすべきことが強制されているものです。これに属する届出は，次のとおりです。

　　①出生届（戸49条～59条），②裁判認知届（戸63条），③遺言認知届（戸64条），

69

④認知された胎児の死産届（戸65条），⑤特別養子縁組届（戸68条の2），⑥縁組取消届（戸69条），⑦裁判離縁届（戸73条），⑧特別養子離縁届（戸73条），⑨離縁取消届（戸73条），⑩婚姻取消届（戸75条），⑪裁判離婚届（戸77条），⑫離婚取消届（戸77条），⑬裁判による親権者指定届（戸79条），⑭親権者変更届（戸79条），⑮親権（管理権）喪失取消届（戸79条），⑯親権停止取消届（戸79条），⑰未成年者の後見開始届（戸81条），⑱未成年後見人地位喪失届（戸82条），⑲未成年者の後見終了届（戸84条），⑳未成年後見監督人の就職・地位喪失及び任務終了届（戸85条），㉑死亡届（戸86条～93条），㉒失踪宣告届（戸94条），㉓失踪宣告取消届（戸94条），㉔推定相続人廃除届（戸97条），㉕推定相続人廃除取消届（戸97条），㉖国籍取得届（戸102条），㉗帰化届（戸102条の2），㉘国籍喪失届（戸103条），㉙外国国籍喪失届（戸106条），㉚就籍届（戸110条・111条），㉛本籍分明届（戸26条）

(2) 創設的届出

この届出は，戸籍の届出の受理によって，その届出の対象とされている一定の身分関係が発生し，変更しあるいは消滅するもの（つまり，民法上の法律的効果をもたらすもの）又は戸籍法上の効力が発生するものです。これに属する届出は，次のとおりです。

①任意認知届（戸60条～62条），②養子縁組届（戸66条～68条），③協議離縁届（戸70条・71条），④死亡養親又は死亡養子との離縁届（戸72条），⑤離縁の際に称していた氏を称する届（戸73条の2），⑥婚姻届（戸74条），⑦協議離婚届（戸76条），⑧離婚の際に称していた氏を称する届（戸77条の2），⑨協議による親権者指定届（戸78条），⑩親権（管理権条）辞任届（戸80条），⑪親権（管理権）回復届（戸80条），⑫復氏届（戸95条），⑬姻族関係終了届（戸96条），⑭入籍届（戸98条・99条），⑮分籍届（戸100条・101条），⑯国籍留保届（戸104条），⑰国籍選択届（戸104条の2），⑱氏の変更届（戸107条），⑲名の変更届（戸107条の2），⑳転籍届（戸108条・109条）

(3) 報告的届出と創設的届出の性質を併有している届出

一つの届出に，報告的届出の性質と創設的届出の性質を併有している届出があります。これに属する届出は，次のとおりです。

①　国籍留保の旨を記載した出生届（出生届→報告的届出，国籍留保届→創

設的届出)

② 戸籍法62条の認知の届出の効力を有する嫡出子出生届（出生届→報告的届出，認知届→創設的届出）

③ 裁判上の離婚又は離縁の届出において，復氏者（民767条1項・816条1項本文）につき新本籍を定める場合（戸19条1項但し書・30条1項）……裁判上の離婚又は離縁の届出→報告的届出・新本籍の設定→創設的届出

4 嘱託による戸籍の記載

次に掲げる事項については，裁判所書記官からの嘱託に基づいて戸籍の記載がされます（家事法116条，家事規則76条）。

(1) 親権喪失，親権停止又は管理権喪失の審判が確定した場合（民834条・834条の2・835条，家事法167条）。

(2) 未成年後見人の選任の審判が効力を生じた場合（民840条1項，2項，家事法176条）。

(3) 未成年後見人の辞任の許可の審判が効力を生じた場合（民844条，家事法176条）。

(4) 未成年後見人の解任の審判が効力を生じた場合（民846条，家事法176条）。

(5) 未成年後見監督人の選任の審判が効力を生じた場合（民849条，家事法176条）。

(6) 未成年後見監督人の辞任の許可の審判が効力を生じた場合（民852条・844条，家事法176条）。

(7) 未成年後見監督人の解任の審判が効力を生じた場合（民852条・846条，家事法176条）。

(8) 未成年後見人又は未成年後見監督人の権限の行使についての定め及びその取消しの審判が効力を生じた場合（民857条の2・852条，家事法176条）。

(9) 性別の取扱いの変更の審判が効力を生じた場合（性同一性障害者の性別の取扱いの特例に関する法律3条1項，家事法232条，家事規則76条1項6号）。

第2章　戸籍制度の概要

第5　届出の一般原則

1　届出人（届出義務者）

(1)　報告的届出の場合

　各届出事件ごとに戸籍法で定められており（戸52条・87条等），これが届出義務者といわれるものです。一つの届出について数人の届出義務者が定められているときは，その順位が定められています（前掲法条など）。他方，戸籍法上において届出義務者とはされないものの，ある特定の届出について届出の資格が認められている者がいます。これを実務の上では「届出義務を有しない届出人」又は「届出資格者」と呼んでいます。例えば，死亡の届出における「同居していない親族」，あるいは認知，離婚等の裁判が確定した場合の届出について規定した戸籍法63条にいう「訴えの相手方」がこれに該当します。

(2)　創設的届出の場合

　婚姻，縁組等の身分法上の行為については，当該身分行為を行う者（民739条・799条・791条等），転籍，分籍，氏名の変更等の戸籍法上の行為については，戸籍法に定められている者（戸108条・100条・107条等）が該当します。

2　制限能力者の届出

(1)　報告的届出の場合

　届出をすべき者が未成年者又は成年被後見人であるときは，その法定代理人（親権者又は後見人）が届出義務者となります。ただし，報告的届出は，既成の事実や法律関係を事後的に届け出るにすぎないものであるため，未成年者又は成年被後見人であっても，意思能力さえあれば，本人自ら届出をすることが許されます（戸31条1項ただし書）〔**注**〕。

(2)　創設的届出の場合

　創設的届出については，当該届出の受理によって親族法上の法律的効果を生ずるものであるため，制限能力者であっても，意思能力を有する限り，本人が自ら届出をすることが必要です（民739条・764条，戸32条）。

72

第5　届出の一般原則

〔注〕　平成11年法律第149号による民法の一部改正（平成12年4月1日施行）により，従来の禁治産者及び準禁治産者の制度が成年被後見人，被保佐人及び被補助人の制度に改められたことに伴い，従来，禁治産者が戸籍の届出をする場合には，当該届書に届出事件の性質・効果を理解するに足りる能力を有することを証する医師の診断書の添付を要する旨の規定（戸籍法32条2項）は削除されました。

3　届出の代理

　書面による届出については，代理人によって届出をすることは認められていません。既成の事実（出生，死亡等）や法律関係（裁判による認知・離婚等）に係る報告的届出については，当該事項と密接な関わりを持つ一定の者（届出義務者又は届出資格者）のみからの届出によらせるほうが届出の真実性の確保に有効であること，また，創設的届出については，その対象である婚姻，縁組等の身分行為は，そもそも代理に親しまないものであること等がその理由といえます（なお，使者による届出については**第6の1**を参照願います。）。

　一方，口頭による届出については，代理人によって届出をすることが認められており（戸37条3項本文），この場合には，委任状が必要となります（大正5・6・7民465号回答）。しかし，口頭による届出においても，認知（戸籍法62条の嫡出子出生届を含む。），縁組，協議離縁，死後離縁，婚姻，協議離婚の各届出については，本人自身が出頭して陳述することを要し，代理人による届出は許されません（戸37条3項但し書）。これらの身分行為については，その性質上，本人の自由意思を特に重要視すべきものとされたことによるものです（大判昭和11・6・30民集15巻1290頁，青木義人・大森政輔「全訂　戸籍法」232頁参照）。

4　届出地

(1)　一般原則

　戸籍の届出は，原則として届出事件本人の本籍地（すなわち戸籍の所在する市町村）又は届出人の所在地ですることとされています（戸25条）。ちなみに，ここにいう本籍地とは，届出当時の事件本人の本籍地（すなわち戸籍の所在する市町村）を指します。ある届出によって，事件本人が現在の戸籍から除かれて他の市町村の戸籍に入籍する場合（いわゆる本籍の転属），その入籍する戸籍のある地は含まれません（昭和11・9・8民事1064号回答，昭和

第2章　戸籍制度の概要

24・7・19民事甲1643号回答）。これは，入籍地での届出ができる場合として，特定の届出につき別途に規定していること（戸101条（分籍）・109条（転籍）・112条（就籍））によるものです。

　所在地とは，住所地のほか，居所地，一時的な滞在地を含みます（明治32・11・15民刑1986号回答）。

(2)　特　例

　届出地に関する上記の原則に対し，次の特例があります。

　　ア　固有の届出地

　　　(ア)　胎児認知届……母の本籍地（戸61条）

　　　　　外国人母の胎児認知届……母の住所地（昭和29・3・6民事甲509号回答）

　　　(イ)　認知された胎児の死産届……認知の届出地（戸65条）

　　　(ウ)　本籍分明届……前の届出を受理した市町村長（戸26条）

　　　(エ)　本籍不分明者に対する死亡報告又は水難，火災その他の事変による死亡報告……死亡地（戸89条・92条1項）

　　イ　付加的届出地

　　　(ア)　出生届，死亡届……事件発生地（出生地，死亡地）（戸51条1項・88条1項）

　　　(イ)　分籍届，転籍届，就籍届……分籍地，転籍地，就籍地（戸101条・109条・112条）

　　　(ウ)　外国在住日本人の届出……その国に駐在する日本の大使，公使，領事（戸40条）

　〔注〕　外国在住日本人から直接その本籍地へ郵送等の方法によって届出をすることはもとより差し支えありません（昭和5・6・19民事280号回答，昭和24・9・28民事甲2204号通達）。

5　届出期間

(1)　届出の強制

　報告的届出については，既成の事実や法律関係を速やかに戸籍に反映さ

第5　届出の一般原則

せる必要があるため，戸籍法に定める一定の期間内に届出義務者をして届出すべきことが強制されています（正当な理由がなくて届出期間を徒過した場合は，届出義務者は過料に処せられます（戸135条））。

(2)　届出期間の起算日

報告的届出については，各届出事件ごとに届出期間が定められていますが，この届出期間は，届出事件発生の日から起算し，初日を参入する（戸43条1項）ものとされています（したがって，民法140条の規定（初日不算入）は適用されない。）〔注1〕。

裁判認知の届出（戸63条）のように，裁判（審判）の確定の日から期間を計算する場合に，裁判（審判）が送達又は交付前に確定したときは，その送達又は交付の日から起算します（戸43条2項）〔注2〕。

(3)　届出期間の満了日

届出期間の計算方法については，民法142条（期間の満了点），143条（暦による期間の計算）の各規定が適用されます。

届出期間の満了日が，市町村の条例で定める休日（日曜日，条例で定める土曜日，祝日，年末又は年始の条例で定める日）に当たるときは，その翌日が期間の満了日となり（行政機関の休日に関する法律2条，昭和63・12・20民二7332号通達），また，同期間の末日が在外公館の所在する国の休日に当たるときは，その休日の翌日が期間の満了日となります（民法142条の類推適用，前掲通達四）。

〔注1〕　戸籍法73条の2の届出（いわゆる縁氏続称届—民法816条2項），同法77条の2の届出（いわゆる婚氏続称届—民法767条2項）の届出期間については，民法において定められているため，初日を算入しないで計算することになります。
　　　　戸籍法107条2項及び3項の規定による氏の変更（外国人との婚姻又は婚姻の解消に伴う氏の変更）の届出期間については，戸籍法において定められているため，初日を算入して計算することになります（戸43条）。
〔注2〕　家事審判において，例えば，失踪の宣告の審判については即時抗告が許されているため，その期間の経過によって審判が確定する（家事法148条5項）ことから，戸籍への届出期間は，その審判確定の日から起算されるので特に問題はないところ，例えば，就籍許可の審判については即時抗告が許されず，審判の告知によって効力が生じる（したがって，審判書の送付又は交付を受ける前に審判が確定し，戸籍への届出期間が進行することとなり，届出義務者にとって酷となる。）ので（家事法74条2項本文），この場合の届出期間については，

第2章　戸籍制度の概要

その審判書の送達又は交付を受けた日から起算する旨を規定したものです。

6　届出期間経過後の届出

　届出期間を経過した後の届出であっても，市町村長はこれを受理しなければならないとされています（戸46条）。報告的届出について，届出期間が定められた趣旨は，届出の励行を期するためであり，期間の経過によって届出義務を免除するものでもなく，また，戸籍の記載の必要性はいささかも減ずることはないからです。なお，戸籍法46条の規定は，報告的届出に関する規定であり，婚氏続称（民767条2項）の場合等については適用されません。

第6　届出の方法

1　通　則

　届出は，要式行為であって，書面又は口頭のいずれでもすることができます（戸27条）。書面で届出をする場合（これが通常です。）には，いわゆる当事者出頭主義を採っていないので，届出人が市町村役場の窓口に出頭して届書を提出する必要はなく，記載した届書を郵送又は他人を使者として提出させることができます（戸47条参照）。

2　書面による届出

(1)　届書の様式

ア　法定様式

　　出生届，婚姻届，離婚届及び死亡届については，人口動態調査に関する事項も届出事項とされているため（人口調2条，同調施細1条参照），届書の様式が法定されています（戸28条，戸規59条，戸規附録第11号～第14号）。したがって，これらの届出については，原則として当該様式によって届け出ることが必要です（戸28条2項本文）。

イ　標準様式

　　前記の4届書及びこれ以外の各届書については，届出人の利便や市町村の事務処理上の便宜等に資するため，法務省から標準様式が示されて

います（昭和59・11・1民二5502号通達，最近改正：平成30・3・26民一364号通達）。

(2) 届書の記載事項

届書に記載すべき事項は法定されており，各届書に共通的な一般的記載事項は，戸籍法の29条，30条，31条2項，33条，34条1項及び35条に定められています。また，各届出ごとに記載すべき個別的記載事項は，各則において各届出事件ごとに定められています（戸49条2項・60条・61条・63条・74条・76条・86条ほか）。

(3) 届出人又は証人の署名押印

届出に当たっては，届出人又は証人（婚姻，縁組等の創設的届出の場合）は，当該届書に署名（すなわち，氏名を自署する。）及び押印をすべきものとされています（戸29条）。印は，印鑑登録をした実印に限られず，認印でも差し支えありません（大正15・5・7法書会決議）。外国人については，署名のみで足ります（明治32年法律第50号「外国人ノ署名捺印及無資力証明ニ関スル法律」1条）。なお，署名・押印に関しては，次の取扱いが認められています（戸規62条参照）。

① 届出人又は証人が印を有しないときは，署名するだけで足りる。

② 届出人又は証人が署名することができないときは，氏名を代書して，押印すればよい。

③ 署名することができず，さらに印も有しないときには，氏名を代書して，拇印するだけで足りる。

上記の各場合，届書の「その他」欄にその事由を記載しなければなりません。なお，届書を代書した場合，代書人の署名・押印は不要です。

(4) 届書の通数

一つの届出によって2か所以上の市町村において戸籍の記載を要する場合（例えば，婚姻又は縁組の届出当事者が本籍地を異にしている場合）には，その市町村の数と同数の届書を提出することが必要です。また，上記の婚姻又は縁組届の例において，各届出当事者の本籍地以外の市町村に届出をする場合は，なお1通の届書が必要となります（戸36条）。しかし，戸籍実務においては，届出人の負担軽減及び市町村の事務処理の効率化を図る等の観点から，1通のみの届書を提出してもらい，他は市町村長において謄本を

第2章　戸籍制度の概要

作り，届書に代える取扱いが行われています（平成3・12・27民二6210号通達）。

(5)　添付書類

　戸籍に関する届出事件の中には，届出事件本人以外の者の同意又は承諾を必要とする場合があるほか，届出に際し，あらかじめ家庭裁判所又は官庁の許可を必要とする場合があります。このような場合には，届書に同意・承諾書あるいは裁判又は許可書の謄本を添付しなければなりません（戸38条）。添付書面を必要とする趣旨は，市町村長において，当該届出等が適法かつ真実であるか否かを審査するための資料とすることにあります。主な添付書類は，次のとおりです。

ア　父母その他の者の同意書・承諾書

- ・未成年者の婚姻における父母の同意（民737条）
- ・成年の子を認知する場合におけるその子の承諾（民782条）
- ・死亡した子を認知する場合におけるその子の直系卑属が成年者であるときの承諾（民783条2項）
- ・胎児認知における母の承諾（民783条1項）
- ・配偶者のある者が縁組をする場合における配偶者の同意（民796条本文）
- ・15歳未満の子が養子となる場合において，その法定代理人が縁組の代諾をするに際して養子となる者を監護すべき父母がある場合におけるその監護者の同意（民797条2項）

〔注〕　以上の各場合には，同意書又は承諾書を届書に添付するか，又は届書の「その他」欄に同意権者等において同意又は承諾する旨を記載の上，署名・押印する方法によっても差し支えないとされています（戸38条1項但し書）。

イ　裁判又は官庁の許可書の謄本

- ・子の父母の氏への変更（民791条1項）
- ・後見人が被後見人を養子とする縁組（民794条）
- ・未成年者を養子とする縁組（民798条）
- ・養親又は養子死亡後の離縁（民811条6項）
- ・親権，管理権の辞任，回復（民837条）

第6　届出の方法

・氏又は名の変更（戸107条1項，4項・107条の2）

・就籍（戸110条）

ウ　一定の事実（又は法律関係）を証する書面

・出生届における出生証明書（戸49条3項）

・遺言による認知届又は未成年者の後見人指定届における遺言書の謄本（戸64条・81条）

・死亡届における死亡診断書又は死体検案書（戸86条2項・90条2項）

・国籍取得届における国籍取得を証すべき書面（戸102条2項）

・国籍喪失届における国籍喪失を証すべき書面（戸103条2項）

・外国国籍喪失届における外国国籍の喪失を証すべき書面（戸106条2項）

〔注〕　1　婚姻，縁組等の創設的届出については，市町村長において成立要件等の審査（民740条ほか）又は戸籍の記載の必要上（例・他の市町村への分籍又は転籍（戸100条2項・108条2項））その関係戸籍の謄（抄）本の添付を必要とする場合があります。
　　　2　届書に添付する書類が外国語で作成されたもの（例・戸籍法41条に規定する証書の謄本，あるいは婚姻要件具備証明書等）については，翻訳者を明らかにした訳文を添付することが必要です（戸規63条の2）。

(6)　添付書面の原本還付

　戸籍の届出に際しては，前記のとおり届出事項等を証する書面の添付（又は提出）を求められますが，届出をした者は，当該書面の原本の還付を請求することができます（戸規67条2項）。ただし，次に掲げる書面については，その形式又は性質の面等から，原本還付の請求をすることはできないとされています（戸規11条の5第1項ただし書・67条2項，平成20・4・7民一1000号通達第9の3，平成22・5・6民一1080号通達第2の7参照）。

①　当該届出又は申請のためにのみ作成された委任状

②　届出事件について父母その他の者の同意又は承諾を証する書面（戸38条1項参照）

③　外国の方式による届出事件に関する証書の謄本（戸41条1項参照）

④　出生届に添付された出生証明書（戸49条3項参照）

79

第2章　戸籍制度の概要

⑤　死亡届に添付された診断書又は検案書（戸86条2項参照）

⑥　国籍取得届に添付された国籍取得を証すべき書面（戸102条2項参照）

⑦　帰化届に添付された帰化を証すべき書面（戸102条の2において準用する102条2項参照）

⑧　家庭裁判所の許可に基づく戸籍の訂正の申請（戸113条・114条）に添付された裁判の謄本（戸115条参照）

3　郵便等による届出

　届出は，それが創設的届出又は報告的届出のいずれであっても，郵送する等の方法によってすることもできます〔**注**〕。この場合には，届書が市町村長に到達した時に，届出があったものとされます。また，届書の発送後，受理前に届出人が死亡した場合は，届出人の死亡の時に届出があったものとみなされます（民法97条2項（隔地者に対する意思表示）の規定の類推適用，戸47条2項）。このように，届書の発送と届人の死亡時期の前後は，届出の効力に影響があるため，郵便等による届出を受理したときは，受附帳の備考欄に「年月日（封筒に施されている通信日付印中の年月日）郵送」と記載するとともに，封筒に届出事件名，受付の番号及び年月日を記載して，これを届書に添付することとされています（標準準則27条）。

　　〔**注**〕　郵便によるほか，一般信書便事業者（民間事業者による信書の送達に関する法律（平成14年法律第99号）2条6項）若しくは特定信書便事業者（同条9項）による信書便（同条2項）によって送付することも認められます。

第7　届書の審査と受理，不受理

1　審査の基本

　市町村役場の窓口に戸籍の届書が提出されたときは，市町村長は，その書類の**適法性**（すなわち，当該届出が民法及び戸籍法等に規定する実質的又は形式的諸要件を備えた適式なものであるか否か）を慎重に審査して受否を決定することになります（このことは，民法において特に婚姻・縁組等の届出につき明定している（民740

条・765条1項・800条・813条1項)。)。この場合における市町村長の審査は，届書の記載と添付書類及び戸籍（原本又は謄抄本）等とを照合し，法定の要件を具備しているか否かを審査する，いわゆる形式的審査主義が採られています。

審査の結果，届出事項が虚偽であること又は実体法規に抵触し効力の生じないことが明白な場合は，市町村長は，その届出に基づく戸籍の記載を拒むことができるとされています（大判大正7・7・26刑録24輯1016頁）。

2 届出の受付と受理

婚姻，縁組等の創設的届出は，戸籍事務管掌者である市町村長の受理によってその効力が生ずるとされています（民739条ほか）。このことから，これらの届書が市町村役場の窓口に提出され，それを担当者（市町村長の戸籍事務補助者）がいつ受け取ったかは，極めて重要な意味をもつことになります。しかし，届書を窓口で受け取ってから受理を決定するまでには，その届出の適法性の審査との関連から，ある程度の時間を要することになるため，戸籍実務においては，窓口に提出された届書を，市町村長（実際には補助者である担当者）が現実に受領したことを「受付」と，また，当該届書類を審査し，適法なものとして判断して，受付を認容する行政処分を「受理」というように截然と区別しています。言い換えれば，「受理」とは，届書類の受領を認容する行政行為であり，単なる書類の「受付」という事実行為とは区別して取り扱うものとされています。

3 届出の不受理

届出の「不受理」とは，窓口に提出された届書類を市町村長が審査し，その結果，届書の重要記載事項に錯誤，遺漏等があり，不適法なものと判断して，受付を拒否する行政処分をいいます。この場合，その処分は，通常，届書の受付を拒否するという消極的な行政処分（単に届書類を届出人に返戻するという行為）によって行い，却下決定というような積極的な行政処分は行わないものとされています（大正4・8・2民1237号回答）。

第2章　戸籍制度の概要

4　届出の効力の発生時期

　戸籍の届出の中でも，特に婚姻，縁組等の創設的届出の場合には，市町村長の受理によってはじめて身分関係の形成，変更等の効力が生じますが，その効力の発生する時期については，届書を最初に受領した日（すなわち「受付」の日）に遡るという解釈が採られています。これは，市町村長の届書類の審査期間の長短によって，当事者の身分関係の形成時期が左右されることは妥当でないとする趣旨に基づくものです（青木義人・大森政輔「全訂　戸籍法」134頁参照）。

第8　市町村長の処分に対する不服申立て

1　不服申立制度

　市町村長の処分によって，不当に権利・利益を侵害された者は，その不当処分の取消し，変更を請求することが許されます。

　一般に，行政庁の違法又は不当な処分については，国民に対して，行政庁に対する不服申立ての途を開き，国民の権利・利益の救済を図るため，行政不服審査法によって，当該行政庁の上級庁に不服申立てをすることが認められていますが，戸籍に関する事件については，行政不服審査法によらず，戸籍法122条によって家庭裁判所に不服の申立てをすることができるものとしています。

2　不服申立ての要件

(1)　申立人の適格

　市町村長の当該処分によって利害の影響を受けた者であることが必要です。

(2)　処分が不当であること

　処分は，積極的処分，例えば届出・申請等の受理であると，消極的処分，例えば届出・申請等の不受理であるとを問いませんが，積極的処分に対する不服申立ては稀であると思われます（大正4・10・2民1557号回答）。

82

3 不服申立手続

不服申立ては，家庭裁判所に対してすることを要します（家事法226条4号）。

届出等の受理を命ずる審判があれば，その審判確定後，市町村長は直ちに受理の手続をとって戸籍の記載をする必要があります。

第3章　現行戸籍手続上の予備知識

第1　戸籍届出・記載の正確性の担保措置との関係 ──────●

　戸籍の届出ひいては戸籍記載の正確性を担保する観点から，戸籍法又は実務上において，次のような措置が採られています。

1　創設的届出における本人確認

　この措置は，当事者の知らない間に，関係のない第三者との養子縁組等の虚偽の創設的届出がなされ，戸籍に真実でない記載がされることを未然に防止するために行うものです。なお，この制度は，平成19年法律第35号による戸籍法の一部改正（平成20・5・1施行）によって同法に27条の2の規定が設けられ，新設をみたものです。

(1)　届出の際の出頭者の確認

　届出によって効力を生ずべき認知，縁組，離縁，婚姻又は離婚の届出（以下「縁組等の届出」という。）があった際には，市町村長は，窓口に出頭した者に対し，その者が届出事件の本人であるかどうかの確認を行うこととされています（戸27条の2第1項，平成20・4・7民一1000号通達第5の1）。なお，出頭した者が使者の場合には，当該使者について本人確認を行うこととなります。

(2)　本人確認の方法

　本人確認の方法は，市町村の窓口に出頭した者に対して，運転免許証，旅券等の資料の提供又は説明を求めることにより，「氏名及び住所」又は「氏名及び生年月日」を確認し，当該出頭した者を特定する方法によって行います（戸規53条の2・11条の2第1号〜第3号，前掲通達第5の1(1)）。

(3)　届書が偽造された疑いのある場合

　本人確認の結果，当該届書が偽造されたものである疑いがあると認められる場合には，その受理又は不受理につき管轄法務局の長に照会し，同局

第3章　現行戸籍手続上の予備知識

の長は，当該届出に係る関係者の事情聴取を行うなどして，当該届書が真正に作成されたものであるか否かについて十分調査を行った上，受理又は不受理の指示を行うことになります（前掲通達第5の1(2)・(3)）。

(4)　本人であることが確認できない場合

　市町村長は，縁組等の届出事件の本人確認ができない者がある場合（窓口に出頭しない場合，窓口に出頭したが本人確認ができない場合）において，当該届出を受理したときは，その者に対し，戸籍の附票又は住民票に記載された現住所に転送を要しない郵便等により，書面で通知することとされています（戸27条の2第2項，戸規53条の3）。この通知によって，当該受理された届書が仮に偽造のものであるときは，通知を受けた当事者は，速やかに戸籍訂正の手続等を行うことが可能となります。

　なお，上記の場合において，当該偽造に係る届出に基づく戸籍の記載が未了であるときは，市町村長は，その処理について管轄法務局の長に照会し，管轄法務局においては，届出の真偽について関係者から事情聴取を行うなど慎重に調査を行い，その結果，当該届出が虚偽のものであることの確証を得たときは，市町村長に対し，受理処分を撤回するよう指示することになります（受理処分の撤回と方法について，大正13・8・29民10513号回答，昭和37・12・5民事甲3519号回答，木村三男・神崎輝明「全訂　戸籍届書の審査と受理」30頁）。

2　不受理申出の有無の確認

(1)　不受理申出の制度

　不受理申出の制度は，当事者に婚姻，協議離婚等の身分行為をする意思を欠く無効な届出を防止するため，従来，戸籍先例によって運用されていました（昭和27・7・9民事甲1012号回答，昭和51・1・23民事二900号通達）が，平成19年法律第35号による戸籍法の一部改正（平成20・5・1施行）によって同法に27条の2の規定が設けられ，法制化されるに至ったものです。法制化された制度の下では，創設的届出のうち，届出によって効力を生ずべき認知，縁組，離縁，婚姻又は離婚の届出（以下「縁組等の届出」という。）について，自らを届出事件の本人とする届出がされた場合であっても，自

86

らが市町村役場の窓口に出頭して届け出たことを戸籍法27条の2第1項の規定による措置により届出事件本人の確認ができないときは，当該縁組等の届出を受理しないように申出をすることができることとするものです（戸27条の2第3項）。

なお，不受理申出をした者は，いつでも，その申出を取り下げることができます。

(2) 申出の有無の確認

市町村長は，縁組等の届出があった場合には，窓口に出頭した者が当該届出についての届出事件本人であることを確認することができたときを除き，当該届出について不受理申出（戸27条の2第3項）がされているか否かの確認を行うこととされています（その具体的方法等をはじめ申出書の様式は，平成20・4・7民一1000号通達に示されています。）。

(3) 届出の不受理

不受理の申出をした後に縁組等の届出があった場合において，申出をした本人が出頭したことが確認できないときは，市町村長は，当該届出を受理することができません（戸27条の2第4項）。この場合は，当該届出があったが不受理にした旨を，不受理申出をした者に対して通知することになります（戸27条の2第5項）。

3　管轄法務局の指示を要する届出

次に掲げる届出については，市町村長は，管轄法務局の長に受理照会をし，その指示を得た上で処理するものとされています。

(1) 出生証明書の添付のない出生届（戸49条3項，昭和23・12・1民事甲1998号回答）

(2) 死亡診断書又は死体検案書の添付のない死亡届（戸86条2項，3項，同上回答）

(3) 学齢に達した子の出生届

ただし，親子関係不存在に関する戸籍訂正等の結果，再届出をするものである場合は除かれます（昭和34・8・27民事甲1545号通達）。

(4) 50歳以上の者を母とする子の出生届（昭和36・9・5民事甲2008号通達）

第3章　現行戸籍手続上の予備知識

　　ただし，子の出生した施設が医療法（昭和23年法律205号）上の病院であ
　ることが確認できるときは，管轄法務局の長に受理照会をすることなく
　受理して差し支えないとされています（平成26・7・3民一737号通達）。な
　お，その場合であっても，出生届の内容に疑義があるときは，受理照会
　を要します。

(5)　無国籍者を父母とする子の出生届（昭和57・7・6民二4265号通達，平成
　　13・6・15民一1544号通達）

(6)　婚姻の解消又は取消し後300日以内の出生子の出生届（平成19・5・7
　　民一1007号通達，平成19・5・7民一1008号依命通知）〔注〕

　　〔注〕　上記の出生子のうち，医師の作成した「懐胎時期に関する証明書」によって，
　　　　子の懐胎時期が婚姻の解消又は取消しの後であると認められるときは，民法772
　　　　条の推定が及ばないものとする出生の届出が認められます。ただし，当該出生届
　　　　の受否につき疑義がある場合には，届出を受け付けた市町村長は，管轄法務局の
　　　　長に受理照会をすべきものとされています。

(7)　虚偽と疑われる養子縁組届（平成22・12・27民一3200号通達，同日民一3201
　　号依命通知）

　　　例えば，短期間に成年同士の養子縁組を繰り返し行っている者が届出
　　人となっているなど，虚偽の縁組であると疑われる届出については，市
　　町村長は，管轄法務局の長に受理照会をすべきものとされています。

(8)　外国人母の夫の嫡出推定を受ける子について，日本人男からされた認
　　知届（平成10・1・30民五180号通達）

　　　日本人Ａ男と婚姻中の外国人Ｂ女から出生した子Ｃについて，夫婦が
　　協議離婚をした後，日本人Ａ男との間の親子関係不存在確認の裁判を得
　　た上，事実上の父である日本人Ｄ男が認知の届出をしたことにより日本
　　国籍の生来的取得の認否につき争われた事案において，平成9年10月17
　　日，最高裁判所は，「客観的にみて，戸籍の記載上嫡出の推定がされな
　　ければ日本人である父により胎児認知がされたであろうと認めるべき特
　　段の事情がある場合には，右胎児認知がされた場合に準じて，国籍法2
　　条1号の適用を認め，子は生来的に日本国籍を取得すると解するのが相
　　当である」とした上，上記の「特段の事情がある」として同号の適用が

認められるためには，①母の夫と子との間の親子関係の不存在を確定するための法的手続が子の出生後遅滞なく執られた上，②右不存在が確定されて認知の届出を適法にすることができるようになった後速やかに認知の届出がされることを要すると判示しました（民集51巻9号3925頁。なお，当該事案については，親子関係不存在確認の手続は子の出生約3か月後に執られ，その裁判が確定してから12日後に認知の届出がされている。）。

前掲の通達は，上記の最高裁判決を契機に発出されたものです。その趣旨は，同判決における事案の場合と同様の認知の届出を受けた市町村長は，その処理について管轄法務局の長に指示を求めるものとされているものです。

(9) 外国人母の離婚後出生した子について，日本人男からされた認知届

（平成15・7・18民一2030号通達）

外国人A女が日本人B男と協議離婚の届出をした翌日に出生した子Cについて，その出生の8か月余り後にB男との間の親子関係不存在確認の裁判を得た上，その判決確定の4日後に事実上の父である日本人D男から認知の届出がされた事案において，平成15年6月12日，最高裁判所は，当該事案については，「母の離婚後に子が出生した場合には，……戸籍実務上，胎児認知が適法なものとされる余地があるとしても〔注〕，本件のように母の離婚と子の出生が時期的に極めて近接しているときは，胎児認知の届出をすることを要請することは時間的に無理を強いるものであるから，胎児認知をすることに障害があったものとして」，前記(8)の事案に関する平成9年の判決にいう「特段の事情」があるということができるとして，当該子につき国籍法2条1号により日本国籍の取得を認めるのが相当であるとの新たな判断を示しました（家月56巻1号107頁）。このことから，その対象となり得る認知の届出を受けた市町村長は，その処理について管轄法務局の長に照会し，照会を受けた法務局の長は胎児認知の届出がされなかった事情についての関係資料を添付して，その処理につき法務省民事局長に指示を求めることとされています。

〔注〕 日本人男と離婚した外国人女の胎児は，その出生後に果たして同男（前夫）の

第3章　現行戸籍手続上の予備知識

嫡出の推定を受ける子となるか否かは不明であるため，他の日本人男からされた
胎児認知の届出は，戸籍実務上，一応これを受理する取扱いとなっています。そ
して，その後において，当該被認知胎児が母の離婚後300日以内に出生し，母の
前夫の本国法（日本民法）により，同前夫の嫡出の推定を受けることとなる（民
772条）ときは，当該胎児認知の届出の効力は否定されます。しかし，出生後に
おいて，母の前夫との間に嫡出の推定を排除する裁判（嫡出否認・親子関係不存
在確認の裁判等）が確定したときは，先の胎児認知の届出は有効なものとされま
す（昭和57・12・18民二7608号回答，平成3・1・5民二183号回答）。

⑽　15歳未満の者からされた縁氏続称届（平成27・3・9民一308号通知）

現行民法は，意思能力を有しない者が身分行為をする場合において，
その法定代理人がこれに代わって当該身分行為をすることができる旨を
規定している場合があります（例・民791条3項・797条・811条2項）が，縁
氏続称の届出については，そのような例外規定を設けていません。この
ため，法定代理人が本人に代わって縁氏続称届をすることは認められな
いこととなります。そもそも身分行為は，本人自身の意思をもってすれ
ば足り，代理を許さないのが原則です。そこで，15歳未満の者が縁氏続
称の届出を希望する場合には，本人が意思能力を有しているとすれば，
実体法上はこの届出をすることが認められることになりそうです。しか
し，戸籍実務の処理においては，満15歳以上の者を通常意思能力を有す
るものとして取り扱うこととしています（大正7・5・11民613号回答，昭和
23・10・15民事甲660号回答ほか）。このことから，15歳未満の者から縁氏続
称の届出がされた場合は，市町村長は，その受理又は不受理につき，管
轄法務局の長に照会し，その指示を得て受否を決定することとされてい
ます（平成27・3・9民一308号通知）。

第2　戸籍の訂正 ─────────────────────●

1　戸籍訂正の意義

戸籍は，日本国民の国籍及び親族的身分関係を登録（記録）し，これを公
証する唯一の公文書であって，その記載は，反証のない限り一応真実である
との推定を受ける（大判明治37・1・23民録10巻29頁，最判昭和28・4・23最高裁判

90

所判例集（民事）7巻4号396頁）ので，その記載は常に真実の身分関係を反映するものでなければなりません。このため，戸籍の記載が不適法又は真実に反するときは，速やかにその訂正手続を講ずることが要請されます。

2　戸籍訂正手続の原則

　戸籍は，日本国民の親族的身分関係を公示・公証するものであることから，その戸籍記載の訂正は，事件本人のみならず，利害関係人にも重大な影響を及ぼす場合があり得ます。

　したがって，その訂正は，一定の慎重かつ厳正な手続の下になされることが要請されます。戸籍訂正は，関係当事者の申請に基づいて行う（戸113条・114条・116条）のを原則としている理由もここにあります。そして，市町村長は，訂正を要する事項を発見したときは，その旨を関係当事者に通知して速やかに戸籍訂正申請をするように催告することとされており（戸24条1項），また，関係当事者からの訂正申請がされないときは，一定の手続の下に，市町村長が職権により訂正すべきものとされています（戸24条2項）。

3　戸籍訂正手続の種類

　上記のとおり，戸籍訂正には，職権による訂正（戸24条）と申請に基づく訂正（戸113条以下）とがあります。このうち，申請に基づく訂正には，家庭裁判所の許可を得て行うものと，確定裁判に基づいて行うものとがあります。すなわち，戸籍法は，113条で「戸籍の記載が法律上許されないものであること又はその記載に錯誤若しくは遺漏があることを発見した場合には，利害関係人は，家庭裁判所の許可を得て，戸籍の訂正を申請することができる。」と，また，114条は「届出によつて効力を生ずべき行為（第60条，第61条，第66条，第68条，第70条から第72条まで，第74条及び第76条の規定によりする届出に係る行為を除く。）について戸籍の記載をした後に，その行為が無効であることを発見したときは，届出人又は届出事件の本人は，家庭裁判所の許可を得て，戸籍の訂正を申請することができる。」と規定し，利害関係人や届出人又は届出事件の本人は，家庭裁判所の許可を得て，戸籍の訂正を申請することができることを定めています〔注〕。なお，戸籍法116条1項は

第3章　現行戸籍手続上の予備知識

「確定判決によつて戸籍の訂正をすべきときは，訴を提起した者は，判決が確定した日から1箇月以内に，判決の謄本を添附して，戸籍の訂正を申請しなければならない。」と規定し，親子関係存否確認等の裁判が確定した場合は，当該裁判の提起者が戸籍訂正を申請すべきことを定めています。

〔注〕　戸籍法114条の規定は令和元年法律第17号により戸籍法の一部を改正する法律により改正されたものであり，改正により（　）書きが加えられたものである。
　　　　改正前の戸籍法114条においては，法文上は，どのような場合に家庭裁判所の許可を得て戸籍の訂正を申請することができるかについて明確に定められていなかったところ，実務上は，認知，縁組，離縁，婚姻又は離婚といった身分関係の有効性については，人事訴訟手続において判断されるべき事柄であって，それらの身分関係に関する戸籍の訂正は，同条による戸籍訂正の手続によることは相当ではないとの解釈に則った運用がされていたことから，改正法により，このような解釈が明確化されたものです（令和元・6・20民一286号通達）。

　戸籍法113条について条文に則して説明しますと，「戸籍の記載が法律上許されないものであること」の例とすれば，外国人を入籍させた場合（昭和27・7・23民事甲1505号回答），偽造，変造の届出による記載（大正4・1・16民1184号回答），死亡者又は届出無資格者の届出による記載（昭和22・7・18民事甲608号回答）などがあります。また「記載に錯誤若しくは遺漏があること」とは，戸籍の記載が事実と合致していないことであり，「錯誤」の場合とは，生年月日や父母との続柄の記載に誤りがあるような場合であり，「遺漏」の場合とは，生年月日や父母との続柄を記載していないような場合です。

　戸籍法114条に基づく戸籍訂正は，「届出によつて効力を生ずべき行為（第60条，第61条，第66条，第68条，第70条から第72条まで，第74条及び第76条の規定によりする届出に係る行為を除く。）」すなわち創設的届出に基づき戸籍の記載を行ったものの，当該行為が無効である場合になされるものです。もっとも，訂正事項が軽微であって親族・相続法上の身分関係に何ら影響を及ぼすべきおそれがない場合や，その無効が戸籍面上明らかな場合に限られています。例えば，血縁上の親子関係がないのに認知をした場合，当該認知は無効と解されていますが，この無効については，認知無効確認の裁判により対世的に宣言した後に戸籍訂正を行うべきものであって，戸籍法116条に基づくべきであると解されています。注記にかかる令和元年の戸籍法の改正

92

はこのことを明らかにするものです。

戸籍法116条に基づく戸籍訂正は，確定判決に基づき行う訂正です。

なお，嫡出否認の裁判や婚姻無効の裁判により戸籍法116条に基づき戸籍訂正を行うのに付随して，戸籍法113条又は114条に基づく戸籍訂正をすべき場合があります。例えば，母が離婚により復籍した後，子が母の氏を称する入籍届により編製した母の戸籍に入籍していたところ，嫡出否認の裁判が確定した場合，子は出生時の母の戸籍に入籍しますから，母の氏を称する入籍届は無効となります。そこで，これに関する戸籍訂正も必要となり，これを戸籍法113条又は114条に基づき行います。

このような戸籍法に基づく戸籍訂正手続を分類すれば，次表のとおりです。

戸籍訂正手続分類表

種　別	区　分		内　　容
Ⅰ　職権による訂正	(1)　市町村長限りでする訂正	ア	軽微・顕著な誤記や遺漏で先例で認められたもの
		イ	法令の改廃などによりこれを正しくする場合
		ウ	基本の届出や申請に付随して他の事項も訂正する場合
		エ	申出により職権発動を促すもの
		オ	戸籍法施行規則41条の規定によるもの
		カ	戸籍法施行規則43条の規定によるもの
		キ	戸籍法施行規則45条の規定によるもの
		ク	戸籍法59条の規定によるもの（**注**）
	(2)　市町村長が管轄法務局の長の許可を得てする訂正		戸籍法24条2項の規定によるもの
Ⅱ　申請による訂正	(1)　家庭裁判所の許可に基づいてする訂正	ア	戸籍法113条に規定するもの
		イ	戸籍法114条に規定するもの

第３章　現行戸籍手続上の予備知識

(2)　確定判決（審判）に基づいてする訂正	戸籍法116条に規定するもの

（注）　Ⅰの(1)クの訂正については，厳格に言えば，申請による訂正に属するが，説明の便宜上，市町村長限りの訂正の中に入れることとしました。

4　戸籍訂正の適用法条と対象

　戸籍法上における戸籍訂正に関する条文と訂正の対象となるべき事項との関係を分類すると次の表のようになります。

訂正の種類	適用条文	訂正の対象事項
申請による訂正（原則）	戸籍法113条	○　法律上戸籍に記載できない事項が記載されている場合 ○　戸籍の記載事項が事実に合致しない場合（ただし，原則として，身分法上の身分関係に影響を与えない事項） ○　戸籍に記載すべき事項の一部に遺漏がある場合
	戸籍法114条	○　創設的届出（認知，養子縁組，協議離縁，婚姻，協議離婚，入籍，分籍，転籍等）が無効である場合（ただし，原則として，その無効が戸籍面上明らかな場合）
	戸籍法116条	○　実体的身分関係に関する戸籍の記載が真実に反するため，確定判決又は審判（身分関係存否確認のほか，嫡出子否認，父の決定，認知の無効又は取消し，養子縁組・協議離縁・婚姻・協議離婚の無効の判決又は審判）に基づいて訂正する場合
職権による訂正（補完）	戸籍法24条2項	○　戸籍法113条及び114条の戸籍訂正によるべき場合に，訂正申請をする者がないとき（管轄局の長の許可に基づく訂正。ただし，訂正を要する事項が戸籍面上又は戸籍関係資料によって明らかな場合） ○　戸籍の記載の錯誤又は遺漏が市町村長の過誤による場合（原則として，管轄局の長の許可に基づく訂正）

94

5 裁判手続

戸籍法113条に基づく戸籍訂正と114条に基づく戸籍訂正のいずれについても，家庭裁判所の許可審判を得てから行います。この審判は，家事法上別表第1の124に規定されていて，調停手続を得ることなく，直ちに審判の申立てを行います。管轄裁判所は，訂正すべき戸籍のある地を管轄する家庭裁判所です（家事法226条3号）。

申立人は，戸籍法113条については「利害関係人」，114条については「届出人又は届出事件の本人」です。ここにいう「利害関係人」の中には，届出人又は届出事件の本人は当然含まれますが，その他，届出事件の本人の親族なども含まれます。なお，家庭裁判所は，戸籍法113条の規定による戸籍の訂正についての許可の申立てが当該戸籍の届出人又は届出事件の本人以外の者からされた場合には，申立てが不適法であるとき又は申立てに理由がないことが明らかなときを除き，当該届出人又は届出事件の本人に対し，その旨を通知しなければならないものとされています（家事法228条。もっとも，事件の記録上これらの者の氏名及び住所又は居所が判明している場合に限られます。）。

ところで，戸籍法116条による訂正の場合は，「同条は確定判決の効力として戸籍の訂正を認めるものではなく，訂正事項を明確ならしめる証拠方法として，確定判決を要するものとする趣旨であるから，判決の主文と理由とを綜合して訂正事項が明確にされている以上，必ずしも，主文に訂正事項そのものが表現されていることを必要としない」と解されていますが（最大判昭和32・7・20民集11・7・1314），戸籍法113条又は114条に基づく戸籍訂正の場合は，戸籍訂正の許可がメインのテーマとなるため，「申立ての趣旨」において，戸籍の訂正事項を明確にしておくことが必要です。

なお，戸籍の訂正についての許可の審判については，利害関係人（申立人を除く。）は，即時抗告をすることができます。また，戸籍の訂正についての許可の申立てを却下する審判については，申立人は，即時抗告をすることができます（家事法231条4号，5号）。

6 戸籍訂正の手続（訂正の申請）

戸籍法113条及び114条の戸籍訂正許可の審判が確定したときは，審判の申

第3章　現行戸籍手続上の予備知識

立人は，審判確定の日から1か月以内に，その謄本及び確定証明書を添付して，戸籍の訂正を申請することを要します（戸115条）。

　戸籍法116条に規定する確定判決とは，身分関係の存否又は身分行為の無効を確定する判決又はこれと同一の効力を有する審判（人訴2条，家事法257条・277条・281条）を指します。したがって，嫡出子否認の判決，父を定める判決，認知の無効・取消しの判決，縁組無効の判決，離縁無効の判決，婚姻無効の判決，離婚無効の判決，親子関係不存在確認等身分関係存否確認の判決が確定したときは，訴えを提起した者は，判決確定の日から1か月以内に，その謄本及び確定証明書を添付して，戸籍の訂正を申請することを要します。なお，これらの事件について家事事件手続法277条に基づく審判が確定した場合も上記と同様です（戸116条）。

第2編 各論

第2篇 各 論

第1章 親子関係事件

第1 嫡出否認の裁判 ─────────────────────●

1 解 説

(1) 嫡出否認

　民法上，母と子の法律上の親子関係は子の分娩という事実により成立するものと解されています（最判昭和37・4・27民集16・7・1247）。他方，父については，母がいかなる者との間で子を分娩したかは必ずしも明らかではないので，民法772条は，次のような2段の推定をしています。まず，「妻が婚姻中に懐胎した子は，夫の子と推定」し（同条1項），次いで，ここにいう「婚姻中に懐胎した」かどうかは必ずしも明らかではないので，「婚姻の成立の日から200日を経過した後又は婚姻の解消若しくは取消しの日から300日以内に生まれた子は，婚姻中に懐胎したものと推定」しています。このように，婚姻の成立の日から200日を経過した後又は婚姻の解消若しくは取消しの日から300日以内に生まれた子は，婚姻中の夫婦間に出生した子（嫡出子）と推定しています。他方，母が婚姻外で分娩した子については，このような法律上の推定はなく，父が任意に認知した場合又は裁判上認知された場合に初めて法律上の親子関係が成立するものとしています（民779条・787条）。

　上記の推定を嫡出推定と称していますが，婚姻中に妻が他の男性と関係をもって子を分娩することもあり，当該推定が真実に合致しない場合があります。このような場合にまで夫と当該子の間の法律上の親子関係を存続させることは相当ではありませんが，他方，夫が当該子を自分の子と信じて過ごし，子も一定年齢に達し，夫を自分の父親と信じるようになることもあり，いつまでもその推定を覆し得るものとするのは相当ではありません。また，家庭内の秘事に属することを第三者がとやかくいうのも問題です。そこで，民法774条は「第772条の場合において，夫は，子が嫡出であ

第1章　親子関係事件

ることを否認することができる」と規定して，嫡出の否認をすることができる者を夫に限定し，かつ，777条は，「嫡出否認の訴えは，夫が子の出生を知った時から1年以内に提起しなければならない」と規定して，嫡出の否認をすることができる期間を限定しています。そして，775条前段で「前条の規定による否認権は，子又は親権を行う母に対する嫡出否認の訴えによって行う」と規定して，嫡出の否認は，裁判によることを要するものとしています。なお，同条後段は「親権を行う母がないときは，家庭裁判所は，特別代理人を選任しなければならない」とし，また，778条は「夫が成年被後見人であるときは，前条の期間は，後見開始の審判の取消しがあった後夫が子の出生を知った時から起算する」と，それぞれ，特殊な場合の特例を定めています。

(2)　推定されない嫡出子

　(1)で説明したとおり，婚姻中に出生した場合であっても，婚姻の成立の日から200日以内に出生した子は，嫡出子としては推定されません。しかし，当該子を嫡出でない子とし，夫の認知があって初めて夫との間に法律上の親子関係を認めるというのも問題です。そこで，内縁中に懐胎し，適法に婚姻をした後に出生した子は，婚姻の届出と出生との間に200日が経過しなくても，出生と同時に当然に嫡出子たる身分を取得するものと解されています（大連判昭和15・1・23民集19・1・54）。また，戸籍の実務では，同判決の趣旨により，婚姻成立の日から200日以内に出生した子については，父母の内縁関係が先行していなくても，父母の嫡出子としています（昭和15・4・8民事甲432号通達）。

　これとは逆に，夫が長期間刑務所に服役中に妻が懐胎した場合や，夫のみが長期間外国滞在中又は夫婦が長期間完全に別居中等に妻が懐胎した場合等，妻が夫の子を懐胎し得ない事情がある場合には，嫡出推定の基礎がないので，民法772条は適用されないものと解されています（最判昭和44・5・29民集23・6・1064）。

　これらの場合は，嫡出性の推定はありませんが，子は，婚姻中に出生していることから，出生と同時に嫡出子たる身分を取得しており，講学上「推定されない嫡出子」と言われています。この推定されない嫡出子につ

100

いて，父と子との法律上の親子関係を切断するには，嫡出否認の裁判を提訴する必要はなく，親子関係不存在確認の裁判を提訴することができます。いかなる場合に，嫡出の推定が働かず，親子関係不存在確認の裁判をすることができるかに関しては，「第2　親子関係不存在確認の裁判」を参照願います。

(3)　子の出生による入籍

　法律上，子が夫の子と推定される場合は，子の出生届により，子は，夫婦の戸籍に夫婦の子として入籍します（民790条1項，戸18条・52条）。妻が，当該子を夫以外の者の子として出生届を提出しても，当該届出は受理されません。前婚の解消後300日以内，かつ，後婚の届出後200日以内に出生した子は，法律上，前婚の夫の子と推定され（民772条2項），かつ，後婚の夫の子とは推定されませんから，真実は後婚の夫の子であったとしても，前婚の夫の子としての届出しか受理されないのが原則です。たとえ，前婚の夫とは長期間完全に別居していても，戸籍の窓口ではそのことを書面により確認できないので，同様です。

　もっとも，子の出生の届出の前に，夫（前夫）が提訴した嫡出否認の裁判が確定した場合や，夫（前夫）又は妻が提訴した親子関係不存在確認の裁判が確定したときは，当該確定した裁判の謄本を添付して子の出生届をすることができ，この場合は，妻の嫡出でない子又は後夫の子として出生届をすることができます。また，医師の作成した「懐胎時期に関する証明書」が添付され，当該証明書の記載から，推定される懐胎の時期の最も早い日が婚姻の解消の日よりも後である場合は，前夫を父としない出生の届出をすることができます。これらの場合は，戸籍の窓口でも，前夫の子と推定されるものではないことを確認することができるからです（平成19・5・7民一1007号通達）。

(4)　嫡出否認の裁判

　嫡出否認の裁判に関しては，子が表見上の父母の戸籍に入籍している場合と，子の出生届未了の場合の両方を分けて検討します。なお，嫡出否認の裁判を提起するには，既に嫡出子出生届がなされていることを要しません（大判昭和13・12・24民集17・2533）。

第1章　親子関係事件

　いずれの場合も，家事に関する事件のため，第1編第1章で説明したとおり，調停前置となっており，まずは，調停を申し立てることを要します。しかし，嫡出否認は表見上の親子関係の否定を意味し，第三者の利害に影響するため，当事者の合意によってのみでは，その効力を認めるのは相当ではなく，調停により決着をつけることはできません。調停手続において，①当事者間に申立ての趣旨のとおりの審判を受けることについて合意が成立していることと，②当事者の双方が嫡出否認の原因，すなわち，夫又は前夫と子との間に血縁上の親子関係がないことについて争わないことのいずれにも該当する場合には，家庭裁判所は，必要な事実を調査した上，この合意を正当と認めるときは，合意に相当する審判をするものとされています。通常は，DNA鑑定を行い，血縁上の親子関係がないことの科学的な立証を経ます。

　なお，(2)で説明しましたとおり，夫のみが長期間外国滞在中に妻が懐胎した場合等については，嫡出推定が働かないため，親子関係不存在確認の裁判をすることができますが，この場合であっても，夫は，子の出生を知ってから1年以内であれば，嫡出否認の訴えを提起することができます。そして，この場合において，夫と妻のパスポートの出国記録から，当該事実が証明できるときは，DNA鑑定をしなくても，夫と子との間に血縁上の親子関係がないと証明することができます。

　調停において，事実関係に争いがあり，かつ，DNA鑑定に応じない場合は，夫が嫡出否認の訴えを提起することにより決着するほかはありません。しかし，そうすると親子関係がいつまでも確定しないので，家庭裁判所は，DNA鑑定だけでも行い，その結論を見てから，事実関係について合意するかどうかを判断するように当事者を説得し，結局，審判により嫡出性が否認されるかどうかを決着するように指揮します。

　ところで，民法775条等及び人事訴訟法等では「嫡出否認の訴え」と規定されていますが，戸籍法53条では「嫡出子否認の訴」と規定されていて，用語が異なっています。そこで，本書においても，裁判の関係では「嫡出否認」と，戸籍の関係では「嫡出子否認」と記載します。

102

(5) 渉外関係

　法の適用に関する通則法（以下「通則法」という。）28条1項は「夫婦の一方の本国法で子の出生の当時におけるものにより子が嫡出となるべきときは，その子は，嫡出である子とする。」と定めており，子の側からすれば，父（母の夫又は前夫である父です。）又は母のいずれかの本国法によれば嫡出子であれば，父の子とされています。そこで，父が渉外関係において嫡出の否認をするためには，父の本国法のみならず，母の本国法によっても嫡出性を否定することができることが必要です。父の本国法で嫡出否認がされても，母の本国法では嫡出性が推定されているときは，子は母の本国法に基づき嫡出性を主張することができるからです。なお，父母一方の本国法上においてのみ嫡出推定が働いているときは，その本国法に基づき，嫡出否認の裁判をすれば足ります。この場合，論理的には，他方の親の本国法上に基づく親子関係についても，その不存在を裁判により確認しておく必要がありますが，この嫡出否認の裁判は，他方の親の本国法上の親子関係不存在確認の裁判を包摂していると理解することができるからです。

　日本人が関係する渉外的な嫡出否認には，日本人父が外国人母の子を嫡出否認する場合と，外国人父が日本人母の子を嫡出否認する場合とがあります。前者の場合，子は，出生時においては，父の本国法である民法の規定に基づき，嫡出子とされていますから（嫡出推定が働かない場合であっても，日本人父と外国人母との婚姻後に出生したときは，民法により嫡出子とされます。），子は日本の国籍を有しているものとして扱われます（国2条1号）。しかしながら，嫡出否認の裁判が確定しますと，子は日本人父の子でなかったことになりますから，外国人母の子として，外国人として扱われます。したがって，子が出生届により日本人父の戸籍に入籍していた場合は，その戸籍から消除されることになります。他方，外国人父が日本人母の子を嫡出否認する場合ですが，当該裁判が確定すると，子は日本人母の嫡出でない子であったことになります。しかし，依然として日本人母から出生したことに変わりはないので，子は日本の国籍を維持したままです。この場合に，子が出生届により日本人母の戸籍に入籍していた場合は，嫡出否認の裁判が確定しても，子については戸籍の異動はなく，父の氏名の消除と続柄の

第1章　親子関係事件

変更をするに止まります。

　外国人同士の嫡出否認としては，同国人同士の婚姻において出生した子の場合と甲国人と乙国人夫婦において出生した子の場合とがあります。前者の場合は，州によって法律を異にする等の場合でない限り，準拠法は当該国の法となり，単一ですが，後者の場合は，配偶者それぞれの本国法が準拠法となり，両方の法に嫡出否認をすることができることを要します。なお，外国人同士の嫡出否認の場合は，その裁判の結果を戸籍に反映することはありませんが，後に説明するとおり，子の出生届が提出された市区町村長に裁判の謄本が提出された場合，当該出生届にリンクして裁判の謄本を保存します。

　以下において，事案ごとの記載例を示します。

2　出生届が済んでいる場合の事案

　夫婦が婚姻中の場合は，子は出生届に基づき，夫婦の戸籍に入籍します（民790条1項，戸18条1項）。夫婦が離婚した場合であっても，子が離婚後300日以内に出生したときは，子は，原則として，出生届に基づき夫婦の婚姻当時の戸籍に入籍します（前同）。そのいずれの場合も嫡出否認の裁判をすることができ，下記の「家事調停」では子が婚姻中に出生した場合，「人事訴訟」では子が離婚後に出生した場合の事例を示します。離婚後の場合は，「申立ての理由」又は「請求原因」において離婚の事実を提示しておくのが相当です。なお，婚姻中か離婚後かによって戸籍訂正の方法が異なります。

　(1)　子が婚姻中に出生した場合

　　①　嫡出否認の裁判

　　　調停前置のため，まず，調停を申し立てます。調停不調の場合は，嫡出否認の訴えを提起する必要がありますが，この場合の書式は後記(2)の①を参照願います。

　　　調停申立書の記載例は次のとおりです。

104

第1 嫡出否認の裁判

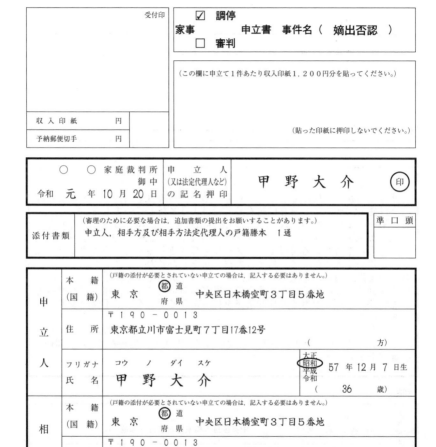

第1章　親子関係事件

<table>
<tr><td colspan="2" align="center">申　立　て　の　趣　旨</td></tr>
<tr><td colspan="2">相手方が，申立人の嫡出であることを否認するとの調停・審判を求めます。</td></tr>
</table>

<table>
<tr><td colspan="2" align="center">申　立　て　の　理　由</td></tr>
<tr><td>1　申立人は，相手方の母甲野麻衣と平成30年5月15日に婚姻し，麻衣は，その年の秋ころ妊娠しました。私も，第一子の誕生を期待し，男の子の場合は健太，女の子の場合は結衣と名付けようと話していました。
2　第一子誕生の頃，私は約1か月の海外出張を命ぜられ，海外にいたところ，麻衣からメールが入って，女の子が誕生したことを知りました。そこで，私も喜んで結衣と名付けようとメールを打ち返しました。そうすると，麻衣の親が使者となって，相手方の出生届をしたとのことでした。
3　帰国後，相手方を見たところ，髪の毛の色が黒くなく，また，私とはあまり似ていない顔でした。そこで，麻衣に聞いたところ，相手方の懐胎可能時期に私以外の男とも性的関係を持ったことがあると，不倫の事実を打ち明けました。
4　以上の次第であり，申立人は，相手方誕生のころ相手方の出生を知りましたが，相手方は申立人の子ではないので，申立ての趣旨のとおり，調停・審判を求めます。</td></tr>
</table>

（別紙）

<table>
<tr><td rowspan="4">相手方法定代理人親権者母</td><td>本　籍
（国　籍）</td><td colspan="2">（戸籍の添付が必要とされていない申立ての場合は，記入する必要はありません。）
東　京　㊞道
　　　　府県　　中央区日本橋室町3丁目5番地</td></tr>
<tr><td>住　所</td><td colspan="2">〒190-0013
東京都立川市富士見町7丁目17番12号
（　　　　　　　　　方）</td></tr>
<tr><td>フリガナ
氏　名</td><td>コウ　ノ　マ　イ
甲　野　麻　衣</td><td>大正
㊐昭和
平成　59 年 3 月 10 日生
令和
（　　35　　歳）</td></tr>
</table>

106

第1　嫡出否認の裁判

〈申立書の説明〉

(1)　当事者

　ア　申立人

　　嫡出否認の調停の申立人は，戸籍上の夫（父）に限られます。なお，夫が成年被後見人である場合は，夫の成年後見人が申立てをすることができます（人訴14条1項）。妻が夫の成年後見人となっているときは，後見監督人が申立てをすることができます（同条2項）。

　　夫が子の出生前又は否認の訴えを提起できる期間内に死亡したときは，当該子のために相続権を害される者その他夫の3親等内の血族は，夫の死亡の1年内に申立てをすることができます（人訴41条1項）。

　　母又は子は，嫡出否認の調停を申し立てることができません。しかし，夫が何らかの事情で（妻の不倫への逆恨みもあります）調停を申し立てないこともあり，その間に，夫が子の出生を知ったときから1年が経過しますと，法定期間の徒過により，嫡出否認の調停の申立てができないこととなります。このような場合，実務上は，子（母が法定代理人）が申立人となって，親子関係不存在確認の調停を申し立て，同調停において，調停委員や裁判官から，家庭裁判所に出頭した父に，法律上の親子関係を覆すことができなくなった場合の問題点を説明し，嫡出否認の調停を申し立てるよう説得することがあります。

　イ　相手方

　　子又は親権を行う母です。子が相手方の場合は，母が子の法定代理人となります。なお，親権を行う母がないときは，調停の申立てをすることができず，嫡出否認の裁判を提訴するほかはありません。調停の相手方のための特別代理人の選任手続がないからです。

(2)　申立先

　相手方（子又は親権を行う母）の住所地の家庭裁判所又は当事者が合意で定める家庭裁判所です（家事法245条1項）。

(3)　申立てに必要な費用

　　収入印紙1200円分

　　連絡用の郵便切手（注：金額及び内訳は各裁判所によって異なることから申立裁判所に問合せが必要）

　DNA鑑定等が行われる場合，原則として申立人がこの鑑定に要する費用を負担します。

(4)　申立てに必要な書類

　ア　申立書及びその写し1通

　イ　標準的な申立添付書類

　　　申立人の戸籍謄本（全部事項証明書）

　申立人と子の母が離婚している場合は，母の戸籍謄本（全部事項証明書），子の戸籍謄本（全部事項証明書）。通常は，子は申立人又は母の戸籍謄本に記載されているので，重複しての提出は不要です。もっとも，子が養子縁組をしたような場合は，子の戸籍謄本（全部事項証明書）も必要です。

(5)　申立ての趣旨

107

第1章　親子関係事件

子を相手とする場合は「相手方が，申立人の嫡出であることを否認するとの調停・審判を求めます。」の例によります。母を相手とするときは，「相手方の子である何某（本籍○県○市○町○丁目○番地　令和○年○月○日生）が，申立人の嫡出であることを否認するとの調停・審判を求めます。」の例によります。

(6)　申立ての理由

妻が相手方を懐胎することが可能な時期に不倫をしていた事実等，相手方が申立人の子ではないことを根拠付けるべき理由と，申立人が相手方の出生を知った時期を記載します。例えば，記載例の中の「申立ての理由」のように記載します。

(7)　審判書

合意に相当する審判の審判書の主文は，申立ての趣旨と同一内容のものが記載され，その理由では，裁判所が調停の過程で行われたDNA鑑定の結果や関係者からの事実の調査に基づき認定した事実関係と審判理由が記載されます。

②　戸籍の訂正

父からの嫡出子否認（民774条・775条）の裁判（審判又は判決）の確定によって，嫡出性を否認された子は，母の嫡出でない子となる結果，訴えを提起した者は，戸籍上の父の記載を消除し，父母との続柄の訂正を趣旨とする，戸籍法116条の戸籍訂正の申請をすることが必要です。

なお，子は母が婚姻継続中に出生しているので，嫡出子否認の裁判に基づく戸籍訂正によって子の戸籍に変動は生じません。この場合の戸籍訂正申請及び訂正処理は，以下のとおりです。

108

第1　嫡出否認の裁判

a　戸籍訂正申請書

戸 籍 訂 正 申 請

東京都中央 市[区]町村 長　殿

令和 元 年 11 月 24 日申請

受付	令和 元 年 11 月 24 日
	第　　1865　　号

戸　　籍	
調査	
記載	
記載調査	
送付	
住 民 票	
記載	
通知	
附　　票	
記載	
通知	

(一)	事件本人	本　　籍	東京都中央区日本橋室町３丁目５番地
		筆頭者氏名	甲 野 大 介
(二)		住所及び世帯主氏名	東京都立川市富士見町７丁目17番12号　甲野大介
(三)		氏　　名	甲 野 結 衣
		生年月日	令和 元 年 8 月 16 日
(四)	裁判の種類		嫡出子否認の裁判
	裁判確定年月日		令和 元 年 11 月 17 日
(五)	訂正の趣旨		事件本人甲野結衣は，令和元年11月17日嫡出子否認の裁判確定により母甲野麻衣の嫡出でない子となる。 　したがって，上記戸籍中の結衣について，(1)父母欄中父の氏名を消除の上，(2)母欄の氏「甲野」と記載する。(3)父母との続柄を「長女」と訂正する。
(六)	添付書類		裁判の謄本及び確定証明書
(七)	申請人	本　　籍	(一)に同じ
		筆頭者氏名	(一)に同じ
		住　　所	(二)に同じ
		署名押印	甲 野 大 介　　㊞
		生年月日	昭和 57 年 12 月 7 日

（注意）事件本人又は申請人が二人以上であるときは、必要に応じ該当欄を区切って記載すること。

（注）訂正の趣旨中(2)は，紙戸籍の場合の処理である。

109

第1章　親子関係事件

b　子の出生当時の戸籍中子の記載

<table>
<tr><td colspan="2" align="right">（2の1）</td><td>全 部 事 項 証 明</td></tr>
<tr><td align="center">本　　　籍</td><td colspan="2">東京都中央区日本橋室町三丁目5番地</td></tr>
<tr><td align="center">氏　　　名</td><td colspan="2">甲野　大介</td></tr>
<tr><td>戸籍事項
　戸籍編製</td><td colspan="2">（編製事項省略）</td></tr>
</table>

<table>
<tr><td>戸籍に記録されている者</td><td>【名】結衣

【生年月日】令和元年8月16日
【父】
【母】甲野麻衣
【続柄】長女</td></tr>
<tr><td>身分事項
　　出　　　生</td><td>【出生日】令和元年8月16日
【出生地】東京都立川市
【届出日】令和元年8月25日
【届出人】母</td></tr>
<tr><td>　　消　　　除</td><td>【消除日】令和元年11月24日
【消除事項】父の氏名
【消除事由】嫡出子否認の裁判確定
【裁判確定日】令和元年11月17日
【申請日】令和元年11月24日
【申請人】甲野大介
【関連訂正事項】父母との続柄
【従前の記録】
　　【父】甲野大介
　　【父母との続柄】長女</td></tr>
<tr><td></td><td align="right">以下余白</td></tr>
</table>

発行番号000001

〔注〕　推定された父が出生の届出人であるときは，申請書の㈤欄の訂正の趣旨事項に，
　　　「出生事項中届出人の資格「父」を消除し，その氏名を「甲野大介」と記載する。」と
　　　の1項を加え，子の戸籍の出生事項中届出人の資格「父」の記載を消除した上，その
　　　氏名を記載する（昭和42・3・16民事甲400号通達・記四㈢）。なお，この場合，身分
　　　事項欄に届出人の資格を消除した旨の記載をする必要はない。

(2) 夫婦の離婚後に子が出生した場合

　2の冒頭で説明したとおり，子が夫婦の離婚後300日以内に出生したときは，子は，夫婦の婚姻当時の戸籍に入籍します。この場合であっても，嫡出否認の裁判は，調停前置となります。調停申立書の記載例は(1)①を参照願います。調停が不成立等の場合は，嫡出否認の訴えを提起することが必要ですが，この場合の記載例は次のとおりです。

　① 嫡出否認の訴え

訴　　状

令和元年8月22日

○家庭裁判所　御中

原告　乙川拓也（印）

本籍　東京都中野区弥生町1丁目58番地
住所　東京都豊島区椎名町3丁目15番8号（送達場所）
　　　電話・ＦＡＸ：　03（1234）5678
　　　原告　　　　　乙川拓也
本籍　東京都中野区弥生町1丁目58番地
住所　東京都杉並区天沼2丁目30番10号
　　　被告　　　　　乙川大和
本籍　東京都杉並区上荻3丁目16番地
住所　東京都杉並区天沼2丁目30番10号
　　　法定代理人　　母　丁山友美

嫡出否認請求事件
　　訴額　　　　金160万円
　　貼用印紙　　金1万3000円
　　郵券（注：金額及び内訳は各裁判所によって異なることから申立裁判所に問合せが必要）

第1　請求の趣旨
　1　被告が原告の嫡出であることを否認する
　2　訴訟費用は被告の負担とする
との裁判を求める。
第2　請求原因
　1　原告は，被告の母丁山友美と平成2年3月15日に婚姻した。（甲第1号証）
　2　しかしながら，友美は幼い頃からの友人丙山大樹と不倫をしていたこ

第1章　親子関係事件

とが判明し，このため，原告と友美は，令和元年5月20日に協議離婚した。（甲第1，第2号証）

3　友美は，令和元年7月21日，被告を出産し，被告は，原告と友美との間の長女として戸籍に記載されている。このことは，原告がパスポート取得のための令和元年8月1日に戸籍謄本を取り寄せたところ判明した。（甲第1，第2号証）

4　友美の妊娠可能時期に原告は友美と性交渉したことはなく，被告は，友美と丙山大樹の子であると考えられる。しかしながら，友美は，被告が原告の子であると言い張り，原告の戸籍に入籍させたと説明している。（甲第2号証）

5　以上の次第であり，原告は，令和元年8月1日に被告の出生を知ったが，被告は原告の子ではないので，請求の趣旨どおりの判決を求める。

6　なお，原告は，令和元年8月5日に被告を相手に嫡出否認の調停を申し立てたが，友美はDNA鑑定をすることを拒否し，同年8月20日に調停が打ち切られたことを付言する。

証拠方法

1　甲第1号証　　戸籍謄本
2　甲第2号証　　陳述書

附属書類

1　甲号証写し　　　各1通
2　戸籍謄本　　　　2通
3　調停不成立証明書　1通

〈訴状の説明〉

(1)　訴えの提起が必要な場合

　夫（前夫を含む。）が嫡出否認の調停を申し立てても，妻（前妻を含む。）が，子の受胎可能時期に他の男性と性的交渉を行ったことはないとか，夫が子の出生を知った時期について虚偽の申立てをしているとして，DNA鑑定を行うことを拒否したり，行ったDNA鑑定の精度に疑問があるとして，当事者間に申立ての趣旨のとおりの審判を受けることについて合意が成立しない場合は，家庭裁判所は，合意に相当する審判をすることができません。また，合意に相当する審判に異議の申立てがあったときも，当該審判は失効します。これらの場合は，夫は，子の嫡出性を否定するためには，嫡出否認の訴えを提起することを要します。

　次に，子に親権を行う母がいないときは，家庭裁判所が選任する特別代理人が子を代理します（民775条後段，家事法159条）。この特別代理人は，家事法上，嫡出否認の訴えに関して選任されることが規定されていますが，嫡出否認の調停の申立てに関しては，特別代理人選任の申立てに関する規定がなく，その申立てをすることができないため，子に親権を行う母がいないときは，夫は，調停を申し立てることなく，直ちに嫡出否認の裁判を

112

第1 嫡出否認の裁判

提起することが必要です。なお，特別代理人は，家事法159条，別表第1の59項の規定に基づき家庭裁判所にその選任を申立てることを要します。通常は弁護士が選任されます。

嫡出否認の訴えの管轄裁判所は，夫又は子の住所地を管轄する家庭裁判所です（人訴4条）。夫が子の出生前又は否認の訴えを提起できる期間内に死亡したときは，当該子のために相続権を害される者その他夫の3親等内の血族は，夫の死亡の日から1年以内に訴えを提起することができますが（人訴41条1項），この場合は，夫の死亡時における住所地又は子の住所地を管轄する家庭裁判所です（人訴4条）。

(2) 訴状の記載

訴状には，当事者の住所氏名，請求の趣旨，請求原因等を記載しますが，その一例は，記載例のとおりです。

まず，請求の趣旨ですが，子を被告とする場合は「被告が原告の嫡出であることを否認する」とします。母を被告とするときは，「被告の子である何某（本籍　○県○市○町○丁目○番地　令和○年○月○日生）が原告の嫡出であることを否認する」とします。

次に，請求原因ですが，妻が被告を懐胎する可能な時期に不倫をしていた事実等，被告が原告の子ではないことを根拠付けるべき理由と，原告が被告の出生を知った時期を記載します。なお，調停前置となっているため，調停手続における結末も記載しておくのが相当です。

(3) 添付書類

書証として，原告，被告（被告が母の場合は，子）の戸籍謄本が必要です。その他，必要に応じて，パスポート，DNA鑑定の鑑定書があれば，当該鑑定書等です。さらに，妻の不倫の告白等については，原告の陳述書で立証します。

また，附属書類として，戸籍謄本，書証の写しや調停不成立証明書が必要です。

(4) 判決書

嫡出否認の裁判の判決書の主文は，請求の趣旨と同一内容のものが記載され，その理由では，裁判所が訴訟の過程で行われたDNA鑑定の結果や関係者の供述や書証等に基づき認定した事実とそれに基づく判決理由が記載されます。

② 戸籍の記載

母の離婚後300日以内に出生し，母の前夫の嫡出の推定を受ける子が，その出生届により母の離婚当時の戸籍（前夫の戸籍）に入籍していたところ，嫡出子否認の裁判（審判又は判決）が確定した場合の，戸籍法116条の規定に基づく戸籍訂正について説明します。

当該出生子は，嫡出子否認の裁判の確定により母の嫡出でない子となるので，上記の戸籍訂正申請により，子について父の記載を消除し，父母との続柄を嫡出でない子としての続柄に訂正した上，出生当時の母の戸籍（離婚後の戸籍）に嫡出でない子として入籍させる訂正をすることになります。

第1章 親子関係事件

なお，母の離婚後300日以内に出生した子について嫡出子否認の裁判が確定した場合と父子関係不存在確認の裁判が確定した場合とでは，戸籍訂正における記載上の取扱いに差異があります。すなわち，嫡出子否認の裁判の法的性質については，一般に形成の裁判と解されていることから，例えば，母の離婚後300日以内に出生した子について，母の前夫の嫡出子否認の裁判が確定したときは，それによって初めてその父子関係は出生の時にさかのぼって否定されることになります。したがって，子が出生届により嫡出子として父母の離婚の際の氏を称しその戸籍に入籍したことは法律上正当であり（民790条1項ただし書，戸18条2項），その後の嫡出否認の裁判確定によって母の嫡出でない子として出生当時の母の戸籍に入籍する事由が生じたものと解されることになるので，いわゆる「**入除籍**」の方法によって戸籍の処理をする取扱いです。

これに対し，父子関係不存在確認の裁判が確定した場合の戸籍訂正の記載については，当該父子関係が出生の時から存在しなかったことが確認されることになるので，子の記載を本来入籍すべき出生当時の母の戸籍に移記し，母の前夫の戸籍中の記載を消除するいわゆる「**移記消除**」の方法によって戸籍の訂正がされます（法定記載例206）。

なお，母が離婚の際に新戸籍を編製している場合と，実方の戸籍に復籍している場合とでは，戸籍訂正の方法が異なります。すなわち，母が離婚の際に新戸籍を編製している場合は，戸籍訂正申請により，離婚によって編製された母の戸籍に子を嫡出でない子として入籍させます（後記記載例c-1参照）。他方，母が離婚の際に実方の戸籍に復籍している場合は，母について新戸籍を編製した上で子を入籍させます（後記記載例c-2-(a)・(b)参照）。

114

第1 嫡出否認の裁判

a 戸籍訂正申請書

戸 籍 訂 正 申 請

東京都中野 市区
町村長 殿

令和 元 年 9 月 15 日申請

受付	令和 元 年 9 月 15 日		戸 籍
	第 1776 号		調査

(一)	事件本人	本 籍	東京都中野区弥生町1丁目58番地	記載
		筆頭者氏名	乙 川 拓 也	記載 調査
(二)		住所及び 世帯主氏名	東京都杉並区天沼2丁目30番10号　丁山友美	送付
(三)		氏 名	乙 川 大 和	住民票
		生年月日	令和 元 年 7 月 21 日	記載
(四)		裁 判 の 種 類	嫡出子否認の裁判	通知 附 票 記載
		裁判確定 年 月 日	令和 元 年 9 月 7 日	通知
(五)		訂 正 の 趣 旨	事件本人乙川大和につき，令和元年9月7日嫡出子否認の裁判が確定したため，同人を乙川拓也戸籍から除籍し，東京都杉並区上荻3丁目16番丁山友美戸籍に入籍させる。	
(六)		添 付 書 類	裁判の謄本及び確定証明書、戸籍謄本	
(七)	申請人	本 籍	(一)に同じ	
		筆頭者氏名	(一)に同じ	
		住 所	東京都豊島区椎名町3丁目15番8号	
		署名押印	乙 川 拓 也　㊞	
		生年月日	昭和 59 年 3 月 4 日	

(注意)　事件本人又は申請人が二人以上であるときは、必要に応じ該当欄を区切って記載すること。

115

第1章　親子関係事件

b　子の出生当時の戸籍中子の記載

<table>
<tr><td colspan="2" align="right">（2の1）</td><td align="center">全 部 事 項 証 明</td></tr>
</table>

本　　　籍	東京都中野区弥生町一丁目５８番地
氏　　　名	乙川　拓也
戸籍事項 　　戸籍編製	（編製事項省略）

〜〜〜〜〜〜〜〜〜〜〜〜〜〜〜〜〜〜〜〜〜〜〜〜〜〜〜〜〜

戸籍に記録されている者 　　除　　籍	【名】大和 【生年月日】令和元年７月２１日 【父】 【母】丁山友美 【続柄】長男
身分事項 　　出　　　生	【出生日】令和元年７月２１日 【出生地】東京都杉並区 【届出日】令和元年７月２９日 【届出人】母
親　　　権	【親権者】母
消　　　除	【消除日】令和元年９月１５日 【消除事項】父の氏名 【消除事由】嫡出子否認の裁判確定 【裁判の確定日】令和元年９月７日 【申請日】令和元年９月１５日 【申請人】乙川拓也 【関連訂正事項】父母との続柄 【従前の記録】 　　【父】乙川拓也 　　【父母との続柄】長男
除　　　籍	【除籍日】令和元年９月１５日 【除籍事由】嫡出子否認の裁判確定 【裁判確定日】令和元年９月７日 【申請日】令和元年９月１５日 【申請人】乙川拓也 【入籍戸籍】東京都杉並区上荻三丁目１６番地　丁山友美
	以下余白

発行番号０００００１

〔注〕　子の身分事項に「【親権者】母」と記録されているのは，民法819条３項本文の「子
　　の出生前に父母が離婚した場合には，親権は，母が行う。」との規定に基づきその旨
　　を戸籍上明らかにするためになされるものです（参考記載例５）。なお，この記載は，
　　入籍先の戸籍には移記を要しません。

第1 嫡出否認の裁判

c‐1 離婚の際に母について新たに戸籍が編製された場合

	（2の1）	全 部 事 項 証 明

本　　　籍	東京都杉並区上荻三丁目１６番地
氏　　　名	丁山　友美

戸籍事項 　　戸籍編製	（編製事項省略）

戸籍に記録されている者	【名】大和 【生年月日】令和元年７月２１日 【父】 【母】丁山友美 【続柄】長男
身分事項 　　出　　　生	【出生日】令和元年７月２１日 【出生地】東京都杉並区 【届出日】令和元年７月２９日 【届出人】母
入　　　籍	【入籍日】令和元年９月１８日 【入籍事由】嫡出子否認の裁判確定 【裁判確定日】令和元年９月７日 【申請日】令和元年９月１５日 【申請人】乙川拓也 【送付を受けた日】令和元年９月１８日 【受理者】東京都中野区長 【従前戸籍】東京都中野区弥生町一丁目５８番地　乙川拓也
	以下余白

発行番号０００００１

第1章　親子関係事件

c‑2　母が離婚の際に実方の戸籍に復籍している場合

(a)　母の従前の戸籍

	（2の1）	全 部 事 項 証 明

本　　　籍	東京都杉並区上荻三丁目16番地
氏　　　名	丁山　茂

戸籍事項 　　戸籍編製	（編製事項省略）

戸籍に記録されている者 ┌─────┐ │　除　籍　│ └─────┘	【名】友美 【生年月日】昭和61年6月2日 【父】丁山茂 【母】丁山洋子 【続柄】長女
身分事項 　　出　　生	（省略）
離　　婚	（省略）
除　　籍	【除籍日】令和元年9月18日 【除籍事由】子の嫡出子否認の裁判確定 【申請日】令和元年9月15日 【申請人】乙川拓也 【送付を受けた日】令和元年9月18日 【受理者】東京都中野区長 【新本籍】東京都杉並区上荻三丁目16番地
	以下余白

発行番号000001

118

第1 嫡出否認の裁判

(b) 母の新戸籍

<table>
<tr><td colspan="2"></td><td>（1の1）</td><td>全 部 事 項 証 明</td></tr>
<tr><td>本　　　籍</td><td colspan="3">東京都杉並区上荻三丁目16番地</td></tr>
<tr><td>氏　　　名</td><td colspan="3">丁山　友美</td></tr>
<tr><td>戸籍事項
　　戸籍編製</td><td colspan="3">【編製日】令和元年9月18日</td></tr>
<tr><td>戸籍に記録されている者</td><td colspan="3">【名】友美

【生年月日】昭和61年6月2日
【父】丁山茂
【母】丁山洋子
【続柄】長女</td></tr>
<tr><td>身分事項
　　出　　生</td><td colspan="3">（省略）</td></tr>
<tr><td>　　入　　籍</td><td colspan="3">【入籍日】令和元年9月18日
【入籍事由】子の嫡出子否認の裁判確定による申請
【従前戸籍】東京都杉並区上荻三丁目16番地　丁山茂</td></tr>
<tr><td>戸籍に記録されている者</td><td colspan="3">【名】大和

【生年月日】令和元年7月21日
【父】
【母】丁山友美
【続柄】長男</td></tr>
<tr><td>身分事項
　　出　　生</td><td colspan="3">【出生日】令和元年7月21日
【出生地】東京都杉並区
【届出日】令和元年7月29日
【届出人】母</td></tr>
<tr><td>　　入　　籍</td><td colspan="3">【入籍日】令和元年9月18日
【入籍事由】嫡出子否認の裁判確定
【裁判確定】令和元年9月7日
【申請日】令和元年9月15日
【申請人】乙川拓也
【送付を受けた日】令和元年9月18日
【受理者】東京都中野区長
【従前戸籍】東京都中野区弥生一丁目58番地　乙川拓也</td></tr>
<tr><td></td><td colspan="3">以下余白</td></tr>
</table>

発行番号000001

第 1 章　親子関係事件

3　出生届が未了の場合の事案

　子の出生届が未了の場合は，夫と妻の間で夫の子ではないことについて争いがないことが多く，このために，合意に相当する審判がなされる場合が多く，合意に相当する審判に対して異議を申し立てることは比較的少ないものと考えられます。そこで，母が存命であり，かつ，子を法定代理する能力があるときは，合意に相当する審判により解決することが多く，嫡出否認の訴えを提起する必要があることは少ないものと思われます。

　母が再婚していない場合は，裁判の確定後，母から出生届をすることとなりますが，再婚している場合，再婚後の夫からの嫡出子出生届をすることもできます。

120

第1 嫡出否認の裁判

(1) 母が再婚していない場合

① 嫡出否認の裁判

<table>
<tr><td rowspan="4">受付印</td><td colspan="2">☑ 調停
家事　　　　申立書　事件名（　嫡出否認　）
□ 審判</td></tr>
<tr><td colspan="2">（この欄に申立て1件あたり収入印紙1,200円分を貼ってください。）</td></tr>
<tr><td colspan="2">（貼った印紙に押印しないでください。）</td></tr>
</table>

| 収入印紙 | 円 |
| 予納郵便切手 | 円 |

| ○　○　家庭裁判所
御中
令和　元　年 5 月 10 日 | 申　立　人
（又は法定代理人など）
の 記 名 押 印 | 乙　川　健　太　　㊞ |

| 添付書類 | （審理のために必要な場合は，追加書類の提出をお願いすることがあります。）
申立人の戸籍謄本　1通　　　相手方の母の戸籍謄本　1通
相手方子の出生証明書写し　1通 | 準 口 頭 |

申立人	本　籍 （国　籍）	（戸籍の添付が必要とされていない申立ての場合は，記入する必要はありません。） 東京　⑩都道府県　千代田区平河町2丁目10番地		
	住　所	〒102-0093 東京都千代田区平河町2丁目8番5号	（　　　　　方）	
	フリガナ 氏　名	オツ　カワ　ケン　タ 乙　川　健　太	大正・⑳昭和・平成・令和　61 年 10 月 10 日生 （　32　歳）	
相手方	本　籍 （国　籍）	（戸籍の添付が必要とされていない申立ての場合は，記入する必要はありません。） 東京　⑩都道府県　豊島区池袋1丁目26番地		
	住　所	〒170-0014 東京都港区白金台2丁目8番15号	（　　　　　方）	
	フリガナ 氏　名	コウ　ノ （甲野）さくら	大正・昭和・平成・㋹令和　元 年 5 月 2 日生 （　0　歳）	

（注）太枠の中だけ記入してください。

第1章　親子関係事件

<table>
<tr><td colspan="2" align="center">申　立　て　の　趣　旨</td></tr>
<tr><td colspan="2">相手方が，申立人の嫡出であることを否認するとの調停・審判を求めます。</td></tr>
</table>

<table>
<tr><td colspan="2" align="center">申　立　て　の　理　由</td></tr>
<tr><td colspan="2">
1　申立人は，相手方の母甲野沙織と平成29年5月10日に婚姻しましたが，もう少し給与が上がってから子を儲けようと話し合い，避妊方法を講じてきました。
2　しかし，平成30年8月ころ，沙織は突然離婚したいと言いましたので，問い詰めたところ，丙原雄太と肉体関係を持ち，妊娠していると告白しました。
3　やむを得ず，私たちは協議離婚し，沙織は，婚姻前の姓である「甲野」に戻りました。その後，沙織は，丙原雄太と同棲し，相手方を出産したとのことでした。
4　申立人は，令和元年5月4日に相手方の出生を知りましたが，以上のとおり相手方は申立人の子ではないので，申立ての趣旨のとおり，調停・審判を求めます。
　なお，相手方については，出生届が未了ですが，「さくら」と名前を付けたと聞いています。
</td></tr>
</table>

（別紙）

<table>
<tr>
<td rowspan="3">※
相手方法定代理人親権者母</td>
<td>本　籍
（国　籍）</td>
<td colspan="2">（戸籍の添付が必要とされていない申立ての場合は，記入する必要はありません。）
東　京　㊞道　　豊島区池袋1丁目26番地
府県</td>
</tr>
<tr>
<td>住　所</td>
<td colspan="2">〒　　－
相手方の住所と同じ
 （　　　　方） </td>
</tr>
<tr>
<td>フリガナ
氏　名</td>
<td>コウ　ノ　サ　オリ
甲　野　沙　織</td>
<td>大正
㊐昭和
平成
令和　62年7月8日生
（　　31　　歳）</td>
</tr>
</table>

第1　嫡出否認の裁判

〈申立書の説明〉

(1)　当事者，申立先及び申立てに必要な費用

　当事者，申立先及び申立てに必要な費用は，2の(1)①の〈申立書の説明〉(3)で説明したのと同様です。もっとも，子の出生届が未了である場合の，「氏名」欄には，事実上の子の名が判明している場合は，「(甲野) さくら」と，母の氏を括弧書で記載します。名が分からない場合は「不詳」と記載します。

(2)　申立てに必要な書類

　ア　申立書及びその写し1通

　イ　標準的な申立添付書類

　　　申立人及び子の戸籍謄本（全部事項証明書）

　　　　子の出生届未了の場合は，子の出生の事実が戸籍謄本によっては証明されないので，子の出生証明書の写し及び母の戸籍謄本（全部事項証明書）の添付が必要です。

(3)　申立ての趣旨

　2の場合と同様，「相手方が，申立人の嫡出であることを否認するとの調停・審判を求めます。」の例によります。

(4)　申立ての理由

　2の場合と同様，相手方が申立人の子ではないことを根拠付けるべき理由と，申立人が相手方の出生を知った時期を記載します。

(5)　審判書

　合意に相当する審判の審判書の主文は，申立ての趣旨と同一内容のものが記載され，その理由では，裁判所が調停の過程で行われたDNA鑑定の結果や関係者からの事実の調査に基づき認定した事実関係と審判理由が記載されます。

②　戸籍の届出及び戸籍の記載

　　母の婚姻中に出生した子について，母の離婚後に出生届未済のまま嫡出子否認の裁判が確定し，その謄本及び確定証明書を添付して母から嫡出でない子の出生届があった場合であっても，子の入籍すべき戸籍は出生当時の母の戸籍，すなわち，母の離婚前の戸籍ですから，母の前夫の戸籍に入籍の記載をせざるを得ないことになります。そこで，原則的な取扱いとすれば，このような形でいったん嫡出子出生届をして戸籍記載がなされた上訂正する（昭和20・5・25民事特甲114号回答）との取扱いとなり，この取扱いにより，否認の裁判があった経過を明らかにしておくことができます。

　　しかし，この取扱いによるときは，特に子の出生後母が離婚している場合であっても，母の夫であった者との間に父子関係がないにもかかわらず，一時的であっても，子を母の離婚前の戸籍に母の前夫との嫡出子

123

第1章　親子関係事件

として入籍させなければならないことになります。そうすると，出生の
届出の当初から実体に合致した戸籍の記載を望む関係者には酷に過ぎ，
実情に即しない面があるため，その後の先例はこの取扱いを大幅に緩和
しています（昭和40・9・22民事甲2834号回答，昭和41・3・14民事甲655号回答，
昭和48・10・17民二7884号回答）。

すなわち，出生届に際し，母の前夫の嫡出子否認の裁判の謄本のほか
に，民法791条による家庭裁判所の子の氏を母の離婚後の氏に変更する
許可の審判書謄本を添付し，出生届書の「その他」欄に母の氏を称する
入籍の旨の記載をして届け出た場合は，離婚により復氏した母の氏を称
してその戸籍に直接入籍させ，その入籍届があった旨を出生事項に括弧
書でする取扱いが認められています（昭和46・2・17民事甲567号回答）。

この場合の子の出生届による戸籍の記載処理は，次のとおりです。

第1 嫡出否認の裁判

a 出生届書

出 生 届

令和 元 年 6 月14日 届出

東京都港区　長 殿

受理　令和元年 6 月14日	発送　令和　年　月　日
第　　　828 号	長　印
送付　令和　年　月　日	
第　　　　号	

書類調査	戸籍記載	記載調査	調査票	附　票	住民票	通　知

(1)	子 の 氏 名 (よみかた) (外国人のときは ローマ字を付記 してください)	(こうの) 氏 **甲 野**　　名 **さくら**	父母との続き柄	☐嫡 出 子　　☐男 ☑嫡出でない子　[長]　☑女
(2)	生まれたとき	令和 元 年 5 月 2 日		☑午前 6 時 25 分 ☐午後
(3)	生まれたところ	東京都港区高輪1丁目16		番地 番 4 号
(4)	住　　所 (住民登録をする ところ)	東京都港区白金台2丁目8		番地 番 15 号
		世帯主の氏名 **甲 野 沙 織**	世帯主との続き柄 **子**	
(5)	父母の氏名 生 年 月 日 (子が生まれたと きの年齢)	父	母 **甲 野 沙 織**	
		年　月　日(満　歳)	昭和 62 年 7 月 8 日(満 31 歳)	
(6)	本　　籍 (外国人のときは 国籍だけを書い てください)	東京都豊島区池袋1丁目26		番地 番
		筆頭者の氏名 **甲 野 沙 織**		
(7)	同居を始めたとき	平成　年　月	(結婚式をあげたとき、または、同居を始め たときのうち早いほうを書いてください)	
(8)	子が生まれたときの世帯のおもな仕事と	☐1.農業だけまたは農業とその他の仕事を持っている世帯 ☑2.自由業・商工業・サービス業等を個人で経営している世帯 ☐3.企業・個人商店等(官公庁は除く)の常用勤労者世帯で勤め先の従業者数が1人から99人までの世帯(日々または1年未満の契約の雇用者は5) ☐4.3にあてはまらない常用勤労者世帯及び会社団体の役員の世帯(日々または1年未満の契約の雇用者は5) ☐5.1から4にあてはまらないその他の仕事をしている者のいる世帯 ☐6.仕事をしている者のいない世帯		
(9)	父母の職業	(国勢調査の年…　年…の4月1日から翌年3月31日までに子が生まれたときだけ書いてください) 父の職業　　　　　　　　　母の職業		
その他		令和元年6月10日乙川健太の嫡出子否認の裁判確定につき裁判の謄本及び同確定証明書を添付する。 　出生子は母の氏を称して直ちに現在の母の戸籍に入籍する。 　添付書類・裁判の謄本		

届出人	☑1.父母　☐2.法定代理人(　　)　☐3.同居者　☐4.医師　☐5.助産師　☐6.その他の立会者 ☐7.公設所の長
	住　所　東京都港区白金台2丁目8　　　　　番地 番 15 号
	本　籍　東京都豊島区池袋1丁目26　番地 番　筆頭者の氏名 **甲野沙織**
	署　名　**甲 野 沙 織**　　㊞　　昭和 62 年 7 月 8 日生

事 件 簿 番 号	

(※出生証明書省略)

第1章　親子関係事件

〔注〕　1　子の出生事項の記載には，母の前夫の嫡出子否認の裁判が確定した旨の記載を要するとされている（昭和48・10・17民二7884号回答）のは，仮に右の記載がされない場合は，戸籍の記載が子の嫡出性が裁判によって排除された正当な出生届に基づくものであるか，あるいは市町村長の過誤による記載であるかが戸籍の記載上から判断することができなくなるからであり，その結果，後日関係者に疑義を生じさせ，ひいては戸籍記載の信頼性を損なうことにもなるからです。
　　　　2　嫡出子否認の裁判が確定した旨の記載は，公示上の便宜から紙戸籍の場合は括弧書ですることになります（昭和54・8・21民二4391号通達）。ただし，この記載は，母の氏を称する入籍の記載と同様に出生事項の一部を構成するものではありませんから，後日その子について新戸籍が編製され，又は，他の戸籍に入籍する場合は，括弧書の部分を除いて移記すればよい扱いです。

b　母の離婚後の戸籍中子の記載

	（2の1）　全　部　事　項　証　明
本　　籍	東京都豊島区池袋一丁目２６番地
氏　　名	甲野　沙織
戸籍事項 　戸籍編製	（編製事項省略）

戸籍に記録されている者	【名】さくら 【生年月日】令和元年５月２日 【父】 【母】甲野沙織 【続柄】長女
身分事項 　　出　　生	【出生日】令和元年５月２日 【出生地】東京都港区 【届出日】令和元年６月１４日 【届出人】母 【送付を受けた日】令和元年６月１７日 【受理者】東京都港区長 【特記事項】令和元年６月１０日乙川健太の嫡出子否認の裁判確定同月１４日母の氏を称する入籍の届出
	以下余白

発行番号０００００１

（2） 母が再婚した場合

① 嫡出否認の裁判

　　冒頭で説明したとおり，母が再婚している場合は，嫡出否認に関する
　事実関係について当事者間で争いとなることが少なく(1)①の調停申立て
　により決着することが多いと思われますが，念のため嫡出否認の訴えに
　ついての記載例を示します。

訴　　状

令和元年11月1日

○家庭裁判所　御中

原告　甲野拓也（印）

本籍　東京都中央区日本橋1丁目18番地
住所　東京都中央区日本橋1丁目5番6号（送達場所）
　　　電話・ＦＡＸ：　○○○（○○○）○○○○
　　　原告　　　　　　　　　甲野拓也
本籍　出生届未了
住所　東京都荒川区南千住2丁目1番3号
　　　被告　　　　　　　　　不詳
　　　法定代理人母　　　　　丙原裕子

嫡出否認請求事件
　　訴額　　　金160万円
　　貼用印紙　金1万3000円
　　郵券（注：金額及び内訳は各裁判所によって異なることから申立裁判所に
　　問合せが必要）

第1　請求の趣旨
　1　被告（本籍東京都西東京市保谷1丁目12番地乙川浩之同籍生年月日昭
　　和59年8月3日の乙川裕子の子として令和元年5月8日出生。出生届未
　　了）が原告の嫡出であることを否認する
　2　訴訟費用は被告の負担とする
との裁判を求める。

第2　請求原因
　1　原告は，被告の母丙原裕子と平成28年10月10日に婚姻したが，もう少
　　し給与が上がってから子を儲けようと話し合い，避妊方法を講じてきた。
　　（甲第1，第3号証）
　2　しかし，平成30年9月ころ，裕子は突然離婚したいと言いだしたので，

第1章　親子関係事件

　　　問い詰めたところ，丙原大輔と肉体関係を持ち，妊娠していると告白し
　　　た。(甲第3号証)
　3　やむを得ず，原告と裕子は協議離婚し，裕子は，婚姻前の姓である
　　　「乙川」に復氏した。裕子から，令和元年5月8日に被告を出産したと
　　　知らされたが，原告は，被告の名を知らされていない。(甲第2号証)
　4　原告は，本件の裁判を提起するに当たり裕子の戸籍を取り寄せたとこ
　　　ろ，裕子は，令和元年10月7日に丙原大輔と再婚していることが判明し
　　　た。(甲第4，第5号証)
　5　以上の次第であり，原告は，被告誕生のころ被告の出生を知ったが，
　　　被告は原告の子ではないので，請求の趣旨どおりの判決を求める。

証拠方法

1	甲第1号証	戸籍謄本
2	甲第2号証	出生証明書写し
3	甲第3号証	陳述書
4	甲第4号証	戸籍謄本
5	甲第5号証	戸籍謄本

附属書類

1	甲号証写し	各1通
2	戸籍謄本	2通

〈訴状の説明〉

(1)　訴え提起が必要な場合
　　冒頭で説明したとおり，子の出生届が未了の場合は，嫡出否認の訴えを提起する必要が
あることは少ないものと思われます。
(2)　訴状の記載
　　子の出生届が未了の場合における嫡出否認の訴えについても，訴状の記載方法は，2の
(2)①で説明したのと基本的に同じです。もっとも，子の出生届が未了であるため，訴状の
「被告」の表示欄については，「本籍」欄に「出生届未了」と記載し，「氏名」欄には，事
実上の子の名が判明している場合は，「(丙原) 翔太」と，母の氏を括弧書で記載します。
名が分からない場合は「不詳」と記載します。
　　母が再婚して本籍や氏に変更があった後に，訴えを提起する場合です。
　　子に親権を行う母がいないときは，2の(2)①で説明したとおり，家庭裁判所が選任する
特別代理人が子を代理しますが，このためには，別途，特別代理人選任の申立てを行う必
要があります (民775条後段，家事法159条)。この場合は，訴状における「法定代理人」
の表示で，「特別代理人選任申立予定」と記載しておくのが相当です。この場合は，調停
をすることができないため，直ちに訴えを提起しますが，その理由を明らかにするため，
子の法定代理人となるべき母がいないこと，及び調停手続を経なかったことも請求原因に

128

第1 嫡出否認の裁判

おいて記載しておくのが相当です。なお，子の母が既に死亡しているときは，当事者欄に母の本籍が記載されないので，請求の趣旨においても，母の本籍，出生年月日，氏名を記載し，これにより被告を特定しておくのが相当です。

(3) 添付書類

書証として，原告，母の戸籍謄本（原告との婚姻の事実及び，母が死亡している場合は，死亡の事実が記載されているもの），被告の出生証明書写しが必要です。妻の不倫の告白等については，原告の陳述書で立証します。

また，附属書類として，戸籍謄本，書証の写し等が必要です。

(4) 判決書

嫡出否認の裁判の判決書の主文は，請求の趣旨と同一内容のものが記載され，その理由では，裁判所が訴訟の過程で行われたDNA鑑定の結果や関係者の供述や書証等に基づき認定した事実とそれに基づく判決理由が記載されます。

② 戸籍の届出及び戸籍の記載

母の前夫の嫡出推定を受ける子について，出生届未済のうちに前夫の嫡出子否認の裁判が確定した場合，母から出生届をすることができるのみならず，子の生理上の父である母の後夫は，その裁判の謄本を添付して，戸籍法62条の規定に基づく嫡出子出生の届出をすることができます。

この場合，本来は母の前夫の嫡出子として出生の届出による戸籍の記載後に嫡出否認の裁判確定に基づく戸籍訂正申請（戸116条）によって嫡出でない子として戸籍訂正をするのが，戸籍実務の原則的取扱いです。しかし，前記(1)②で述べたように，その原則的な取扱いをするときは，出生の届出の当初から実体に合致した戸籍の記載を望む国民感情に即さない面があるため，母の後夫から前夫の嫡出子否認の裁判の謄本及びその確定証明書を添付して，戸籍法62条の嫡出子出生の届出をすることができ，この届出があったときは，これを受理して子を直ちに母の後夫の戸籍に入籍させて差し支えない取扱いです。この場合，子の出生事項には母の前夫の嫡出子否認の裁判が確定した旨の記載を要することとされています（昭和48・10・17民二7884号回答）。

第1章　親子関係事件

a　出生届書

出　生　届

令和元年12月20日 届出

東京都荒川区　長殿

	受理 令和元年12月20日 第　　　　2341 号	発送 令和　年　月　日
	送付 令和　年　月　日 第　　　　　　号	長　印

書類調査	戸籍記載	記載調査	調査票	附　票	住民票	通　知

(1)	生まれた子	子の氏名 （外国人のときはローマ字を付記してください） （よみかた） へい はら／しょう た	氏 丙原　名 翔太	父母との続き柄 ☑嫡出子 □嫡出でない子 〔長〕 ☑男 □女
(2)		生まれたとき	令和元年5月8日	☑午前 □午後 5時20分
(3)		生まれたところ	東京都荒川区南千住2丁目1	番地 番 3 号
(4)		住　所 （住民登録をするところ）	東京都荒川区南千住3丁目2 世帯主の氏名 丙原大輔	番地 番 1 号 世帯主との続き柄 子
(5)	生まれた子の父と母	父母の氏名生年月日 （子が生まれたときの年齢）	父 丙原大輔 昭和60年1月7日（満34歳）	母 丙原裕子 昭和59年8月3日（満35歳）
(6)		本　籍 （外国人のときは国籍だけを書いてください）	東京都荒川区町屋2丁目8 筆頭者の氏名 丙原大輔	番地 番
(7)		同居を始めたとき	平成30年1月	（結婚式をあげたとき、または、同居を始めたときのうち早いほうを書いてください）
(8)		子が生まれたときの世帯のおもな仕事と	□1．農業だけまたは農業とその他の仕事を持っている世帯 □2．自由業・商工業・サービス業等を個人で経営している世帯 □3．企業・個人商店等（官公庁は除く）の常用勤労者世帯で勤め先の従業者数が1人から99人までの世帯（日々または1年未満の契約の雇用者は5） ☑4．3にあてはまらない常用勤労者世帯及び会社団体の役員の世帯（日々または1年未満の契約の雇用者は5） □5．1から4にあてはまらないその他の仕事をしている者のいる世帯 □6．仕事をしている者のいない世帯	
(9)		父母の職業	（国勢調査の年…　年…の4月1日から翌年3月31日までに子が生まれたときだけ書いてください） 父の職業	母の職業
	その他		令和元年12月10日甲野拓也の嫡出子否認の裁判確定につき，裁判の謄本及び同確定証明書を添付する。	

届出人	☑1．父 □2．法定代理人（　　　） □3．同居者 □4．医師 □5．助産師 □6．その他の立会者 □7．公設所の長	
	住　所 東京都荒川区南千住3丁目2	番地 番 1 号
	本　籍 東京都荒川区町屋2丁目8	番地 番 筆頭者の氏名 丙原大輔
	署　名 丙原大輔 ㊞	昭和60年1月7日生
事件簿番号		

（※出生証明書省略）

b　母の後夫の戸籍

	（1の1）　　全 部 事 項 証 明
本　　　籍	東京都荒川区町屋二丁目8番地
氏　　　名	丙原　大輔
戸籍事項 　戸籍編製	【編製日】令和元年10月7日
戸籍に記録されている者	【名】大輔 【生年月日】昭和60年1月7日　　　　【配偶者区分】夫 【父】丙原誠 【母】丙原洋子 【続柄】三男
身分事項 　出　　生 　婚　　姻	（省略） 【婚姻日】令和元年10月7日 【配偶者氏名】乙川裕子 【従前戸籍】東京都荒川区町屋二丁目8番地　丙原誠
戸籍に記録されている者	【名】裕子 【生年月日】昭和59年8月3日　　　　【配偶者区分】妻 【父】乙川浩之 【母】乙川明美 【続柄】長女
身分事項 　出　　生 　婚　　姻	（省略） 【婚姻日】令和元年10月7日 【配偶者氏名】丙原大輔 【従前戸籍】東京都西東京市保谷一丁目12番地　乙川浩之
戸籍に記録されている者	【名】翔太 【生年月日】令和元年5月8日 【父】丙原大輔 【母】丙原裕子 【続柄】長男
身分事項 　出　　生	【出生日】令和元年5月8日 【出生地】東京都荒川区 【届出日】令和元年12月20日 【届出人】父 【特記事項】令和元年12月10日甲野拓也の嫡出子否認の 　　　　　　裁判確定
	以下余白

発行番号000001

第1章　親子関係事件

4　渉外事件の場合

「**1　解説**」の(5)で説明したとおり，父が日本人・母が外国人の場合において嫡出否認の裁判が確定しますと，子は日本人ではなかったことになります。他方，父が外国人・母が日本人の場合は，同裁判が確定しても子は日本国籍を保持したままです。このため，戸籍訂正の方法が異なります。いずれの裁判の場合も，調停前置となります。

(1) 父が日本人・母が外国人の場合

① 嫡出否認の裁判

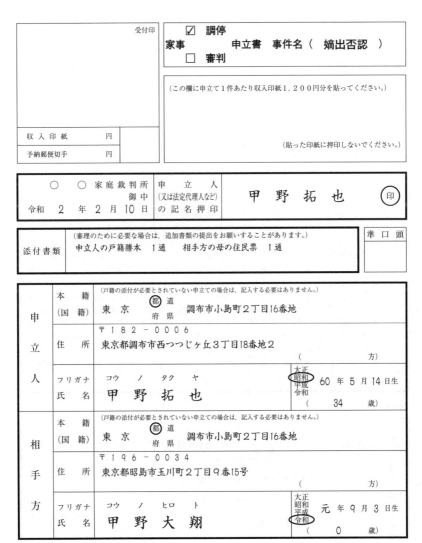

第1章　親子関係事件

申　立　て　の　趣　旨

相手方が，申立人の嫡出であることを否認するとの調停・審判を求めます。

申　立　て　の　理　由

1　申立人は，相手方の母ベルナール，マリアと平成30年9月7日に婚姻しました。婚姻後まもなく，マリアが産婦人科に行ったところ，妊娠しているとのことであり，ハネムーンベビー誕生かと喜んでいました。
2　マリアは，令和元年9月3日，相手方を出産し，申立人は，その夜，勤務終了後産院に駆けつけました。相手方を見たところ，申立人の血が入っていないような顔つきであったのですが，そのうち申立人に似てくるであろうと思い，市役所に相手方の出生届を提出しました。
3　しかし，相手方はいつまでも申立人に似てこないので，母子手帳を見たところ，申立人が〇型，マリアがA型であるのに，相手方はAB型であることが判明しました。そこで，マリアに問い詰めたところ，マリアは，婚姻前夜に昔のボーイフレンドと性交渉を持ったので，相手方はそのときにできた子であるかもしれないと告白しました。
4　以上のとおり相手方は申立人の子ではないので，申立ての趣旨のとおり，調停・審判を求めます。

(別紙)

※ 相手方法定代理人親権者母	本　籍 （国　籍）	（戸籍の添付が必要とされていない申立ての場合は，記入する必要はありません。） 都　道 府　県　アメリカ合衆国	
	住　所	〒196-0034 東京都昭島市玉川町2丁目9番15号	（　　　　　　　方）
	フリガナ 氏　名	ベルナール，マリア	大正 昭和 平成 令和　西暦 1986年 10月 5日生 （　　33　　歳）

134

第1 嫡出否認の裁判

〈申立書の説明〉

上記は，日本人父が外国人母の子を嫡出否認する場合の申立書です。渉外事件について
も，手続は法廷地のルールに従うとの原則から，調停前置をすべきものとされています。
もっとも，調停自体は，事柄の性質上，することができないので，審判で決着がつくこと
になります。審判も裁判所の判断であり，確定判決と同一の効力を有するので，外国人当
事者の本国においても承認されるものと思われます。なお，外国人当事者の本国では外国
の裁判については判決の形式によるものしか承認されない場合は，人事訴訟を提起するほ
かはありません。さもなくば，日本では嫡出否認されたのに，外国人の本国ではそれがさ
れていないとの跛行状態になるからです。

(1) 当事者，申立先及び申立てに必要な費用

当事者，申立先及び申立てに必要な費用は，基本的に2の(1)①の〈申立書の説明〉(3)で
説明したのと同様です。もっとも，外国人当事者については，本籍がないため，本籍に代
えて国籍を記載します。

なお，子の出生届が未了の場合は，申立書の「相手方」の表示欄については，「本籍」
欄に「出生届未了」と記載し，「氏名」欄には，事実上の子の名が判明している場合は，
「(甲野)大翔」と，日本人父の氏を括弧書で記載します。名が分からない場合は「不詳」
と記載します。

(2) 申立てに必要な書類

ア 申立書及びその写し1通

イ 標準的な申立添付類類

申立人の戸籍謄本(全部事項証明書)。相手方の母の住民票の写し。相手方は，
申立人の戸籍謄本に記載されています。子の出生届未了の場合は，子の出生の事実
が戸籍謄本によっては証明されないので，子の出生証明書写しの添付も必要です。

(3) 申立ての趣旨

2の場合と同様，「相手方が，申立人の嫡出であることを否認するとの調停・審判を求
めます。」です。

(4) 申立ての理由

2の場合と同様，相手方が申立人の子ではないことを根拠付けるべき理由と，申立人が
相手方の出生を知った時期を記載します。

日本人父が外国人母の子を嫡出否認する場合の申立書の記載は記載例のとおりです。

(5) 審判書

合意に相当する審判の審判書の主文は，申立ての趣旨と同一内容のものが記載され，そ
の理由では，裁判所が調停の過程で行われたDNA鑑定の結果や関係者からの事実の調査
に基づき認定した事実関係と審判理由が記載されます。

② 戸籍の訂正

日本人父と外国人母の婚姻成立後に出生し，国籍法2条1号の規定に
基づき出生により日本の国籍を取得したとして(婚姻成立後200日が経過す

135

第1章　親子関係事件

る前に出生した場合であっても，嫡出子出生届がなされると，子は父の子とされます。），父の戸籍に入籍の記載がされている子について嫡出子否認の裁判が確定した場合の戸籍訂正です。

　この場合は，日本人父の嫡出子否認の裁判が確定したことにより子は外国人母の嫡出でない子となり，出生により日本の国籍は取得しなかったことになります。したがって，出生届によって父の戸籍に入籍した記載は誤りですから，戸籍法116条の戸籍訂正申請により子の戸籍の記載全部を消除することになります。

　なお，出生届が子の出生時に同居していない父からの届出である場合には，父とされた日本人は出生届を提出することができる者に該当しなかったこととなり，事件本人について新たに母から外国人としての出生届をすることになりますが，母が出生届をしている場合には，母から出生子を外国人とする旨の追完の届出を要します（「戸籍」664号58頁参照）。

136

a 戸籍訂正申請書

戸 籍 訂 正 申 請

東京都調布 ⑪区 町村 長 殿

令和 2 年 4 月 28 日申請

| 受付 | 令和 2 年 4 月 28 日 | | 戸　　籍 | |
| | 第　　725　　号 | | 調査 | |

(一)	事件本人	本　　籍	東京都調布市小島町2丁目16番地	記載	
		筆頭者氏名	甲 野 拓 也	記載調査	
(二)		住所及び世帯主氏名	東京都昭島市玉川町2丁目9番15号　ベルナール,マリア	送付	
(三)		氏　　名	甲 野 大 翔	住 民 票	
		生年月日	令和 元 年 9 月 3 日	記載	
(四)	裁 判 の 種 類		嫡出子否認の裁判	通知	
				附　　票	
				記載	
	裁 判 確 定 年 月 日		令和 2 年 4 月 22 日	通知	
(五)	訂 正 の 趣 旨		事件本人甲野大翔につき，令和2年4月22日嫡出子否認の裁判が確定したため，同人を甲野拓也戸籍から消除する。		
(六)	添 付 書 類		裁判の謄本及び確定証明書　戸籍謄本		
(七)	申請人	本　　籍	(一)に同じ		
		筆頭者氏名	(一)に同じ		
		住　　所	東京都調布市西つつじヶ丘3丁目18番地2		
		署名押印	甲 野 拓 也　　㊞		
		生年月日	昭和 60 年 5 月 14 日		

（注意）事件本人又は申請人が二人以上であるときは、必要に応じ該当欄を区切って記載すること。

第1章　親子関係事件

b　子の出生当時の父の戸籍中子の記載

（2の1）｜全部事項証明

本　　籍	東京都調布市小島町二丁目16番地
氏　　名	甲野　拓也

戸籍事項 　　戸籍編製	（編製事項省略）

戸籍に記録されている者 [消　除]	【名】大翔 【生年月日】令和元年9月3日 【父】甲野拓也 【母】ベルナール，マリア 【続柄】長男
身分事項 　　出　　生	【出生日】令和元年9月3日 【出生地】東京都昭島市 【届出日】令和元年9月8日 【届出人】母
消　　除	【消除日】令和2年4月28日 【消除事項】戸籍の記録全部 【消除事由】嫡出子否認の裁判確定 【裁判確定日】令和2年4月22日 【申請日】令和2年4月28日 【申請人】甲野拓也
	以下余白

発行番号000001

(2) 父が外国人・母が日本人の場合

　この場合も，調停前置となり，原則として調停の申立てを先行させる必要があり，その場合の記載例は(1)①を参照願います。

① 嫡出否認の裁判

訴　　状

令和元年 7 月10日

○家庭裁判所　御中

原告　　朴　大介（印）

国籍　韓国
住所　東京都墨田区本所 1 丁目11番 4 号（送達場所）
　　　電話・ＦＡＸ：　○○○（○○○）○○○○
　　　　原告　　　朴　大介
本籍　東京都台東区入谷 1 丁目16番地
住所　千葉県船橋市芝山 3 丁目 8 番 3 号
　　　　被告　甲野結衣
　　　　法定代理人母　　　　　　　　甲野麻衣

嫡出否認請求事件
　　訴額　　　　金160万円
　　貼用印紙　金 1 万3000円
　　郵券（注：金額及び内訳は各裁判所によって異なることから申立裁判所に問合せが必要）

第 1 　請求の趣旨
　1 　被告が原告の嫡出であることを否認する
　2 　訴訟費用は被告の負担とする
との裁判を求める。
第 2 　請求原因
　1 　原告は，被告の母甲野麻衣と平成30年 5 月10日に婚姻した。（甲第 1 号証）
　2 　原告は，約半年の海外出張を命ぜられ，海外にいたところ，日本に帰国間際の平成31年 3 月20日に麻衣からメールが入って，被告が平成31年 2 月27日に誕生したことを知った。被告については，原告と麻衣の子として出生届がなされ，麻衣の戸籍に入籍している。（甲第 1 号証）
　3 　原告は，麻衣の妊娠可能時期に麻衣と性交渉したことはなく，不思議に思って麻衣に聞いたところ，他の男性と不倫していたことを白状した。しかしながら，麻衣は，被告が原告の子であると言い張っている。（甲第 2 ，第 3 号証）
　4 　以上の次第であり，原告は，被告誕生のころ被告の出生を知ったが，

第1章　親子関係事件

被告は原告の子ではないので，請求の趣旨どおりの判決を求める。
5　なお，原告は，平成31年3月25日に被告を相手に嫡出否認の調停を申
し立てたが，麻衣はDNA鑑定をすることを拒否し，同年4月15日に調
停が打ち切られたことを付言する。

証拠方法

1　甲第1号証　　戸籍謄本
2　甲第2号証　　母子手帳
3　甲第3号証　　陳述書
4　甲第4号証　　住民票

附属書類

1　甲号証写し　　各1通
2　戸籍謄本　　　1通
3　調停不成立証明書　1通

〈訴状の説明〉

(1)　訴えの提起が必要な場合

渉外事件についても，訴えの提起が必要な場合は国内事件と同様であり，夫が嫡出否認
の調停を申し立てても，妻が子の受胎可能時期に他の男性と性的交渉を行ったことはない
等と主張して，当事者間に申立ての趣旨のとおりの審判を受けることについて合意が成立
しない場合は，家庭裁判所は，合意に相当する審判をすることができません。なお，渉外
事件についても，調停前置となっています。

記載例とは異なり，日本人父と外国人妻との間の子についての嫡出性が問題となる場合
において，子が母とともに母の本国に帰国してしまったときについても，父が法に定める
期間内に嫡出否認の裁判をしなければ，父は子との法律上の親子関係を切断することがで
きません。この場合は，まず，国際的裁判管轄が問題となりますが，人事訴訟法3条の2
第5号の規定に基づきこれを肯定してよいと考えます。次に，母の本国の住所が判明して
いるときは，送達条約等に基づく本国の母の住所への送達を行います。このため，訳文の
添付等が必要となります。母の本国の住所が不明のときは，公示送達によります。

子に親権を行う母がいないときは，2(2)①で説明したとおりです。なお，親権者につい
ては，通則法が指定する準拠法となり，父外国人・母日本人の場合，子，母ともに日本の
国籍を有していますから，日本法が準拠法となります。父日本人・母外国人の場合ですが，
嫡出否認された場合，子は日本の国籍を有しなかったこととなりますが，未だ嫡出否認の
裁判が確定していないので，子も日本の国籍を有するものとして，日本法を準拠法とする
のが相当です。

管轄裁判所は，2(2)①で説明したとおりであり，夫又は子の住所地を管轄する家庭裁判
所です（人訴4条）。

(2)　訴状の記載

訴状には，当事者の住所氏名，請求の趣旨，請求原因等を記載しますが，その一例は記
載例のとおりです。

まず，請求の趣旨ですが，子を被告とする場合は「被告が原告の嫡出であることを否認する」です。母を被告とするときは，「被告の子である何某（本籍　○県○市○町○丁目○番地　令和○年○月○日生）が原告の嫡出であることを否認する」です。

次に，請求原因ですが，妻が被告を懐胎する可能な時期に不倫をしていた事実等，被告が原告の子ではないことを根拠付けるべき理由と，原告が被告の出生を知った時期を記載します。なお，調停前置となっているため，調停手続における結末も記載しておくのが相当です。

外国人同士の当事者の場合も，基本的に同じであり，例えば，次のように記載します。

「1　原告は，被告の母金貞姫と令和○年○月○日に婚姻したが，商用のため月に1，2度は3日間程度本国に戻っていた。

2　貞姫は，被告を懐胎したが，令和○年○月ころ，突然離婚したいと言い出した。問い詰めたところ，原告の出張中，他の男性と肉体関係を持っており，お腹の子は当該男性の子であると告白した。確かに，被告の懐胎当時は，原告は忙しくかつ商用帰国も重なり，貞姫との性交渉はなかった。

3　原告と貞姫は離婚に向けて話し合っていたが，そうしているうちに，貞姫は，令和○年○月○日に被告を出産し，原告を父として被告の出生届を提出した。

4　以上の次第であり，原告は，被告誕生時に被告の出生を知ったが，被告は原告の子ではないので，請求の趣旨どおりの判決を求める。」

(3)　添付書類

書証として，原告，被告（被告が母の場合は，子）の戸籍謄本，外国人については住民票写しが必要です。その他，必要に応じて，パスポート，DNA鑑定の鑑定書があれば，当該鑑定書も書証として提出します。さらに，妻の不倫の告白等については，原告の陳述書で立証します。

また，附属書類として，戸籍謄本，外国人については住民票写し，書証の写しや調停不成立証明書が必要です。

(4)　判決書

嫡出否認の裁判の判決書の主文は，請求の趣旨と同一内容のものが記載され，その理由では，裁判所が訴訟の過程で行われたDNA鑑定の結果や関係者の供述や書証等に基づき認定した事実とそれに基づく判決理由が記載されます。

②　戸籍の訂正

外国人父と日本人母の婚姻中に出生したことにより，国籍法2条1号の規定に基づいて出生により日本国籍を取得し，母の戸籍に嫡出子として入籍の記載がされている子について，嫡出子否認の裁判が確定した場合の戸籍訂正です。

この裁判確定により，子は日本人母の嫡出でない子となりますが，出生により取得した日本国籍（国2条1号）には何ら影響を及ぼすことはありませんから，その氏及び戸籍には変動を生じません。この場合の戸籍訂正申請は，次のとおりです。

第1章　親子関係事件

a　戸籍訂正申請書

戸 籍 訂 正 申 請

東京都墨田　市区　長　殿
　　　　　　町村

令和 元 年 8 月 25 日申請

受付	令和 元 年 8 月 25 日		戸　　籍	
	第　　1458　　号		調査	

（一）事件本人	本　　籍	東京都台東区入谷1丁目16番地	記載	
	筆頭者氏名	甲 野 麻 衣	記載調査	
（二）	住 所 及 び世帯主氏名	千葉県船橋市芝山3丁目8番3号　甲野麻衣	送付	
（三）本人	氏　　名	甲 野 結 衣	住 民 票	
	生年月日	平成 31 年 2 月 27 日	記載	
（四）	裁　判　の種　　類	嫡出子否認の裁判	通知	
			附　　票	
			記載	
	裁判確定年 月 日	令和 元 年 8 月 17 日	通知	
（五）	訂　正　の趣　　旨	事件本人甲野結衣は令和元年8月17日嫡出子否認の裁判確定により甲野麻衣の嫡出でない子となる。　したがって，上記戸籍の結衣について(1)父母欄中父の氏名を消除する。(2)父母との続柄を「長女」と訂正する。(3)出生事項中届出人の資格「父」を消除し，その氏名を「朴　大介」と記載する。		
（六）	添 付 書 類	裁判の謄本及び確定証明書，戸籍謄本		
（七）申請人	本　　籍	韓国		
	筆頭者氏名			
	住　　所	東京都墨田区本所1丁目11番4号		
	署名押印	朴　大　介　　㊞		
	生年月日	西暦 1985 年 7 月 18 日		

（注意）事件本人又は申請人が二人以上であるときは、必要に応じ該当欄を区切って記載すること。

142

第1　嫡出否認の裁判

b　子の出生当時の母の戸籍中子の記載

	（2の1）　全部事項証明
本　　籍	東京都台東区入谷一丁目16番地
氏　　名	甲野　麻衣
戸籍事項 　戸籍編製	（編製事項省略）

戸籍に記録されている者	【名】結衣 【生年月日】平成31年2月27日 【父】 【母】甲野麻衣 【続柄】長女
身分事項 　　出　　生	【出生日】平成31年2月27日 【出生地】東京都墨田区 【届出日】平成31年3月2日 【届出人】朴大介
訂　　正	【訂正日】令和元年8月27日 【訂正事由】嫡出子否認の裁判確定 【裁判確定日】令和元年8月17日 【申請日】令和元年8月25日 【申請人】朴大介 【送付を受けた日】令和元年8月27日 【受理者】東京都墨田区長 【従前の記録】 　　【届出人】父
消　　除	【消除日】令和元年8月27日 【消除事項】父の記録 【消除事由】嫡出子否認の裁判確定 【裁判確定日】令和元年8月17日 【申請日】令和元年8月25日 【申請人】朴大介 【送付を受けた日】令和元年8月27日 【受理者】東京都墨田区長 【関連訂正事項】父母との続柄 【従前の記録】 　　【父】朴大介 　　【父母との続柄】長女
	以下余白

発行番号000001

第1章　親子関係事件

第2　親子関係不存在確認の裁判 ─────────────────●

1　解　説

(1)　親子関係不存在の類型

　親子関係不存在確認の裁判とは，戸籍上親子と記載されているものの真実は親子関係が存在しない場合等，表見上の親子関係が存在している場合に，法律上そのような関係が存在しないことを確認するための裁判です。この裁判の確定により，表見上存在するとされた親子関係が法律上存在しないことが確定します。これについては，父子関係の不存在確認の裁判を求める場合が多いですが，母子関係の不存在確認や，表見上の父母と子との間の不存在確認の裁判が求められることもあります。

　なお，親子関係の不存在が問題となる場合は多数あります。このうち，認知により父子関係が築かれたものの，その認知を争う場合は，認知取消しの裁判や認知無効確認の裁判を行うことが必要であり，父子関係不存在確認の裁判によることはできません。これは，認知行為という法律行為を否定することが必要であるため，確認裁判ではなく，形成の訴えによることを要するからです。また，養子縁組により法律上の親子関係がある場合において，当該縁組が無効であることを理由に親子関係の存在を争う場合も同様であり，養子縁組無効確認の訴えを提起することを要します。このように，人事訴訟法において，裁判上親子関係が存在しないことを確定するために，嫡出否認，認知無効，認知取消し等，各種の訴えを認めています。父を定める訴えも，前夫又は後夫のいずれかに関して親子関係が存在しないことを裁判により確定するものです。親子関係不存在確認の裁判は，補充的な性格を有しており，これらの訴えと抵触しない範囲で認められています。

①　父子関係の不存在確認の裁判

　まず，父子関係の不存在確認の裁判ですが，民法上，嫡出推定が働かない場合に，表見上の父子関係のないことの確認を求めるために行われます。民法772条は，婚姻の成立の日から200日を経過した後又は婚姻の解消若しくは取消しの日から300日以内に生まれた子は，婚姻中の夫婦

144

間に出生した子（嫡出子）と推定していますが，婚姻の成立の日から200日以内に出生した子については，このような推定は働きません。もっとも，この場合でも，婚姻後に出生した子ですから，父が認知しなくても，出生と同時に当然に嫡出子たる身分を取得するものと解されています（大連判昭和15・1・23民集19・1・54）。さらに，民法が規定する嫡出推定の期間内に子が出生したとしても，夫が長期間刑務所に服役中又は夫のみが長期間外国滞在中に妻が懐胎した場合や，夫婦が長期間完全に別居中等に妻が懐胎した場合等，妻が夫の子を懐胎し得ない事情がある場合には，嫡出推定の基礎がないので，民法772条の適用はありません（最判昭和44・5・29民集23・6・1064）。

　ところで，民法772条が適用され，子が嫡出子として推定される場合は，その嫡出推定を覆すためには，夫が嫡出否認の訴えを提起することを要します。民事訴訟では，法律上の推定が働く場合には，そうでないことを立証すれば推定を覆すことができますが，嫡出推定については，このような一般原則は適用されません。夫の子でないことを証明するだけでは足りず，夫からの嫡出否認の訴えの提起（調停の申立てを含みます。）のみが，これを覆すための唯一の手段です。そして，この訴えの提起期間は父が子の出生を知った時から1年以内等と定められていて（民778条・779条），その期間内に裁判を提起しなければ，仮に血縁上の父子関係がないことが証明されても，この推定を覆すことができず，法律上の親子関係があるものと確定します。他方，嫡出推定が働かない場合は，夫，妻，子に限らず，法律上の利益を有する限り何人も，時期を問わず，親子関係が存在しないことを主張，立証することができます。

　このような嫡出推定の働かない場合とはどのような場合であるかに関しては，見解の対立があります。上記のように第三者の目から見ても父子関係が存在していないことが明白である場合に限る外観説，血液型不適合等，血縁上の親子関係の不存在が医学的に明らかな場合に嫡出推定が働かないとする血縁説，両者の調和を図り，父母の家庭の平和が失われている場合は血縁説の考え方を優先させるが，そうでない場合は現状の家庭を保護すべきであるとの家庭崩壊説などです。判例は外観説を採

用していますが，DNA鑑定の結果，血縁上の親子関係の存否が科学的
に確実に判定することができるようになった現在，外観説を維持すべき
かどうかが問題となります。この点，平成26年7月17日の最高裁判決で
は，夫と民法772条により嫡出の推定を受ける子との間に生物学上の父
子関係が認められないことが科学的に明らかであっても，子の身分関係
の法的安全を保持する必要がなくなるものではないから，事実上の離婚
により夫婦の実態が失われ，妻が夫の子を懐胎し得ないなどの事情がな
い限り，同条による嫡出の推定が及ばなくなるものとはいえず，親子関
係不存在確認の訴えをもって当該父子関係の存否を争うことができない
として，外観説を維持しています。

　父子関係不存在確認の訴えは，子について出生届が提出されている場
合はもとより，これが提出されていない場合にも，提起することができ
ます。そして，この裁判が確定した場合，その裁判の謄本を添付すれば，
夫の子ではないことを前提として，出生届を提出することができます。
例えば，数年間別居状態にあった前夫との離婚後300日以内に子が出生
した場合において，子と前夫との間に父子関係不存在確認の裁判が確定
しますと，後夫の嫡出子として出生届を提出することができます（子の
出生後に婚姻した場合は，戸籍法62条に定める嫡出子出生届によります。）。なお，
戸籍の実務では，婚姻の成立の日から200日を経過する前に出生した子
については，母は，夫の子ではないことを前提に，嫡出でない子として
出生届を提出することができます。そこで，出生届が提出されていない
場合においてこの裁判が提起される事例については，上記の外観説を適
用して父子関係不存在確認の訴えを提起する事例が多いと考えられます。

② 　父母との関係における親子関係不存在確認

　次に，戸籍上の父母と子との間の親子関係不存在確認の裁判ですが，
藁の上からの養子のように，夫婦が他人の子を自分たちの子として戸籍
に入籍させた場合に，これを正すためになされます。この裁判は，父子
関係不存在確認の裁判と母子関係不存在確認の裁判を一度に提起するも
のと評価することができます。このため，論理的には，父又は母いずれ
か一方の関係でのみ親子関係不存在確認の裁判が認容されることもあり

ます。例えば，夫が他の女性との間で関係をもって出生した子を夫婦の子として出生届をした場合などです。

　父母との関係における親子関係不存在確認の裁判は，血縁上の親との間で法律上の親子関係の存在を確認したり，認知を求めるための前提として，戸籍上の親子間で提起がされることがありますが，他の推定相続人（戸籍上の父母の実子等）が当該子の相続権を否定する手段として，この裁判を提起することもあります。もっとも，判例では，実親子と同様の生活実体があった期間の長さ，子等の関係者の精神的苦痛・経済的利益，訴えの経緯・目的等を総合的に考慮して，当該裁判の認容が著しく不当な結果をもたらすときは，当該確認請求は権利の濫用に当たり許されないものとしています（最判平成18・7・7民集60・6・2307）。

③　母子関係不存在確認の裁判

　民法上，母と子の法律上の親子関係は，子の分娩という事実により成立するものと解されており（最判昭和37・4・27民集16・7・1247），戸籍上の母との間に血縁上の関係がない場合は，戸籍上の母との間に法律上の親子関係がないことは明らかです。しかし，戸籍に母子関係があるものとして記載されていると，その存在について強い事実上の推定力が働きますから，そのような関係がないことを対外的に主張するためには，母子関係が存在しないことの確認を裁判上求めておくことが必要です。もっとも，子が血縁上の母を相手に母子関係が存在することの確認の裁判を求めた場合，裁判所は，当該裁判の理由中の判断において，戸籍上の母との間に法律上の親子関係がないことを判断することが可能であり（血縁上の母を相手とする母子関係存在確認の裁判の前提として，戸籍上の母との間で母子関係不存在確認の裁判が確定していることを要しません。父との間における嫡出推定のような法律上の推定規定がないので，このような前提の裁判を要しないのです。），このような血縁上の母との親子関係確定の裁判における理由中の判断によっても，戸籍上の母との間における母子関係不存在確認をすることができます。

　母子関係不存在確認の裁判は，例えば，Ａ男が婚姻外でＣ女に産ませた子ＤがＡＢ夫婦の間の子として戸籍に記載される等，血縁上の親子関

第1章　親子関係事件

係にない者について戸籍上，B女の子として入籍している場合に，表見上の親子関係を法律上断ち切るためにされます。AB夫婦の子としてDが入籍している場合において，DがA，Bいずれとも血縁上の関係がないときは，②で説明した表見上の父母と子との間の不存在確認の裁判が問題となります。戸籍上嫡出子として入籍している場合における母子関係不存在確認の裁判は，父との間に血縁上の親子関係があるものの，母との間にそのような関係がないときになされます。また，未婚の母が子を出産したとして，その戸籍に嫡出でない子として入籍されている場合において，当該戸籍上の母との間に血縁上の親子関係がないこともあります。この場合は，母子関係不存在確認の裁判を提起することができ，実父から認知がなされていない場合はもとより，認知がされていても，母子関係不存在確認の裁判を提起することができます。

④　渉外事件

渉外事件においても，親子関係不存在確認の裁判には，父子関係の不存在確認の裁判，母子関係の不存在確認の裁判及び表見上の父母と子との間の不存在確認の裁判があります。いずれの場合も，その準拠法は，父との関係では子の出生当時における父の本国法であり，母との関係では，子の出生当時における母の本国法です。もっとも，嫡出子とされる場合は，父の本国法のみならず，子の出生当時における母の本国法の適用も問題となります。

まず，父との関係ですが，表見上，父の嫡出子とされている子と父との親子関係不存在確認では，嫡出否認の裁判で決着すべき場合はそれによるべきであるので，嫡出推定の有無が問題となります。そして，第1の1の(5)で説明したとおり，通則法28条1項は「夫婦の一方の本国法で子の出生の当時におけるものにより子が嫡出となるべきときは，その子は，嫡出である子とする。」と定めており，子の側からすれば，父又は母のいずれかの本国法によれば嫡出子であれば父の子とされるため，父が渉外関係において嫡出の否認をするためには，父の本国法のみならず，母の本国法によっても嫡出性を否定することができることが必要です。このため，子と父との親子関係不存在確認の裁判を提訴するためには，

148

父の本国法と母の本国法のいずれにおいても嫡出性が推定されていないことが必要です（父子関係不存在確認の裁判では，この点を判断するために，父の本国法のみならず，母の本国法の適用も問題となります。）。そして，父母いずれの本国法によっても嫡出性が推定されない場合に，初めて父子間の法律上の親子関係の有無の問題を父の本国法により決します。次に，嫡出でない子との関係ですが，通則法29条1項前段は「嫡出でない子の親子関係の成立は，父との間の親子関係については子の出生の当時における父の本国法により，母との間の親子関係についてはその当時における母の本国法による。」と規定していて，子の出生の当時における父の本国法が準拠法となります。なお，ここにいう「父」とは，表見上の父のことであり，母子関係不存在確認の場合における母の本国法も，「母」とは表見上の母を指します。

　次に，母との関係では，嫡出でない子については，上記通則法29条1項前段の規定に基づき，子の出生の当時における母の本国法が準拠法となります。なお，母との関係では嫡出推定は問題とはならないので，嫡出子であっても，その当時における母の本国法のみが準拠法となります。

　そして，子と父母双方との親子関係不存在確認では，父と母それぞれについて上記のとおり準拠法を適用します。

　ところで，日本人父と外国人母との間の子については，嫡出推定が働かない場合であっても，父母の婚姻後に出生したときは，民法により嫡出子とされるので，日本人父の子とする出生届により日本人父の戸籍に入籍します。その後，父との親子関係不存在確認の裁判が確定しますと，子は日本人父の子でなかったことになりますから，外国人母の嫡出でない子として，外国人として扱われ，子は，日本人父の戸籍から消除されます。もっとも，この場合であっても，他の日本人男が胎児認知の届出をしていた場合は（なお，外国人女が婚姻中又は婚姻解消後300日以内に胎児認知が届けられても，その届出は，受理が留保され，子の出生届があっても，直ちには受理されません。），夫との間で親子関係不存在確認の裁判が確定した後に初めて受理され，その受理の効力は届出時に遡るものとされているため，当該子は，出生により日本国籍を取得していたことになります。ま

149

第1章 親子関係事件

た，胎児認知がされていなくても，日本人夫との間で親子関係不存在確認の裁判が確定した後に速やかに当該他の日本人男が認知をすれば，胎児認知があった場合と同様に，当該子は，国籍法2条の規定に基づき，日本国籍を取得することができます（最判平成9・10・17判決家月50・2・155，平成10・1・30民五180号通達）。その詳細は，認知の項を参照願います。

　他方，外国人父と日本人母の子について父子関係不存在確認の裁判が確定しますと，子は日本人母の嫡出でない子であったことになります。この場合は，日本人母から出生したことに変わりはないので，子は日本の国籍を維持したままであり（国2条1号），子が出生届により日本人母の戸籍に入籍していた場合は，当該裁判が確定しても，子については戸籍の異動はなく，父の氏名の消除と続柄の変更をするに止まります。

(2)　親子関係不存在確認の裁判の手続

　第1で説明したように，親子関係不存在確認の裁判についても調停前置がとられていて，まず調停を申し立てることを要しますが，調停によりその確認をして事件を終了させることができません。当事者間に事実関係に争いがないこと等，第1編で説明した要件の下に，合意に相当する審判をすることにより事件を解決させます。

　ところで，親子関係不存在確認の裁判については，期間の制限はなく，確認の利益がある限り，かつ，上記の平成18年の最判がいうように権利の濫用とならない限り，いつでも提起することができます。また，表見上の親と子のいずれからも裁判を提起することができ，この場合は，他の一方が相手方又は被告となります（人訴12条1項）。さらに，利害関係人も，裁判を提起することができます。この場合は，「当該身分関係の当事者の双方を被告とし，その一方が死亡した後は，他の一方を被告とする」（同条2項）ものとされています。例えば，当該子の戸籍上の兄弟姉妹は，親と当該子を相手に，親と子との間に親子関係が存在しないことを確認するために調停を申し立てたり，人事訴訟を提起することができます。実際に，親からの相続の前提問題で争われることがあります。さらに，関係当事者が死亡した後も，検察官を相手に訴えを提起することができます（同条3項）。例えば，子は，表見上の父が死亡しても，検察官を相手に父子関係不存在

確認の訴えを提起することができます。なお，検察官を相手とすべきときは，調停を申し立てることはできず，直ちに人事訴訟を提起すべきこととなります。

　なお，合意に相当する審判の主文や人事訴訟における判決の主文は，それぞれ調停・審判の申立書に記載される「申立ての趣旨」や訴状に記載されている「請求の趣旨」と基本的に同一内容であり，審判又は判決の理由についても「申立ての理由」や「請求原因」に記載された事実関係と，それを裏付けるべき事実又は判断過程が記載されます。

(3) 戸籍訂正とその処理

① 戸籍訂正申請の義務

　親子関係の存否に関する裁判（合意に相当する審判（家事法277条）を含む。）が確定したときは，裁判の結果と矛盾する戸籍の記載（記録―以下同じ）は，速やかにこれを訂正し，実体の身分関係に合致する記載とすることが必要です。このため，戸籍法は，当該裁判につき訴えを提起した者（又は調停の申立人）は，判決（又は審判）が確定した日から1か月以内に裁判の謄本及び確定証明書を添付の上，その者の所在地又は当該裁判の当事者（事件本人）の本籍地の市町村長に戸籍訂正申請をしなければならないとしています（戸116条）。

② 訂正申請書の作成

ア　申請書の様式

　戸籍訂正申請書の様式については，戸籍法上特別の定めはありません。一般的には，法務省民事局で例示の標準様式により作成された申請書用紙が市町村の戸籍窓口に備え付けられています。

イ　申請書の記載

　申請書には，一般的記載事項，裁判の種類，裁判確定の年月日のほか，「訂正の趣旨」の記載を要するものとされています（戸117条・29条，戸規44条参照）。ここに「訂正の趣旨」とは訂正すべき事項を具体的に明らかにする記載のことです。すなわち，訂正の対象とする戸（除）籍の記載は何か，そしてそれをどのような事由（これは，訂正申請の基礎となる裁判（審判又は判決）の種類（内容）が該当する。）によって，どのように訂正する

かを明確にするものです。なお，戸籍訂正申請書の書式記載例については，後掲の各事例書式例を参照してください。

③　戸籍訂正と届出の追完との関係

ア　届書の補正と追完

戸籍記載の正確性を確保するための措置として，実務上，届書の補正と届出の追完の手続が認められています。すなわち，戸籍の届出が，市町村長の審査を経て受理の処分がなされた後，戸籍の記載をする段階に至って当該届書の記載等に不備があることを発見する場合があります。届書の不備が審査の段階で発見された場合には，原則として届出人にこれを補正してもらった上で受理することになりますが，上記のように届書の不備が届出の受理後，戸籍の記載前に発見されたときは，もはや「補正」の方法は許されず，別個の届出の形式によってする「追完」の届出によって補完すべきものとされています（戸45条，大正4・6・26民519号回答）。また，もし届書の不備に気づかないままこれを受理した上，誤った戸籍の記載がされてしまった後は，原則として，届出の追完によって訂正することは許されず，戸籍訂正の手続によって是正すべきものとされています（大正4・7・7民1008号回答）。

イ　親子関係の存否に関する戸籍訂正に伴う届出の追完

届出の追完は，上記のとおり，基本の戸籍届出の受理後戸籍の記載前に発見された当該届書の不備を補完するための手続であり，戸籍記載の完了後は戸籍訂正の手続によって是正すべきこととなります。

しかし，実務上，戸籍記載の完了後でも追完の届出によって補完することが認められている例外的場合があります。その例として，いわゆる追認的性質を有する追完届を挙げることができます。すなわち，15歳未満の子が戸籍上の父母の代諾によって養子縁組をした後，その父母との親子関係不存在確認の裁判が確定した場合，従前は，当該養子縁組は正当な代諾権者の代諾を欠く縁組としてその無効が理論的に明らかであるとして，上記の裁判に基づき養子縁組事項も合わせて消除すべきものとしていました（昭和12・5・17民事甲587号回答，昭和24・9・5民事甲1942号回答），しかし，その後，昭和27年10月3日，最高裁判所は，いわゆる無

権代理の追認の法理を認めて，本人又は正当代諾権者の追認があれば当該縁組は有効であるとの判決をしたことから，戸籍実務の取扱いも改められるに至りました。すなわち，この場合の戸籍訂正は，当該親子関係についてのみの訂正にとどめ，縁組事項は，そのままにしておくこととされました（昭和30・8・1民事甲1602号通達）。そして，後日，正当な代諾権者である実父母から縁組代諾の追完届又は15歳以上に達した養子本人から自ら縁組する旨の追完届がされた場合は，いずれもこれを受理することとしました（昭和34・4・8民事甲624号通達）。これは，追認の事実を戸籍の上に明確にしておくのが適当であるとの判断から，戸籍法の追完の規定を援用したものといえます。

　以下において，事例ごとの記載例を示します。

2　父子関係不存在（出生届出済の場合）

　父子関係不存在確認の場合については，出生届がされている場合とされていない場合とでは戸籍の関係が大きく異なりますから，分けて説明します。ここでは，出生届が提出され，子が父母の戸籍に入籍している場合について説明します。

(1)　父母が婚姻中の場合

　父母が離婚していない場合や父母の離婚後300日以内に子が出生した場合において，父子関係に関する裁判の謄本を提出することなく出生届を提出したときは，父母の婚姻当時の戸籍に子は入籍します。その後，父子関係不存在の裁判が確定した場合，戸籍訂正により，子の父母欄の父の名が消除される等されます。

　この場合における裁判は，子，表見上の父（母の夫若しくは前夫）又は利害関係人が申立人となることができます。相手方は，表見上の父が申立人の場合は，子が相手方となります。子が申立人の場合は表見上の父です。まずは，調停・審判の申立てをすべきであるので，下記の記載例では，父が家事調停の申立てをする場合を例にしました。調停不調の場合は，訴訟の提起が必要ですが，この場合の訴状の請求の趣旨とか請求原因の書き方は，基本的に下記の家事調停申立てと同じようなものです。

第1章　親子関係事件

①　親子関係不存在確認の裁判

<table>
<tr><td rowspan="3">受付印</td><td>☑　調停</td></tr>
<tr><td>家事　　　　　　申立書　事件名（親子関係不存在）</td></tr>
<tr><td>□　審判</td></tr>
</table>

（この欄に申立て1件あたり収入印紙1,200円分を貼ってください。）

（貼った印紙に押印しないでください。）

収入印紙　　　　　円
予納郵便切手　　　円

○　　○　家庭裁判所 　　　　御中 令和　元　年 10 月 25 日	申　立　人 （又は法定代理人など） の　記　名　押　印	乙　川　達　也　　㊞

添付書類	（審理のために必要な場合は，追加書類の提出をお願いすることがあります。） 申立人及び相手方の戸籍謄本　1通	準口頭

<table>
<tr>
<td rowspan="3">申
立
人</td>
<td>本　籍
（国　籍）</td>
<td colspan="2">（戸籍の添付が必要とされていない申立ての場合は，記入する必要はありません。）
東　京　　㊞道　　新宿区百人町1丁目5番地
　　　　　府県</td>
</tr>
<tr>
<td>住　所</td>
<td colspan="2">〒169-0073
東京都新宿区百人町1丁目3番5号
　　　　　　　　　　　　　　　（　　　　　　方）</td>
</tr>
<tr>
<td>フリガナ
氏　名</td>
<td>オツ　カワ　タツ　ヤ
乙　川　達　也</td>
<td>大正
㊙昭和
平成　62 年 5 月 4 日生
令和
（　　33　　歳）</td>
</tr>
<tr>
<td rowspan="3">相
手
方</td>
<td>本　籍
（国　籍）</td>
<td colspan="2">（戸籍の添付が必要とされていない申立ての場合は，記入する必要はありません。）
東　京　　㊞道　　新宿区百人町1丁目5番地
　　　　　府県</td>
</tr>
<tr>
<td>住　所</td>
<td colspan="2">〒544-0021
大阪市生野区勝山南3丁目1番11号
　　　　　　　　　　　　　　　（　　　　　　方）</td>
</tr>
<tr>
<td>フリガナ
氏　名</td>
<td>オツ　カワ　ショウ　タ
乙　川　翔　太</td>
<td>大正
昭和
㊙平成　29 年 7 月 15 日生
令和
（　　2　　歳）</td>
</tr>
</table>

（注）太枠の中だけ記入してください。

第2　親子関係不存在確認の裁判

<table>
<tr><td colspan="2" align="center">申　立　て　の　趣　旨</td></tr>
<tr><td colspan="2">　申立人と相手方との間に親子関係が存在しないことを確認するとの調停・審判を求めます。</td></tr>
</table>

<table>
<tr><td colspan="2" align="center">申　立　て　の　理　由</td></tr>
<tr><td colspan="2">
1　申立人は，相手方の母乙川麻美と平成26年10月10日婚姻し，申立人の肩書き住所地である東京都新宿区で同居していましたが，不仲となり，麻美は平成27年9月1日に家を出て，その実家のある大阪市（相手方の肩書き住所地）に戻り，別居を開始しました。
2　その後，麻美は，妻子のある丙野植樹と昵懇の間柄となったようで，別居開始から2年後の平成29年7月15日相手方を出産しました。私は，相手方が丙野の子であると考え，放置していました。
3　別居後4年が経過し，申立人にも再婚しようと思う女性が現れたので，麻美との離婚を決意し，戸籍謄本を取り寄せたところ，相手方は私の子として入籍していました。
4　以上のように，申立人と相手方との間には親子関係がありませんので，申立ての趣旨のとおりの調停・審判を求めます。
</td></tr>
</table>

（別紙）

<table>
<tr>
<td rowspan="3">相手方法定代理人親権者母</td>
<td>本　籍
（国　籍）</td>
<td colspan="2">（戸籍の添付が必要とされていない申立ての場合は，記入する必要はありません。）
東　京　　㋐道　府県　　新宿区百人町1丁目5番地</td>
</tr>
<tr>
<td>住　所</td>
<td colspan="2">〒544-0021
大阪市生野区勝山南3丁目1番11号
（　　　　　　　　　方）</td>
</tr>
<tr>
<td>フリガナ
氏　名</td>
<td>オツ　カワ　アサ　ミ
乙　川　麻　美</td>
<td>大正
㋐昭和
平成
令和　63 年 3 月 5 日生
（　　32　　歳）</td>
</tr>
</table>

155

第1章　親子関係事件

〈申立書の説明〉

　記載例は，表見上の父が戸籍上の子を相手として親子関係不存在確認の調停・審判を求める場合の記載例です。

(1)　当事者

　父子関係不存在確認の調停・審判は，子，表見上の父（母の夫若しくは前夫）又は利害関係人が申立人となることができ，それぞれの場合の相手方は，上記の解説で記載したとおりです。

(2)　申立先

　相手方の住所地の家庭裁判所又は当事者が合意で定める家庭裁判所です（家事法245条1項）。

(3)　申立てに必要な費用

　　　収入印紙1200円分

　　　連絡用の郵便切手（注：金額及び内訳は各裁判所によって異なることから申立裁判所に問合せが必要）

　DNA鑑定等が行われる場合，原則として申立人がこの鑑定に要する費用を負担します。

(4)　申立てに必要な書類

　　ア　申立書及びその写し1通

　　イ　標準的な申立添付書類

　申立人及び相手方の戸籍謄本（全部事項証明書）。通常は1通の戸籍謄本に関係者全員に関する事項が記載されていますが，戸籍上の父が離婚しているときは，複数の戸籍謄本が必要です。なお，利害関係人が申し立てるときは，利害関係人自身の戸籍謄本のみならず，利害関係があることを証するため，相手方との関係を証する書面（利害関係人が，子の兄弟であるときは，当該関係を証する戸籍又は除籍謄本）も必要です。

(5)　申立ての趣旨

　記載例のとおり「申立人と相手方との間に親子関係が存在しないことを確認するとの調停・審判を求めます。」です。子が申立人となる場合も同様です。利害関係人が申立人の場合は，「相手方○○（子）と相手方○○（表見上の父）との間に親子関係が存在しないことを確認するとの調停・審判を求めます。」のように，相手方同士の間に親子関係が存在しないことの確認を求めます。

(6)　申立ての理由

　母が子を懐胎する可能な時期には既に表見上の父と別居していた等，嫡出推定の働かない事実と，その時期に母と表見上の父（母の夫又は前夫と母）とが性的交渉を行ったことがない事実等，子が表見上の父の子ではないことを根拠付けるべき理由を記載します。例えば，記載例の中の「申立ての理由」のように記載します。

　なお，利害関係人が申立人の場合は，相手方らとの関係や申立てに法律上の利害関係を有することの事情も記載します。

(7)　父母が離婚している場合

　父母の離婚後300日以内に子が出生し，出生届により父母の婚姻時の戸籍に入籍している場合は，申立ての理由に，上記(6)のほか，父母離婚の事実，子が父母の離婚後300日以内に出生し，父母の婚姻当時の戸籍に入籍した事実も記載します。この場合は，母の離婚

156

後の戸籍の謄本も添付するのが相当です。

② 戸籍の訂正

　父母が婚姻中に出生した子と父との親子関係不存在確認の裁判が確定しても，子が嫡出でない子として入籍すべき出生当時の母の戸籍（民790条2項，戸18条2項）は子が現に在籍している戸籍ですから，子の氏及び戸籍に変動は生じません。

　この場合の戸籍訂正は，子の父母欄の父の氏名を消除し，父母との続柄を嫡出子としての続柄から母が分娩した嫡出でない子の順による続柄に訂正します（平成16・11・1民一3008号通達参照）〔**注**〕。また，父が出生届をしている場合は，出生事項中届出人父の資格を消除してその氏名を記載します。ただし，出生の届出をした者が父でなく，母，同居者又は出産に立ち会った医師，助産師若しくはその他の者であるときは，出生事項の訂正は要しません。

第1章　親子関係事件

a　戸籍訂正申請書

戸 籍 訂 正 申 請

東京都新宿　市区／町村　長 殿

令和 元 年 12 月 14 日申請

受付	令和 元 年 12 月 14 日	戸　籍	
	第　　2145　　号	調査	

（一）	事件本人	本　　籍	東京都新宿区百人町1丁目5番地	記載
		筆頭者氏名	乙 川 達 也	記載調査
（二）		住所及び世帯主氏名	大阪市生野区勝山南3丁目1番11号　乙川麻美	送付
（三）		氏　　名	乙 川 翔 太	住民票
		生年月日	平成 29 年 7 月 15 日	記載
（四）		裁　判　の種　　類	親子関係不存在確認の裁判	通知／附　票／記載
		裁判確定年月日	令和 元 年 11 月 30 日	通知
（五）		訂　正　の趣　　旨	事件本人乙川翔太について，令和元年11月30日乙川達也との親子関係不存在確認の裁判が確定したので，上記乙川達也戸籍中事件本人翔太の父欄の記載を消除し，父母との続柄を「長男」と訂正する。	
（六）		添 付 書 類	裁判の謄本及び確定証明書，母の申述書	
（七）	申請人	本　　籍	東京都新宿区百人町1丁目5番地	
		筆頭者氏名	乙 川 達 也	
		住　　所	東京都新宿区百人町1丁目3番5号	
		署名押印	乙 川 達 也　　㊞	
		生年月日	昭和 62 年 5 月 4 日	

（注意）事件本人又は申請人が二人以上であるときは、必要に応じ該当欄を区切って記載すること。

第2　親子関係不存在確認の裁判

b　子の出生当時の父母の戸籍中子の記載

	（2の1）　全部事項証明
本　　籍	東京都新宿区百人町一丁目5番地
氏　　名	乙川　達也
戸籍事項 　戸籍編製	（編製事項省略）

戸籍に記録されている者	【名】翔太 【生年月日】平成29年7月15日 【父】 【母】乙川麻美 【続柄】長男
身分事項 　　出　　生	【出生日】平成29年7月15日 【出生地】東京都中央区 【届出日】平成29年7月20日 【届出人】母
消　　除	【消除日】令和元年12月14日 【消除事項】父の氏名 【消除事由】乙川達也との親子関係不存在確認の裁判確定 【裁判確定日】令和元年11月30日 【申請日】令和元年12月14日 【申請人】乙川達也 【関連訂正事項】父母との続柄 【従前の記録】 　　【父】乙川達也 　　【父母との続柄】長男
	以下余白

発行番号000001

〔注〕　父母との続柄については，父母の嫡出子として記録されている続柄「長男」を，母
　　が分娩した嫡出でない子の順による続柄「長男」と訂正します（平成16・11・1民一
　　3008号通達参照）。

159

第1章　親子関係事件

(2)　夫婦が子の出生後離婚した場合

　夫婦が子の出生後離婚した場合の親子関係不存在確認の裁判も，基本的に上記(1)①の場合と同様ですが，ここでは，子（その法定代理人である母）から申立てを行う場合についての記載例を示します。この場合も，事実関係に争いのない場合が多く，人事訴訟の提起を要することが少ないと思われます。

第2　親子関係不存在確認の裁判

①　親子関係不存在確認の裁判

<table>
<tr><td rowspan="4">受付印</td><td colspan="2">☑　　調停
家事　　　　　申立書　事件名（親子関係不存在）
□　　審判</td></tr>
<tr><td colspan="2">（この欄に申立て1件あたり収入印紙1，200円分を貼ってください。）</td></tr>
<tr><td colspan="2">（貼った印紙に押印しないでください。）</td></tr>
<tr><td>収入印紙　　　　　　円
予納郵便切手　　　　円</td><td></td></tr>
</table>

<table>
<tr><td>○　　○　家庭裁判所
　　　　　　御中
令和　元　年　5　月　15　日</td><td>申　立　人
（又は法定代理人など）
の記名押印</td><td>申立人法定代理人親権者母
乙　川　香　織　　　㊞</td></tr>
</table>

<table>
<tr><td>添付書類</td><td>（審理のために必要な場合は，追加書類の提出をお願いすることがあります。）
申立人及び相手方の戸籍謄本　1通
申立人の法定代理人の戸籍謄本　1通</td><td>準口頭</td></tr>
</table>

<table>
<tr><td rowspan="4">申
立
人</td><td>本　籍
（国　籍）</td><td colspan="2">（戸籍の添付が必要とされていない申立ての場合は，記入する必要はありません。）
東京　㊞道府県　千代田区大手町1丁目3番地</td></tr>
<tr><td>住　所</td><td colspan="2">〒104－0045
東京都中央区築地3丁目3番20号　　　　　　　　　（　　　　　方）</td></tr>
<tr><td>フリガナ
氏　名</td><td>コウ　ノ　ダイ　キ
甲　野　大　樹</td><td>大正
昭和
平成　27　年　7　月　6　日生
令和（　　4　　歳）</td></tr>
<tr><td></td><td></td><td></td></tr>
</table>

<table>
<tr><td rowspan="3">※
申　法　親
　　定　権
立　代　者
　　理　母
人　人</td><td>本　籍
（国　籍）</td><td colspan="2">（戸籍の添付が必要とされていない申立ての場合は，記入する必要はありません。）
東京　㊞道府県　中央区築地3丁目3番</td></tr>
<tr><td>住　所</td><td colspan="2">〒104－0045
東京都中央区築地3丁目3番20号　　　　　　　　　（　　　　　方）</td></tr>
<tr><td>フリガナ
氏　名</td><td>オツ　カワ　カ　オリ
乙　川　香　織</td><td>大正
昭和　61　年　10　月　4　日生
平成
令和（　　32　　歳）</td></tr>
</table>

<table>
<tr><td rowspan="3">※
相
手
方</td><td>本　籍
（国　籍）</td><td colspan="2">（戸籍の添付が必要とされていない申立ての場合は，記入する必要はありません。）
東京　㊞道府県　千代田区大手町1丁目3番地</td></tr>
<tr><td>住　所</td><td colspan="2">〒104－0042
東京都新宿区百人町1丁目5番10号　　　　　　　　（　　　　　方）</td></tr>
<tr><td>フリガナ
氏　名</td><td>コウ　ノ　ダイ　スケ
甲　野　大　輔</td><td>大正
昭和　59　年　1　月　22　日生
平成
令和（　　35　　歳）</td></tr>
</table>

（注）太枠の中だけ記入してください。

161

第1章　親子関係事件

申　立　て　の　趣　旨

　申立人と相手方との間に親子関係が存在しないことを確認するとの調停・審判を求めます。

申　立　て　の　理　由

1　申立人の母乙川香織と相手方は，平成23年11月22日に婚姻し，当時相手方が赴任していた大阪市中央区で同居し，長男蓮を出産する等，幸せに暮らしていました。しかし，相手方は，次第に職場での不平を家庭に持ち込んだり，女性関係に乱れが生じてきて不仲となり，香織は平成26年7月ころ，その実家のある東京都中央区（申立人の肩書き住所地）に戻り，別居を開始しました。
2　その後，香織は，妻子のある丙野次郎と昵懇の間柄となり，別居開始から1年後の平成27年7月6日申立人を出産しました。
3　香織が申立人の出生届を提出したところ，相手方との婚姻中であったため，申立人は，相手方の戸籍に入籍せざるを得ませんでした。
4　相手方と香織は，平成30年12月12日に協議離婚し，その際，蓮と申立人の親権者をいずれも香織と定めました。
5　以上のように，申立人と相手方との間には親子関係がありませんので，申立ての趣旨のとおりの調停・審判を求めます。

第2 親子関係不存在確認の裁判

〈申立書の説明〉

記載例は，子が戸籍上の父を相手として親子関係不存在確認の調停・審判を求める場合の記載例です。

当事者，申立先，申立てに必要な費用，申立てに必要な書類，申立ての趣旨，申立ての理由は，上記(1)の①の申立ての場合と同様ですから，これを参照してください。

② 戸籍の訂正

父母の婚姻中に出生した子について，父母の離婚後，父子関係不存在確認の裁判が確定し戸籍訂正申請があった場合も，前記(1)②と同様に，子が嫡出でない子として入籍すべき出生当時の母の戸籍（民790条2項，戸18条2項）は子が現に在籍している戸籍となるため，子の氏及び戸籍に変動は生じません。

この場合の戸籍訂正も，基本的に上記(1)②と同様です。ただし，親子関係不存在確認の裁判の確定により，子の嫡出性は出生の当初から否定されて母の嫡出でない子となり，親権者も母ということになりますから（民819条4項），父母の離婚に伴う親権者の定めについての記載は消除されます。

なお，子が，離婚復氏後の母の戸籍に入籍を希望する場合は，母の氏に変更する家庭裁判所の許可を得た上で，母の氏を称する入籍の届出をする必要があります（民791条1項，戸98条）。

163

第1章　親子関係事件

a　戸籍訂正申請書

戸 籍 訂 正 申 請

東京都千代田 市区 長 殿
　　　　　　　町村

令和 元 年 9 月 25 日申請

| 受 | 令和 元 年 9 月 25 日 | 戸 | 籍 |
| 付 | 第　889　号 | 調査 | |

(一)	事件本人	本　　　籍	東京都千代田区大手町1丁目3番地	記載	
		筆頭者氏名	甲 野 大 輔	記載調査	
(二)		住所及び世帯主氏名	東京都中央区築地3丁目3番20号　乙川香織	送付	
(三)		氏　　　名	甲 野 大 樹	住 民 票	
		生 年 月 日	平成 27 年 7 月 6 日	記載	
(四)		裁 判 の種　　　類	親子関係不存在確認の裁判	通知	
				附　　票	
				記載	
		裁 判 確 定年 月 日	令和 元 年 9 月 11 日	通知	
(五)		訂 正 の趣　　　旨	事件本人甲野大樹について，令和元年9月11日甲野大輔との親子関係不存在確認の裁判が確定したため，次のとおり訂正する。 1　父の記載を消除し，父母との続柄を「長男」と訂正する。 2　親権者を定める記載を消除する。		
(六)		添 付 書 類	裁判の謄本及び確定証明書，戸籍謄本，母の申述書		
(七)	申請人	本　　　籍	東京都中央区築地3丁目3番		
		筆頭者氏名	乙 川 香 織		
		住　　　所	東京都中央区築地3丁目3番20号		
		署名押印	乙 川 香 織　　㊞		
		生 年 月 日	昭和 61 年 10 月 4 日		

（注意）事件本人又は申請人が二人以上であるときは，必要に応じ該当欄を区切って記載すること。

164

第2　親子関係不存在確認の裁判

b　子の出生当時の父母の戸籍中子の記載

（3の1）　全部事項証明

本　　　籍	東京都千代田区大手町一丁目3番地
氏　　　名	甲野　大輔

戸籍事項 　　戸籍編製	（編製事項省略）

戸籍に記録されている者	【名】大輔 【生年月日】昭和59年1月22日 【父】甲野和彦 【母】甲野明美 【続柄】二男
身分事項 　　出　　生 　　婚　　姻 　　離　　婚	（出生事項省略） （婚姻事項省略） 【離婚日】平成30年12月12日 【配偶者氏名】甲野香織

戸籍に記録されている者 除　　籍	【名】香織 【生年月日】昭和61年10月4日 【父】乙川浩二 【母】乙川由美 【続柄】長女
身分事項 　　出　　生 　　婚　　姻 　　離　　婚	（出生事項省略） （婚姻事項省略） 【離婚日】平成30年12月12日 【配偶者氏名】甲野大輔 【新本籍】東京都中央区築地三丁目3番

戸籍に記録されている者	【名】蓮 【生年月日】平成25年5月19日 【父】甲野大輔 【母】乙川香織 【続柄】長男
身分事項 　　出　　生	【出生日】平成25年5月19日 【出生地】東京都千代田区 【届出日】平成25年5月22日

発行番号000001

第1章　親子関係事件

（3の2）　全部事項証明

<table>
<tr><td rowspan="2">親　　権</td><td>【届出人】父</td></tr>
<tr><td>【親権者を定めた日】平成３０年１２月１２日
【親権者】母
【届出人】父母</td></tr>
<tr><td>更　　正</td><td>【更正日】平成３０年１２月１２日
【更正事項】母の氏名
【更正事由】父母離婚
【従前の記録】
　　【母】甲野香織</td></tr>
<tr><td>戸籍に記録されている者</td><td>【名】大樹

【生年月日】平成２７年７月６日
【父】
【母】乙川香織
【続柄】長男</td></tr>
<tr><td>身分事項
　出　　生</td><td>【出生日】平成２７年７月６日
【出生地】東京都千代田区
【届出日】平成２７年７月１４日
【届出人】母</td></tr>
<tr><td>更　　正</td><td>【更正日】平成３０年１２月１２日
【更正事項】母の氏名
【更正事由】父母離婚
【従前の記録】
　　【母】甲野香織</td></tr>
<tr><td>消　　除</td><td>【消除日】令和元年９月２５日
【消除事項】父の氏名
【消除事由】甲野大輔との親子関係不存在確認の裁判確定
【裁判確定日】令和元年９月１１日
【申請日】令和元年９月２５日
【申請人】乙川香織
【関連訂正事項】父母との続柄
【従前の記録】
　　【父】甲野大輔
　　【父母との続柄】二男</td></tr>
<tr><td>消　　除</td><td>【消除日】令和元年９月２５日
【消除事項】親権事項
【消除事由】甲野大輔との親子関係不存在確認の裁判確定
【裁判確定日】令和元年９月１１日
【申請日】令和元年９月２５日
【申請人】乙川香織
【従前の記録】
　　【親権者を定めた日】平成３０年１２月１２日
　　【親権者】母</td></tr>
</table>

発行番号０００００１

第2　親子関係不存在確認の裁判

（3の3）　全　部　事　項　証　明

	【届出人】父母
	以下余白

発行番号０００００１

〔注〕　1　本記載例は，在籍する2名の子のうち，二男の「大樹」についてのみ，戸籍上の父との親子関係不存在確認の裁判が確定した場合のものです。

　　　　2　父母との続柄については，父母の嫡出子として記録されている続柄「二男」を，母が分娩した嫡出でない子の順による続柄「長男」と訂正します（平成16・11・1民一3008号通達参照）。

　　　　3　親権事項については親子関係不存在確認の裁判が確定したことに伴い，職権に基づき消除します（昭和26・2・8民事甲172号回答，木村三男監修『改訂第2版注解コンピュータ記載例対照戸籍記載例集』226頁）。

167

第1章　親子関係事件

(3)　父母の離婚後300日以内に子が出生した場合

　父母の離婚後300日以内に子が出生した場合も，事実関係に争いのない
場合が多く，人事訴訟の提起を要することが少ないと思われます。

　①　親子関係不存在確認の裁判

　　この場合の親子関係不存在確認の裁判も，戸籍上の父が裁判を申し立
てる事例や，子（その法定代理人である母）が裁判を申し立てる事例が考え
られます。戸籍上の父が裁判を申し立てる事例の場合は，基本的に上記
(1)①の場合と同様であり，子（その法定代理人である母）から申立てを行う
場合は，基本的に上記(2)①の場合と同様であるので，ここでは，その記
載例を省略します。

　②　戸籍の訂正

　　父母の離婚後300日以内に出生した子が，出生届により父母の離婚の
際における氏を称してその戸籍に入籍した後，母の申立てによる子と戸
籍上の父との親子関係不存在確認の裁判が確定した場合は，子は，父母
の離婚後に出生しているため，母の嫡出でない子として出生当時の母の
氏を称し，その戸籍に入籍します（民790条2項，戸18条2項）。そのため，
母の離婚の際に新戸籍が編製されているときは，戸籍法116条による戸
籍訂正申請により，子の戸籍につき父の記載を消除し，父母との続柄を
嫡出子としての続柄から母が分娩した嫡出でない子の順による続柄に訂
正した上（平成16・11・1民一3008号通達参照），上記の母の離婚後の新戸籍
に子は移記されることになります。下記b-1，b-2に記載するとお
りです。他方，母が離婚により実方の父母の戸籍に復籍しているときは，
新戸籍を編製した上で，上記の手続をとります（戸17条）。この場合の記
載例は下記のd-1からd-3までに記載するとおりです。

　　なお，母の離婚後300日以内に出生した子について，戸籍上の父と嫡
出子否認の裁判が確定した場合は「入除籍」の方法で戸籍の処理がされ
ますが（114頁参照），親子関係不存在確認の裁判が確定した場合は，子
の記載を本来入籍すべき出生当時の母の戸籍に移記し，母の前夫の戸籍
中子の記載を消除するいわゆる「移記消除」の方法で戸籍の処理をする
ことになります。これは，親子関係不存在確認の裁判の性質が文字どお

り確認の裁判ですから，父子関係が子の出生の時から存在しなかったことが確認されたことになり，出生届によって父母が離婚の際に称していた氏を称してその戸籍に入籍したのは結果的に誤りであったことになるためです。

ここでは，戸籍上の父が甲野雄太，母が乙川彩香，子（事件本人）が甲野さくらの事例について，母が離婚の際に新戸籍を編製している場合と実方の父母の戸籍に復籍している場合に分けて記載例を説明します。

第1章　親子関係事件

a　戸籍訂正申請書（母が離婚の際に新戸籍を編製している場合）

戸 籍 訂 正 申 請

東京都千代田 市⊠町村 長　殿

令和 2 年 3 月 17 日申請

受付	令和 2 年 3 月 17 日	戸 籍	
	第　　268　　号	調査	

(一)	事件本人	本　　籍	東京都千代田区平河町1丁目10番
		筆頭者氏名	甲 野 雄 太
(二)		住所及び世帯主氏名	東京都中央区日本橋室町3丁目2番13号　乙川彩香
(三)		氏　　名	甲 野 さ く ら
		生年月日	平成 28 年 1 月 8 日
(四)		裁 判 の 種 類	親子関係不存在確認の裁判
		裁判確定年月日	令和 2 年 2 月 25 日
(五)		訂 正 の 趣 旨	事件本人甲野さくらについて，令和2年2月25日甲野雄太との親子関係不存在確認の裁判確定により，上記甲野雄太戸籍中事件本人さくらの父欄の記載を消除し，父母との続柄を「長女」と訂正した上，同人を東京都中央区日本橋室町3丁目5番地乙川彩香戸籍に嫡出でない子として移記する。
(六)		添 付 書 類	裁判の謄本及び確定証明書，戸籍謄本，母の申述書
(七)	申請人	本　　籍	東京都中央区日本橋室町3丁目5番地
		筆頭者氏名	乙 川 彩 香
		住　　所	東京都中央区日本橋室町3丁目2番13号
		署名押印	乙 川 彩 香　　㊞
		生年月日	平成 4 年 11 月 25 日

記載
記載調査
送付
住 民 票
記載
通知
附　票
記載
通知

（注意）事件本人又は申請人が二人以上であるときは、必要に応じ該当欄を区切って記載すること。

170

b 戸籍の記載（母が離婚の際に新戸籍を編製している場合）

b‑1 子の出生当時の父母の戸籍中子の記載

	（2の1）	全 部 事 項 証 明

本　　籍	東京都千代田区平河町一丁目10番
氏　　名	甲野　雄太

戸籍事項 　　戸籍編製	（編製事項省略）

戸籍に記録されている者 　消　　除	【名】さくら 【生年月日】平成28年1月8日 【父】 【母】乙川彩香 【続柄】長女
身分事項 　　出　　生	【出生日】平成28年1月8日 【出生地】東京都中央区 【届出日】平成28年1月15日 【届出人】母 【送付を受けた日】平成28年1月17日 【受理者】東京都中央区長
親　　権	【親権者】母
消　　除	【消除日】令和2年3月17日 【消除事項】父の氏名 【消除事由】甲野雄太との親子関係不存在確認の裁判確定 【裁判確定日】令和2年2月25日 【申請日】令和2年3月17日 【申請人】母 【関連訂正事項】父母との続柄 【従前の記録】 　　　【父】甲野雄太 　　　【父母との続柄】長女
移　　記	【移記日】令和2年3月17日 【移記事項】出生事項 【移記事由】甲野雄太との親子関係不存在確認の裁判確定 【裁判確定日】令和2年2月25日 【申請日】令和2年3月17日 【申請人】母

発行番号000001

第1章　親子関係事件

	（2の2）　　全　部　事　項　証　明
	【移記後の戸籍】東京都中央区日本橋室町三丁目５番地　乙川彩香
	以下余白

発行番号０００００１

〔注〕　親権事項（【親権者】母）の記録は，父母の離婚後に子が出生した場合の親権者は母とされていること（民819条３項本文）に基づき記録されているものですが，誤りではないので消除を要しないとされています。また，母の戸籍に移記する必要もありません。

第2　親子関係不存在確認の裁判

b‑2　離婚の際に新たに編製された母の戸籍中子の記載

<table>
<tr><td colspan="2" align="right">（2の1）</td><td>全 部 事 項 証 明</td></tr>
<tr><td align="center">本　　籍</td><td colspan="2">東京都中央区日本橋室町三丁目5番地</td></tr>
<tr><td align="center">氏　　名</td><td colspan="2">乙川　彩香</td></tr>
<tr><td>戸籍事項
　　戸籍編製</td><td colspan="2">（編製事項省略）</td></tr>
</table>

<table>
<tr><td>戸籍に記録されている者</td><td>【名】さくら

【生年月日】平成28年1月8日
【父】
【母】乙川彩香
【続柄】長女</td></tr>
<tr><td>身分事項
　　出　　生</td><td>【出生日】平成28年1月8日
【出生地】東京都中央区
【届出日】平成28年1月15日
【届出人】母
【送付を受けた日】平成28年1月17日
【受理者】東京都中央区長</td></tr>
<tr><td>　　移　　記</td><td>【移記日】令和2年3月19日
【移記事由】甲野雄太との親子関係不存在確認の裁判確定
【裁判確定日】令和2年2月25日
【申請日】令和2年3月17日
【申請人】母
【送付を受けた日】令和2年3月19日
【受理者】東京都千代田区長
【移記前の戸籍】東京都千代田区平河町一丁目10番　甲野
　　雄太</td></tr>
<tr><td></td><td align="right">以下余白</td></tr>
</table>

発行番号000001

173

第1章　親子関係事件

c　戸籍訂正申請書（母が離婚の際に実方の父母の戸籍に復籍している場合）

戸 籍 訂 正 申 請

東京都千代田　市⓪町村長　殿

令和 2 年 3 月17日申請

受付	令和 2 年 3 月17日	戸　籍
	第　　268　　号	調査

(一)	事件本人	本　　籍	東京都千代田区平河町4丁目10番
		筆頭者氏名	甲 野 雄 太
(二)		住所及び世帯主氏名	東京都中央区日本橋室町3丁目5番地　乙川彩香
(三)		氏　　名	甲 野 さくら
		生 年 月 日	平成 28 年 1 月 8 日
(四)		裁 判 の 種 類	親子関係不存在確認の裁判
		裁 判 確 定 年 月 日	令和 2 年 2 月 25 日
(五)		訂 正 の 趣 旨	事件本人甲野さくらについて，令和2年2月25日甲野雄太との親子関係不存在確認の裁判確定により，上記甲野雄太戸籍中事件本人さくらの父欄の記載を消除し，父母との続柄を「長女」と訂正した上同人を消除し，東京都中央区日本橋室町3丁目5番地乙川浩一戸籍にある母乙川彩香について同所同番地を新本籍として新戸籍を編製し，その新戸籍にさくらを移記する。
(六)		添 付 書 類	裁判の謄本及び確定証明書，戸籍謄本，母の申述書
(七)	申請人	本　　籍	東京都中央区日本橋室町3丁目5番地
		筆頭者氏名	乙 川 浩 一
		住　　所	東京都中央区日本橋室町3丁目2番13号
		署名押印	乙 川 彩 香　　㊞
		生 年 月 日	平成 4 年 11 月 25 日

右欄外の調査欄: 記載／記載調査／送付／住民票／記載／通知／附票／記載／通知

（注意）事件本人又は申請人が二人以上であるときは，必要に応じ該当欄を区切って記載すること。

174

第2 親子関係不存在確認の裁判

d　戸籍の記載（母が離婚の際に実方の父母の戸籍に復籍している場合）

d‑1　子の出生当時の父母の戸籍中子の記載

（2の1）　| 全 部 事 項 証 明

本　　籍	東京都千代田区平河町四丁目10番
氏　　名	甲野　雄太

戸籍事項 　　戸籍編製	（編製事項省略）

戸籍に記録されている者 消　　除	【名】さくら 【生年月日】平成28年1月8日 【父】 【母】乙川彩香 【続柄】長女
身分事項 　出　　生	【出生日】平成28年1月8日 【出生地】東京都中央区 【届出日】平成28年1月15日 【届出人】母 【送付を受けた日】平成28年1月17日 【受理者】東京都中央区長
親　　権	【親権者】母
消　　除	【消除日】令和2年3月17日 【消除事項】父の氏名 【消除事由】甲野雄太との親子関係不存在確認の裁判確定 【裁判確定日】令和2年2月25日 【申請日】令和2年3月17日 【申請人】母 【関連訂正事項】父母との続柄 【従前の記録】 　　【父】甲野雄太 　　【父母との続柄】長女
移　　記	【移記日】令和2年3月17日 【移記事項】出生事項 【移記事由】甲野雄太との親子関係不存在確認の裁判確定 【裁判確定日】令和2年2月25日 【申請日】令和2年3月17日 【申請人】母 【移記後の戸籍】東京都中央区日本橋室町三丁目5番地　乙

発行番号000001

第1章　親子関係事件

	（2の2）	全 部 事 項 証 明
	川彩香	
		以下余白

発行番号000001

〔注〕　親権事項（【親権者】母）の記録は，父母の離婚後に子が出生した場合の親権者は
　　　母とされていること（民819条3項本文）に基づき記録されているものであるが，誤
　　　りではないので消除を要しないとされています。

176

第2 親子関係不存在確認の裁判

d‑2 母が離婚後復籍した実方の戸籍中母の記載

(2の1) 全部事項証明

本　　　籍	東京都中央区日本橋室町三丁目5番地
氏　　　名	乙川　浩一
戸籍事項 　　戸籍編製	（編製事項省略）

戸籍に記録されている者 除　籍	【名】彩香 【生年月日】平成4年11月25日 【父】乙川浩一 【母】乙川由美 【続柄】二女
身分事項 　　出　　生	（出生事項省略）
離　　婚	【離婚日】平成27年7月23日 【配偶者氏名】甲野雄太 【送付を受けた日】平成27年7月25日 【受理者】東京都千代田区長 【従前戸籍】東京都千代田区平河町四丁目10番　甲野雄太
除　　籍	【除籍日】令和2年3月19日 【除籍事由】子の親子関係不存在確認の裁判確定 【申請日】令和2年3月17日 【送付を受けた日】令和2年3月19日 【受理者】東京都千代田区長 【新本籍】東京都中央区日本橋室町三丁目5番地
	以下余白

発行番号000001

第1章　親子関係事件

d-3　母について編製した新戸籍

（1の1）

全 部 事 項 証 明

本　　　籍	東京都中央区日本橋室町三丁目5番地
氏　　　名	乙川　彩香

戸籍事項 　戸籍編製	【編製日】令和2年3月19日

戸籍に記録されている者	【名】彩香 【生年月日】平成4年11月25日 【父】乙川浩一 【母】乙川由美 【続柄】二女
身分事項 　　出　　生 　　入　　籍	（出生事項省略） 【入籍日】令和2年3月19日 【入籍事由】子の親子関係不存在確認の裁判確定による申請 【従前戸籍】東京都中央区日本橋室町三丁目5番地　乙川浩一
戸籍に記録されている者	【名】さくら 【生年月日】平成28年1月8日 【父】 【母】乙川彩香 【続柄】長女
身分事項 　　出　　生 　　移　　記	【出生日】平成28年1月8日 【出生地】東京都中央区 【届出日】平成28年1月15日 【届出人】母 【送付を受けた日】平成28年1月17日 【受理者】東京都中央区長 【移記日】令和2年3月19日 【移記事由】甲野雄太との親子関係不存在確認の裁判確定 【裁判確定日】令和2年2月25日 【申請日】令和2年3月17日 【申請人】母 【送付を受けた日】令和2年3月19日 【受理者】東京都千代田区長 【移記前の戸籍】東京都千代田区平河町四丁目10番　甲野雄太
	以下余白

発行番号000001

第2　親子関係不存在確認の裁判

⑷　母の夫が死亡している場合

　母の夫が死亡している場合において，子が父子関係不存在確認をするためには，検察官を相手に訴えを提起することが必要です。この場合は，直ちに人事訴訟を提起します。利害関係人も裁判を提起することができます。例えば，父母の実子が戸籍上の子を相手に死亡した父と戸籍上の子との間に法律上の父子関係がないとして，相続問題に端を発して，父子関係不存在確認の訴えを提起する場合などです。この場合は，調停前置となりますが，調停が申し立てられても，戸籍上の子が父子関係の不存在を合意することが少ないので，人事訴訟で解決することが必要となります。この場合は，血縁上の父子関係の存否や嫡出推定が働かない事由とともに，最判平成18・7・7にいう確認の利益の有無が争点となるのが通常です。

　なお，裁判が確定した場合の戸籍訂正の手続ですが，上記のように，父母の婚姻中に出生し，父母の戸籍に入籍している子が，父の死亡後に，検察官を相手方として父子関係不存在確認の訴えを提起し，裁判が確定した場合であっても，子が嫡出でない子として入籍すべき出生当時の母の戸籍（民790条2項，戸18条2項）は子が現に在籍している戸籍ですから，子の氏及び戸籍に変動は生じません。そこで，基本的に2の⑴②アと同様となります。なお，利害関係人が裁判を提起した場合，戸籍訂正の申請者は，裁判を提起した利害関係人となります。

①　親子関係不存在確認の裁判

訴　状

令和元年7月30日

〇家庭裁判所　御中

原告法定代理人親権者母　甲野友美（印）

本籍　東京都新宿区百人町1丁目5番地
住所　大阪市生野区勝山南3丁目1番11号
　　　　原告　　　　　　　　甲野　　愛
本籍　原告に同じ
住所　原告に同じ（送達場所）
　　　電話・FAX：　〇〇〇（〇〇〇）〇〇〇〇
　　　　法定代理人親権者母　　　　甲野友美

179

第1章　親子関係事件

　　住所　　○県○市○町○丁目○番○号（○地方検察庁）
　　　　　被告　　　　　　　　　　　○地方検察庁検事正　　○○○○

親子関係不存在確認請求事件
　　訴額　　　　金160万円
　　貼用印紙　　金1万3000円
　　郵券（注：金額及び内訳は各裁判所によって異なることから申立裁判所に
　　問合せが必要）

　第1　請求の趣旨
　　1　原告と亡甲野健一（本籍　東京都新宿区百人町1丁目5番地，生年月
　　　日　昭和57年3月20日）との間に親子関係が存在しないことを確認する
　　2　訴訟費用は国庫の負担とする
　との裁判を求める。

　第2　請求原因
　　1　原告の母甲野友美は，請求の趣旨記載の甲野健一と平成25年10月10日
　　　に婚姻し，健一の当時の住所地である東京都新宿区で同居していたが，
　　　不仲となり，友美は平成27年5月1日に家を出て，その実家のある大阪
　　　市（原告の肩書き住所地）に戻り，別居を開始した。（甲第1，第3号
　　　証）
　　2　友美は，その後，丙野達也と交際を開始し，別居開始から2年後の平
　　　成29年4月17日原告を出産した（甲第2号証）。丙野には当時妻子がい
　　　たので，友美は，原告を健一の子として出生の届出をした。（甲第1号
　　　証）
　　3　健一は，平成30年8月23日，交通事故により死亡した。（甲第1号証）
　　4　以上の次第であり，原告と健一との間に親子関係がないので，請求の
　　　趣旨どおりの判決を求める。

証拠方法
　1　甲第1号証　　　戸籍謄本
　2　甲第2号証　　　出生証明書
　3　甲第3号証　　　甲野友美の陳述書

附属書類
　1　甲号証写し　　各1通
　2　戸籍謄本　　　　1通

〈訴状の説明〉

(1)　訴え提起が必要な場合
　上記記載例は，子が父の死亡後検察官を相手に父子関係不存在確認の訴えを提起した事

例です。

管轄裁判所は，父又は子の住所地を管轄する家庭裁判所です（人訴4条）。父が死亡しているときは，父の死亡時における住所地又は子の住所地を管轄する家庭裁判所です（人訴4条）。

(2) 訴状の記載

訴状には，当事者の住所氏名，請求の趣旨，請求原因等を記載しますが，その一例は記載例のとおりです。父が死亡している場合は，管轄裁判所にある地方検察庁の検事正が被告となります（人訴12条3項。条文上は「検察官」となっていますが，実務上は被告として「検事正　○○」と検事正の氏名を具体的に特定して記載します。）。なお，父の実子等の利害関係人が父と戸籍上の子との間の父子関係不存在確認の訴えを提起する場合は，父と戸籍上の子が共同被告となります。この場合において，父が既に死亡しているときは，戸籍上の子のみが被告となり，検察官は被告となりません（同条2項）。

次に，請求の趣旨ですが，原告・戸籍上の子，被告・戸籍上の父の場合は，「原告と被告との間に親子関係が存在しないことを確認する」ですが，父が死亡していて検察官を相手とする場合は，記載例のように，死亡した父を特定して記載します。利害関係人が父死亡後戸籍上の子を相手とする場合は，「被告と甲野健一（本籍　東京都新宿区百人町1丁目5番地，生年月日　昭和57年3月20日）との間に親子関係が存在しないことを確認する」と記載します。

次に，請求原因ですが，母が原告を懐胎する可能な時期に父が単身で海外に赴任していた等，外観的に見ても，原告が父の子ではないことを根拠付けるべき事由を記載します。なお，検察官を被告とする場合は，父が死亡したことも記載することを要します。利害関係人が訴える場合は，調停前置となっているため，調停手続における結末も記載しておくのが相当です。

(3) 添付書類

原告，被告（被告が母の場合は，子）の戸籍謄本が必要です。その他，必要に応じて，パスポート，DNA鑑定の鑑定書があれば，当該鑑定書等です。

第1章　親子関係事件

②　戸籍の訂正

a　戸籍訂正申請書

戸　籍　訂　正　申　請

大阪市生野　市区町村長　殿

令和 2 年 2 月 5 日申請

受付	令和 2 年 2 月 5 日	戸　籍	
	第　　267　　号	調査	

(一) 事件本人 (二) (三)	本　籍	東京都新宿区百人町1丁目5番地	記載	
	筆頭者氏名	甲野健一	記載調査	
	住所及び世帯主氏名	大阪市生野区勝山南3丁目1番11号　甲野友美	送付	
	氏　名	甲野　愛	住民票	
	生年月日	平成 29 年 4 月 17 日	記載	
(四)	裁判の種類	親子関係不存在確認の裁判	通知 附　票	
	裁判確定年月日	令和 2 年 1 月 22 日	記載 通知	
(五)	訂正の趣旨	事件本人甲野愛について，令和2年1月22日甲野健一との親子関係不存在確認の裁判が確定したので，上記甲野健一戸籍中事件本人愛の父欄の記載を消除し，父母との続柄を「長女」と訂正する。		
(六)	添付書類	裁判の謄本及び確定証明書，母の申述書		
(七) 申請人	本　籍	東京都新宿区百人町1丁目5番地		
	筆頭者氏名	甲野健一		
	住　所	大阪市生野区勝山南3丁目1番11号		
	署名押印	甲野友美　　㊞		
	生年月日	昭和 61 年 9 月 1 日		

（注意）事件本人又は申請人が二人以上であるときは、必要に応じ該当欄を区切って記載すること。

第2　親子関係不存在確認の裁判

b　子の出生当時の父母の戸籍

	（2の1）　全 部 事 項 証 明
本　　　籍	東京都新宿区百人町一丁目5番地
氏　　　名	甲野　健一
戸籍事項 　　戸籍編製	（編製事項省略）
戸籍に記録されている者 除　籍	【名】健一 【生年月日】昭和57年3月20日 【父】甲野浩一 【母】甲野明美 【続柄】二男
身分事項 　　出　　生 　　婚　　姻 　　死　　亡	（出生事項省略） （婚姻事項省略） 【死亡日】平成30年8月23日 【死亡時分】午後8時30分 【死亡地】東京都千代田区 【届出日】平成30年8月27日 【届出人】親族　甲野浩一 【送付を受けた日】平成30年8月29日 【受理者】東京都千代田区長
戸籍に記録されている者	【名】友美 【生年月日】昭和61年9月1日 【父】乙川和彦 【母】乙川ゆかり 【続柄】長女
身分事項 　　出　　生 　　婚　　姻 　　配偶者の死亡	（出生事項省略） （婚姻事項省略） 【配偶者の死亡日】平成30年8月23日
戸籍に記録されている者	【名】愛 【生年月日】平成29年4月17日 【父】 【母】甲野友美 【続柄】長女

発行番号000001

183

第1章　親子関係事件

(2の2)　　全 部 事 項 証 明

身分事項	
出　　生	【出生日】平成29年4月17日 【出生地】大阪市生野区 【届出日】平成29年4月22日 【届出人】母 【送付を受けた日】平成29年4月26日 【受理者】大阪市生野区長
消　　除	【消除日】令和2年2月9日 【消除事項】父の氏名 【消除事由】甲野健一との親子関係不存在確認の裁判確定 【裁判確定日】令和2年1月22日 【申請日】令和2年2月5日 【申請人】甲野友美 【送付を受けた日】令和2年2月9日 【受理者】大阪市生野区長 【関連訂正事項】父母との続柄 【従前の記録】 　　【父】甲野健一 　　【父母との続柄】長女
	以下余白

発行番号000001

〔注〕　父母との続柄については，父母の嫡出子として記録されている続柄「長女」を，母
　　が分娩した嫡出でない子の順による続柄「長女」と訂正します（平成16・11・1民一
　　3008号通達参照）。

184

第2　親子関係不存在確認の裁判

3　父子関係不存在（出生届未了の場合）

(1)　解　説

　婚姻中に出生したり，離婚後300日以内に出生した子について出生届をしないまま親子関係不存在確認の裁判を提起するのは，子が出生届により夫又は前夫の戸籍に入籍することを避け，離婚後の母の戸籍に直接入籍したり，再婚後の夫婦の戸籍に直接入籍させることが主たる目的であるということができます。

　そして，子の出生届未済のうちに父子関係不存在確認の裁判が確定した場合，母が婚姻中であるか，離婚後であるかを問わず，子を母の嫡出でない子として出生届をすることができます。また，母が再婚した場合，再婚後の夫は，嫡出子出生届をすることができます。戸籍の記載に関しては，いろいろな場合が考えられ，また，届出の方式等が異なるので，後に，場合を分けて説明します。

　なお，本来的には，父母が婚姻中に出生した子が，出生届未済のまま，父との親子関係不存在確認の裁判が確定しても，子が嫡出でない子として入籍すべき戸籍は，出生当時の母の戸籍（民790条2項，戸18条2項）となりますから，父母が婚姻中の場合はもとより，父母が離婚した場合であっても，子は前夫と母の婚姻中の戸籍に入籍するのが原則です（昭和40・9・22民事甲2834号回答，後記(2)②イ参照）。しかしながら，親子関係不存在確認の裁判が確定し，子の氏を離婚後の母の氏に変更する旨の許可審判を得ている場合（民791条1項）は，この両審判の謄本を添付して，母から嫡出でない子として出生届をする際に，届書の「その他」欄に「母の氏を称して入籍する」旨記載して届出をすれば，子は直ちに離婚後の母の戸籍に嫡出でない子として入籍させる取扱いが認められています（昭和46・2・17民事甲567号回答，後記(2)②ア参照）。

　なお，母の婚姻中の戸籍に入籍する場合も，母の離婚後の戸籍に直接入籍する場合も，形式的には子は母の前夫の嫡出推定を受けることとなるので，戸籍の記載においては，後日，父子関係についての疑義を避けるため，子の出生事項中に特記事項（紙戸籍では括弧書）として，親子関係不存在確認の裁判が確定した旨の記載をする取扱いとされています。

185

第1章　親子関係事件

　後記(2)②イａ，ｂの記載例は，上記原則的な取扱いを示していますが，子の氏の変更の許可審判を経ない場合，母の前夫の戸籍に入籍するので，前夫の戸籍に子を入籍させないため出生届未済のまま父との親子関係不存在確認の裁判をした目的は達成されません。

(2)　夫婦の婚姻中に子が出生した場合

　①　親子関係不存在確認の裁判

　　ここでは，家事調停の申立書のひな形を記載します。

第2　親子関係不存在確認の裁判

申　立　て　の　趣　旨

　申立人と相手方との間に親子関係が存在しないことを確認するとの調停・審判を求めます。

申　立　て　の　理　由

1　申立人の母乙川美穂は，相手方と平成29年5月5日婚姻し，相手方の肩書地で同居していたが，相手方の暴力もあって離婚を希望していた。そのうちに，相手方は，単身でアフリカに長期出張することとなり，平成30年11月10日に日本を出国しました。

2　相手方は，アフリカから便りを寄こしたが，女性とのツーショットの写真が同封されており，交際を始めたことや，帰国後に美穂と離婚を望む旨が記載されていました。

3　美穂は，相手方と離婚を希望していたところ，相手方もこれに応ずる意思を示したため，学生時代の友人であった丙野浩と交際を開始しました。丙野は婚姻中であったが，妻は行方不明となり，離婚を考慮中とのことでありました。

4　美穂は，丙野との間で申立人を懐胎し，令和元年9月14日に申立人が出生しました。

5　その後，相手方は帰国し，同年11月8日に協議離婚をしたが，相手方が出国してから，当該帰国まで，日本に一時帰国したことはなく，また，美穂もアフリカに行ったこともありません。

6　なお，申立人は相手方の子ではないにもかかわらず，相手方との婚姻中に出生したため，相手方の子として戸籍に記載されるため，申立人について出生届をしていません。

7　以上のように，申立人と相手方との間には親子関係はありませんので，申立ての趣旨のとおり調停・審判を求めます。

第2　親子関係不存在確認の裁判

〈申立書の説明〉

(1)　当事者

記載例は，子が申立人となった場合であり，この場合の相手方は，表見上の父（母の夫又は父母が離婚している場合は前夫）です。出生届をしていない場合は，子について本籍が確定していないため，申立人の「本籍」の欄には「出生届未了」と記載します。記載例は，母が前夫と離婚した場合の事例ですが，母が離婚していなくても，例えば長期単独海外赴任中に子が出生したような場合も，子は，母の夫の帰国後，同人を相手にこの申立てをすることができます。

なお，表見上の父からも申し立てることができ，この場合は子が相手方となりますが，子の出生届がされていない場合は，そのような例は少ないものと考えられます。

(2)　申立先及び申立に必要な費用

申立先及び申立に必要な費用は２の(1)①の〈申立書の説明〉(3)と同様です。

(3)　申立てに必要な書類

ア　申立書及びその写し１通

イ　標準的な申立添付書類

子及び相手方の戸籍謄本（全部事項証明書）。子の出生届未了の場合は，子の出生の事実が戸籍謄本によっては証明されないので，子の出生証明書写し及び母の戸籍謄本（全部事項証明書）の添付も必要です。

(4)　申立ての趣旨

記載例のように「申立人と相手方との間に親子関係が存在しないことを確認するとの調停・審判を求めます。」と記載します。

(5)　申立ての理由

母が子を懐胎する可能な時期には既に別居していた等，嫡出推定の働かない事実と，その時期に表見上の父（母の夫又は父母が離婚している場合は前夫）と母が性的交渉を行ったことがない事実等，子が表見上の父の子ではないことを根拠付けるべき事由を記載例のように記載します。

②　戸籍の記載

ア　婚姻中に出生した子が母の戸籍に入籍する場合

母と前夫の婚姻中に出生した子について，母の離婚後，出生届未済のうちに父子関係不存在確認の裁判が確定し，当該裁判及び母の氏に変更する旨の許可審判の謄本を添付して，母から嫡出でない子として出生届をしますと，直接母の戸籍に入籍します。

第1章　親子関係事件

a　出生届書

出 生 届

令和 2 年 2 月23日 届出

東京都中央区　長殿

受理 令和 2 年 2 月23日 第　　　　515 号	発送 令和　　年　　月　　日
送付 令和　　年　　月　　日 第　　　　　号	長 印

書類調査	戸籍記載	記載調査	調査票	附　票	住民票	通　知

(1) 生まれた子	子の氏名 （よみかた）（外国人のときはローマ字を付記してください）	氏 乙 川　　名 大 和（おつ かわ）（やま と）	父母との続き柄	☐嫡 出 子　　☑男 ☑嫡出でない子［長］☐女
(2)	生まれたとき	令和 元 年 9 月 14 日	☐午前 ☑午後　3 時 15 分	
(3)	生まれたところ	東京都中央区築地3丁目1		番地 番 10号
(4)	住　所 （住民登録をするところ）	東京都中央区築地1丁目1		番地 番 1 号
		世帯主の氏名 乙 川 美 穂	世帯主との続き柄 子	
(5)	父母の氏名生年月日（子が生まれたときの年齢）	父　　　　　　　　　年 月 日（満 歳）	母 乙 川 美 穂　　　　平成 3 年 11 月 28 日（満 28 歳）	
(6)	本　籍 （外国人のときは国籍だけを書いてください）	東京都中央区築地1丁目1		番地 番
		筆頭者の氏名 乙 川 美 穂		
(7)	同居を始めたとき	平成　　年　　月（結婚式をあげたとき、または、同居を始めたときのうち早いほうを書いてください）		
(8)	子が生まれたときの世帯のおもな仕事と	☐1．農業だけまたは農業とその他の仕事を持っている世帯 ☐2．自由業・商工業・サービス業等を個人で経営している世帯 ☐3．企業・個人商店等（官公庁は除く）の常用勤労者世帯で勤め先の従業者数が1人から99人までの世帯（日々または1年未満の契約の雇用者は5） ☑4．3にあてはまらない常用勤労者世帯及び会社団体の役員の世帯（日々または1年未満の契約の雇用者は5） ☐5．1から4にあてはまらないその他の仕事をしている者のいる世帯 ☐6．仕事をしている者のいない世帯		
(9)	父母の職業	（国勢調査の年…　年…の4月1日から翌年3月31日までに子が生まれたときだけ書いてください）		
		父の職業	母の職業	
	その他	出生届未了の出生子について，令和2年2月4日甲野和也との親子関係不存在確認の裁判が確定し，母の氏に変更する許可も得たので，子は母の氏を称して入籍する。裁判の謄本及び確定証明書並びに子の氏変更許可の審判書の謄本を添付する。		

届出人		☐1．父 ☑2．母　☐2.法定代理人（　　　）☐3.同居者 ☐4.医師 ☐5.助産師 ☐6.その他の立会者 ☐7.公設所の長
	住　所	東京都中央区築地1丁目1　　　　番地 番 1 号
	本　籍	東京都中央区築地1丁目1　　番地 番　筆頭者の氏名 乙川美穂
	署　名	乙 川 美 穂　　㊞　　平成 3 年 11 月 28 日生
	事 件 簿 番 号	

（※出生証明書省略）

第２　親子関係不存在確認の裁判

b　母の離婚後の戸籍

（1の1）	全 部 事 項 証 明	

本　　　籍	東京都中央区築地一丁目１番
氏　　　名	乙川　美穂

戸籍事項 戸籍編製	【編製日】令和元年１１月１０日
戸籍に記録されている者	【名】美穂 【生年月日】平成３年１１月２８日 【父】乙川忠雄 【母】乙川冬子 【続柄】三女
身分事項 出　　生 離　　婚	（出生事項省略） 【離婚日】令和元年１１月８日 【配偶者氏名】甲野和也 【送付を受けた日】令和元年１１月１０日 【受理者】東京都千代田区長 【従前戸籍】東京都千代田区平河町一丁目４番　甲野和也
戸籍に記録されている者	【名】大和 【生年月日】令和元年９月１４日 【父】 【母】乙川美穂 【続柄】長男
身分事項 出　　生	【出生日】令和元年９月１４日 【出生地】東京都中央区 【届出日】令和２年２月２３日 【届出人】母 【特記事項】令和２年２月４日甲野和也との親子関係不存在 　　　確認の裁判確定，令和２年２月２３日母の氏を称する入 　　　籍届出
	以下余白

発行番号０００００１

〔注〕　1　親子関係不存在確認の裁判が確定した旨の【特記事項】の記録は，婚姻・縁
組・転籍等により他の戸籍に入籍又は新戸籍を編製する場合には移記を要しません。
2　紙戸籍における子の出生事項の記載は，「令和元年九月拾四日東京都中央区で
出生令和弐年弐月弐拾参日母届出（令和弐年弐月四日甲野和也との親子関係不存
在確認の裁判確定同月弐拾参日母の氏を称する入籍届出）入籍㊞」となります。

191

第1章　親子関係事件

イ　婚姻中に出生した子がひとまず母の前夫の戸籍に入籍する場合

　前記アと異なり，子の氏の変更を予めしない場合は，子は，原則どおり子の出生当時の母の戸籍，すなわち母の前夫の戸籍に入籍します。

a　出生届書

<table>
<tr><td rowspan="2" colspan="2">出　生　届

令和 2 年 2 月23日 届出

東京都中央区　長殿</td><td>受理　令和 2 年 2 月23日
第　　　　515 号</td><td colspan="3">発送　令和 2 年 2 月24日</td></tr>
<tr><td>送付　令和 2 年 2 月25日
第　　　　662 号</td><td colspan="3">東京都中央区　長　印</td></tr>
<tr><td colspan="2"></td><td>書類調査</td><td>戸籍記載　記載調査</td><td>調査票　附　票　住民票　通　知</td><td></td></tr>
<tr><td rowspan="7">生まれた子</td><td>(1)</td><td colspan="2">（よみかた）
子 の 氏 名
(外国人のときは
ローマ字を付記
してください)　　氏
こう の
甲 野　　大 和　やまと
名</td><td>父母と
の
続き柄</td><td>□嫡　出　子
☑嫡出でない子　長　☑男
□女</td></tr>
<tr><td>(2)</td><td colspan="2">生まれたとき</td><td>令和 元 年 9 月 14 日</td><td>□午前
☑午後　3 時 15 分</td></tr>
<tr><td>(3)</td><td colspan="2">生まれたところ</td><td>東京都中央区築地３丁目１</td><td>番地
番　　　10 号</td></tr>
<tr><td>(4)</td><td colspan="2">住　　　所
(住民登録をする
ところ)</td><td>東京都中央区築地１丁目１</td><td>番地
番　　　1 号</td></tr>
<tr><td></td><td colspan="2"></td><td>世帯主
の氏名　乙 川 美 穂</td><td>世帯主と
の続き柄　子</td></tr>
<tr><td>(5)</td><td colspan="2">父母の氏名
生 年 月 日
(子が生まれたと
きの年齢)</td><td>父
　年　月　日(満　歳)</td><td>母 乙 川 美 穂
平成 3 年11月28日(満 28歳)</td></tr>
<tr><td></td><td colspan="2"></td><td></td><td></td></tr>
<tr><td rowspan="5">生まれた子の父と母</td><td>(6)</td><td colspan="2">本　　　籍
(外国人のときは
国籍だけを書い
てください)</td><td>東京都千代田区平河町１丁目４</td><td>番地
番</td></tr>
<tr><td></td><td colspan="2"></td><td>筆頭者
の氏名　甲 野 和 也</td><td></td></tr>
<tr><td>(7)</td><td colspan="2">同居を始めた
とき</td><td>平成　年　月</td><td>(結婚式をあげたとき，または，同居を始め
たときのうち早いほうを書いてください)</td></tr>
<tr><td>(8)</td><td colspan="2">子が生まれた
ときの世帯の
おもな仕事と</td><td colspan="2">□1．農業だけまたは農業とその他の仕事を持っている世帯
□2．自由業・商工業・サービス業等を個人で経営している世帯
□3．企業・個人商店等（官公庁は除く）の常用勤労者世帯で勤め先の従業者数が1
　　人から99人までの世帯（日々または1年未満の契約の雇用者は5）
☑4．3にあてはまらない常用勤労者世帯及び会社団体の役員の世帯（日々または1
　　年未満の契約の雇用者は5）
□5．1から4にあてはまらないその他の仕事をしている者のいる世帯
□6．仕事をしている者のいない世帯</td></tr>
<tr><td>(9)</td><td colspan="2">父母の職業</td><td colspan="2">(国勢調査の年… 年…の4月1日から翌年3月31日までに子が生まれたときだけ書いてください)
父の職業　　　　　　　　母の職業</td></tr>
<tr><td rowspan="2">その他</td><td colspan="4">令和２年２月４日甲野和也との親子関係不存在確認の裁判確定につき，裁判の
勝本及び確定証明書を添付する。</td></tr>
<tr><td colspan="4"></td></tr>
<tr><td rowspan="4">届出人</td><td colspan="4">□1.父
　2.母　　□2.法定代理人(　　　) □3.同居者 □4.医師 □5.助産師 □6.その他の立会者
□7.公設所の長</td></tr>
<tr><td colspan="2">住　所</td><td>東京都中央区築地１丁目１</td><td>番地
番　　 1 号</td></tr>
<tr><td colspan="2">本　籍</td><td>東京都中央区築地１丁目１</td><td>番地
番　　筆頭者
の氏名 乙川美穂</td></tr>
<tr><td colspan="2">署　名</td><td>乙 川 美 穂　　　印</td><td>平成 3 年 11 月 28 日生</td></tr>
<tr><td colspan="2"></td><td colspan="3">事 件 簿 番 号</td></tr>
</table>

（**※出生証明書省略**）

b 母と前夫の婚姻中の戸籍

（2の1）　全部事項証明

本　　　籍	東京都千代田区平河町一丁目4番
氏　　　名	甲野　和也
戸籍事項 　戸籍編製	（編製事項省略）
戸籍に記録されている者	【名】和也 【生年月日】昭和61年9月7日 【父】甲野健一 【母】甲野直美 【続柄】長男
身分事項 　出　　生 　婚　　姻 　離　　婚	（出生事項省略） （婚姻事項省略） 【離婚日】令和元年11月8日 【配偶者氏名】甲野美穂
戸籍に記録されている者 除　　籍	【名】美穂 【生年月日】平成3年11月28日 【父】乙川浩一 【母】乙川由美 【続柄】三女
身分事項 　出　　生 　婚　　姻 　離　　婚	（出生事項省略） （婚姻事項省略） 【離婚日】令和元年11月8日 【配偶者氏名】甲野和也 【新本籍】東京都中央区築地一丁目1番
戸籍に記録されている者	【名】大和 【生年月日】令和元年9月14日 【父】 【母】乙川美穂 【続柄】長男
身分事項 　出　　生	【出生日】令和元年9月14日 【出生地】東京都中央区 【届出日】令和2年2月23日

発行番号000001

第1章　親子関係事件

(2の2)　　全 部 事 項 証 明

	【届出人】母 【送付を受けた日】令和2年2月25日 【受理者】東京都中央区長 【特記事項】令和2年2月4日甲野和也との親子関係不存在 　　確認の裁判確定
	以下余白

発行番号000001

〔注〕　1　親子関係不存在確認の裁判が確定した旨の【特記事項】の記録は，婚姻・縁
　　　組・転籍等により他の戸籍に入籍又は新戸籍を編製する場合には移記を要しませ
　　　ん。
　　　2　紙戸籍における子の出生事項の記載は，「令和元年九月拾四日東京都中央区で
　　　出生令和弐年弐月弐拾参日母届出（令和弐年弐月四日甲野和也との親子関係不存
　　　在確認の裁判確定）同月弐拾五日同区長から送付入籍㊞」となります。

194

第2　親子関係不存在確認の裁判

(3)　母の離婚後300日以内に子が出生した場合

①　親子関係不存在確認の裁判

訴　状

令和2年1月10日

○家庭裁判所　御中

原告法定代理人親権者母　丙野美咲（印）

本籍　出生届未了
住所　〒544-0021　大阪市生野区勝山南3丁目1番11号
　　　原告　　　　　　丙野さくらこと　さくら
本籍　大阪市生野区勝山南3丁目1番
住所　原告に同じ（送達場所）
　　　電話・ＦＡＸ：　○○○（○○○）○○○○
　　　法定代理人親権者母　　　　丙野美咲
本籍　東京都新宿区百人町1丁目5番地
住所　〒169-0073　東京都新宿区百人町1丁目3番5号
　　　被告　　　　　　甲野大輔

親子関係不存在確認請求事件
　　訴額　　　金160万円
　　貼用印紙　金1万3000円
　　郵券（注：金額及び内訳は各裁判所によって異なることから申立裁判所に
　　問合せが必要）

第1　請求の趣旨
　1　原告と被告との間に親子関係が存在しないことを確認する
　2　訴訟費用は被告の負担とする
との裁判を求める。

第2　請求原因
　1　原告の母丙野美咲は，被告と平成28年10月10日に婚姻し，被告の当時
　　の住所地である東京都新宿区で同居していたが，被告の暴力もあって離
　　婚を希望していた。そのうちに，被告は，単身でアフリカに長期出張す
　　ることとなり，平成29年5月7日に日本を出国した。（甲第1，第5号
　　証）
　2　被告は，平成30年11月5日に帰国したが，アフリカで日本人女性と昵
　　懇の仲となったらしく，美咲に協議離婚を申し入れ，美咲と被告とは，
　　平成31年1月20日に協議離婚したが（甲第1号証），その間，両名の間
　　に性的交渉はない。（甲第5号証）
　3　美咲は，被告が出国した後は，大阪市平野区の両親の実家に身を寄せ

195

第1章　親子関係事件

ていたが，学生時代の友人であった丙野竜也と交際を開始し，被告との
協議離婚から6月を経た令和元年7月30日に原告を出産した。美咲は，
それから1月ほど経過した令和元年9月1日に，丙野竜也と婚姻した。
（甲第2ないし第4号証）
4　原告について出生届をした場合，被告との離婚後300日以内に出生し
たものとして，原告は被告の子として戸籍に記載されるため，未だ原告
の出生の届出はしていない。
5　原告は，被告を相手に親子関係不存在確認の調停を申し立てたが，被
告は，調停期日に出頭しなかった。
6　以上の次第であり，原告と被告との間に親子関係がないので，請求の
趣旨どおりの判決を求める。
　　なお，被告のパスポートについては，被告に任意提出を求める予定で
あるが，被告がそれに応じない場合は，文書提出命令の申立てをする予
定である。

証拠方法
1　甲第1号証　　　戸籍謄本
2　甲第2号証　　　出生証明書
3　甲第3号証　　　丙野美咲のパスポート
4　甲第4号証　　　戸籍謄本
5　甲第5号証　　　丙野美咲の陳述書

附属書類
1　甲号証写し　　　各1通
2　戸籍謄本　　　　1通
3　調停不成立証明書　1通

〈訴状の説明〉

(1)　訴えの提起が必要な場合

　父子関係不存在確認の訴えを提起する必要があるのは，記載例のように，調停期日に相
手方である父が出頭しなかった場合等です。また，父が調停期日に出頭したとしても，母
（元妻）が不倫したので，無償でこれに協力するのは嫌だとして，DNA鑑定に協力しな
かったり，合意をしない場合もあります。

　管轄裁判所は，父又は子の住所地を管轄する家庭裁判所です（人訴4条）。

(2)　訴状の記載

　訴状には，当事者の住所氏名，請求の趣旨，請求原因等を記載しますが，その一例は記
載例のとおりです。

　原告である子については，未だ入籍していないため，本籍のみならず確定した氏名も存
在しないので，記載例のように本籍については「本籍　出生届未了」とし，また，氏名に

ついては「丙野さくらこと　さくら」と，将来入籍すべき戸籍の筆頭者の氏と事実上の名を記載します。

　次に，請求の趣旨ですが，原告・子，被告・母の元夫の場合は，「原告と被告との間に親子関係が存在しないことを確認する」と記載します。

　さらに，請求原因ですが，母が原告を懐胎する可能な時期に父と完全に別居していた等，外観的に見ても，原告が父の子ではないことを根拠付けるべき理由を記載します。

(3)　添付書類

　原告の出生証明書の写し，原告の母と被告の戸籍謄本が必要です。その他，必要に応じて，パスポート，DNA鑑定の鑑定書があれば，当該鑑定書等です。記載例では，被告である元夫のみが海外出張したことを証するため，被告のパスポートを証拠として提出することが必要ですが，原告はこれを保有していないため，念のため，証拠提出方法を請求原因の末尾に記載しています。

②　戸籍の記載

ア　母が再婚していない場合

　母と前夫の離婚後300日以内に出生した子が，出生届未済のまま，父との親子関係不存在確認の裁判が確定した場合，子の入籍すべき戸籍は，出生当時の母の戸籍となることから（民790条2項，戸18条2項），子は母の離婚後の戸籍に入籍します。

　この場合，形式的には母の離婚後300日以内の出生子であり，後日，父子関係についての疑義を避けるため，子の戸籍の出生事項中に特記事項（紙戸籍では括弧書）として，親子関係不存在確認の裁判が確定した旨の記載がされます。

第1章　親子関係事件

a　出生届書

出 生 届

令和 2 年 2 月23日届出

大阪市生野区　長殿

受理 令和 2 年 2 月23日 第　　　　515 号	発送 令和　年　月　日
送付 令和　年　月　日 第　　　　　号	長印

書類調査	戸籍記載	記載調査	調査票	附　票	住民票	通　知

(1)	生まれた子	**子 の 氏 名** (よみかた) (外国人のときは ローマ字を付記 してください)	へい の　　さくら 氏　　　　　名 **丙 野　　さくら**	父母との続き柄	□嫡 出 子　　　　　　□男 ☑嫡出でない子 [長]　☑女
(2)		生まれたとき	令和 元 年 7 月 30 日	□午前 3 時 15 分 ☑午後	
(3)		生まれたところ	大阪市平野区背戸口3丁目8	番地 番 19号	
(4)		住　　　所 (住民登録をする ところ)	大阪市生野区勝山南3丁目1 世帯主 の氏名　丙 野 美 咲	番地 番 11号 世帯主と の続き柄　子	
(5)	生まれた子の父と母	父母の氏名 生 年 月 日 (子が生まれたと きの年齢)	父 　　　　年　月　日(満　歳)	母 丙 野 美 咲 平成 4 年10月 8 日(満 27歳)	
(6)		本　　　籍 (外国人のときは 国籍だけを書い てください)	大阪市生野区勝山南3丁目1 筆頭者 の氏名　丙 野 美 咲	番地 番	
(7)		同居を始めた とき	平成　年　月	(結婚式をあげたとき、または、同居を始め たときのうち早いほうを書いてください)	
(8)		子が生まれた ときの世帯の おもな仕事と	□1．農業だけまたは農業とその他の仕事を持っている世帯 □2．自由業・商工業・サービス業等を個人で経営している世帯 □3．企業・個人商店等（官公庁は除く）の常用勤労者世帯で勤め先の従業者数が1 　人から99人までの世帯（日々または1年未満の契約の雇用者は5） ☑4．3にあてはまらない常用勤労者世帯及び会社団体の役員の世帯（日々または1 　年未満の契約の雇用者は5） □5．1から4にあてはまらないその他の仕事をしている者のいる世帯 □6．仕事をしている者のいない世帯		
(9)		父母の職業	(国勢調査の年… 年…の4月1日から翌年3月31日までに子が生まれたときだけ書いてください) 父の職業	母の職業	

その他	令和2年2月4日甲野大輔との親子関係不存在確認の裁判確定につき，裁判の 謄本及び確定証明書を添付する。

届出人	□1．父　□2.法定代理人（　　　）□3.同居者 □4.医師 □5.助産師 □6.その他の立会者 ☑1．母 □7.公設所の長
	住　所　大阪市生野区勝山南3丁目1　　　　番地　番 11号
	本　籍　大阪市生野区勝山南3丁目1　　番地 番　筆頭者の氏名 丙野美咲
	署　名　　丙 野 美 咲　　　㊞　　平成 4 年10月 8 日生

事 件 簿 番 号	

（※出生証明書省略）

198

第2 親子関係不存在確認の裁判

b 母の離婚後の戸籍

（1の1） | 全 部 事 項 証 明

本　　籍	大阪市生野区勝山南三丁目１番
氏　　名	丙野　美咲

戸籍事項 　　戸籍編製	【編製日】平成３１年１月２５日

戸籍に記録されている者	【名】美咲
	【生年月日】平成４年１０月８日 【父】丙野浩一 【母】丙野由美 【続柄】三女
身分事項 　　出　　生 　　離　　婚	（出生事項省略）
	【離婚日】平成３１年１月２０日 【配偶者氏名】甲野大輔 【送付を受けた日】平成３１年１月２５日 【受理者】東京都新宿区長 【従前戸籍】東京都新宿区百人町一丁目５番地　甲野大輔

戸籍に記録されている者	【名】さくら
	【生年月日】令和元年７月３０日 【父】 【母】丙野美咲 【続柄】長女
身分事項 　　出　　生	【出生日】令和元年７月３０日 【出生地】大阪市平野区 【届出日】令和２年２月２３日 【届出人】母 【特記事項】令和２年２月４日甲野大輔との親子関係不存在 　　確認の裁判確定

	以下余白

発行番号０００００１

〔注〕　1　親子関係不存在確認の裁判が確定した旨の【特記事項】の記録は，婚姻・縁
　　　　　組・転籍等により他の戸籍に入籍又は新戸籍を編製する場合には移記を要しません。
　　　2　紙戸籍における子の出生事項の記載は，「令和元年七月参拾日大阪市平野区で
　　　　　出生令和弐年弐月弐拾参日母届出（令和弐年弐月四日甲野大輔との親子関係不存
　　　　　在確認の裁判確定）入籍㊞」となります。

199

第1章　親子関係事件

イ　母が子の出生後再婚した場合

　子の入籍すべき戸籍は，出生当時の母の戸籍ですから（民790条2項，戸18条2項），本来，子は母の離婚後の戸籍に入籍することとなります。しかし，離婚後300日以内の出生子について出生届未済のうちに親子関係不存在確認の裁判が確定し，母が再婚した後夫（実父）から，その裁判の謄本を添付して嫡出子出生の届出がされたときは，これを受理して直ちに母の後夫の戸籍に入籍させて差し支えないとされています（戸62条，昭40・9・22民事甲2834号回答）。この取扱いは，母と前夫の婚姻中に子が出生したが，その母と前夫の離婚後，母と実父（後夫）が婚姻している場合も同様に認められます。なお，この届出は，いわゆる「認知の届出の効力を有する」出生届（戸62条）となるため，届出人は父母（又は父）でなければならず，この届出により子は準正嫡出子の身分を取得します（民789条2項）。

　この場合，形式的には母の離婚後300日以内の出生子であり，後日，父子関係についての疑義を避けるため，子の戸籍の出生事項中に特記事項（紙戸籍では括弧書）として，親子関係不存在確認の裁判が確定した旨の記載がされます。

200

第2 親子関係不存在確認の裁判

a 出生届書

出 生 届	受理 令和2年3月30日 第 828 号	発送 令和 年 月 日
令和 2 年 3 月30日 届出	送付 令和 年 月 日 第 号	長 印
大阪市生野区 長 殿	書類調査 戸籍記載 記載調査 調査票 附 票 住民票 通 知	

(1)	子 の 氏 名 （よみかた） （外国人のときは ローマ字を付記 してください）	へい の 氏 丙 野	さくら 名 さくら	父母と の 続き柄	☑嫡 出 子 ［☐男］ ☐嫡出でない子 ［長］［☑女］
(2)	生まれたとき	令和 元 年 7 月 30 日		☑午前 10 時 30 分 ☐午後	
(3)	生まれたところ	大阪市平野区背戸口3丁目8		番地 番 19 号	
(4)	住 所 （住民登録をする ところ）	大阪市生野区勝山南3丁目1		番地 番 11 号	
		世帯主 の氏名 丙 野 竜 也	世帯主と の続き柄 子		
(5)	父母の氏名 生 年 月 日 （子が生まれたと きの年齢）	父 丙 野 竜 也	母 丙 野 美 咲		
		平成 元 年 7 月 5 日(満 30歳)	平成 4 年10月 8 日(満 27歳)		
(6)	本 籍 （外国人のときは 国籍だけを書い てください）	大阪市生野区勝山南3丁目1		番地 番	
		筆頭者 の氏名 丙 野 竜 也			
(7)	同居を始めた とき	平成 29 年 7 月	（結婚式をあげたとき、または、同居を始め たときのうち早いほうを書いてください）		
(8)	子が生まれた ときの世帯の おもな仕事と	☐1．農業だけまたは農業とその他の仕事を持っている世帯 ☐2．自由業・商工業・サービス業等を個人で経営している世帯 ☐3．企業・個人商店等（官公庁は除く）の常時勤労者世帯で勤め先の従業者数が1 　人から99人までの世帯（日々または1年未満の契約の雇用者は5） ☑4．3にあてはまらない常用勤労者世帯及び会社団体の役員の世帯（日々または1 　年未満の契約の雇用者は5） ☐5．1から4にあてはまらないその他の仕事をしている者のいる世帯 ☐6．仕事をしている者のいない世帯			
(9)	父 母 の 職 業	（国勢調査の年… 年…の4月1日から翌年3月31日までに子が生まれたときだけ書いてください）			
		父の職業	母の職業		
そ の 他	令和2年3月17日甲野大輔との親子関係不存在確認の裁判確定につき，裁判の 謄本及び確定証明書を添付する。				

届 出 人	☑1.父 ☑　母　☐2.法定代理人（　　　）　☐3.同居者 ☐4.医師 ☐5.助産師 ☐6.その他の立会者 ☐7.公設所の長		
	住 所 大阪市生野区勝山南3丁目1		番地 番 11 号
	本 籍 大阪市生野区勝山南3丁目1	番地 番 筆頭者 の氏名 丙野竜也	
	署 名 丙 野 竜 也 ㊞ 　　　 丙 野 美 咲 ㊞	平成 元 年 7 月 5 日生 平成 4 年10月 8 日生	

事 件 簿 番 号	

（※出生証明書省略）

（注） 本例の嫡出子出生届は，父のみからすることも認められます。

201

第1章　親子関係事件

b　父母の戸籍中子の記載

<table>
<tr><td colspan="2"></td><td align="right">（2の1）</td><td>全 部 事 項 証 明</td></tr>
<tr><td>本　　　籍</td><td colspan="3">大阪市生野区勝山南三丁目1番</td></tr>
<tr><td>氏　　　名</td><td colspan="3">丙野　竜也</td></tr>
<tr><td>戸籍事項
　　戸籍編製</td><td colspan="3">（編製事項省略）</td></tr>
</table>

<table>
<tr><td>戸籍に記録されている者</td><td>【名】さくら

【生年月日】令和元年7月30日
【父】丙野竜也
【母】丙野美咲
【続柄】長女</td></tr>
<tr><td>身分事項
　　出　　生</td><td>【出生日】令和元年7月30日
【出生地】大阪市平野区
【届出日】令和2年3月30日
【届出人】父母
【特記事項】令和2年3月17日甲野大輔との親子関係不存
　　　　　　在確認の裁判確定</td></tr>
<tr><td></td><td align="right">以下余白</td></tr>
</table>

発行番号000001

〔注〕　1　親子関係不存在確認の裁判が確定した旨の【特記事項】の記録は，婚姻・縁
　　　　組・転籍等により他の戸籍に入籍又は新戸籍を編製する場合には移記を要しませ
　　　　ん。
　　　2　紙戸籍における子の出生事項の記載は，「令和元年七月参拾日大阪市平野区で
　　　　出生令和弐年参月参拾日父母届出（令和弐年参月拾七日甲野大輔との親子関係不
　　　　存在確認の裁判確定）入籍㊞」となります。

ウ 母と前夫の離婚後300日以内かつ母と後夫（実夫）の婚姻成立後200
日以内に出生した子の場合

　子の入籍すべき戸籍は，出生当時の母の戸籍ですから（民790条2項，
戸18条2項），上記の事例では，子は，母と後夫（実夫）の婚姻中の戸籍
に入籍することになります。また，子は，父母の婚姻成立後200日以内
に出生しているため，法律上の嫡出推定は受けませんが（民772条），母
の夫によって懐胎された子であれば，父の認知を得るまでもなく，生来
の嫡出子として出生届をすることができます（昭和15・4・8民事甲432号
通牒，大連判昭和15・1・23民集19巻1号54頁）。出生届の届出人は，父又は
母です（戸52条）。

　この場合，形式的には母の離婚後300日以内の出生子であり，後日，
父子関係についての疑義を避けるため，戸籍の記載において，子の出生
事項中に特記事項（紙戸籍では括弧書）として，親子関係不存在確認の裁
判が確定した旨の記載がされることになります。

203

第1章　親子関係事件

a　出生届書

<table>
<tr><td rowspan="3">出　生　届

令和元年12月30日届出

大阪市生野区　長殿</td><td colspan="2">受理　令和元年12月30日
第　　　　828号</td><td colspan="2">発送　令和　　年　月　日</td></tr>
<tr><td colspan="2">送付　令和　　年　月　日
第　　　　　号</td><td colspan="2">　　　　　長　印</td></tr>
<tr><td>書類調査　戸籍記載　記載調査</td><td>調査票　附　票　住民票　通　知</td><td></td><td></td></tr>
</table>

<table>
<tr><td rowspan="9">生まれた子</td><td>(1)</td><td>子の氏名
（よみかた）
（外国人のときは
ローマ字を付記
してください）</td><td colspan="2">氏　へい　の
丙　野　　名　の
　　　さくら</td><td>父母との続き柄</td><td>☑嫡　出　子
□嫡出でない子　長　□男
　　　　　　　　　　☑女</td></tr>
<tr><td>(2)</td><td>生まれたとき</td><td colspan="2">令和元年　7月30日</td><td colspan="2">☑午前　10時30分
□午後</td></tr>
<tr><td>(3)</td><td>生まれたところ</td><td colspan="2">大阪市平野区背戸口3丁目8</td><td colspan="2">番地
番　19号</td></tr>
<tr><td>(4)</td><td>住　所
（住民登録をする
ところ）</td><td colspan="2">大阪市生野区勝山南3丁目1</td><td colspan="2">番地
番　11号</td></tr>
<tr><td></td><td></td><td colspan="2">世帯主の氏名　丙　野　竜　也</td><td colspan="2">世帯主との続き柄　子</td></tr>
<tr><td rowspan="2">(5)</td><td>父母の氏名
生年月日</td><td colspan="2">父　丙　野　竜　也</td><td colspan="2">母　丙　野　美　咲</td></tr>
<tr><td>（子が生まれたと
きの年齢）</td><td colspan="2">平成元年7月5日（満30歳）</td><td colspan="2">平成4年10月8日（満27歳）</td></tr>
<tr><td>(6)</td><td>本　籍
（外国人のときは
国籍だけを書い
てください）</td><td colspan="2">大阪市生野区勝山南3丁目1</td><td colspan="2">番地
番</td></tr>
<tr><td></td><td></td><td colspan="2">筆頭者の氏名　丙　野　竜　也</td><td colspan="2"></td></tr>
</table>

<table>
<tr><td rowspan="3">生まれた子の父と母</td><td>(7)</td><td>同居を始めたとき</td><td>平成30年7月</td><td>（結婚式をあげたとき、または、同居を始め
たときのうち早いほうを書いてください）</td></tr>
<tr><td>(8)</td><td>子が生まれたときの世帯のおもな仕事と</td><td colspan="2">□1．農業だけまたは農業とその他の仕事を持っている世帯
□2．自由業・商工業・サービス業等を個人で経営している世帯
□3．企業・個人商店等（官公庁は除く）の常用勤労者世帯で勤め先の従業者数が1人から99人までの世帯（日々または1年未満の契約の雇用者は5）
☑4．3にあてはまらない常用勤労者世帯及び会社団体の役員の世帯（日々または1年未満の契約の雇用者は5）
□5．1から4にあてはまらないその他の仕事をしている者のいる世帯
□6．仕事をしている者のいない世帯</td></tr>
<tr><td>(9)</td><td>父母の職業</td><td colspan="2">（国勢調査の年… 　年…の4月1日から翌年3月31日までに子が生まれたときだけ書いてください）
父の職業　　　　　　　　母の職業</td></tr>
</table>

<table>
<tr><td>その他</td><td>　令和元年12月17日甲野和也との親子関係不存在確認の裁判確定につき、裁判の謄本及び確定証明書を添付する。</td></tr>
</table>

<table>
<tr><td rowspan="4">届出人</td><td colspan="3">□1．父
☑1．母　□2．法定代理人（　　　　）□3．同居者　□4．医師　□5．助産師　□6．その他の立会者
□7．公設所の長</td></tr>
<tr><td>住　所</td><td>大阪市生野区勝山南3丁目1</td><td>番地
番　11号</td></tr>
<tr><td>本　籍</td><td>大阪市生野区勝山南3丁目1　　番地
番</td><td>筆頭者の氏名　丙野竜也</td></tr>
<tr><td>署　名</td><td>丙　野　美　咲　　　㊞</td><td>平成4年10月8日生</td></tr>
</table>

<table>
<tr><td>事件簿番号</td><td></td></tr>
</table>

（※出生証明書省略）

204

b 父母の戸籍

<table>
<tr><td colspan="2" style="text-align:right">（2の1）</td><td>全 部 事 項 証 明</td></tr>
</table>

本　　　籍	大阪市生野区勝山南三丁目1番
氏　　　名	丙野　竜也

戸籍事項 　戸籍編製	（編製事項省略）

戸籍に記録されている者	【名】竜也 【生年月日】平成元年7月5日　　　　　【配偶者区分】夫 【父】丙野和彦 【母】丙野明美 【続柄】二男
身分事項 　　出　　生 　　婚　　姻	（出生事項省略） 【婚姻日】令和元年5月16日 【配偶者氏名】乙川美咲 【従前戸籍】大阪市生野区勝山南三丁目1番　丙野和彦
戸籍に記録されている者	【名】美咲 【生年月日】平成4年10月8日　　　　　【配偶者区分】妻 【父】乙川哲也 【母】乙川直美 【続柄】長女
身分事項 　　出　　生 　　婚　　姻	（出生事項省略） 【婚姻日】令和元年5月16日 【配偶者氏名】丙野竜也 【従前戸籍】大阪市平野区背戸口三丁目1番　乙川美咲
戸籍に記録されている者	【名】さくら 【生年月日】令和元年7月30日 【父】丙野竜也 【母】丙野美咲 【続柄】長女
身分事項 　　出　　生	【出生日】令和元年7月30日 【出生地】大阪市平野区 【届出日】令和元年12月30日 【届出人】母

発行番号000001

第1章　親子関係事件

（2の2）　全 部 事 項 証 明

	【特記事項】令和元年12月17日甲野和也との親子関係不存在確認の裁判確定
	以下余白

発行番号000001

第2　親子関係不存在確認の裁判

4　父母双方との親子関係不存在の場合

⑴　裁判の提起者が父若しくは母又は子の場合

　この場合は，当事者間に事実関係について争いがなく，調停の申立てで解決されることが多いものと思われます。なお，調停不調の場合は，訴訟の提起が必要であり，この場合の訴状の体裁については後記⑵①を参照願います。

207

第1章　親子関係事件

①　親子関係不存在確認の裁判

<table>
<tr>
<td rowspan="2" colspan="2">受付印</td>
<td>家事　☑ 調停
　　　申立書　事件名（親子関係不存在確認）
　　　□ 審判</td>
</tr>
<tr>
<td>（この欄に申立て1件あたり収入印紙1,200円分を貼ってください。）

（貼った印紙に押印しないでください。）</td>
</tr>
<tr>
<td>収 入 印 紙　　　　円</td>
<td></td>
</tr>
<tr>
<td>予納郵便切手　　　　円</td>
<td></td>
</tr>
</table>

<table>
<tr>
<td>○　○　家庭裁判所
　　　　　　　　御中
令和　2　年　1　月　20　日</td>
<td>申　立　人
（又は法定代理人など）
の 記 名 押 印</td>
<td>甲　野　明日香　　　㊞</td>
</tr>
</table>

<table>
<tr>
<td rowspan="2">添付書類</td>
<td>（審理のために必要な場合は，追加書類の提出をお願いすることがあります。）</td>
<td rowspan="2">準 口 頭</td>
</tr>
<tr>
<td>申立人及び相手方らの戸籍謄本　1通</td>
</tr>
</table>

<table>
<tr>
<td rowspan="4">申
立
人</td>
<td>本　籍
（国　籍）</td>
<td colspan="2">（戸籍の添付が必要とされていない申立ての場合は，記入する必要はありません。）
東京　都道府県　千代田区平河町1丁目4番地</td>
</tr>
<tr>
<td>住　所</td>
<td colspan="2">〒104-0045
東京都中央区築地1丁目1番1号　　　　　　　　（　　　　　方）</td>
</tr>
<tr>
<td>フリガナ
氏　名</td>
<td>コウ　ノ　　アスカ
甲　野　明日香</td>
<td>大正 昭和 平成 令和
13 年 11 月 19 日生
（　18　歳）</td>
</tr>
<tr>
<td colspan="3"></td>
</tr>
<tr>
<td rowspan="4">相
手
方</td>
<td>本　籍
（国　籍）</td>
<td colspan="2">（戸籍の添付が必要とされていない申立ての場合は，記入する必要はありません。）
東京　都道府県　千代田区平河町1丁目4番地</td>
</tr>
<tr>
<td>住　所</td>
<td colspan="2">〒104-0045
東京都中央区築地1丁目1番1号　　　　　　　　（　　　　　方）</td>
</tr>
<tr>
<td rowspan="2">フリガナ
氏　名</td>
<td>コウ　ノ　ダイ　スケ
甲　野　大　介</td>
<td>大正 昭和 平成 令和
51 年 10 月 2 日生
（　43　歳）</td>
</tr>
<tr>
<td>コウ　ノ　カ　オリ
甲　野　香　織</td>
<td>昭和 52 年 3 月 25 日生
（　42　歳）</td>
</tr>
</table>

（注）太枠の中だけ記入してください。

208

申　立　て　の　趣　旨

　申立人と相手方らとの間に親子関係が存在しないことを確認するとの調停・審判を求めます。

申　立　て　の　理　由

1　申立人は，平成13年11月19日に申立外乙野由美子の子として出生しましたが，当時，由美子は，独身であり，申立人を育てながら生活をするのが困難でした。他方，由美子の姉である相手方甲野香織は，その当時妊娠していたが交通事故に遭い，中絶を余儀なくされていて，相手方らは子を渇望していました。このため，相手方らは，由美子と相談し，申立人を相手方らの子として出生届を提出し，申立人は，相手方らの戸籍に入籍しました。

2　それから18年が経過し，申立人は，大学に合格したときに，上記の事実を知らされました。由美子は，現在，婚姻していますが，子に恵まれず，申立人を引き取りたいと考えています。由美子の夫，乙野健一もこのことを賛成しています。他方，相手方らは，その後，2人の子を出産し，幸せに暮らしていて，申立人が真の母である由美子夫妻と生活することに異存はありません。

3　以上のように，申立人と相手方らとの間には親子関係がありませんので，申立ての趣旨のとおりの調停・審判を求めます。

第1章　親子関係事件

〈申立書の説明〉

記載例は，子が表見上の父母を相手とする場合のものです。

(1)　当事者

申立人が子の場合，表見上の父母を相手方として申し立てます。

子の戸籍上のきょうだい等の利害関係人が申立人となる場合は，相手方は，子及び表見上の父母の3名です。

(2)　申立先等

申立先，申立てに必要な費用，申立てに必要な書類は基本的に2(1)①の〈申立書の説明〉(4)と同じです。もっとも，父母双方との親子関係不存在確認の場合は，父子関係に関する事件と母子関係に関する事件が併合されているものと解されるため，収入印紙は2400円必要です。

(3)　申立ての趣旨

申立人が子の場合は，記載例のように「申立人と相手方らとの間に親子関係が存在しないことを確認するとの調停・審判を求めます。」です。子の戸籍上のきょうだい等の利害関係人が申立人となる場合は，「相手方○○（子）と相手方○○及び○○（父母）との間に親子関係が存在しないことを確認するとの調停・審判を求めます。」のように，相手方同士の間に親子関係が存在しないことの確認を求めます。

(4)　申立ての理由

夫婦が他人の子を自分たちの子として戸籍に入籍させた事実等，子が父母の子ではないことを根拠付けるべき理由を記載例の中の「申立ての理由」のように記載します。なお，利害関係人が申立人の場合は，相手方らとの関係や申立てに法律上の利害関係を有することの事情も記載します。

②　戸籍の訂正

虚偽の嫡出子出生届により他人夫婦の嫡出子として戸籍に記載されている子について，戸籍上の父母双方との親子関係不存在確認の裁判が確定し，戸籍訂正申請があった場合は，上記の出生届は無効な届出と解されますから，子の戸籍の記載全部を消除する訂正をします。戸籍訂正の対象である子自身が申立てをしている事案の場合は，戸籍の消除事項の記載中，申請人の記載はされません（事件本人以外の者からの申請の場合のみ，申請人の記載がされることとなります。）。

なお，①の事例は，親子関係不存在確認の調停の申立てをして，合意に相当する審判により裁判が確定した場合ですが，人事訴訟により訴えを提起して裁判が確定した場合でも，申請書及び戸籍の記載は同様となります。

この戸籍訂正により，子は戸籍から消除されることになりますが，後日改めて出生の届出義務者（戸52条）から出生の届出をすることにより，真実の父母の戸籍に入籍することになります。

210

第2　親子関係不存在確認の裁判

a　戸籍訂正申請書

戸 籍 訂 正 申 請

東京都千代田 ⑪区町村長　殿

令和 2 年 3 月 3 日申請

| 受付 | 令和 2 年 3 月 3 日 | 戸　籍 |
| 第　668　号 | | 調査 |

(一)	事件本人	本　　籍	東京都千代田区平河町1丁目4番地	記載
		筆頭者氏名	甲 野 大 介	記載調査
(二)		住所及び世帯主氏名	東京都中央区築地1丁目1番1号　甲野大介	送付
(三)		氏　　名	甲 野 明日香	住民票
		生年月日	平成 13 年 11 月 19 日	記載
(四)	裁　判　の種　　　類		親子関係不存在確認の裁判	通知
				附　票
				記載
	裁判確定年　月　日		令和 2 年 2 月 26 日	通知
(五)	訂　正　の趣　　　旨		事件本人甲野明日香について，令和2年2月26日甲野大介及び同人妻香織との親子関係不存在確認の裁判が確定したため，明日香を甲野大介戸籍から消除する。	
(六)	添 付 書 類		裁判の謄本及び確定証明書	
(七)	申請人	本　　籍	東京都千代田区平河町1丁目4番地	
		筆頭者氏名	甲 野 大 介	
		住　　所	東京都中央区築地1丁目1番1号	
		署名押印	甲 野 明日香　　㊞	
		生年月日	平成 13 年 11 月 19 日	

（注意）事件本人又は申請人が二人以上であるときは，必要に応じ該当欄を区切って記載すること。

211

第１章　親子関係事件

b　子の出生当時の父母の戸籍中子の記載

<table>
<tr><td colspan="2" align="right">（２の１）</td><td>全 部 事 項 証 明</td></tr>
<tr><td align="center">本　　　籍</td><td colspan="2">東京都千代田区平河町一丁目４番地</td></tr>
<tr><td align="center">氏　　　名</td><td colspan="2">甲野　大介</td></tr>
<tr><td>戸籍事項
　戸籍編製</td><td colspan="2">（編製事項省略）</td></tr>
</table>

<table>
<tr><td>戸籍に記録されている者

　　消　　　除</td><td>【名】明日香

【生年月日】平成１３年１１月１９日
【父】甲野大介
【母】甲野香織
【続柄】長女</td></tr>
<tr><td>身分事項
　　消　　　除</td><td>【消除日】令和２年３月３日
【消除事項】出生事項
【消除事由】甲野大介及び同人妻香織との親子関係不存在確
　　認の裁判確定
【裁判確定日】令和２年２月２６日
【申請日】令和２年３月３日
【従前の記録】
　【出生日】平成１３年１１月１９日
　【出生地】東京都千代田区
　【届出日】平成１３年１１月２８日
　【届出人】父</td></tr>
<tr><td></td><td align="right">以下余白</td></tr>
</table>

発行番号０００００１

〔注〕　1　本事例の出生事項のように身分事項（又は戸籍事項）の一事項全てを消除する
　　　　　場合は，基本タイトル（左端タイトル）「消除」により訂正処理を行います。
　　　　2　事件本人である子が自ら戸籍訂正の申請をする場合は，【申請人】の記録を要
　　　　しません。

⑵ 裁判の提起者が第三者の場合

　裁判の提起者が第三者の場合の事例としては，父の死亡後，父母の実子が戸籍上の子を相手に死亡した父と戸籍上の子との間に法律上の父子関係がないとして，相続問題に端を発して，親子関係不存在確認の訴えを提起する場合などがあります。この場合は，調停を申し立てられても，戸籍上の子が父子関係の不存在を合意することが少ないので，人事訴訟で解決することが必要です。この場合は，血縁上の親子関係の存否とともに，最判平成18・7・7（家裁月報59巻1号92頁及び98頁）にいう確認の利益の有無が争点となるのが通常です。

① 親子関係不存在確認の裁判

訴　状

令和元年10月30日

○家庭裁判所　御中

原告　甲野三郎　（印）

本籍　群馬県高崎市石原町389番地
住所　〒370-0864　群馬県高崎市石原町389番地（送達場所）
　　　電話・ＦＡＸ：　○○○（○○○）○○○○
　　　原告　　　　　　　　　甲野三郎
本籍　群馬県前橋市新後閑町35番地
住所　〒371-0813　群馬県前橋市新後閑町35番地
　　　被告　　　　　　　　　甲野次郎
本籍　群馬県高崎市石原町389番地
住所　〒370-0864　群馬県高崎市石原町389番地
　　　被告　　　　　　　　　甲野春子

親子関係不存在確認請求事件
　　訴額　　　　320万円
　　貼用印紙　　金2万1000円
　　郵券（注：金額及び内訳は各裁判所によって異なることから申立裁判所に
　　問合せが必要）

第1　請求の趣旨
　　1　被告甲野次郎と訴外甲野一郎（本籍　群馬県高崎市石原町389番地，
　　　生年月日　昭和24年6月5日）及び被告甲野春子との間に親子関係が存
　　　在しないことを確認する

213

第1章　親子関係事件

　　2　訴訟費用は被告らの負担とする
　との裁判を求める。

第2　請求原因
　1　被告甲野次郎は，昭和57年8月15日に訴外乙野冬子の子として出生し
　　たが，当時，冬子は，独身であり，同被告を育てながら生活をするのは
　　困難であった。（甲第1，第4号証）
　2　甲野一郎（本籍　群馬県高崎市石原町389番地，生年月日　昭和24年
　　6月5日）と被告甲野春子は，昭和54年11月14日婚姻した（甲第1号
　　証）。同被告は，冬子の姉である。（甲第2号証）
　3　被告甲野春子と一郎（以下「一郎ら」という。）とは，婚姻後長期に
　　わたって子に恵まれていなかったので，冬子と相談し，被告甲野次郎を
　　一郎らの子として出生届を提出し，同被告は，一郎らの戸籍に入籍した。
　　（甲第1，第3，第4号証）
　4　一郎らは，その後，原告を出産し，被告甲野次郎は，原告の兄として
　　育てられたが，同被告の素行は不良であって，犯罪に手を染めたことも
　　あり，しばしば一郎らを悩ませてきた。そして，その心労が原因となっ
　　て，一郎は平成29年10月23日死亡した。（甲第1，第4号証）
　5　原告は，被告らを相手に親子関係不存在確認の調停を申し立てたが，
　　被告らは，調停期日に出頭しなかった。
　6　以上の次第であり，一郎らと被告甲野次郎との間に親子関係がないの
　　で，請求の趣旨どおりの判決を求める。

証拠方法

　1　甲第1号証　　　戸籍謄本
　2　甲第2号証　　　除籍謄本
　3　甲第3号証　　　出生証明書
　4　甲第4号証　　　原告の陳述書

附属書類

　1　甲号証写し　　　各1通
　2　戸籍謄本　　　　2通
　3　調停不成立証明書　1通

〈訴状の説明〉

(1)　訴えの提起
　　上記記載例は，子の戸籍上の弟が父の死後子及び母を相手とする場合のものですが，こ
　の場合は，調停を申し立てられても，戸籍上の子が父子関係の不存在を合意することが少
　ないので，人事訴訟で解決することが必要です。
　　管轄裁判所は，父の死亡時における住所地又は母若しくは子の住所地を管轄する家庭裁
　判所です（人訴4条）。

214

第2 親子関係不存在確認の裁判

(2) 訴状の記載

　訴状には，当事者の住所氏名，請求の趣旨，請求原因等を記載しますが，その一例は記載例のとおりです。記載例のように，父の死亡後，父の実子等の利害関係人が亡父及び母と戸籍上の子との間の親子関係不存確認の訴えを提起する場合は，母と戸籍上の子が共同被告となります。父が死亡していても，他の関係者が生存しているので，当該者（記載例では，母と戸籍上の子）のみが被告となり，検察官は被告となりません（人訴12条2項）。

　次に，請求の趣旨ですが，父が死亡していて，原告・父母の実子，被告・戸籍上の子及び母の場合は，記載例のように「被告甲野次郎と訴外甲野一郎（本籍　群馬県高崎市石原町389番地，生年月日　昭和24年6月5日）及び被告甲野春子との間に親子関係が存在しないことを確認する」です。なお，父母ともに生存している場合は，父母及び戸籍上の子が被告となり「被告甲野次郎と被告甲野一郎及び被告甲野春子との間に親子関係が存在しないことを確認する」と記載します。

　さらに，請求原因ですが，夫婦が他人の子を自分たちの子として戸籍に入籍させた事実等，子が父母の子ではないことを根拠付けるべき理由を記載例のように記載します。なお，利害関係人が原告の場合は，被告らとの関係や訴えの提起に法律上の利害関係を有することの事情も記載します。

(3) 添付書類

　原告，被告（被告が母の場合は，子）の戸籍謄本が必要です。その他，必要に応じて，DNA鑑定の鑑定書があれば，当該鑑定書等です。

②　戸籍の訂正

　①の人事訴訟の事案のように利害関係を有する第三者が，人事訴訟により，父母双方と子との親子関係不存在確認の訴えを提起し，裁判が確定した場合も，(1)②と同様に，子の戸籍の記載全部を消除する訂正をします。

　(1)の人事訴訟の事例において，事件本人である子が，自己の氏を称して婚姻している場合は，表見上の父母の戸籍から除籍されていますので，表見上の父母の戸籍（出生当時の戸籍）のほか，婚姻後の戸籍についても，戸籍訂正を要します。具体的には，親子関係不存在確認の確定判決による戸籍訂正申請（戸116条）に基づき，子を表見上の父母の戸籍から消除するとともに，婚姻後の戸籍については，出生事項の消除，父母の記載の消除及び父母との続柄の訂正等の処理が行われます。

　なお，この場合，子の出生届が無効なので，戸籍から子に関する記載のすべてを消除するべきではないかとの疑問が生じますが，婚姻により新戸籍が編製されていることを重視して，とりあえずは，上記の戸籍訂

215

第1章　親子関係事件

正にとどめ，後に，出生届がなされて子が本来の父母の戸籍に入籍した後に戸籍訂正をすることとしています。すなわち，婚姻事項については，子について正当届出義務者からの出生届により父母又は母の戸籍に入籍後，別途戸籍法113条の家庭裁判所の戸籍訂正許可の審判を得て，関連戸籍記載事項の移記等の訂正をする必要があります（具体的な処理については，木村三男監修『改訂設題解説戸籍実務の処理Ⅻ　戸籍訂正各論編(2)』20頁以下参照）。

第2　親子関係不存在確認の裁判

a　戸籍訂正申請書

戸 籍 訂 正 申 請

群馬県高崎 ㊞区 町村 長 殿

令和 2 年 1 月 22 日申請

受付	令和 2 年 1 月 22 日		戸　　籍	
	第　　188　　号		調査	

（一）	事件本人	本　　　籍	群馬県高崎市石原町389番地	記載
		筆頭者氏名	甲 野 一 郎	記載調査
（二）		住所及び世帯主氏名	群馬県前橋市新後閑町35番地　甲野次郎	送付
（三）	本人	氏　　　名	甲 野 次 郎	住 民 票
		生年月日	昭和 57 年 8 月 15 日	記載
（四）		裁　判　の種　　　類	親子関係不存在確認の裁判	通知
				附　　票
				記載
		裁 判 確 定年　月　日	令和 2 年 1 月 8 日	通知
（五）		訂　正　の趣　　　旨	事件本人甲野次郎について，令和2年1月8日甲野一郎及び同人妻春子との親子関係不存在確認の裁判が確定したため，次のとおり訂正する。 1　上記甲野一郎の戸籍から事件本人次郎を消除する。 2　次郎の婚姻によって編製された戸籍（群馬県前橋市新後閑町35番地）中，次郎の出生事項及び父母の記載を消除し，父母との続柄を「長男」と訂正する。 3　上記訂正に伴い事件本人の弟・三郎の父母との続柄「二男」とあるのを「長男」と訂正する。	
（六）		添 付 書 類	裁判の謄本及び確定証明書	
（七）	申請人	本　　　籍	群馬県高崎市石原町389番地	
		筆頭者氏名	甲 野 一 郎	
		住　　　所	群馬県高崎市石原町389番地	
		署名押印	甲 野 三 郎　　㊞	
		生年月日	昭和 62 年 2 月 11 日	

（注意）事件本人又は申請人が二人以上であるときは、必要に応じ該当欄を区切って記載すること。

217

第1章　親子関係事件

b　子の出生当時の父母の戸籍

（2の1）　| 全 部 事 項 証 明

本　　　籍	群馬県高崎市石原町３８９番地
氏　　　名	甲野　一郎

戸籍事項 　　戸籍編製	（編製事項省略）

戸籍に記録されている者 除　　籍	【名】一郎 【生年月日】昭和２４年６月５日 【父】甲野幸雄 【母】甲野松子 【続柄】長男

身分事項 　　出　　生	（出生事項省略）
婚　　姻	（婚姻事項省略）
死　　亡	【死亡日】平成２９年１０月２３日 【死亡時分】午後４時４０分 【死亡地】群馬県高崎市 【届出日】平成２９年１０月３０日 【届出人】親族　甲野春子

戸籍に記録されている者	【名】春子 【生年月日】昭和２５年４月２５日 【父】乙野忠雄 【母】乙野夏子 【続柄】長女

身分事項 　　出　　生	（出生事項省略）
婚　　姻	（婚姻事項省略）
配偶者の死亡	【配偶者の死亡日】平成２９年１０月２３日

戸籍に記録されている者 消　　除 除　　籍	【名】次郎 【生年月日】昭和５７年８月１５日 【父】甲野一郎 【母】甲野春子 【続柄】長男

身分事項 　　婚　　姻	【婚姻日】平成２０年３月２２日

発行番号０００００１

第2　親子関係不存在確認の裁判

（2の2）　全部事項証明

消　　除	【配偶者氏名】丙川花子 【新本籍】群馬県前橋市新後閑町３５番地 【称する氏】夫の氏
	【消除日】令和２年１月２２日 【消除事項】出生事項 【消除事由】甲野一郎及び同人妻春子との親子関係不存在確認の裁判確定 【裁判確定日】令和２年１月８日 【申請日】令和２年１月２２日 【申請人】甲野三郎 【従前の記録】 　　【出生日】昭和５７年８月１５日 　　【出生地】群馬県高崎市 　　【届出日】昭和５７年８月２５日 　　【届出人】父
戸籍に記録されている者	【名】三郎 【生年月日】昭和６２年２月１１日 【父】甲野一郎 【母】甲野春子 【続柄】長男
身分事項 　　出　　生	【出生日】昭和６２年２月１１日 【出生地】群馬県高崎市 【届出日】昭和６２年２月１５日 【届出人】父
訂　　正	【訂正日】令和２年１月２２日 【訂正事項】父母との続柄 【訂正事由】兄の戸籍訂正 【従前の記録】 　　【父母との続柄】二男
	以下余白

発行番号０００００１

〔注〕　1　本事例の出生事項のように身分事項（又は戸籍事項）の一事項全てを消除する場合は，基本タイトル（左端タイトル）「消除」により訂正処理を行います。

　　　　2　事件本人以外の者から戸籍訂正の申請をする場合は，【申請人】を記録します。

　　　　3　親子関係不存在確認の裁判により戸籍から消除される者に，弟（又は妹）があるときは，その弟の続柄を訂正する旨を戸籍訂正申請書に記載の上，続柄を訂正します。

第1章　親子関係事件

c　子の婚姻後の戸籍

（2の1）　　全 部 事 項 証 明

本　　　籍	群馬県前橋市新後閑町３５番地
氏　　　名	甲野　次郎

戸籍事項 　　戸籍編製	【編製日】平成２０年３月２５日

戸籍に記録されている者	【名】次郎
	【生年月日】昭和５７年８月１５日　　　【配偶者区分】夫 【父】 【母】 【続柄】長男

身分事項 　　婚　　姻	【婚姻日】平成２０年３月２２日 【配偶者氏名】丙川花子 【送付を受けた日】平成２０年３月２５日 【受理者】群馬県高崎市長 【従前戸籍】群馬県高崎市石原町３８９番地　甲野一郎
消　　除	【消除日】令和２年１月２４日 【消除事項】出生事項 【消除事由】甲野一郎及び同人妻春子との親子関係不存在確 　　　認の裁判確定 【裁判確定日】令和２年１月８日 【申請日】令和２年１月２２日 【申請人】甲野三郎 【送付を受けた日】令和２年１月２４日 【受理者】群馬県高崎市長 【従前の記録】 　　　【出生日】昭和５７年８月１５日 　　　【出生地】群馬県高崎市 　　　【届出日】昭和５７年８月２５日 　　　【届出人】父
消　　除	【消除日】令和２年１月２４日 【消除事項】父母の氏名 【消除事由】甲野一郎及び同人妻春子との親子関係不存在確 　　　認の裁判確定 【裁判確定日】令和２年１月８日 【申請日】令和２年１月２２日 【申請人】甲野三郎 【送付を受けた日】令和２年１月２４日 【受理者】群馬県高崎市長 【関連訂正事項】父母との続柄 【従前の記録】

発行番号０００００１

第2　親子関係不存在確認の裁判

	（2の2）	全 部 事 項 証 明

	【父】甲野一郎 【母】甲野春子 【父母との続柄】長男
戸籍に記録されている者	【名】花子 【生年月日】昭和５６年１１月３０日　【配偶者区分】妻 【父】丙川良雄 【母】丙川富美子 【続柄】二女
身分事項 　　出　　生	【出生日】昭和５６年１１月３０日 【出生地】群馬県前橋市 【届出日】昭和５６年１２月１０日 【届出人】父
婚　　姻	【婚姻日】平成２０年３月２２日 【配偶者氏名】甲野次郎 【送付を受けた日】平成２０年３月２５日 【受理者】群馬県高崎市長 【従前戸籍】群馬県前橋市大手町二丁目１２番地　丙川良雄
	以下余白

発行番号０００００１

〔注〕　1　本事例の「出生事項」及び「父母の氏名」のように，身分事項又は戸籍事項の
一事項全てを消除する場合は，基本タイトル（左端タイトル）「消除」により訂
正処理を行います。

　　　2　父母との続柄の訂正については，上記1の父の氏名の消除事項に併せて【関連
訂正事項】として処理します。本事例では，父母の嫡出子として記録されている
続柄「長男」を，嫡出でない子としての続柄「長男」と訂正します（平成16・
11・1民一3008号通達参照）。

　　　3　婚姻事項については，子について正当届出義務者からの出生届により父母又は
母の戸籍に入籍後，別途戸籍法113条の家庭裁判所の戸籍訂正許可の審判を得て，
関連戸籍記載事項の移記等の訂正をする必要があります（具体的な処理について
は，木村三男監修『改訂設題解説戸籍実務の処理Ⅻ　戸籍訂正各論編(2)』20頁以
下参照）。

第1章　親子関係事件

5　母子関係不存在の場合

(1)　子が嫡出子として出生届がされている場合

　母子関係不存在の場合とは，実母と戸籍上の母が合意の上で子を戸籍上の母の子として出生届をしたため，戸籍上の母との間に法律上の親子関係が存在しない場合（戸籍上の母がその当時婚姻している場合は，血縁上の父が戸籍上の父でもあるときです。）とか，産院で母子を取り違えた場合等です。戸籍上の父が血縁上の父でない場合は，4のとおり，父母双方との間の親子関係不存在確認の裁判の提起となります。

第2 親子関係不存在確認の裁判

① 親子関係不存在確認の裁判

<table>
<tr><td rowspan="4">受付印</td><td colspan="2">☑　調停
家事　　　　　　申立書　事件名（親子関係不存在確認）
□　審判</td></tr>
<tr><td colspan="2">（この欄に申立て1件あたり収入印紙1,200円分を貼ってください。）</td></tr>
<tr><td>収入印紙　　　　　円</td><td rowspan="2">（貼った印紙に押印しないでください。）</td></tr>
<tr><td>予納郵便切手　　　円</td></tr>
</table>

<table>
<tr><td>○　　○　家庭裁判所
　　　　　　　御中
令和　元　年 8 月 20 日</td><td>申　立　人
（又は法定代理人など）
の 記 名 押 印</td><td>甲　野　拓　海　　㊞</td></tr>
</table>

<table>
<tr><td>添付書類</td><td>（審理のために必要な場合は，追加書類の提出をお願いすることがあります。）
申立人の戸籍謄本　1通　　相手方の戸籍謄本　1通</td><td>準 口 頭</td></tr>
</table>

<table>
<tr><td rowspan="4">申
立
人</td><td>本　籍
（国　籍）</td><td colspan="2">（戸籍の添付が必要とされていない申立ての場合は，記入する必要はありません。）
広　島　都道府県　広島市東区曙1丁目2番地</td></tr>
<tr><td>住　所</td><td colspan="2">〒732-0045
広島県広島市東区曙1丁目2番3号　　　　　　（　　　　　方）</td></tr>
<tr><td>フリガナ
氏　名</td><td>コウ　ノ　タク　ミ
甲　野　拓　海</td><td>大正 昭和 平成 令和　10 年 11 月 24 日生
（　　20　　歳）</td></tr>
</table>

<table>
<tr><td rowspan="3">相
手
方</td><td>本　籍
（国　籍）</td><td colspan="2">（戸籍の添付が必要とされていない申立ての場合は，記入する必要はありません。）
広　島　都道府県　尾道市浦崎町2102番地</td></tr>
<tr><td>住　所</td><td colspan="2">〒720-0551
広島県尾道市浦崎町2102番地　　　　　　　（　　　　　方）</td></tr>
<tr><td>フリガナ
氏　名</td><td>ヘイ　ハラ　ナオ　ミ
丙　原　直　美</td><td>大正 昭和 平成 令和　44 年 7 月 14 日生
（　　50　　歳）</td></tr>
</table>

（注）太枠の中だけ記入してください。

223

第1章　親子関係事件

申　立　て　の　趣　旨

　申立人と相手方との間に親子関係が存在しないことを確認するとの調停・審判を求めます。

申　立　て　の　理　由

1　申立人は，平成10年11月24日に申立外甲野哲也及び乙野由美の子として出生しましたが，当時，由美は，独身であり，申立人を育てながら生活をするのは困難でした。他方，甲野哲也と相手方とは，その当時婚姻していましたが，相手方は不妊治療をしたものの子に恵まれず，哲也，由美及び相手方による相談の結果，哲也が申立人を哲也と相手方の子として出生届を提出したため，申立人は，哲也と相手方夫婦の戸籍に入籍しました。

2　その後，哲也と相手方は不仲となり，平成22年11月22日に離婚し，さらに，哲也と由美とは平成26年6月9日に婚姻しました。

3　申立人は哲也・由美の夫婦の下で暮らしており，由美は，申立人を戸籍上も自分の子とすることを望んでいます。他方，相手方は，哲也と離婚したので，申立人との親子関係の終了を望んでいるとのことです。

4　以上のように，申立人と相手方との間には親子関係がありませんので，申立ての趣旨のとおりの調停・審判を求めます。

224

第2　親子関係不存在確認の裁判

〈申立書の説明〉
　母子関係不存在の場合とは，記載例のように，実母と戸籍上の母が合意の上で子を戸籍上の母の子として出生届をしたため，戸籍上の母との間に法律上の親子関係が存在しない場合（戸籍上の母がその当時婚姻している場合は，血縁上の父が戸籍上の父でもあるときです。）とか，次の(2)②の記載例のように産院で母子を取り違えた場合等です。戸籍上の父が血縁上の父でもない場合は，4のとおり，父母双方との間の親子関係不存在確認の調停申立てとなります。
(1)　当事者
　通常は，子が申立人となって表見上の母を相手方として申し立てます。利害関係人が子及び表見上の母を相手方として申し立てることもあります。
(2)　申立先等
　申立先，申立てに必要な費用，申立てに必要な書類は基本的に2(1)①の〈申立書の説明〉(3)(4)と同じです。
(3)　申立ての趣旨
　記載例のように「申立人と相手方との間に親子関係が存在しないことを確認するとの調停・審判を求めます。」です。
(4)　申立ての理由
　表見上の母が他人の子を自分の子として戸籍に入籍させた事実等，子が母の子ではないことを根拠付けるべき理由を記載します。

②　戸籍の訂正

　①の家事調停の事例のように父から嫡出子として出生届がなされ戸籍の記載がされている場合の訂正処理としては，当該裁判に基づく戸籍訂正申請により現在の子の戸籍中母欄の記載を親子関係不存在確認の裁判の理由中で明示された母の氏名に訂正し，父母との続柄を訂正した上，通常は子を出生当時の実母の戸籍に移記する訂正処理をすることになりますが，その際，父からされた嫡出子出生の届出には認知の届出の効力が認められますので，父欄の記載を消除することなく，かつ，出生事項の記載も訂正しない取扱いがされています（昭和57・4・30民二2972号通達）。しかし，本事例のように子の出生後父が子の表見上の母と離婚し，実母と婚姻している（したがって，訂正当時は子と父母が同籍している。）場合においては，子は準正によって既に嫡出子の身分を取得していますので（民789条1項），便宜，子の現在の戸籍のまま母欄の記載を訂正し，父母との続柄を訂正するとともに，父母婚姻による準正嫡出子の身分取得事項を記載するにとどめる取扱いで差し支えないものと考えられます（昭和40・7・14民事甲1880号回答）。

第1章　親子関係事件

a　戸籍訂正申請書

戸 籍 訂 正 申 請

広島市東　市区町村長　殿

令和元年 9 月 13 日申請

受付	令和元年 9 月 13 日	戸　籍
	第　1394　号	調査

（一）	事件本人	本　籍	広島市東区蟹屋町1丁目2番地	記載
		筆頭者氏名	甲 野 哲 也	記載調査
（二）		住所及び世帯主氏名	広島市安芸区矢野東5丁目7番18号　甲野哲也	送付
（三）		氏　名	甲 野 拓 海	住民票
		生年月日	平成 10 年 11 月 24 日	記載
（四）	裁判の種類		親子関係不存在確認の裁判	通知
				附　票
				記載
	裁判確定年月日		令和元年 9 月 2 日	通知
（五）	訂正の趣旨		事件本人甲野拓海について，令和元年9月2日母直美との親子関係不存在確認の裁判が確定したため，拓海の母欄の記載を「由美」と訂正する。	
（六）	添付書類		裁判の謄本及び確定証明書	
（七）	申請人	本　籍	広島市東区蟹屋町1丁目2番地	
		筆頭者氏名	甲 野 哲 也	
		住　所	広島市安芸区矢野東5丁目7番18号	
		署名押印	甲 野 拓 海　　㊞	
		生年月日	平成 10 年 11 月 24 日	

（注意）事件本人又は申請人が二人以上であるときは、必要に応じ該当欄を区切って記載すること。

226

第2　親子関係不存在確認の裁判

b　子の出生当時の父母の戸籍

（2の1）　　全部事項証明

本　　　籍	広島市東区蟹屋町一丁目2番地
氏　　　名	甲野　哲也

戸籍事項 　　戸籍編製	（編製事項省略）

戸籍に記録されている者	【名】哲也
	【生年月日】昭和43年1月7日　　　【配偶者区分】夫 【父】甲野辰三 【母】甲野靖江 【続柄】長男

身分事項 　　出　　生	（出生事項省略）
婚　　姻	（婚姻事項省略）
離　　婚	【離婚日】平成22年11月22日 【配偶者氏名】甲野直美
婚　　姻	【婚姻日】平成26年6月9日 【配偶者氏名】乙野由美

戸籍に記録されている者 除　　籍	【名】直美
	【生年月日】昭和44年7月14日 【父】丙原武夫 【母】丙原ちぐさ 【続柄】二女

身分事項 　　出　　生	（出生事項省略）
婚　　姻	（婚姻事項省略）
離　　婚	【離婚日】平成22年11月22日 【配偶者氏名】甲野哲也 【入籍戸籍】広島県尾道市浦崎町2102番地　丙原武夫

戸籍に記録されている者	【名】拓海
	【生年月日】平成10年11月24日 【父】甲野哲也 【母】甲野由美 【続柄】長男

身分事項	

発行番号000001

第１章　親子関係事件

<table>
<tr><td></td><td colspan="2">（２の２）</td><td>全 部 事 項 証 明</td></tr>
</table>

出　　生	【出生日】平成１０年１１月２４日 【出生地】広島県福山市 【届出日】平成１０年１１月２９日 【届出人】父 【送付を受けた日】平成１０年１２月３日 【受理者】広島県福山市長
訂　　正	【訂正日】令和元年９月１３日 【訂正事項】母の氏名，父母との続柄 【訂正事由】丙原直美との親子関係不存在確認の裁判確定 【裁判確定日】令和元年９月２日 【申請日】令和元年９月１３日 【従前の記録】 　　【母】甲野直美 　　　【父母との続柄】長男
訂　　正	【訂正日】令和元年９月１３日 【訂正事項】父母との続柄 【訂正事由】平成２６年６月９日父母婚姻届出 【従前の記録】 　　【父母との続柄】長男
戸籍に記録されている者	【名】由美 【生年月日】昭和４６年４月３０日　　　【配偶者区分】妻 【父】乙野秀男 【母】乙野昌子 【続柄】長女
身分事項 　　出　　生	（出生事項省略）
婚　　姻	【婚姻日】平成２６年６月９日 【配偶者氏名】甲野哲也 【従前戸籍】広島県福山市水呑町１８６３番地　乙野秀男
	以下余白

発行番号０００００１

（2） 嫡出でない子の出生届がされた場合

① **親子関係不存在確認の裁判**

　母と子との間の法律上の親子関係は分娩の事実により生じており，分娩していない女性の戸籍に子が当該女性の子として記載されていても，法律上の親子関係は生ずるものではありません。そこで，母子関係不存在確認の調停の申立てがされた場合において，分娩の事実がないことが判明したときは，調停委員会は戸籍上の母に対してその旨を説得して合意に相当する審判をすることもありますが，戸籍上の母は調停に出頭しなかったり，法律上の母子関係がないことが頭で分かっていても心では納得していない場合は，合意に相当する審判をすることができません。下記の記載例はこのような場合の事案です。記載例のように子の取り違えの場合において，夫婦の子同士が取り違えられた場合は，前記4の父母双方との親子関係不存在確認の訴えとなります。

　なお，戸籍上の母の死亡後，母の実子や母のきょうだいが戸籍上の子を相手に死亡した母と戸籍上の子との間に法律上の親子関係がないとして，相続問題に端を発して，親子関係不存在確認の訴えを提起する場合もあります。代理母による出産の事例で，このような訴えが提起されることも考えられます。

② **人事訴訟**

訴　状

平成31年3月8日

○家庭裁判所　御中

原告　甲野美咲（印）

本籍　群馬県前橋市新後閑町35番地
住所　〒370−0864　群馬県高崎市石原町389番地（送達場所）
　　　電話・FAX：　○○○（○○○）○○○○
　　　原告　　　　　　　　　甲野美咲
本籍　群馬県前橋市新後閑町35番地
住所　〒370−0864　群馬県高崎市石原町389番地
　　　被告　　　　　　　　　甲野絵美

第1章　親子関係事件

親子関係不存在確認請求事件
　　訴額　　　　160万円
　　貼用印紙　　1万3000円
　　郵券（注：金額及び内訳は各裁判所によって異なることから申立裁判所に
　　問合せが必要）

第1　請求の趣旨
　1　原告と被告との間に親子関係が存在しないことを確認する
　2　訴訟費用は被告の負担とする
との裁判を求める。
第2　請求原因
　1　原告は，本籍群馬県前橋市宮地町5番地の乙野和夫と幸子の子として，
　　平成10年4月8日に出生したが，当時幸子が原告の出産のため入院して
　　いた産院において，同日，被告が出産した女子と取り違えられた。（甲
　　第1，第3号証）
　2　被告は，当時，婚姻しておらず，いわゆるシングルマザーであったと
　　ころ，原告を被告の子として出生の届出をした結果，原告は被告の戸籍
　　に入籍した。（甲第1号証）
　3　原告は，被告とは顔が似ておらず，身長等の身体的な特徴も異なって
　　いたので，不思議に思っていた。被告にそのことを話したところ，被告
　　も同じ意見であったが，血液型は原，被告ともA型であり，しばらく放
　　置していた。しかし，原告は，大学生となってアルバイトで貯めた預金
　　でDNA鑑定をしたところ，原，被告間には親子関係がないことが判明
　　した。（甲第4の1，第5号証）
　4　原告は，原告が出生した産院を訪れ，上記のDNA鑑定の結果を知ら
　　せて調査を依頼したところ，同産院では，原告と同じ時間に他に女子が
　　出生していることが判明した。同産院がその女子の父母に連絡を取った
　　ところ，当該女子は幼くして死亡しており，また，その父母はDNA鑑
　　定に協力するとのことであった。（甲第3，第5号証）
　5　原告は，平成31年1月19日，当該産院で当該父母と初対面したところ，
　　同人らは，乙野和夫と幸子と称する夫婦であり，原告とはどことなく顔
　　かたちが類似していた。そして，DNA鑑定の結果，原告と乙野和夫と
　　幸子との間に親子関係があることが判明した。（甲第2，第4の2，第
　　5号証）
　6　以上の次第であり，原告と被告との間に親子関係がないので，請求の
　　趣旨どおりの判決を求める。なお，被告は，上記のことを頭では理解し
　　ているが，心の中では納得していないため，調停を申し立てても，合意
　　をする見込みはない。

証拠方法

　1　甲第1号証　　戸籍謄本
　2　甲第2号証　　戸籍謄本

230

第2　親子関係不存在確認の裁判

```
3　甲第3号証　　出生証明書の写し
4　甲第4号証の1，2　　DNA鑑定書
5　甲第5号証　　原告の陳述書

                    附属書類
1　甲号証写し　各1通
2　戸籍謄本　　　1通
```

〈訴状の説明〉

(1)　訴えの提起

　上記のとおり，分娩していない女性の戸籍に子が当該女性の子として記載されている場合が人事訴訟の対象となります。

　管轄裁判所は，母又は子の住所地を管轄する家庭裁判所です（人訴4条）。

(2)　訴状の記載

　訴状には，当事者の住所氏名，請求の趣旨，請求原因等を記載しますが，その一例は記載例のとおりです。なお，母の死亡後，母の実子等の利害関係人が母と戸籍上の子との間の親子関係不存在確認の訴えを提起する場合は，戸籍上の子のみが被告となります（人訴12条2項）。

　次に，請求の趣旨ですが，記載例のとおりです。

　さらに，請求原因ですが，被告が原告を分娩しなかったのに，原告が被告の子として戸籍に入籍したことの事実関係等，子が母の子ではないことを根拠付けるべき理由を記載例のように記載します。なお，利害関係人が原告の場合は，被告との関係や訴え提起に法律上の利害関係を有することの事情も記載します。

(3)　添付書類

　原告，被告の戸籍謄本が必要です。その他，必要に応じて，DNA鑑定の鑑定書等です。

③　戸籍の訂正

　②の人事訴訟の事例のように病院での子の取り違えがあったため，戸籍上の母との親子関係不存在確認の裁判が確定した場合は，戸籍訂正申請により当該子を母の戸籍から消除します。そして，嫡出でない子の出生届がされたことにより母について新戸籍が編製されていた場合は，母を子の出生前の従前戸籍に回復します。

　戸籍から消除された子については，改めて真実の父母等の届出義務者から出生届をすることが必要ですが，届出義務者がない場合や届出が不可能な場合は，就籍の手続（戸110条・111条）によって戸籍の記載をしま

第1章　親子関係事件

す。なお親子関係不存在確認の裁判の理由中に実母の本籍，氏名が明らかにされているときは，事件本人の申出により，裁判の謄本を資料として市町村長が管轄局の長の許可を得て真実の母の戸籍に記載して差し支えないとされていますが（昭和26・12・28民事甲2483号回答），上記事例のような場合には，真実の父母からの出生届又は就籍の届出をまって，戸籍の記載をすべきであると考えます。

第2 親子関係不存在確認の裁判

a 戸籍訂正申請書

戸 籍 訂 正 申 請

群馬県前橋 ⑰区町村長 殿

令和 元 年 5 月 4 日申請

受付	令和 元 年 5 月 4 日	戸 籍
	第 492 号	調査

(一)	事件本人	本 籍	群馬県前橋市新後閑町35番地	記載
		筆頭者氏名	甲 野 絵 美	記載調査
(二)		住所及び世帯主氏名	群馬県高崎市石原町389番地 甲野絵美	送付
(三)		氏 名	甲 野 美 咲	住民票
		生年月日	平成 10 年 4 月 8 日	記載
(四)		裁 判 の 種 類	親子関係不存在確認の裁判	通知
				附 票
				記載
		裁判確定年 月 日	平成 31 年 4 月 8 日	通知
(五)		訂 正 の 趣 旨	事件本人甲野美咲について平成31年4月8日甲野絵美との親子関係不存在確認の裁判が確定したため, (1) 上記甲野絵美戸籍から消除する。 (2) 甲野絵美戸籍を消除の上, 同人を従前の戸籍(前橋市新後閑町35番地甲野誠)に回復する。	
(六)		添 付 書 類	裁判の謄本及び確定証明書	
(七)	申請人	本 籍	群馬県前橋市新後閑町35番地	
		筆頭者氏名	甲 野 絵 美	
		住 所	群馬県高崎市石原町389番地	
		署名押印	甲 野 美 咲 ㊞	
		生年月日	平成 10 年 4 月 8 日	

(注意) 事件本人又は申請人が二人以上であるときは、必要に応じ該当欄を区切って記載すること。

233

第1章　親子関係事件

b　子の出生による新戸籍

除　　籍	（1の1）　全 部 事 項 証 明
本　　籍	群馬県前橋市新後閑町３５番地
氏　　名	甲野　絵美
戸籍事項 　戸籍編製 　戸籍消除	【編製日】平成１０年４月１６日 【消除日】令和元年５月４日 【特記事項】新戸籍編製の記録錯誤につき申請
戸籍に記録されている者	【名】絵美 【生年月日】昭和５２年６月２日 【父】甲野誠 【母】甲野洋子 【続柄】長女
身分事項 　出　　生 　子の出生	（出生事項省略） 【入籍日】平成１０年４月１６日 【入籍事由】子の出生届出 【従前戸籍】群馬県前橋市新後閑町３５番地　甲野誠
戸籍に記録されている者 消　　除	【名】美咲 【生年月日】平成１０年４月８日 【父】 【母】甲野絵美 【続柄】女
身分事項 　消　　除	【消除日】令和元年５月４日 【消除事項】出生事項 【消除事由】甲野絵美との親子関係不存在確認の裁判確定 【裁判確定日】平成３１年４月８日 【申請日】令和元年５月４日 【従前の記録】 　　【出生日】平成１０年４月８日 　　【出生地】前橋市 　　【届出日】平成１０年４月１８日 　　【届出人】母
	以下余白

発行番号０００００１

第2　親子関係不存在確認の裁判

c　母の従前戸籍

（2の1）　全 部 事 項 証 明

本　　　籍	群馬県前橋市新後閑町３５番地
氏　　　名	甲野　誠
戸籍事項 　戸籍編製	（編製事項省略）

〜〜〜〜〜〜〜〜〜〜〜〜〜〜〜〜〜〜〜〜〜〜〜〜〜〜〜

戸籍に記録されている者 　　 除　　籍	【名】絵美 【生年月日】昭和５２年６月２日 【父】甲野誠 【母】甲野洋子 【続柄】長女
身分事項 　出　　生 　消　　除	（出生事項省略） 【消除日】令和元年５月４日 【消除事項】子の出生による除籍事項 【消除事由】新戸籍編製による除籍の記録錯誤 【従前の記録】 　　【届出日】平成１０年４月１６日 　　【除籍事由】子の出生届出 　　【新本籍】群馬県前橋市新後閑町３５番地
戸籍に記録されている者	【名】絵美 【生年月日】昭和５２年６月２日 【父】甲野誠 【母】甲野洋子 【続柄】長女
身分事項 　出　　生	（出生事項省略） 　　　　　　　　　　　　　　　　　　　　　　　以下余白

発行番号０００００１

第1章　親子関係事件

6　親子関係不存在（渉外事件）

　渉外関係で親子関係不存在に関する裁判が確定した場合，子の国籍に影響がある場合があります。

　ここでは，事例を，日本人父と外国人母の子，外国人母と日本人父の子，日本人の子が外国人夫婦の子とされているような虚偽の出生届がある場合の3つの場合に分けて記載例を示しながら説明します。

(1)　日本人父と外国人母の場合

　この場合，戸籍上の日本人父と子との間で親子関係不存在確認の裁判が確定したときは，子は日本人ではなかったこととなりますが，子について血縁上の日本人が胎児認知をしていた場合は，日本の国籍を維持します。そこで，両者を分けて説明します。

①　胎児認知がない場合

　日本人父と外国人母の婚姻中に他の男との間に懐胎した子については，戸籍上の父との間で親子関係不存在確認の裁判が確定しますと，日本国籍を取得していなかったこととなります。そして，当該子が他の日本人男との間で懐胎したとしても，出生により当然には日本国籍を取得することはありません。もっとも，他の日本人男が胎児認知の届出をしていた場合は（外国人女が婚姻中胎児認知が届けられても，その届出は，不受理とされます。），夫との間で親子関係不存在確認の裁判が確定した後に初めて受理され，その受理の効力は届出時に遡るものとされているため，当該子は，出生により日本国籍を取得していたことになります。この場合の事例は後記②を参照願います。また，胎児認知がされていなくても，日本人父との間で親子関係不存在確認の裁判が確定した後に速やかに当該他の日本人男が認知をすることにより，当該子は，国籍法2条の規定に基づき，日本国籍を取得することができます（最判平成9・10・17家月50・2・155，平成10・1・30民五180号通達）。

236

第２　親子関係不存在確認の裁判

ア　親子関係不存在確認の裁判

<table>
<tr><td rowspan="3">受付印</td><td>☑　調停</td></tr>
<tr><td>家事　　　　申立書　事件名（親子関係不存在確認）</td></tr>
<tr><td>□　審判</td></tr>
</table>

受付印	（この欄に申立て１件あたり収入印紙１，２００円分を貼ってください。） （貼った印紙に押印しないでください。）
収入印紙　　　　円	
予納郵便切手　　　円	

○　　○　家庭裁判所 　　　　　　　　　御中 令和　元　年　6　月　10　日	申　立　人 （又は法定代理人など） の　記　名　押　印	丙　原　明日香　　　㊞

添付書類	（審理のために必要な場合は，追加書類の提出をお願いすることがあります。） 申立人及び相手方の戸籍謄本　１通	準口頭

	本　籍 （国　籍）	（戸籍の添付が必要とされていない申立ての場合は，記入する必要はありません。） 三　重　都道 　　　　　府県　津市納所町249番地	
申 立 人	住　所	〒510－0891 三重県四日市市日永西３丁目２番18号 　　　　　　　　　　　　　　　（　　　　　方）	
	フリガナ 氏　名	ヘイ　ハラ　アスカ 丙　原　明日香	大正 昭和 平成　10 年 10 月 26 日生 令和 （　　20　歳）
	本　籍 （国　籍）	（戸籍の添付が必要とされていない申立ての場合は，記入する必要はありません。） 三　重　都道 　　　　　府県　津市納所町249番地	
相 手 方	住　所	〒514－0051 三重県津市納所町249番地 　　　　　　　　　　　　　　　（　　　　　方）	
	フリガナ 氏　名	ヘイ　ハラ　テツ　ヤ 丙　原　哲也	大正 昭和　46 年 5 月 7 日生 平成 令和 （　　48　歳）

（注）太枠の中だけ記入してください。

237

第1章　親子関係事件

申　立　て　の　趣　旨
申立人と相手方との間に親子関係が存在しないことを確認するとの調停・審判を求めます。

申　立　て　の　理　由
1　申立人の母金貞姫（国籍韓国）は，相手方と平成6年5月5日婚姻しましたが，相手方が浮気したり暴力を振るったために，貞姫は，相手方と別居し，それ以来，申立人を懐妊するまで全く交渉はありません。 2　貞姫は，相手方と別居後の平成8年10月7日ころから日本人の甲野和也と知り合い，同年12月ころから同棲を始め，平成10年10月26日に，甲野和也との間に申立人を出産しました。 3　貞姫は，相手方と協議離婚したいと考えていましたが，相手方からの暴力が怖く，そのままにしていました。しかし，申立人を出産したこともあり，相手方に連絡をとったところ，相手方も他の女性と同棲しており，申立人の出産後の平成12年9月24日に協議離婚しました。 4　貞姫は，申立人が日本国籍を取得するためには，直ちに出生届をすることが必要であると考え，平成10年11月4日にその届出をしました。このため，申立人は相手方の子として相手方の戸籍に入籍しています。 5　以上のように，申立人と相手方との間には親子関係がありませんので，申立ての趣旨のとおりの調停・審判を求めます。

第2　親子関係不存在確認の裁判

〈申立書の説明〉

　記載例は，日本人父と外国人母との子が日本人父を相手に親子関係不存在確認の調停を申し立てた事案に関するものです。

(1)　当事者

　記載例は，子が申立人となった場合であり，この場合の相手方は，表見上の父（母の夫又は母が離婚している場合は前夫）です。

　なお，表見上の父からも申し立てることができ，この場合は子が相手方となります。利害関係人が申し立てる場合の相手方は，表見上の父と子です。なお，日本人配偶者と外国人配偶者との間の子に関する親子関係不存在確認の調停でも，利害関係人の範囲は基本的に日本人同士の夫婦の間の子に関する親子関係不存在確認の調停の場合と同一です。もっとも，外国人配偶者の親族が申し立てる場合は，当該者の本国法の定める推定相続人の範囲いかんにより，利害関係人の範囲が異なることもあります。

(2)　申立先及び申立てに必要な費用

　申立先及び申立てに必要な費用は2(1)①の〈申立書の説明〉(2)(3)と同様です。渉外事件の場合，国際的裁判管轄権も問題となりますが，少なくとも相手方が日本に住所を有しているときは，わが国に国際的裁判管轄権が認められます（家事法3条の13第1項1号）。

(3)　申立てに必要な書類

　ア　申立書及びその写し1通

　イ　標準的な申立添付書類

　申立人及び相手方の戸籍謄本（全部事項証明書）です。

(4)　申立ての趣旨

　記載例のように「申立人と相手方との間に親子関係が存在しないことを確認するとの調停・審判を求めます。」と記載します。

(5)　申立ての理由

　母が子を懐胎する可能な時期には既に夫と別居していた等，嫡出推定の働かない事実と，その時期に母と表見上の父（母の夫又は父母が離婚している場合は前夫）とが性的交渉を行ったことがない事実等，子が表見上の父の子ではないことを根拠付けるべき理由を記載します。

　　イ　戸籍の訂正

　　　前記アの事案では，裁判の結果，子は韓国人母の嫡出でない子となり，出生による日本国籍の取得はなかったことになります（国2条1号）。したがって，出生により表見上の日本人父の戸籍に入籍の記載は誤りであったことになりますから，親権者を定める記載を消除した上，子の戸籍の記載全部を消除します。

　　　子については韓国人母から新たに外国人として出生届を要します。

239

第1章　親子関係事件

a　戸籍訂正申請書

戸籍訂正申請

三重県津⑯区町村長　殿

令和 元 年 7 月 16 日申請

受付	令和 元 年 7 月 16 日	戸　籍	
	第　963　号	調査	

					記載	
（一）	事件本人	本　籍	三重県津市納所町249番地		記載調査	
		筆頭者氏名	丙　原　哲　也			
（二）		住所及び世帯主氏名	三重県四日市市日永西3丁目2番18号　金　貞姫		送付	
（三）		氏　　名	丙　原　明日香		住民票	
		生年月日	平成 10 年 10 月 26 日		記載	
（四）		裁判の種類	親子関係不存在確認の裁判		通知	
					附　票	
					記載	
		裁判確定年月日	令和 元 年 6 月 25 日		通知	
（五）		訂正の趣旨	事件本人丙原明日香について，令和元年6月25日丙原哲也との親子関係不存在確認の裁判が確定したため，上記戸籍中明日香の親権者を定める記載を消除した上同人を消除する。			
（六）		添付書類	裁判の謄本及び確定証明書			
（七）	申請人	本　籍	三重県津市納所町249番地			
		筆頭者氏名	丙　原　哲　也			
		住　所	三重県四日市市日永西3丁目2番18号			
		署名押印	丙　原　明日香　　㊞			
		生年月日	平成 10 年 10 月 26 日			

（注意）事件本人又は申請人が二人以上であるときは、必要に応じ該当欄を区切って記載すること。

第2　親子関係不存在確認の裁判

b　子の出生当時の父の戸籍中子の欄

| | （2の1）| 全 部 事 項 証 明 |

本　　　籍	三重県津市納所町２４９番地
氏　　　名	丙原　哲也

戸籍事項 　　戸籍編製	（編製事項省略）

戸籍に記録されている者 　消　　除	【名】明日香 【生年月日】平成１０年１０月２６日 【父】丙原哲也 【母】金　貞姫 【続柄】長女
身分事項 　　出　　生	【出生日】平成１０年１０月２６日 【出生地】三重県四日市市 【届出日】平成１０年１１月４日 【届出人】父 【送付を受けた日】平成１０年１１月７日 【受理者】三重県四日市市長
親　　権	【親権者を定めた日】平成１２年９月２４日 【親権者】母 【送付を受けた日】平成１２年９月２８日 【受理者】三重県四日市市長
消　　除	【消除日】令和元年７月１６日 【消除事項】戸籍の記録全部 【消除事由】丙原哲也との親子関係不存在確認の裁判確定 【裁判確定日】令和元年６月２５日 【申請日】令和元年７月１６日
	以下余白

発行番号０００００１

第1章　親子関係事件

② 胎児認知がされている場合

ア　親子関係不存在確認の裁判

訴　状

平成31年1月10日

○家庭裁判所　御中

　　　　　　原告法定代理人親権者母　　ファンデンボッシュ，マリア

本籍　出生届未了
住所　〒102-0093　東京都千代田区平河町1丁目1番1号
　　　原告　　　　　　　　丙野結衣こと　　結衣
国籍　アメリカ合衆国
住所　原告に同じ（送達場所）
　　　電話・ＦＡＸ：　○○○（○○○）○○○○
　　　法定代理人親権者母　　　　　　　ファンデンボッシュ，マリア
本籍　東京都中央区築地1丁目10番地
住所　〒104-0045　東京都中央区築地1丁目1番1号
　　　被告　　　　　　　　甲野翔太

親子関係不存在確認請求事件
　　訴額　　　　金160万円
　　貼用印紙　　金1万3000円
　　郵券（注：金額及び内訳は各裁判所によって異なることから申立裁判所に
　　問合せが必要）

第1　請求の趣旨
　1　原告と被告との間に親子関係が存在しないことを確認する
　2　訴訟費用は被告の負担とする
との裁判を求める。

第2　請求原因
　1　原告の母ファンデンボッシュ，マリアは，被告と平成27年1月28日に
　　婚姻したが，被告の暴力に耐えかねて，平成27年3月に被告と別居した。
　　（甲第1，第5号証）
　2　マリアと被告とは，その後1年を経た平成28年2月1日に，協議離婚
　　したが（甲第1号証），その間，両名の間に性的交渉はない。（甲第5号
　　証）
　3　マリアは，別居開始後に，丙野拓哉と交際を開始して，原告を懐胎し
　　た。丙野拓也は，マリアと被告との協議離婚の直後に原告を胎児認知す
　　る旨の届出をしたものの，当該届出は受理されているが，その処理は留
　　保されたままになっている。（甲第2号証）

242

第2　親子関係不存在確認の裁判

　　4　マリアは，平成28年8月10日に原告を出産し（甲第3号証），その後
　　　の平成29年2月25日，丙野哲也と婚姻した。（甲第4号証）
　　5　原告について拓也の子として出生届をした場合，被告との離婚後300
　　　日以内に出生したものとして，届出を受理されないので，未だ原告の出
　　　生の届出はしていない。
　　6　原告は，被告を相手に親子関係不存在の調停を申し立てたが，被告は，
　　　調停期日に出頭しなかった。
　　7　以上の次第であり，原告と被告との間に親子関係がないので，請求の
　　　趣旨どおりの判決を求める。

証拠方法
　1　甲第1号証　　　戸籍謄本
　2　甲第2号証　　　胎児認知届出受付証明書
　3　甲第3号証　　　出生証明書
　4　甲第4号証　　　戸籍謄本
　5　甲第5号証　　　丙野マリアの陳述書

附属書類
　1　甲号証写し　　　各1通
　2　戸籍謄本　　　　1通
　3　調停不成立証明書　1通

〈訴状の説明〉

(1)　訴えの提起が必要な場合

　父子関係不存在確認の訴えを提起する必要があるのは，記載例のように，調停期日に相
手方である父が出頭しなかった場合等です。また，父が調停期日に出頭したとしても，母
（元妻）が不倫したので，無償でこれに協力するのは嫌だとして，DNA鑑定に協力しな
かったり，合意をしない場合もあります。

　管轄裁判所は，父又は子の住所地を管轄する家庭裁判所です（人訴4条）。なお，少な
くとも被告が日本に住所を有する限り，わが国に国際的裁判管轄があります。

　本件のように外国人妻が日本人夫との婚姻中に他の日本人男との間に懐胎した子につい
ての国籍に関しては，前記①の解説を参照願います。本件では，丙野拓也が胎児認知して
いるため，親子関係不存在確認の裁判が確定した場合，日本人である丙野拓也の子として
出生により日本国籍を取得します。そして，その裁判の謄本を添付して，子の出生届をし
た場合，子は，民法789条1項の規定により嫡出子の身分を取得しているので，出生の届
出により，直ちに後夫である丙野拓也の戸籍に入籍します。

(2)　訴訟の記載

　訴状には，当事者の住所氏名，請求の趣旨，請求原因等を記載しますが，その一例は記
載例のとおりです。原告である子については，未だ入籍していないため，本籍のみならず

243

第1章　親子関係事件

確定した氏名も存在しないので，記載例のように本籍については「本籍　出生届未了」とし，また，氏名については「丙野結衣こと　結衣」と，将来入籍すべき戸籍の筆頭者の氏と事実上の名を記載します。

次に，請求の趣旨ですが，原告・子，被告・戸籍上の父の場合は，「原告と被告との間に親子関係が存在しないことを確認する」と記載します。

さらに，請求原因ですが，母が原告を懐胎する可能な時期に父と完全に別居していた等，外観的に見ても，原告が父の子ではないことを根拠付けるべき理由を記載します。

(3)　添付書類

記載例に示したとおりです。原告の出生証明書の写し，原告の母の住民票写し，被告の戸籍謄本が必要です。その他，必要に応じて，パスポート，DNA鑑定の鑑定書があれば，当該鑑定書等です。

イ　戸籍の届出関係

上記アの事例のように，日本人男とアメリカ人女夫婦の離婚後300日以内に出生した子につき，他の日本人男からの胎児認知届がされており，かつ，アメリカ人女が子を胎児認知した日本人男と再婚後，前夫と出生子の親子関係不存在確認の裁判を経て後夫から子の嫡出子出生届があった場合，子は前夫との親子関係不存在確認の裁判確定によりアメリカ人女の嫡出でない子となりますが，母の後夫から胎児認知がされているため，出生と同時に日本国籍を取得します（国2条1号）。また，母と父の婚姻により準正嫡出子の身分を取得するので（民879条1項），子は出生届により父母の婚姻中の戸籍に入籍します。

この場合，後日父子関係についての疑義を避けるため子の戸籍の出生事項中に特記事項として親子関係不存在確認の裁判が確定した旨の記載をします。なお，前夫の戸籍には子の出生事項や親子関係不存在確認の裁判確定の事実は記載されません。

また，子の身分事項に胎児認知の記載をしますが，その際，特記事項として父母婚姻届出により準正嫡出子（長男）となった旨を記載するのが相当であると思われます。

244

第2　親子関係不存在確認の裁判

a　出生届書

出　生　届	受理　令和元年5月15日 第　　　　976 号		発送　令和　　年　　月　　日	
令和 元 年 5 月 15 日 届出	送付　令和　　年　　月　　日 第　　　　　号		長　印	
東京都千代田区　長 殿	書類調査　戸籍記載　記載調査　調査票　附　票　住民票　通　知			

(1)	子 の 氏 名 （よみかた） （外国人のときは ローマ字を付記 してください）	氏 丙 野　　名 結 衣	父母との続き柄	☑嫡 出 子　　□男 □嫡出でない子 [長] ☑女
(2)	生まれたとき	平成 28 年 8 月 10 日		☑午前　9 時 15 分 □午後
(3)	生まれたところ	東京都千代田区平河町1丁目3		番地 番　6 号
(4)	住　　所 （住民登録をする ところ）	東京都千代田区平河町1丁目1		番地 番　1 号
		世帯主の氏名 丙 野 拓 也	世帯主との続き柄 子	
(5)	父 母 の 氏 名 生 年 月 日 （子が生まれたと きの年齢）	父 丙 野 拓 也	母 ファンデンボッシュ, マリア	
		平成 4 年 1 月 7 日(満 27 歳)	西暦1991 年 10 月 5 日(満 27 歳)	
(6)	本　　籍 （外国人のときは 国籍だけを書い てください）	東京都千代田区平河町1丁目4		番地 番
		筆頭者の氏名 丙 野 拓 也　　母の国籍アメリカ合衆国		
(7)	同居を始めたとき	平成 28 年 2 月　　（結婚式をあげたとき、または、同居を始め たときのうち早いほうを書いてください）		
(8)	子が生まれたときの世帯のおもな仕事と	□1．農業だけまたは農業とその他の仕事を持っている世帯 □2．自由業・商工業・サービス業等を個人で経営している世帯 □3．企業・個人商店等（官公庁は除く）の常用勤労者世帯で勤め先の従業者数が1 　　人から99人までの世帯（日々または1年未満の契約の雇用者は5） ☑4．3にあてはまらない常用勤労者世帯及び会社団体の役員の世帯（日々または1 　　年未満の契約の雇用者は5） □5．1から4にあてはまらないその他の仕事をしている者のいる世帯 □6．仕事をしている者のいない世帯		
(9)	父 母 の 職 業	（国勢調査の年…　年…の4月1日から翌年3月31日までに子が生まれたときだけ書いてください）		
		父の職業	母の職業	

その他	平成28年5月7日胎児認知届出 令和元年5月7日甲野翔太との親子関係不存在確認の裁判確定 平成29年2月25日父母婚姻により準正嫡出子「長女」となる

届 出 人	☑1．父 □　2．法定代理人（　　　　）　□3．同居者　□4．医師　□5．助産師　□6．その他の立会者 □　母 □7．公設所の長	
	住 所 東京都千代田区平河町1丁目1	番地 番　1 号
	本 籍 東京都千代田区平河町1丁目4	番地 番　筆頭者の氏名 丙野拓也
	署 名　　丙 野 拓 也　　　　㊞　　平成 4 年 1 月 7 日生	

事 件 簿 番 号	

（※出生証明書省略）

第1章　親子関係事件

b　父母の婚姻中の戸籍

（1の1）　全部事項証明

本　　　籍	東京都千代田区平河町一丁目4番地
氏　　　名	丙野　拓也

戸籍事項 　戸籍編製	（編製事項省略）
戸籍に記録されている者	【名】拓也 【生年月日】平成4年1月7日　　　　　【配偶者区分】夫 【父】丙野健一 【母】丙野由美 【続柄】長男
身分事項 　　出　　生	（出生事項省略）
婚　　姻	【婚姻日】平成29年2月25日 【配偶者氏名】ファンデンボッシュ，マリア 【配偶者の国籍】アメリカ合衆国 【配偶者の生年月日】西暦1991年10月5日
認　　知	【胎児認知日】平成28年5月7日 【認知した子の氏名】丙野結衣 【認知した子の戸籍】東京都千代田区平河町一丁目4番地 　　丙野拓也
戸籍に記録されている者	【名】結衣 【出生月日】平成28年8月10日 【父】丙野拓也 【母】ファンデンボッシュ，マリア 【続柄】長女
身分事項 　　出　　生	【出生日】平成28年8月10日 【出生地】東京都千代田区 【届出日】令和元年5月15日 【届出人】父 【特記事項】令和元年5月7日甲野翔太との親子関係不存在 　　確認の裁判確定
認　　知	【胎児認知日】平成28年5月7日 【認知者氏名】丙野拓也 【認知者の戸籍】東京都千代田区平河町一丁目4番地　丙野 　　拓也 【特記事項】平成29年2月25日父母婚姻届出
	以下余白

発行番号000001

(2) 日本人母と外国人父の場合

　この場合において，父母の婚姻中あるいは離婚後300日以内（又は外国人父の本国法によれば，嫡出推定の及ぶ長期の期間内）に子が出生したのち，外国人父との間の親子関係が存在しないことが裁判により確定したとしても，子は日本人母の嫡出でない子であるので，日本の国籍及び戸籍を維持したままとなります。母が外国人父の国籍も取得させる目的で外国人父の大使館等に出生届を提出しても，その届出は無効であり，かつ，出生を報告するための届出であって外国国籍の取得のための届出ではないので，子はそのことを理由に日本の国籍を喪失することはありません。

① 親子関係不存在確認の裁判

訴　　状

令和元年2月10日

○家庭裁判所　御中

原告　スミス，ジョージ（署名）

国籍　スイス
住所　〒100-0014　東京都千代田区永田町1丁目3番6号
　　　原告　　　　　　　　　　　スミス，ジョージ
本籍　茨城県水戸市大塚町1851番地
住所　〒311-4143　茨城県水戸市大塚町1851番地
　　　被告　　　　　　　　　　甲野結衣
本籍及び住所　被告に同じ
　　　法定代理人親権者母　　　　甲野美穂

親子関係不存在確認請求事件
　　訴額　　　金160万円
　　貼用印紙　金1万3000円
　　郵券（注：金額及び内訳は各裁判所によって異なることから申立裁判所に問合せが必要）

第1　請求の趣旨
　　1　原告と被告との間に親子関係が存在しないことを確認する
　　2　訴訟費用は被告の負担とする
との裁判を求める。

第1章　親子関係事件

　第2　請求原因
　　1　原告と被告の母甲野美穂は，平成26年5月3日に婚姻したが，性格不
　　　一致のため，平成28年2月ころ別居状態となった。（甲第1，第4号証）
　　2　原告と美穂とは，その後1年を経た平成29年2月4日に，協議離婚し
　　　たが（甲第1号証），その間，両名の間に性的交渉はない。（甲第4号
　　　証）
　　3　美穂は，別居開始後に，丙野和也と交際を開始して，被告を懐胎し，
　　　平成29年10月10日に被告を出産した。（甲第2号証）
　　4　美穂は，被告を原告の子として出生届をした上で，被告にスイス国籍
　　　を取得させる目的で，スイス大使館に同様の届出を行った。（甲第3号
　　　証）
　　5　原告は，被告を相手に親子関係不存在確認の調停を申し立てたが，被
　　　告は，調停期日に出頭しなかった。
　　6　以上の次第であり，原告と被告との間に親子関係がないので，請求の
　　　趣旨どおりの判決を求める。

証拠方法
　1　甲第1号証　　　戸籍謄本
　2　甲第2号証　　　出生証明書
　4　甲第3号証　　　出生届の受付証明書
　5　甲第4号証　　　原告の陳述書

附属書類
　1　甲号証写し　　　各1通
　2　戸籍謄本　　　　1通
　3　調停不成立証明書　1通
　4　原告の住民票　　1通

〈訴状の説明〉

(1)　訴えの提起が必要な場合
　父子関係不存在確認の訴えを提起する必要があるのは，記載例のように，調停期日に相
手方が出頭しなかった場合等です。また，調停期日に出頭したとしても，DNA鑑定に協
力しなかったり，合意をしない場合もあります。
　管轄裁判所は，父又は子の住所地を管轄する家庭裁判所です（人訴4条）。なお，被告
が日本に住所を有する場合等は，わが国に国際的裁判管轄があります。
　ところで，本件のように日本人妻が外国人夫との婚姻中に他の男との間に懐胎した子は，
当該他の男の国籍の如何にかかわらず，出生により日本国籍を取得しています（国2条1
号）。
(2)　訴状の記載
　訴状には，当事者の住所氏名，請求の趣旨，請求原因等を記載しますが，その一例は記

載例のとおりです。

次に，請求の趣旨ですが，原告・戸籍上の父，被告・父の元妻の子の場合は，「原告と被告との間に親子関係が存在しないことを確認する」と記載します。

さらに，請求原因ですが，母が被告を懐胎する可能な時期に父と完全に別居していた等，外観的に見ても，被告が原告の子ではないことを根拠付けるべき理由を記載します。

(3) 添付書類

記載例に示したとおりです。

② 戸籍の訂正

日本人母と外国人父との間の子は，出生届により母の戸籍に入籍します。この場合において，当該子と外国人父との間に親子関係が存在しないことが裁判により確定したとしても，日本人母の子であることに変わりはないので，戸籍訂正の申請により父の記載を消除し，父母との続柄を訂正します。父母との続柄については，従前と変わらない記載であったとしても，例えば，嫡出子としての「長女」から嫡出でない子としての「長女」に訂正します。

第1章　親子関係事件

a　戸籍訂正申請書

戸 籍 訂 正 申 請

茨城県水戸　㋖区町村長　殿

令和元年5月15日申請

受付	令和元年5月15日	戸　籍
	第　1213　号	調査

(一)	事件本人	本　　籍	茨城県水戸市大塚町1851番地	記載	
		筆頭者氏名	甲 野 美 穂	記載調査	
(二)		住所及び世帯主氏名	茨城県水戸市大塚町1851番地　甲野美穂	送付	
(三)		氏　　名	甲 野 結 衣	住民票	
		生年月日	平成29年10月10日	記載	
(四)		裁　判　の種　　類	親子関係不存在確認の裁判確定	通知	
				附　票	
				記載	
		裁判確定年 月 日	令和元年5月7日	通知	
(五)		訂　正　の趣　　旨	事件本人甲野結衣について令和元年5月7日父スミス，ジョージとの親子関係不存在確認の裁判が確定したため結衣の父の氏名を消除し，父母との続柄を訂正する。		
(六)		添　付　書　類	裁判の謄本及び確定証明書		
(七)	申請人	本　　籍	国籍スイス		
		筆頭者氏名			
		住　　所	東京都千代田区永田町1丁目3番6号		
		署名押印	スミス，ジョージ　(署名)　印		
		生年月日	西暦1990年3月8日		

（注意）事件本人又は申請人が二人以上であるときは、必要に応じ該当欄を区切って記載すること。

250

b 子の出生当時の母の戸籍中子の記載

<table>
<tr><td colspan="2" align="right">（2の1）</td><td>全 部 事 項 証 明</td></tr>
</table>

本　　　籍	茨城県水戸市大塚町１８５１番地
氏　　　名	甲野　美穂

戸籍事項 　　戸籍編製	（編製事項省略）

戸籍に記録されている者	【名】結衣 【生年月日】平成２９年１０月１０日 【父】 【母】甲野美穂 【続柄】長女
身分事項 　　出　　　生	【出生日】平成２９年１０月１０日 【出生地】茨城県水戸市 【届出日】平成２９年１０月２０日 【届出人】母
消　　　除	【消除日】令和元年５月１５日 【消除事項】父の氏名 【消除事由】スミス，ジョージとの親子関係不存在確認の裁判確定 【裁判確定日】令和元年５月７日 【申請日】令和元年５月１５日 【申請人】スミス，ジョージ 【関連訂正事項】父母との続柄 【従前の記録】 　　【父】スミス，ジョージ 　　【父母との続柄】長女
	以下余白

発行番号０００００１

第1章　親子関係事件

(3)　日本人子が外国人夫婦の子とされていた場合

　虚偽の出生届に基づき日本人子が外国人夫婦の子とされていたとしても，法的には，子は日本国籍を有したままですが，虚偽の出生届により，外国人のような外観を呈していることになります。この場合，外国人夫婦との間で親子関係不存在確認の裁判をすることなく血縁上の母等から出生届をしたとしても，重複の出生届となって，受理されません。そのことが判明しなければ受理されることもあるでしょうが，当該子は，公文書上，日本人であるのか外国人であるのか不明であり，相当ではありません。そこで，日本人子と外国人夫婦との間の親子関係不存在確認の裁判をしてから，正規の出生届をするのが正当です。

第2 親子関係不存在確認の裁判

① 親子関係不存在確認の裁判

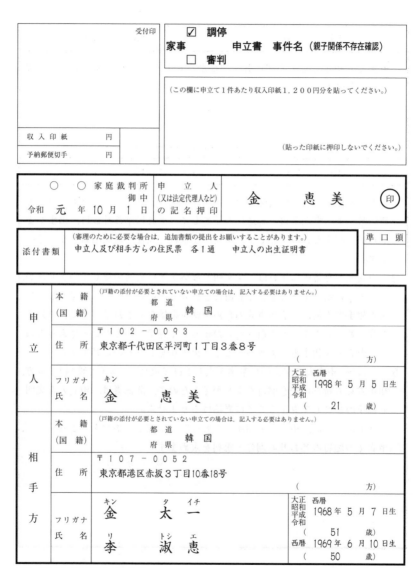

253

第1章　親子関係事件

```
┌─────────────────────────────────────────────────────┐
│　　　　　　申　立　て　の　趣　旨　　　　　　　　　│
├─────────────────────────────────────────────────────┤
│　申立人と相手方らとの間に親子関係が存在しないことを確認するとの調│
│停・審判を求めます。　　　　　　　　　　　　　　　　　　　　　　　│
│　　　　　　　　　　　　　　　　　　　　　　　　　　　　　　　　　│
│　　　　　　　　　　　　　　　　　　　　　　　　　　　　　　　　　│
└─────────────────────────────────────────────────────┘
```

```
┌─────────────────────────────────────────────────────┐
│　　　　　　申　立　て　の　理　由　　　　　　　　　│
├─────────────────────────────────────────────────────┤
```

1　申立人は，父王文明（国籍中国，西暦1963年3月3日生）と甲野裕子（本籍○県○市○町○丁目○番地）の子として，平成10年5月5日，出生しましたが，相手方らの子として出生届がなされ，現在，韓国国籍となっています。

2　申立人の母裕子によれば，父文明と母裕子とは当時同棲していましたが，生活が不安定で申立人を育てる自信を喪失していたところ，父母の知人である相手方夫婦は，交通事故のため中絶を余儀なくされて，悲嘆に暮れており，是非とも申立人を自分たちの子として育てたいとのことであったので，申立人を相手方ら夫婦の子として出生届をしたとのことです。

3　その後，申立人の父文明は事業を立ち上げて成功し，裕子と婚姻し，他方，相手方らも新たに子を儲けることができたので，関係者は，申立人を文明と裕子の子として育てることに異論はありません。

4　以上のように，申立人と相手方らとの間には親子関係がありませんので，申立ての趣旨のとおりの調停・審判を求めます。

第2　親子関係不存在確認の裁判

〈申立書の説明〉

記載例は，外国人男と日本人女との間の子が外国人夫婦の子とされている場合における親子関係不存在確認の調停の申立書の記載例です。なお，記載例の事案では，子は，出生により日本国籍を取得しているのに，韓国人同士の子として出生届がされたため，出生届によってはわが国の戸籍に入籍していません。このため，わが国では，外国人として外国人住民登録がされていたり，表見上の父母の本国において，その身分登録簿に表見上の父母の子として登録され，かつ，その国のパスポートも有しているので，裁判により親子関係の不存在を確定することが必要です。

(1)　当事者

記載例は，子が申立人となった場合であり，この場合の相手方は，表見上の父及び母です。

なお，表見上の父母からも申し立てることができ，この場合は子が相手方となります。利害関係人が申し立てる場合の相手方は，表見上の父母と子の3名です。利害関係人の範囲については，6の(1)①ア〈申立書の説明〉(1)の解説を参照願います。

(2)　申立先及び申立てに必要な費用

申立先及び申立てに必要な費用は2(1)①の〈申立説明書〉(2)(3)と同様です。渉外事件の場合，国際的裁判管轄権も問題となりますが，少なくとも相手方らが日本に住所を有しているときは，わが国に国際的裁判管轄権が認められます。

(3)　申立てに必要な書類

ア　申立書及びその写し1通

イ　標準的な申立添付書類

日本人母の戸籍謄本（全部事項証明書），申立人及び相手方の住民票，パスポート，本国の身分登録簿の写し，申立人の出生届の記載事項証明書です。

(4)　申立ての趣旨

記載例のように「申立人と相手方らとの間に親子関係が存在しないことを確認するとの調停・審判を求めます。」と記載します。

(5)　申立ての理由

表見上の夫婦が他人の子を自分たちの子として出生届を提出した事実等，子が父母の子ではないことを根拠付けるべき理由を記載例の中の「申立ての理由」のように記載します。なお，利害関係人が申立人の場合は，相手方らとの関係や申立てに法律上の利害関係を有することの事情も記載します。

②　戸籍の届出

血縁上の日本人母等からの出生届に基づき，父母の戸籍又は母の戸籍に入籍します。

なお，日本人母等からの出生届に基づく戸籍の記載に当たって，外国人父母との親子関係不存在確認の裁判が確定した旨の記載をする必要はありません。

255

第1章　親子関係事件

第**3**　親子関係存在確認の裁判 ─────────────────●

1　解　説

(1)　親子関係存在確認の類型

　親子関係存在確認の裁判は，通常は，父母と子との間又は母と子との間の親子関係の確認を求めるためになされます。例えば，藁の上からの養子のように，ＢＣ夫婦が他人の子Ａを自分たちの子として戸籍に入籍させた場合において，当該子Ａが実父母ＤＥを相手に自分はＤＥの嫡出子であるとして親子関係存在確認の裁判を提起したり，当該子Ａが実母Ｅを相手に自分はＥの子であるとして親子関係存在確認の裁判を提起するような場合です。このような藁の上からの養子の場合における親子関係の確認では，通常は，戸籍上の親子関係についてその不存在確認の裁判を提起し，当該戸籍から子を消除した後，血縁上の親が出生届をする等して，戸籍の記載を実体に合わせることが多いでしょう。しかしながら，戸籍上の親が死亡している場合，親子関係不存在確認の調停を申し立てることができないため（なお，検察官を相手とする人事訴訟の提起は可能です。），血縁上の親を相手に親子関係存在確認の調停を申し立てることが考えられます（昭和37・6・7民事甲1506号回答）。

　母が出産した子をまもなく遺棄する等したため，棄児として戸籍に記載されていたところ，母が発見されたような場合も，当該母との間の親子関係の存在を確認するためにこの裁判が提起されることがあります。民法779条では，母との間についても認知が可能であるとの条文となっていますが，法律上の母子関係は分娩の事実により発生すると解されており（最判昭和37・4・27民集16・7・1247），認知は必要ありません。そこで，このような場合に母子関係を確定するために親子関係存在確認の裁判を提起することができます。なお，嫡出でない子と父との間の父子関係存在確認の訴えは，後に述べる渉外関係では実際に必要な場合がありますが，国内の関係では，認知請求によるべきことが多いと考えられます。

　親子関係が存在することに関しては，民法や人事訴訟法上，認知等の各種の訴えを認めています。第4で説明する父を定める訴えも，前夫又は後

256

夫のいずれかに関して親子関係が存在することを裁判により明らかにするものです。このため，親子関係存在確認の裁判は，親子関係不存在確認の裁判と同様，これらの訴えと抵触しない範囲で補充的に認められます。

(2)　嫡出推定等との関係

　上記のとおり，子が戸籍に記載されている場合における親子関係存在確認の裁判は，戸籍上の母との間で母子関係が存在しない場合等に限られます。この場合は，戸籍上の父との間では形式的に見て嫡出推定が働いているようにも見えますが，そもそも嫡出推定は，子を分娩した母の夫（前夫）との関係で問題となるのであって，戸籍上の母が子を分娩していない場合は，推定の基礎がありません。そこで，この場合は，戸籍上の父との間で親子関係不存在確認等の裁判を経なくても，実父との間で法律上の親子関係の存在を確認するための裁判を提起することができます。なお，実父との間で法律上の親子関係の存在を確認等することができるのは，実父と実母が婚姻関係にあり，又は，あった場合に限られます。実母の嫡出でない子の場合は，実父との関係は認知請求によることを要しますが，この場合は，戸籍上の父との間で親子関係不存在確認等の裁判を経ることを要しません。

　上記とは異なり，戸籍上の母が実母であって，その間に法律上の母子関係が存在するときは，実父との関係は認知の裁判によることを要し，親子関係存在確認の裁判をすることはできません。

(3)　渉外関係

　渉外関係においては，父子関係存在確認の裁判が問題となることがあります。通則法29条1項によれば，渉外的な非嫡出関係の成立については，父との関係では父の本国法が，母との関係では母の本国法がそれぞれ準拠法となります。そこで，外国人父の本国法が，非嫡出関係について，血縁上の父子関係が存在すれば，認知がなくても法律上の親子関係を認める事実主義の法制を採っている場合，当該準拠法を適用して，父子関係存在確認の裁判を提起することができます。この場合において，子も外国人であり，その本国法上，認知制度がないときは，裁判認知を申し立てることができないため，父子関係存在確認の裁判を提起するしか法律上の父子関係

第1章　親子関係事件

を確認する方法がありません。子が日本人である場合は，同条2項によれば，子の本国法である日本法（具体的には民法）の規定に基づき，外国人父に対して認知請求をすることができますが，それと併存して，父子関係存在確認の裁判も提起することもできます。

(4)　裁判手続

　親子関係存在確認の裁判も調停が前置となっており，調停が成立しないときは，人事訴訟を提起することができます（人訴2条2号）。

　申立人又は原告は，実子又は実父母若しくは実母若しくは実父（渉外関係の場合）です。利害関係人も申立人等となることができますが，その例とすれば，実子が死亡した後の当該実子の子がこれに該当します。親子関係不存在確認の裁判に見られるような，実子と戸籍上のきょうだいは，これを申し立てることは少ないものと考えられます（実子との戸籍上のきょうだいに当たる者は，実子と戸籍上の父母との親子関係不存在確認の裁判を提起することで，実子の相続権を否定することができます。実子と実親との間に親子関係が存在することの確認も法律上は可能ですが，その前提として実親の探索を要し，さらに親子関係の存在の立証も要するので，親子関係不存在確認の裁判のほうが簡単です。）。

　実子が表見上の親の戸籍に入籍している場合と，無籍の場合があり得ます。前者の場合は，実子と戸籍上の親との間の親子関係不存在確認の裁判を先行させなくても，実親との親子関係存在確認の裁判における理由中の判断で，実子と戸籍上の親との間の親子関係不存在は明らかとなります。無籍者の場合は，就籍許可の審判によっても，通常は，親子関係の存在が判断されますが，実親を相手とする親子関係存在確認の裁判を確定させておくと，対世的にも実親との親子関係の存在が確定します。また，この裁判の謄本があれば，出生届の届出資格者がいる場合は，出生証明書が得られなくても，出生届をすることにより実親の戸籍に入籍することができます。届出資格者がいない場合は，戸籍法44条3項に基づく職権記載もできます（昭和26・12・28民事甲2483号回答）。

258

第3　親子関係存在確認の裁判

2　日本人同士の場合

(1)　親子関係存在確認の裁判

受付印	☑　調停
	家事　　　　　申立書　事件名（親子関係存在確認） □　審判

<table>
<tr><td rowspan="2">受付印（欄内）

収　入　印　紙　　　　円
予納郵便切手　　　　円</td><td>☑　調停</td></tr>
<tr><td>家事　　　　　申立書　事件名（親子関係存在確認）
□　審判</td></tr>
<tr><td></td><td>（この欄に申立て1件あたり収入印紙1，200円分を貼ってください。）

（貼った印紙に押印しないでください。）</td></tr>
</table>

○　　○　家庭裁判所 　　　　　　　御中 令和　2　年　1　月20日	申　立　人 （又は法定代理人など） の記名押印	乙　野　みどり	㊞

添付書類	（審理のために必要な場合は，追加書類の提出をお願いすることがあります。） 申立人の戸籍謄本　1通　　相手方の戸籍謄本　1通	準　口　頭

<table>
<tr><td rowspan="4">申

立

人</td><td>本　籍
（国　籍）</td><td colspan="2">（戸籍の添付が必要とされていない申立ての場合は，記入する必要はありません。）
東　京　　㊞道府県　　葛飾区柴又1丁目28番地</td></tr>
<tr><td>住　所</td><td colspan="2">〒132－0035
東京都江戸川区平井4丁目1番1号
（　　　　　　　方）</td></tr>
<tr><td>フリガナ
氏　名</td><td>オツ　ノ
乙　野　みどり</td><td>大正
昭和
㊞平成
令和　11　年　1　月18　日生
（　　21　　歳）</td></tr>
</table>

<table>
<tr><td rowspan="3">相

手

方</td><td>本　籍
（国　籍）</td><td colspan="2">（戸籍の添付が必要とされていない申立ての場合は，記入する必要はありません。）
東　京　　㊞道府県　　墨田区横川5丁目10番地</td></tr>
<tr><td>住　所</td><td colspan="2">〒132－0035
東京都江戸川区平井4丁目1番1号
（　　　　　　　方）</td></tr>
<tr><td>フリガナ
氏　名</td><td>ヘイ　ハラ　ヨウ　コ
丙　原　洋　子</td><td>大正
㊞昭和
平成
令和　48　年　3　月　7　日生
（　　46　　歳）</td></tr>
</table>

（注）太枠の中だけ記入してください。

第1章 親子関係事件

```
┌─────────────────────────────────────────────────────────┐
│           申　立　て　の　趣　旨                              │
├─────────────────────────────────────────────────────────┤
│                                                           │
│   申立人と相手方との間に親子関係が存在することを確認するとの調停・審    │
│ 判を求めます。                                               │
│                                                           │
│                                                           │
└─────────────────────────────────────────────────────────┘
```

```
┌─────────────────────────────────────────────────────────┐
│           申　立　て　の　理　由                              │
├─────────────────────────────────────────────────────────┤
```

1 申立人は，平成11年1月18日に相手方の嫡出でない子として出生しまし
 たが，当時，相手方の生活は苦しく，申立人を育てながら生活をするのが
 困難でした。なお，父は丙野健一とのことですが，認知もなく，現在行方
 不明です。他方，相手方の姉である乙野智子は，乙野和彦と婚姻してその
 当時妊娠していましたが，交通事故に遭い，中絶を余儀なくされていて，
 乙野夫婦は子を渇望していました。このために，相手方は，乙野夫婦と相
 談し，申立人を乙野夫婦の子として出生届を提出し，申立人は，乙野夫婦
 の戸籍に入籍しました。

2 それから15年が経過した平成26年2月5日に，申立人は，上記の事実を
 知らされました。乙野夫婦の実子であり，申立人の戸籍上の弟である大地
 もその事実を知り，それ以来，大地との間に亀裂が入ったままです。相手
 方は，現在，生活も安定し，申立人が大学に入学して学費を要することも
 あって，申立人を引き取りたいと考えています。

3 申立人は，乙野夫婦を相手に親子関係不存在確認の調停を申し立てよう
 と考えていましたが，乙野夫婦は，最近，航空機事故のためそろって死亡
 したので，当該申立てをすることができません。

4 以上のように，申立人と相手方との間には親子関係が存在するので，申
 立ての趣旨のとおりの調停・審判を求めます。

第3 親子関係存在確認の裁判

〈申立書の説明〉

記載例は，子が実母を相手とする場合のものです。

(1) 当事者

申立人が子の場合，実母を相手方として申し立てます。その他，実母，実父（子が嫡出である場合），利害関係人が申し立てることができます。子が嫡出でない場合は，実父は，認知の手続により法律上の親子関係を構築すべきです。

(2) 申立先

相手方の住所地の家庭裁判所又は当事者が合意で定める家庭裁判所です（家事法245条1項）。

(3) 申立てに必要な費用

収入印紙1200円分。実父母双方との親子関係存在確認の場合は，父子関係に関する事件と母子関係に関する事件が併合されているものと解されるので倍額の2400円が必要です。

連絡用の郵便切手（注：金額及び内訳は各裁判所によって異なることから申立裁判所に問合せが必要）

DNA鑑定等が行われる場合，原則として申立人がこの鑑定に要する費用を負担します。

(4) 申立てに必要な書類

ア 申立書及びその写し1通

イ 標準的な申立添付書類

申立人及び相手方の戸籍謄本（全部事項証明書）。なお，申立人が戸籍上の親とは別の戸籍にあるときは，戸籍上の父母の戸籍謄本も必要です。

(5) 申立ての趣旨

申立人が子の場合は，記載例のように「申立人と相手方との間に親子関係が存在することを確認するとの調停・審判を求めます。」です。

(6) 申立ての理由

実母が申立人を出産したこと，他人に託してその戸籍に入籍させた事実等，子と相手方との間に親子関係があること，さらには戸籍上の父母の子ではないことを根拠付けるべき理由を記載例の中の「申立ての理由」のように記載します。

(2) 戸籍の訂正

(1)の家事調停の場合のように戸籍上の夫婦の嫡出子として出生届がされている子から，母の妹を相手方として親子関係存在確認の裁判が確定した場合は，同裁判に基づき戸籍訂正をします。

この場合の訂正処理としては，表見上の父母の戸籍に入籍したのは誤りであるので同戸籍に記載されている子の記載を消除する訂正処理をします。なお，この手続を行うためには，裁判の理由中で子の出生届をした戸籍上の父とも親子関係がない旨の認定がされていることが必要です。戸籍上の父が血縁上の父でもある場合は，前記第2の「**5母子関係不存**

第 1 章　親子関係事件

在の場合」における手続となります。

　子は真実の母から改めて出生届をして，母の戸籍に入籍しますが，その場合の戸籍の処理についても示すこととします。

　なお，出生届をした戸籍上の父と子の間に血縁上の父子関係があることが裁判の謄本で明らかにされているときは，子の出生事項を母の戸籍に移記することになります。

第3 親子関係存在確認の裁判

a 戸籍訂正申請書

戸 籍 訂 正 申 請

東京都葛飾 市⓪町村 長　殿

令和 2 年 2 月 15 日申請

受 付	令和 2 年 2 月 15 日	戸 籍 調査
	第　　253　　号	

(一)	事件本人	本　籍	東京都葛飾区柴又1丁目28番地		記載	
		筆頭者氏名	乙 野 和 彦		記載調査	
(二)		住所及び世帯主氏名	東京都江戸川区平井4丁目1番1号　丙原洋子		送付	
(三)		氏　名	乙 野 みどり		住民票	
		生年月日	平成 11 年 1 月 18日		記載	
(四)	裁判の種類		親子関係存在確認の裁判		通知	
					附　票	
					記載	
	裁判確定年月日		令和 2 年 2 月 8 日		通知	
(五)	訂正の趣旨		事件本人乙野みどりについて，令和2年2月8日丙原洋子との親子関係存在確認の裁判が確定したので，上記乙野和彦戸籍から「みどり」を消除する。			
(六)	添付書類		裁判の謄本及び確定証明書戸籍謄本			
(七)	申請人	本　籍	東京都葛飾区柴又1丁目28番地			
		筆頭者氏名	乙 野 和 彦			
		住　所	東京都江戸川区平井4丁目1番1号			
		署名押印	乙 野 みどり　　㊞			
		生年月日	平成 11 年 1 月 18日			

（注）事件本人又は申請人が二人以上であるときは、必要に応じ該当欄を区切って記載すること。

263

第1章　親子関係事件

b　子の出生当時の表見上の父母の戸籍中子の記載

（2の1）　全 部 事 項 証 明

本　　　　籍	東京都葛飾区柴又一丁目28番地
氏　　　　名	乙野　和彦
戸籍事項 　　戸籍編製	（編製事項省略）

戸籍に記録されている者 消　　　除	【名】みどり 【生年月日】平成11年1月18日 【父】乙野和彦 【母】乙野智子 【続柄】長女
身分事項 　　消　　　除	【消除日】令和2年2月15日 【消除事項】出生事項 【消除事由】丙原洋子との親子関係存在確認の裁判確定 【裁判確定日】令和2年2月8日 【申請日】令和2年2月15日 【従前の記録】 　　【出生日】平成11年1月18日 　　【出生地】東京都江戸川区 　　【届出日】平成11年1月27日 　　【届出人】父 　　【送付を受けた日】平成11年1月29日 　　【受理者】東京都江戸川区長
	以下余白

発行番号000001

c 実母の戸籍中子の記載 (出生届がなされた場合)

（2の1） | 全 部 事 項 証 明

本　　　籍	東京都墨田区横川五丁目１０番地
氏　　　名	丙原　洋子

戸籍事項 　　戸籍編製	（編製事項省略）

戸籍に記録されている者	【名】みどり 【生年月日】平成１１年１月１８日 【父】 【母】丙原洋子 【続柄】長女
身分事項 　　出　　生	【出生日】平成１１年１月１８日 【出生地】東京都江戸川区 【届出日】令和２年２月１５日 【届出人】母

以下余白

発行番号０００００１

第1章　親子関係事件

3　外国人父との間の親子関係存在確認の場合

(1)　親子関係存在確認の裁判

訴　状

令和元年5月12日

○家庭裁判所　御中

原告法定代理人親権者母　甲野美咲（印）

本籍　新潟県十日町市四日町1丁目5番地
住所　〒948-0051　新潟県十日町市寿町1丁目3番2号
　　　原告　　　　　　　　　　　甲野さくら
本籍及び住所　原告に同じ
電話・ＦＡＸ：○○○（○○○）○○○○
　　　法定代理人親権者母　　　　甲野美咲
国籍　フィリピン
住所　〒949-8603　新潟県十日町市下條1丁目3番5号
　　　被告　　　　　　　　　　　アキノ，ロドリゲス

親子関係存在確認請求事件
　　訴額　　　　金160万円
　　貼用印紙　　金1万3000円
　　郵券（注：金額及び内訳は各裁判所によって異なることから申立裁判所に問合せが必要）

第1　請求の趣旨
　　1　原告は被告の子であることを確認する
　　2　訴訟費用は被告の負担とする
との裁判を求める。

第2　請求原因
　　1　原告の母甲野美咲と被告とは，平成26年5月ころから交際を始めた。被告は，他に妻子のある身であったが，独身である美咲にそのことを秘匿して，原告を懐胎させた。美咲は，平成29年8月7日に原告を出産した。（甲第1ないし4号証）
　　2　しかるに，被告は，原告が被告の子ではないと言い張って，親子関係の存在を認めようとはしない。（甲第4号証）
　　3　原告は，被告を相手に親子関係存在確認の調停を申し立てたが，被告は，調停期日に出頭しなかった。
　　4　なお，被告の本国法では，確定判決によっても非嫡出親子関係が生ずる。（フィリピン家族法175条，172条）
以上の次第であり，原告と被告との間に親子関係が存在するので，請求の

第3　親子関係存在確認の裁判

　　趣旨どおりの判決を求める。

証拠方法

　　1　甲第1号証　　戸籍謄本
　　2　甲第2号証　　出生証明書
　　4　甲第3号証　　被告の外国人住民票の写し
　　5　甲第4号証　　原告の陳述書

附属書類

　　1　甲号証写し　　　各1通
　　2　戸籍謄本　　　　1通
　　3　調停不成立証明書　1通
　　4　被告の住民票　　　1通

〈訴状の説明〉

(1)　訴えの提起が必要な場合

　　親子関係存在確認の裁判が必要なのは，記載例のように，調停期日に相手方が出頭しなかった場合等です。また，調停期日に出頭したとしても，DNA鑑定に協力しなかったり，合意をしない場合もあります。

　　ところで，本件のように日本人女が外国人男との間で嫡出でない子を出産した場合，通則法29条によれば，父子関係の成立の準拠法は父の本国法であり（同条1項），さらに，認知に関しては，子の本国法によることも可能です（同条2項）。記載例のように，父の本国法がフィリピン家族法の場合，同法は事実主義を採用し，認知制度がありませんが，子の本国法は日本法であるため，民法に基づき認知請求をすることも可能です。しかし，子の本国法でも認知制度がない場合（子がフィリピン人とか大陸系中国人の場合等）には，子は父に対して認知請求ができないため，父子関係を確定するためには，親子関係存在確認の裁判が必要です。

　　管轄裁判所は，父又は子の住所地を管轄する家庭裁判所です（人訴4条）。なお，被告が日本に住所を有する場合は，わが国に国際的裁判管轄があります。

(2)　訴状の記載

　　訴状には，当事者の住所氏名，請求の趣旨，請求原因等を記載しますが，その一例は記載例のとおりです。

　　次に，「請求の趣旨」ですが，原告・子，被告・父の場合は，訴状のように「原告は被告の子であることを確認する」ですが，「原告と被告との間に親子関係が存在することを確認する」でも差し支えありません。

　　さらに，「請求原因」ですが，原告が被告の子であること，他の男の子とは推定されていないこと（母が婚姻しないまま懐胎したこと）を根拠付けるべき理由を記載します。

(3)　添付書類

　　記載例に示したとおりです。

第1章　親子関係事件

⑵　戸籍に記載された父が外国人である場合

　⑴の人事訴訟の事例のように血縁上の父である外国人の本国法が事実主義を採用している場合，認知の裁判のみならず，当該外国人を相手として親子関係存在確認の裁判を提起することができ，当該裁判が確定した場合，当該裁判の謄本及び確定証明書を添付して，認知が成立した旨の認知届（戸籍法63条の類推適用による届出）をすることができます。

　なお，父が子の認知に協力的であるならば，父の国籍証明書及び事件本人の父であることを認めている証明書（父の申述書，父の署名のある出生証明書等）の添付があれば，出生届の追完により，戸籍に父の氏名を記載することができます。

a　認知届書

戸籍法第63条の 類推適用による届出 令和 元 年 10 月 15 日 届出 新潟県十日町市　長 殿	受 理　令和 元 年 10 月 15 日 第　　　　　1897 号		発 送　令和　　年　　月　　日 　　　　　　　　　　　　長 印	
	送 付　令和　　年　　月　　日 第　　　　　　　号			
	書類調査　戸籍記載　記載調査　附　票　住民票　通　知			

	子				父	
（よみかた）	こう　の	さ　く　ら	父母との 続き柄			
氏　　　　名	氏 甲 野	名 さくら	長 □男 ☑女	氏 アキノ	名 ロドリゲス	
生 年 月 日	平成 29 年 8 月 7 日			西暦 1993年 5 月 7 日		
住　　　　所 （住民登録をして いるところ）	新潟県十日町市寿町			新潟県十日町市下條		
	1丁目　　　3 ~~番地~~番 2 号			1丁目　　　3 ~~番地~~番 5 号		
	世帯主 の氏名 甲 野 美 咲			世帯主 の氏名 アキノ，ロドリゲス		
本　　　　籍 （外国人のときは 国籍だけを書い てください）	新潟県十日町市四日町			国籍　フィリピン共和国		
	1丁目　　　　5 ~~番地~~番			番地 番		
	筆頭者 の氏名 甲 野 美 咲			筆頭者 の氏名		

裁 判 確 定 の 年　　　月　　　日	□審判　　　　年　　月　　日確定 ☑判決 令和 元 年 10 月 7 日確定

	氏 名 甲 野 美 咲　　　　平成 7 年 4 月 10 日生
子　　の　　母	本 籍　　新潟県十日町市四日町一丁目　　　5 ~~番地~~番
	筆頭者 の氏名 甲 野 美 咲

そ の 他	☑未成年の子を認知する　□成年の子を認知する　□死亡した子を認知する　□胎児を認知する 　　令和元年10月7日甲野さくらとアキノ，ロドリゲスの親子関係存在確認 　の裁判確定 　　裁判の謄本及び確定証明書添付

届 出 人	□父　　☑その他（子の親権者母）	
	住 所　新潟県十日町市寿町1丁目　　　　　　3 ~~番地~~番 2 号	
	本 籍　新潟県十日町市四日町1丁目　　5 ~~番地~~番　筆頭者 の氏名 甲野美咲	
	署 名　　甲 野 美 咲　　　　㊞　　平成 7 年 4 月 10 日生	

第１章　親子関係事件

b　母の戸籍中子の記載

（２の１）　全 部 事 項 証 明

本　　　籍	新潟県十日町市四日町一丁目５番地
氏　　　名	甲野　美咲

戸籍事項 　戸籍編製	（編製事項省略）

〜〜〜〜〜〜〜〜〜〜〜〜〜〜〜〜〜〜〜〜〜〜〜〜〜〜

戸籍に記録されている者	【名】さくら 【生年月日】平成２９年８月７日 【父】アキノ，ロドリゲス 【母】甲野美咲 【続柄】長女
身分事項 　出　　生 　認　　知	（出生事項省略） 【認知の裁判確定日】令和元年１０月７日 【認知者氏名】アキノ，ロドリゲス 【認知者の国籍】フィリピン共和国 【認知者の生年月日】西暦１９９３年５月７日 【届出日】令和元年１０月１５日 【届出人】母 【特記事項】令和元年１０月７日国籍フィリピン共和国アキ 　　　　ノ，ロドリゲス（西暦１９９３年５月７日生）との親子 　　　　関係存在確認の裁判確定
	以下余白

発行番号０００００１

270

第4 父を定める裁判 ━━━━━━━━━━━━━━━━━━━━━━━━●

1 解 説

(1) 父を定める訴えがある理由

　民法772条は，婚姻の成立の日から200日を経過した後又は婚姻の解消若しくは取消しの日から300日以内に生まれた子は，婚姻中の夫婦間にできた子（嫡出子）と推定しています。そこで，前婚解消後301日目以降に出生した子は，前婚の夫の子とは推定されず，妻がその前に後婚の夫と婚姻していれば，推定の有無を問わず，後婚の夫の子とされます（このうち，後婚の成立の日から200日を経過した後に出生した子は，後婚の夫の子と推定されます。）。他方，前婚解消後300日以内に出生した子は，前婚の夫の子と推定され，妻がその前に後婚の夫と婚姻していたとしても，同様です。そして，後婚の成立の日から200日以内に出生した子は，後婚の夫の子とは推定されないので，血縁上は後婚の夫の子であっても，前婚の夫の子としてのみ推定されます。そこで，当該子を後婚の夫の子として出生届をしても原則として受理されません（その受理のためには，前婚の夫との間で親子関係不存在を確定する裁判の謄本等が必要です。）。

　ところで，前婚解消後300日以内であり，かつ，後婚の成立の日から200日を経過した後に子が出生することがあります。このような事態を避けるため，民法第733条第1項は「女は，前婚の解消又は取消しの日から100日を経過した後でなければ，再婚をすることができない。」と規定しています。同条は，かつて，女性について6か月の待婚期間を設けていましたが，最高裁判所は，この規定のうち離婚後100日を超えて再婚を禁止するのは憲法に違反するとしたため，100日に改正されたものです。これは100日の待婚期間と200日を合わせると，後婚の夫の子として推定されるのは，前婚解消後300日程度後に出生した場合のみですし，この場合は，前婚解消後300日が経過しているので前婚の夫の子としては推定されないことから，待婚期間は100日で十分とされたのです（最判平成27・12・16民集6巻8号2427頁）。

　しかしながら，待婚禁止期間に違反して誤って婚姻届が受理されると，

271

第1章　親子関係事件

推定の重複が生じることがあります。例えば，前婚解消後60日を経過して
から後婚が受理され，後婚の成立の日から210日目に子が出生したような
場合です。妻が前婚の解消時に新戸籍を編製し（戸19条１項ただし書），その
後，転籍した場合は，転籍後の戸籍の身分事項欄には前婚解消の事実は記
載されないため，この戸籍謄本のみにより妻に関する後婚の要件を審査し
た場合，待婚期間に違反して後婚の届出が受理されることがあります。

　このため，民法第773条は「第733条第１項の規定に違反して再婚をした
女が出産した場合において，前条の規定によりその子の父を定めることが
できないときは，裁判所が，これを定める。」と規定し，父を定めること
を目的とする訴えについて定めています。

(2)　出生届との関係

　なお，この規定があるからといって，子の出生の届出をする義務は免除
されておらず，子については出生届をすることが必要です。戸籍法54条１
項は「民法第773条の規定によつて裁判所が父を定むべきときは，出生の
届出は，母がこれをしなければならない。この場合には，届書に，父が未
定である事由を記載しなければならない。」と規定しており，父が定まっ
ていないので，父の氏名欄は空白とし，続柄欄には，母の選択に従い，前
夫と母又は後夫と母のいずれかを基準に記載し，さらに届書のその他欄に
「出生子は母の前夫・後夫のいずれの子としても推定を受けるので父未定
である」と記載します。

　また，このような出生届があった場合は，子は，出生当時の母の戸籍
（大部分は後婚の夫婦の戸籍）に入籍させます。そして，届書記載のとおり，
父は空欄とし，届書に記載された続柄を記載し，身分事項欄の出生事項中
に「父未定」の付記をします（参考記載例６）。

　父を定める裁判おいて，裁判と戸籍の記載が相違するときは，戸籍訂正
申請（戸116条）により相違する部分を訂正します。これに関する詳細は後
記を参照願います。

(3)　渉外関係

　日本人男と外国人女との国際結婚では，待婚期間は双方的要件とされて
いて，妻の本国法上待婚期間の定めがない場合であっても，民法の待婚期

272

間の定めが適用されます。しかし，外国人女の本国に待婚期間の定めのない場合，前婚解消後であればいつでも婚姻要件具備証明書が発給され得るので，当該婚姻要件証明書のみに基づき外国人妻の婚姻要件を審査した場合，誤って婚姻届が受理されることがあり，外国人女の前夫の嫡出推定と重なることがあります。この場合も同様の問題が生じますが，実際には，後夫の子として出生届をした場合，市町村長は出生届の受理の審査に当たり外国人女の離婚歴まで調査する手段がないので，そのまま受理され，日本人夫の子として戸籍に入籍されます。このような事態となっても，外国人女と前婚の夫との夫婦関係が破綻していて，当該子は，後婚の夫と血縁関係のある子であることが多いので，問題が顕在化することは少ないものと思われます。しかしながら，この場合においても，法律上は，父を定める訴えにより，前夫の子か後夫の子かを確定することを要します。

⑷　裁判手続

　この訴えについても調停前置（家事法257条）がなされ，まず，調停を申し立てることとされています。

　調停の申立人又は人事訴訟の原告は，子（法定代理人は母），母，前婚の夫，後婚の夫（母の現在の夫）のいずれもがなることができ，相手方又は被告は，申立人（原告）により次のとおりとなります（人訴43条）。なお，母と後婚の夫とは，共同申立人（共同原告）となることはできません。母が申立人（原告）の場合，後婚の夫も相手方（被告）となるからです。調停の相手方となるべき者がすべて死亡したときは，調停を申し立てることができず，この場合は，検察官を相手として人事訴訟を提起します。

申立人（原告）	相手方（被告）
子又は母	前婚の夫及び後婚の夫（その一方が死亡した後は，他の一方）
後婚の夫	前婚の夫
前婚の夫	後婚の夫

　裁判提起については期間の定めはありませんが，子の父を早期に確定させるため，資料が整い次第提起することが相当です。

第1章 親子関係事件

2 父を定める裁判

父を定める裁判は，前婚の夫の子としての推定と後婚の夫の子としての推定が重複する場合に提起することを要するので，これまでの親子関係訴訟とは異なり，1つの類型のみです。この裁判についても，家事調停と人事訴訟とがあり，また，裁判の結果も，前婚の夫の子として確定する場合と，後婚の夫の子として確定する場合の二通りあります。しかし，裁判の提起時にはそのいずれであるのかが判明していないことが多く，「申立ての趣旨」や「請求の趣旨」は，不判明を前提としたものとなり，いずれの結果となるかを問わず共通です。もっとも，裁判の結果次第では戸籍訂正の方法が異なりますから，場合を分けて説明することとします。

そこで，まず，(1)で調停の申立書を示し，当該調停（審判）の結果，前夫を父と定めることが確定した場合についての戸籍訂正を(2)で示します。次に，(3)で人事訴訟の場合の訴状を示し，当該裁判の結果，後夫を父と定めることが確定した場合についての戸籍訂正を(4)で示します。

第4　父を定める裁判

(1)　家事調停

<table>
<tr><td rowspan="2">受付印</td><td colspan="2">☑　調停</td></tr>
<tr><td>家事</td><td>申立書　事件名（　父の確定　）</td></tr>
</table>

受付印	（この欄に申立て1件あたり収入印紙1,200円分を貼ってください。）
収入印紙　　　　円	
予納郵便切手　　円	（貼った印紙に押印しないでください。）

□　審判

○　○　家庭裁判所 　　　　　御中 令和　2　年　3　月　20　日	申　立　人 （又は法定代理人など） の　記　名　押　印	乙　野　美　咲　　㊞

添付書類	（審理のために必要な場合は，追加書類の提出をお願いすることがあります。） 申立人及び相手方乙野大樹の戸籍勝本　1通 相手方甲野拓也の戸籍勝本　1通	準 口 頭

<table>
<tr>
<td rowspan="4">申
立
人</td>
<td>本　籍
（国　籍）</td>
<td colspan="2">（戸籍の添付が必要とされていない申立ての場合は，記入する必要はありません。）
東　京　　都道　　千代田区平河町1丁目4番地
　　　　　　府県</td>
</tr>
<tr>
<td>住　所</td>
<td colspan="2">〒113－0021
東京都文京区本駒込1丁目2番3号　　　　　　　（　　　　　　方）</td>
</tr>
<tr>
<td>フリガナ
氏　名</td>
<td>オツ　ノ　ショウ　タ
乙　野　翔　太</td>
<td>大正
昭和　31　年　1　月　18　日生
平成
令和（　　　1　　）歳</td>
</tr>
</table>

<table>
<tr>
<td rowspan="3">相
手
方</td>
<td>本　籍
（国　籍）</td>
<td colspan="2">（戸籍の添付が必要とされていない申立ての場合は，記入する必要はありません。）
東　京　　都道　　新宿区百人町62番地
　　　　　　府県</td>
</tr>
<tr>
<td>住　所</td>
<td colspan="2">〒169－0073
東京都新宿区百人町1丁目5番地　　　　　　　（　　　　　　方）</td>
</tr>
<tr>
<td>フリガナ
氏　名</td>
<td>コウ　ノ　タク　ヤ
甲　野　拓　也</td>
<td>大正
昭和　6　年　10　月　7　日生
平成
令和（　　25　　）歳</td>
</tr>
</table>

<table>
<tr>
<td rowspan="3">相
手
方</td>
<td>本　籍
（国　籍）</td>
<td colspan="2">（戸籍の添付が必要とされていない申立ての場合は，記入する必要はありません。）
東　京　　都道　　千代田区平河町1丁目4番地
　　　　　　府県</td>
</tr>
<tr>
<td>住　所</td>
<td colspan="2">〒113－0021
東京都文京区本駒込1丁目2番3号　　　　　　　（　　　　　　方）</td>
</tr>
<tr>
<td>フリガナ
氏　名</td>
<td>オツ　ノ　ダイ　キ
乙　野　大　樹</td>
<td>大正
昭和　5　年　6　月　15　日生
平成
令和（　　26　　）歳</td>
</tr>
</table>

（注）太枠の中だけ記入してください。

第1章　親子関係事件

<table>
<tr><td colspan="2" style="text-align:center">申　立　て　の　趣　旨</td></tr>
<tr><td colspan="2">　申立人の父を相手方甲野拓也又は相手方乙野大樹と定めるとの調停・審判を求めます。</td></tr>
</table>

<table>
<tr><td colspan="2" style="text-align:center">申　立　て　の　理　由</td></tr>
<tr><td>1</td><td>申立人の母美咲は，平成29年1月10日，相手方甲野拓也と婚姻しましたが，不和となって平成30年4月10日に協議離婚しました。美咲は，かねてから交流のあった相手方乙野大樹と婚姻することとし，相手方甲野拓也との離婚後2か月経過した同年6月15日，相手方乙野大樹との婚姻の届出をしたところ，誤って受理されました。</td></tr>
<tr><td>2</td><td>美咲は，相手方乙野大樹との婚姻後200日を経過した後の平成31年1月18日，申立人を出産しました。ちなみに同日は，美咲と相手方甲野拓也との離婚の日から300日を経過する前に到来しています。</td></tr>
<tr><td>3</td><td>このため，申立人は二重の嫡出の推定を受けることとなったので，いずれの婚姻の夫の子とすべきかを確定するため，この調停・審判を求めます。</td></tr>
</table>

（別紙）

<table>
<tr>
<td rowspan="6">相手方法定代理人親権者母</td>
<td>本　籍
（国　籍）</td>
<td colspan="2">（戸籍の添付が必要とされていない申立ての場合は，記入する必要はありません。）
東　京　㊞道
　　　　府県　　千代田区平河町1丁目4番地</td>
</tr>
<tr>
<td>住　所</td>
<td colspan="2">〒113－0021
東京都文京区本駒込1丁目2番3号
（　　　　　　　　　　　方）</td>
</tr>
<tr>
<td>フリガナ
氏　名</td>
<td>オツ ノ ミ サキ
乙　野　美咲</td>
<td>大正
昭和
平成　7年2月7日生
令和
（　　24　　歳）</td>
</tr>
</table>

276

第4　父を定める裁判

〈申立書の説明〉

記載例は，子が母の前婚の夫及び後婚の夫を相手とする場合のものです。

(1)　当事者

申立人が子の場合，母の前婚の夫及び後婚の夫を相手方として申し立てます。その他，申立人及び相手方は上記1(4)で説明したとおりです。

(2)　申立先

相手方の住所地の家庭裁判所又は当事者が合意で定める家庭裁判所です（家事法245条1項）。

(3)　申立てに必要な費用

収入印紙1200円

連絡用の郵便切手（注：金額及び内訳は各裁判所によって異なることから申立裁判所に問合せが必要）

DNA鑑定等が行われる場合，原則として申立人がこの鑑定に要する費用を負担します。

(4)　申立てに必要な書類

ア　申立書及びその写し2通

イ　標準的な申立添付書類

申立人及び相手方らの戸籍謄本（全部事項証明書）

(5)　申立ての趣旨

申立人が子の場合は，記載例のように「申立人の父を相手方甲野拓也又は相手方乙野大樹と定めるとの調停・審判を求めます。」です。

(6)　申立ての理由

母が前夫と離婚したこと，母の再婚届が誤って受理され，その結果，申立人が，母の前婚解消の日から300日以内であり，かつ，後婚の届出から200日後に出生したため，嫡出の推定が重複することを記載例の中の「申立ての理由」のように記載します。

(2)　戸籍の訂正（前夫を父と定める裁判が確定した場合）

母の後夫の戸籍に父未定の子として入籍している子につき，母から申立てした父を定める裁判により，前夫を父と定める裁判が確定した場合は，戸籍訂正申請により，子は母の後夫の戸籍から除籍され，母の前夫の戸籍に入籍する訂正をします。

第1章　親子関係事件

a　戸籍訂正申請書

戸 籍 訂 正 申 請

東京都千代田 市区町村長　殿

令和 2 年 4 月 7 日申請

受付	令和 2 年 4 月 7 日	戸　籍
	第　579　号	調査

				記載	
(一)	事件本人	本　籍	東京都千代田区平河町1丁目4番地	記載調査	
		筆頭者氏名	乙 野 大 樹	送付	
(二)		住所及び世帯主氏名	東京都文京区本駒込1丁目2番3号　乙野大樹	住民票	
(三)		氏　名	乙 野 翔 太	記載	
		生年月日	平成 31 年 1 月 18 日	通知	
(四)		裁判の種類	父を定める裁判	附　票	
				記載	
		裁判確定年月日	令和 2 年 4 月 2 日	通知	
(五)		訂正の趣旨	事件本人乙野翔太について令和2年4月2日父を甲野拓也と定める裁判確定により，上記乙野大樹戸籍から除籍し，父甲野拓也，母乙野美咲の長男として東京都新宿区百人町62番地甲野拓也戸籍に入籍させる。		
(六)		添付書類	裁判の謄本及び確定証明書　戸籍謄本		
(七)	申請人	本　籍	東京都千代田区平河町1丁目4番地		
		筆頭者氏名	乙 野 大 樹		
		住　所	東京都文京区本駒込1丁目2番3号		
		署名押印	乙 野 美 咲　　㊞		
		生年月日	平成 3 年 5 月 10 日		

(注) 事件本人又は申請人が二人以上であるときは、必要に応じ該当欄を区切って記載すること。

278

第4　父を定める裁判

b　母の後夫の戸籍中子の記載

<table>
<tr><td colspan="2"></td><td>（2の1）</td><td>全 部 事 項 証 明</td></tr>
<tr><td>本　　　籍</td><td colspan="3">東京都千代田区平河町一丁目4番地</td></tr>
<tr><td>氏　　　名</td><td colspan="3">乙野　大樹</td></tr>
<tr><td>戸籍事項
　　戸籍編製</td><td colspan="3">（編製事項省略）</td></tr>
</table>

<table>
<tr><td>戸籍に記録されている者

　　除　　籍</td><td>【名】翔太

【生年月日】平成31年1月18日
【父】
【母】乙野美咲
【続柄】長男</td></tr>
<tr><td>身分事項
　　出　　　生</td><td>【出生日】平成31年1月18日
【出生地】東京都千代田区
【届出日】平成31年1月26日
【届出人】母
【特記事項】父未定</td></tr>
<tr><td>　　除　　　籍</td><td>【除籍日】令和2年4月7日
【除籍事由】父を甲野拓也と定める裁判確定
【裁判確定日】令和2年4月2日
【申請日】令和2年4月7日
【申請人】乙野美咲
【入籍戸籍】東京都新宿区百人町62番地　甲野拓也</td></tr>
<tr><td></td><td style="text-align:right">以下余白</td></tr>
</table>

発行番号000001

第1章　親子関係事件

c　母の前夫の戸籍中子の記載

（2の1）　全 部 事 項 証 明

本　　　籍	東京都新宿区百人町６２番地
氏　　　名	甲野　拓也
戸籍事項 　　戸籍編製	（編製事項省略）

戸籍に記録されている者	【名】翔太 【生年月日】平成３１年１月１８日 【父】甲野拓也 【母】乙野美咲 【続柄】長男
身分事項 　　出　　　生	【出生日】平成３１年１月１８日 【出生地】東京都千代田区 【届出日】平成３１年１月２６日 【届出人】母
入　　　籍	【入籍日】令和２年４月１２日 【入籍事由】父を甲野拓也と定める裁判確定 【裁判確定日】令和２年４月２日 【申請日】令和２年４月７日 【申請人】乙野美咲 【送付を受けた日】令和２年４月１２日 【受理者】東京都千代田区長 【従前戸籍】東京都千代田区平河町一丁目４番地　乙野大樹 　　　　　　　　　　　　　　　　　　　　　　　　　以下余白

発行番号０００００１

第4　父を定める裁判

(3)　人事訴訟

訴　状

平成31年3月20日

○家庭裁判所　御中

原告法定代理人親権者母　乙野沙織（印）

本籍　東京都千代田区平河町1丁目4番地
住所　〒113－0021　東京都文京区本駒込1丁目2番3号
　　　原告　　　　　　　　　　乙野美月
　　　平成31年3月10日生
本籍及び住所　原告に同じ
電話・ＦＡＸ：○○○（○○○）○○○○
　　　法定代理人親権者母　　　乙野沙織
本籍　東京都千代田区平河町1丁目4番地
住所　〒113－0021　東京都文京区本駒込1丁目2番3号
　　　被告　　　　　　　　　　乙野健太
本籍　東京都港区赤坂3丁目10番地
住所　〒107－0052　東京都港区赤坂3丁目10番18号
　　　被告　　　　　　　　　　甲野雄太

父を定める請求事件
　　訴額　　　金160万円
　　貼用印紙　金1万3000円
　　郵券（注：金額及び内訳は各裁判所によって異なることから申立裁判所に
　　問合せが必要）

第1　請求の趣旨
　1　原告の父を被告乙野健太と定める
　2　訴訟費用は被告らの負担とする
との裁判を求める。

第2　請求原因
　1　原告の母乙野沙織と被告甲野雄太とは，平成29年1月10日に婚姻した。
　　雄太は酒乱気味で家庭内暴力が耐えなかったが，沙織は被告甲野雄太と
　　同居していた。（甲第1号証，第4号証）
　2　沙織は，幼なじみであった被告乙野健太に被告甲野雄太のことを相談
　　していたこともあって，親密な関係となり，原告を懐胎した。（甲第5
　　号証）
　3　沙織と被告甲野雄太は，平成30年5月20日に協議離婚し，沙織は両親
　　の戸籍に復籍した。その後，沙織と被告乙野健太とは，平成30年8月15

281

第1章　親子関係事件

　　　日，婚姻の届出を提出したが，その前に，沙織が両親の戸籍から分籍し
　　　ていたこともあって，同婚姻の届出は誤って受理された。（甲第1ない
　　　し第5号証）
　　4　沙織は，平成31年3月10日に原告を出産したが，同日は，被告甲野雄
　　　太との婚姻解消後290日目であり，かつ，被告乙野健太との婚姻から230
　　　日が経過した日である。（甲第1ないし第4号証）
　　5　原告は，被告らを相手に父を定める旨の調停を申し立てたが，被告甲
　　　野雄太は，調停期日に出頭しなかった。
　　以上の次第であり，原告は二重の嫡出の推定を受けることとなったが，真
　実の父は被告乙野健太であるので，請求の趣旨どおりの判決を求める。

証拠方法

　1　甲第1号証　　戸籍謄本
　2　甲第2号証　　戸籍謄本
　3　甲第3号証　　戸籍謄本
　4　甲第4号証　　出生証明書
　5　甲第5号証　　原告沙織の陳述書

附属書類

　1　甲号証写し　　　各1通
　2　戸籍謄本　　　　2通
　3　調停不成立証明書　1通

〈訴状の説明〉

(1)　訴えの提起が必要な場合

　父を定める訴えを提起することが必要なのは，記載例のように，調停期日に父のいずれ
かが出頭しなかった場合等です。また，調停期日に出頭したとしても，DNA鑑定に協力
しなかったり，合意をしない場合もあります。

(2)　訴状の記載

　訴状には，当事者の住所氏名，請求の趣旨，請求原因等を記載しますが，その一例は記
載例のとおりです。

　請求の趣旨については，原告・子，被告・前夫及び後夫の場合は，訴状のように「原告
の父を被告乙野健太と定める」と，原告が父と考える者を特定して記載する方法でも，
「原告の父を被告甲野雄太又は被告乙野健太と定める」と一般的な記載方法でも差し支え
ありません。

　請求原因については，原告が前夫又は後夫のいずれの子であるか，生理的に不明の場合
はその理由，さらには，原告が，前夫又は後夫の二重の嫡出の推定を受けることとなるこ
と等を記載します。

(3)　添付書類

　記載例に示したとおりです。

282

第4　父を定める裁判

(4)　**戸籍の訂正**（後夫を父と定める裁判が確定した場合）

　　母の後夫の戸籍に父未定の子として入籍している子につき，母から申立てした父を定める裁判により，後夫を父と定める裁判が確定した場合は，子は出生当時の母の戸籍である後夫の戸籍に入籍しているので戸籍の変動はなく，訂正申請により子の身分事項欄に父を定める裁判確定の旨の記載をします。

第1章　親子関係事件

a　戸籍訂正申請書

戸 籍 訂 正 申 請

東京都千代田　市区町村長　殿

令和 元 年 5 月 15 日申請

受付	令和 元 年 5 月 15 日		戸　籍	
	第　911　号		調査	

（一）	事件本人	本　　籍	東京都千代田区平河町1丁目4番地	記載
		筆頭者氏名	乙 野 健 太	記載調査
（二）		住所及び世帯主氏名	東京都文京区本駒込1丁目2番3号　乙野健太	送付
（三）		氏　　名	乙 野 美 月	住 民 票
		生年月日	平成 31 年 3 月 10 日	記載
（四）	裁 判 の 種 類		父を定める裁判	通知
				附　票
				記載
	裁 判 確 定 年 月 日		令和 元 年 5 月 10 日	通知
（五）	訂 正 の 趣 旨		事件本人乙野美月について令和元年5月10日父を乙野健太と定める裁判確定により，上記乙野健太戸籍中美月の父欄の記載をし，父母との続柄を「長女」と訂正する。	
（六）	添 付 書 類		裁判の謄本及び確定証明書 戸籍謄本	
（七）	申請人	本　　籍	東京都千代田区平河町1丁目4番地	
		筆頭者氏名	乙 野 健 太	
		住　　所	東京都文京区本駒込1丁目2番3号	
		署名押印	乙 野 沙 織　　㊞	
		生年月日	昭和 63 年 5 月 10 日	

（注意）事件本人又は申請人が二人以上であるときは、必要に応じ該当欄を区切って記載すること。

b　母の後夫の戸籍中子の記載

（2の1）	全 部 事 項 証 明

本　　　籍	東京都千代田区平河町一丁目4番地
氏　　　名	乙野　健太

戸籍事項 　　戸籍編製	（編製事項省略）

戸籍に記録されている者	【名】美月 【生年月日】平成31年3月10日 【父】乙野健太 【母】乙野沙織 【続柄】長女
身分事項 　　出　　生	【出生日】平成31年3月10日 【出生地】東京都千代田区 【届出日】平成31年5月20日 【届出人】母
訂　　正	【訂正日】令和元年5月15日 【訂正事由】父を乙野健太と定める裁判確定 【裁判確定日】令和元年5月10日 【申請日】令和元年5月15日 【申請人】親権者母 【従前の記録】 　　【特記事項】父未定
記　　録	【記録日】令和元年5月15日 【記録事項】父の氏名 【記録事由】父を乙野健太と定める裁判確定 【裁判確定日】令和元年5月10日 【申請日】令和元年5月15日 【申請人】親権者母 【関連訂正事項】父母との続柄 【従前の記録】 　　【父母との続柄】長女 【記録の内容】 　　【父】乙野健太
	以下余白

発行番号000001

第1章　親子関係事件

第5　出生に関するその他の事例

1　解　説

　出生に関し裁判が問題となる事例は，これまで説明したように，親子関係の存否を裁判で確定し，その後，これに基づき実親の戸籍に入籍したり，戸籍訂正をする場合のほか，このような身分関係の確定をするまでもなく，家事審判により戸籍訂正する場合と，出生届を提出したところ，市町村長が不受理処分をした等のため，市町村長の処分に対して不服申立てをする場合があります。

2　戸籍訂正

(1)　戸籍訂正の種類

　第1編で説明したとおり，戸籍訂正には，職権による訂正（戸24条）と申請に基づく訂正（戸113条以下）とがあります。ここでは，出生に関するの戸籍訂正手続のうち，戸籍法113条に基づく戸籍訂正と114条に基づく戸籍訂正を採り上げます。

　戸籍法113条について条文に則して説明しますと，「戸籍の記載が法律上許されないものであること」の例とすれば，外国人を入籍させた場合（昭和26年7月23日民事甲1505号回答），偽造，変造の届出による記載（大正4年1月16日民1184号回答），死亡者又は届出無資格者の届出による記載（昭和22年7月18日民事甲608号回答）などがあります。また「記載に錯誤若しくは遺漏があること」とは，戸籍の記載が事実と合致していないことであり，「錯誤」の場合とは，生年月日や父母との続柄の記載に誤りがあるような場合であり，「遺漏」の場合とは，生年月日や父母との続柄を記載していないような場合です。また，女性として出生届がされた者について医学的に男性として認められるとして，続柄を「長女」から「長男」と訂正する場合（水戸家土浦支部審平成11・7・22家月51・12・40）などもあります。

　戸籍法114条に基づく戸籍訂正は，「届出によつて効力を生ずべき行為」すなわち創設的届出に基づき戸籍の記載を行ったものの，当該行為が無効である場合であり，かつ，訂正事項が軽微であって親族・相続法上の身分

286

第5 出生に関するその他の事例

関係に何ら影響を及ぼすべきおそれがない場合や，その無効が戸籍面上明らかな場合に限られています。そこで，出生に関する戸籍訂正で戸籍法114条に基づく戸籍訂正のみが問題となる事例は，ほとんど無いものと考えられます。

なお，嫡出否認の裁判や婚姻無効の裁判により戸籍法116条に基づき戸籍訂正を行うのに付随して，戸籍法113条又は114条に基づく戸籍訂正をすべき場合があります。例えば，母が離婚により復籍した後，子が母の氏を称する入籍届により編製した母の戸籍に入籍していたところ，嫡出否認の裁判が確定した場合，子は出生時の母の戸籍に入籍しますから，母の氏を称する入籍届は無効となります。そこで，これに関する戸籍訂正も必要となり，これを戸籍法113条又は114条に基づき行います。

(2)　裁判手続

戸籍法113条に基づく戸籍訂正と114条に基づく戸籍訂正のいずれについても，家庭裁判所の許可審判を得てから行います。その詳細は第1編第3章の第2で説明したとおりですから，これを参照願います。

287

第1章 親子関係事件

(3) 具体的事例
① 出生日等の訂正
ア 戸籍訂正許可の裁判

(出生の年月日及び場所の訂正)

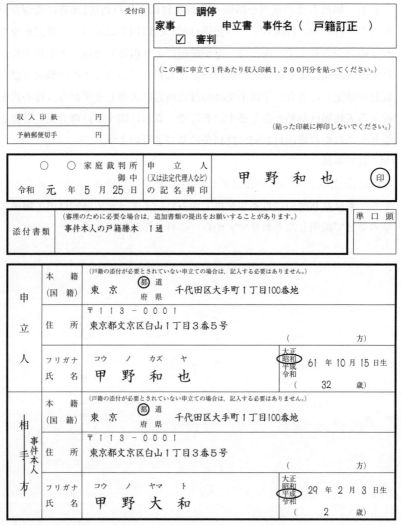

第5　出生に関するその他の事例

申 立 て の 趣 旨

　東京都千代田区役所備付けの,
　千代田区大手町1丁目100番地甲野和也戸籍の長男「大和」の出生年月日
及び場所の記載は錯誤につき, 出生の年月日「平成29年2月2日」とあるの
を「平成29年2月3日」と, 出生の場所を「文京区」とあるのを「千代田区」
とする戸籍訂正許可の審判を求めます。

申 立 て の 理 由

　事件本人は, 申立人が東京都文京区白山1丁目3番5号に居住していた平
成29年2月3日千代田区九段西1丁目7番11号所在の九段坂上病院において
出生しましたが, 出生証明書に平成29年2月2日午後12時20分出生とあり,
また, 出生場所の記載が漏れていたため, 住所地の文京区白山1丁目3番5
号と補充記載した上で, 申立人が千代田区役所に, その出生年月日を「平成
29年2月2日」と, 出生の場所を「文京区白山1丁目3番5号」と誤記して
届出をしたため, 戸籍にも誤記されているので, 申立ての趣旨記載のとおり
戸籍訂正の許可の審判を願いたく, 申し立てます。

289

第1章　親子関係事件

〈申立書の説明〉

　上記は，父が出生年月日及び場所の記載を誤って出生届を提出したため，戸籍の記載が誤った場合の戸籍法113条に基づく戸籍訂正許可の審判の申立書の記載例です。

　「当事者」ですが，同条の申立ては利害関係人がすることができ，事件本人（戸籍訂正をすべき記載の対象者である本人のこと。本件では，出生届にかかる子）以外の者が申し立てるときは，「事件本人」の特定も申立書においてしておきます。

　「申立ての趣旨」では，訂正すべき戸籍と訂正すべき事項を特定します。前者の訂正すべき戸籍の特定は，本籍と筆頭者の氏名により行います。後者については，現実に戸籍に記載されている内容と訂正後の正しい記載の内容の双方を特定して行います。

　「申立ての実情」では，戸籍の記載が誤った理由を具体的に記載します。記載例では，深夜に子が出生した事例で，医師が出生の時間を翌日の午前0時20分と記載すべきところ，前日の夜から出産に立ち会っていたこともあって誤って前日の日付を記載し，出生届にもその日付を記載してしまった等のため戸籍の記載が誤ったものです。

イ　戸籍の訂正

　アの事案では事件本人の身分事項欄の訂正をしますが，具体的には，段落ちタイトル「訂正」として処理し，訂正前の記載を「従前の記録」として「戸籍に記録されている者欄」中の【生年月日】及び身分事項欄のタイトル出生事項中【出生日】，【出生地】を表示します。

第5　出生に関するその他の事例

a　戸籍訂正申請書

戸 籍 訂 正 申 請

東京都千代田 市区 町村 長　殿

令和 元 年 6 月 10 日申請

	受付	令和 元 年 6 月 10 日	戸　籍
	第	1270 号	調査

(一)	事件本人	本　　籍	東京都千代田区大手町1丁目100番地		記載
		筆頭者氏名	甲 野 和 也		記載調査
(二)		住所及び世帯主氏名	東京都文京区白山1丁目3番5号　甲野和也		送付
(三)		氏　　名	甲 野 大 和		住民票
		生年月日	平成 29 年 2 月 3 日		記載
(四)		裁判の種類	戸籍訂正許可の審判		通知
					附　票
					記載
		裁判確定年月日	令和 元 年 6 月 5 日		通知
(五)		訂正の趣旨	錯誤につき，事件本人の出生の年月日「平成29年2月2日」とあるのを「平成29年2月3日」と，出生の場所「文京区」とあるのを「千代田区」とそれぞれ訂正する。		
(六)		添付書類	審判書謄本，確定証明書		
(七)	申請人	本　　籍	東京都千代田区大手町1丁目100番地		
		筆頭者氏名	甲 野 和 也		
		住　　所	東京都文京区白山1丁目3番5号		
		署名押印	甲 野 和 也　　㊞		
		生年月日	昭和 61 年 10 月 15 日		

（注）事件本人又は申請人が二人以上であるときは、必要に応じ該当欄を区切って記載すること。

291

第1章　親子関係事件

b　訂正すべき記録のある者の戸籍中その身分事項欄

（2の1）| 全 部 事 項 証 明

| 本　　　籍 | 東京都千代田区大手町一丁目１００番地 |
| 氏　　　名 | 甲野　和也 |

| 戸籍事項
　　戸籍編製 | （編製事項省略） |

戸籍に記録されている者	【名】大和 【生年月日】平成２９年２月３日 【父】甲野和也 【母】甲野麻衣 【続柄】長男
身分事項 　　出　　生	【出生日】平成２９年２月３日 【出生地】東京都千代田区 【届出日】平成２９年２月１０日 【届出人】父
訂　　正	【訂正日】令和元年６月１０日 【訂正事項】生年月日及び出生地 【訂正事由】戸籍訂正許可の裁判確定 【裁判確定日】令和元年６月５日 【申請日】令和元年６月１０日 【申請人】父 【従前の記録】 　　【生年月日】平成２９年２月２日 　　【出生日】平成２９年２月２日 　　【出生地】東京都文京区
	以下余白

発行番号０００００１

第5 出生に関するその他の事例

② 続柄の訂正
ア 戸籍訂正許可の裁判
(性別の訂正)

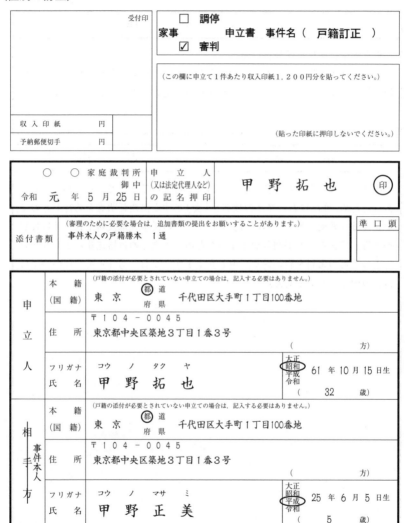

第1章　親子関係事件

申　立　て　の　趣　旨

　東京都千代田区役所備付けの,
　千代田区大手町1丁目100番地甲野拓也戸籍の長女「正美」の父母との続
柄「長女」とあるのを「長男」とする戸籍訂正許可の審判を求めます。

申　立　て　の　理　由

　事件本人は, 申立人の長男として出生したものであるところ, 超未熟児で
あったため, 産院においてその性別を「女」とする出産証明書を発行したので,
申立人は「長女」として届け出ましたが, その後事件本人の生育と共に性別
が「男」であることが明らかとなったため, 申立ての趣旨記載のとおり戸籍
訂正の許可の審判を願いたく, 申し立てます。なお, 名「正美」については,
訂正の申立てをしません。

第5　出生に関するその他の事例

〈申立書の説明〉

　上記は，性別の訂正に関するものです。「当事者」,「申立ての趣旨」や「申立ての実情」
の記載方法は，前記（出生の年月日及び場所の訂正）の記載方法を参照願います。

イ　戸籍の訂正

　夫婦に子が事件本人しかいない場合は，当該子についての続柄の訂正
をします。

　しかし，夫婦に事件本人以外にも子がいるときは，当該他の子の続柄
についても訂正する必要性が生じます。以下では，夫婦に3人の子があ
る場合について説明します。例えば，「長女」を「長男」と訂正するこ
とにより「二女」「三女」について父母との続柄を「長女」「二女」と訂
正する場合ですが，この場合は，事件本人及び「二女」「三女」につい
てそれぞれ続柄を正しく記録するとともに，「従前の記録」として訂正
前の続柄を記録します。

295

第1章　親子関係事件

a　戸籍訂正申請書

戸 籍 訂 正 申 請

東京都千代田 市区町村長 殿

令和 元 年 6 月 3 日申請

受付	令和 元 年 6 月 3 日		戸　籍	
	第　　1200　　号		調査	

(一)	事件本人	本　籍	東京都千代田区大手町1丁目100番地			記載	
		筆頭者氏名	甲　野　拓　也			記載調査	
(二)		住所及び世帯主氏名	東京都中央区築地3丁目1番3号　甲野拓也			送付	
(三)		氏　名	甲野正美	甲野　葵	甲野芽依	住民票	
		生年月日	平成25年6月5日	平成27年3月9日	平成29年11月10日	記載	
(四)		裁判の種類	戸籍訂正許可の審判			通知	
						附　票	
						記載	
		裁判確定年月日	令和 元 年 5 月 30 日			通知	
(五)		訂正の趣旨	誤記につき，事件本人甲野正美の父母との続柄「長女」とあるのを「長男」と事件本人甲野葵の父母との続柄「二女」とあるのを「長女」と，事件本人甲野芽依の父母との続柄「三女」とあるのを「二女」とそれぞれ訂正する。				
(六)		添付書類	審判書謄本，確定証明書				
(七)	申請人	本　籍	東京都千代田区大手町1丁目100番地				
		筆頭者氏名	甲　野　拓　也				
		住　所	東京都中央区築地3丁目1番3号				
		署名押印	甲　野　拓　也　　㊞				
		生年月日	昭和 61 年 10 月 15 日				

（注意）事件本人又は申請人が二人以上であるときは、必要に応じ該当欄を区切って記載すること。

296

第5　出生に関するその他の事例

b　訂正すべき記録のある者の戸籍中その身分事項欄

（3の1）　全 部 事 項 証 明

本　　　籍	東京都千代田区大手町一丁目１００番地
氏　　　名	甲野　拓也

戸籍事項 　　戸籍編製	（編製事項省略）

戸籍に記録されている者	【名】正美 【生年月日】平成２５年６月５日 【父】甲野拓也 【母】甲野麻衣 【続柄】長男
身分事項 　　出　　　生	【出生日】平成２５年６月５日 【出生地】東京都千代田区 【届出日】平成２５年６月１６日 【届出人】父
訂　　　正	【訂正日】令和元年６月３日 【訂正事項】父母との続柄 【訂正事由】戸籍訂正許可の裁判確定 【裁判確定日】令和元年５月３０日 【申請日】令和元年６月３日 【申請人】父 【従前の記録】 　　【父母との続柄】長女
戸籍に記録されている者	【名】葵 【生年月日】平成２７年３月９日 【父】甲野拓也 【母】甲野麻衣 【続柄】長女
身分事項 　　出　　　生	【出生日】平成２７年３月９日 【出生地】東京都千代田区 【届出日】平成２７年３月１５日 【届出人】父
訂　　　正	【訂正日】令和元年６月３日 【訂正事項】父母との続柄 【訂正事由】戸籍訂正許可の裁判確定

発行番号０００００１

第1章　親子関係事件

（3の3）　全部事項証明

	【裁判確定日】令和元年5月30日 【申請日】令和元年6月3日 【申請人】父 【従前の記録】 　【父母との続柄】二女
戸籍に記録されている者	【名】芽依 【生年月日】平成29年11月10日 【父】甲野拓也 【母】甲野麻衣 【続柄】二女
身分事項 　　出　　生	【出生日】平成29年11月10日 【出生地】東京都千代田区 【届出日】平成29年11月18日 【届出人】父
訂　　正	【訂正日】令和元年6月3日 【訂正事項】父母との続柄 【訂正事由】戸籍訂正許可の裁判確定 【裁判確定日】令和元年5月30日 【申請日】令和元年6月3日 【申請人】父 【従前の記録】 　【父母との続柄】三女
	以下余白

発行番号000001

第5 出生に関するその他の事例

③ 父欄の記載の訂正等
ア 戸籍訂正許可の裁判

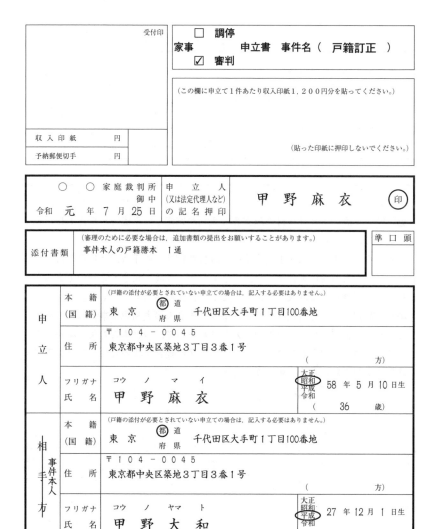

299

第1章　親子関係事件

申　立　て　の　趣　旨

　東京都千代田区役所備付けの,
　千代田区大手町1丁目100番地甲野拓也戸籍中, 事件本人の甲野大和の父欄の記載を消除し, 父母との続柄「二男」とあるのを「長男」とする戸籍訂正許可の審判を求めます。

申　立　て　の　理　由

　申立人甲野麻衣は申立外甲野拓也と平成16年2月3日婚姻したところ, 拓也につき平成29年3月4日失踪宣告の裁判が確定し, 平成26年8月1日に死亡したとみなされました。

　ところで, 申立人は, 上記拓也の失踪宣告確定前の平成27年12月1日申立外乙野健太との間に事件本人を生みましたが, 当時, 拓也と婚姻中であったため, 父甲野拓也母麻衣の「二男」として出生の届出をしました。しかしながら, 前記失踪宣告の裁判の確定により, 申立人の夫拓也は事件本人の出生より1年以上前に死亡したものとみなされたので, 事件本人の父が拓也でないことは戸籍上明らかです。そこで, 申立ての趣旨記載のとおり戸籍訂正の許可の審判を願いたく, 申し立てます。

第5　出生に関するその他の事例

〈申立書の説明〉

　この記載例は，夫が失踪宣告により子の出生よりも1年以上前に死亡したことによる父の氏名の消除や続柄の訂正に関するものです。「当事者」，「申立ての趣旨」や「申立ての実情」の記載方法は，上記（出生の年月日及び場所の訂正）の記載方法を参照願います。

イ　戸籍の訂正

　アの事例では，「戸籍に記録されている者」欄の父の氏名を消除し，続柄を母との続柄を記録し，身分事項のタイトル「消除」の中で父の氏名を消除した旨及び関連訂正で続柄訂正の旨さらに「従前の記録」として消除した父の氏名及び父母との続柄を記録します。

第1章　親子関係事件

a　戸籍訂正申請書

戸 籍 訂 正 申 請

東京都千代田 市⑳町村 長 殿

　　　　　令和 元 年 9 月 10日申請

受付	令和 元 年 9 月 10日	戸　籍
	第　　1813　　号	調査

（一）	事件本人	本　　籍	東京都千代田区平河町1丁目100番地
		筆頭者氏名	甲 野 拓 也
（二）		住所及び世帯主氏名	東京都中央区築地3丁目3番1号　甲野麻衣
（三）		氏　　名	甲 野 大 和
		生年月日	平成 27 年 12 月 1 日
（四）	裁　判　の種　　　類		戸籍訂正許可の審判
	裁判確定年　月　日		令和 元 年 8 月 10 日
（五）	訂　正　の趣　　　旨		誤記につき，上記甲野拓也戸籍中事件本人大和の父欄の記載を消除し，父母との続柄「二男」とあるのを「長男」と訂正する。
（六）	添 付 書 類		審判書謄本，確定証明書，母の申述書
（七）	申請人	本　　籍	東京都千代田区平河町1丁目100番地
		筆頭者氏名	甲 野 拓 也
		住　　所	東京都中央区築地3丁目3番1号
		署名押印	甲 野 麻 衣　　㊞
		生年月日	昭和 58 年 5 月 10 日

右側欄：記載／記載調査／送付／住民票／記載／通知／附　票／記載／通知

（注　意）事件本人又は申請人が二人以上であるときは、必要に応じ該当欄を区切って記載すること。

302

第5　出生に関するその他の事例

b　子の戸籍中その身分事項欄

		（2の1）	全部事項証明

本　　　籍	東京都千代田区平河町一丁目１００番地
氏　　　名	甲野　拓也

戸籍事項 　　戸籍編製	（編製事項省略）

戸籍に記録されている者	【名】大和 【生年月日】平成２７年１２月１日 【父】 【母】甲野麻衣 【続柄】長男
身分事項 　　出　　　生	【出生日】平成２７年１２月１日 【出生地】東京都千代田区 【届出日】令和元年７月１８日 【届出人】母
消　　　除	【消除日】令和元年９月１０日 【消除事項】父の氏名 【消除事由】戸籍訂正許可の裁判確定 【裁判確定日】令和元年８月１０日 【申請日】令和元年９月１０日 【申請人】母 【関連訂正事項】父母との続柄 【従前の記録】 　　　【父】甲野拓也 　　　【父母との続柄】二男
	以下余白

発行番号０００００１

第1章　親子関係事件

3　市町村長の処分

(1)　不服申立て

　戸籍法122条は、「戸籍事件（第124条に規定する請求に係るものを除く。）について、市町村長の処分を不当とする者は、家庭裁判所に不服の申立てをすることができる。」と規定し、戸籍事件に関する市町村長の処分に対する不服は家庭裁判所に申し立てるべきものと定めています。その反面として、戸籍法123条は、124条に規定する請求に係るもの（戸籍謄本等の交付請求等に係るもの）を除き、戸籍事件に関する市町村長の処分については、行政不服審査法による不服申立てをすることができないことを定めています。なお、戸籍謄本等の交付請求等について、市町村長の処分に不服がある者は、市町村を管轄する法務局又は地方法務局の長に審査請求をすることができるとされています（戸124条）。

　出生に関しては、常用平易な文字以外の文字を用いた出生届を不受理とした処分に関する不服申し立ては認められないとしたものや（東京高決昭和26・4・9家月3・3・13）、外国で代理出産した子を卵子提供者とその夫の嫡出子とした出生届を不受理とした処分に関する不服申し立ては認められないとしたもの（最決平成19・3・23民集61・2・619）などがあります。

(2)　裁判手続

　裁判手続は、家事法226条以降に定められており、管轄裁判所は、市役所、区役所、町村役場の所在地を管轄する家庭裁判所です（家事法226条4号）。

　家庭裁判所は、市町村長の処分に対する不服の申立てがあった場合には、当該市町村長の意見を聴くことを要します（家事法229条2項）。

　家庭裁判所は、戸籍事件についての市町村長の処分に対する不服の申立てを却下する審判をしたときは、当事者や利害関係人のほか、当該市町村長に告知することを要します（家事法230条1項）。また、家庭裁判所は、戸籍事件についての市町村長の処分に対する不服の申立てを理由があると認めるときは、当該市町村長に対し、相当の処分を命じなければなりません（同条2項）。

　なお、市町村長に相当の処分を命ずる審判については、当該市町村長は、

第5 出生に関するその他の事例

即時抗告をすることができます。また，戸籍事件についての市町村長の処分に対する不服の申立てを却下する審判については，申立人は，即時抗告をすることができます（家事法231条6号，7号）。

(3) 具体的事例

　以下では，市町村長の処分に対する不服申立ての審判申立書の記載例を示します。この申立ては認容されることが少ないと思われますので，戸籍訂正の記載例は省略します。

（標題，宛名，年月日，申立人の記名押印は省略）

申立人
　本籍　○県○市○町○丁目○番地
　住所　〒○○○－○○○○　○県○市○町○丁目○番○号
　　申立人　　　　　　　　　甲野太郎
　　　　　　　　　　　　　　平成4年1月7日生

申立ての趣旨
　○県○市長に対し平成30年10月15日申立人がなした長男曽○の出生届出を受理すべきことを命ずるとの審判を求めます。

申立ての理由
　1　申立人は，平成30年10月15日，○県○市長に対し，申立書添付の出生届を提出しましたが，「曽」の字体が人名用のものではないとして，届出の受理を拒否されました。
　2　しかし，「曽」の文字は，人名用漢字でないとしても，氏や地名に多く使われており，国民に広く知られているなど平易な文字として認められている字であり，当然受理されるべきであって，これを拒否したのは不法であると考えます。
　3　よって，○市長の届出不受理の処分に対し，不服を申し立てます。

〈申立書の説明〉

　上記の記載例は，子の名に用いる漢字の字体に関する不服申し立てに関するものです。家庭裁判所では，戸籍法50条の規定の趣旨や最判昭和58・10・13（家月36・10・77）が「戸籍法に定める戸籍は，国民各自の民法上の身分行為及び身分関係を公簿上に明らかにしてこれを一般的に公証する制度であって，戸籍法が右の身分行為や身分関係上の地位の取得にあたって氏名を付した届出を要求するとともに，その氏名の選択につき従来からの伝統や社会的便宜を顧慮しながら一定の制限を設けているのも，専ら右の法の趣旨・目的から出たものと解されるから，戸籍上の氏名に関する限り，戸籍法の定めるところに従って命名しなければならないのは当然であって，これらの規定にかかわりなく氏名を選択し，戸籍上それを公示すべきことを要求しうる一般的な自由ないし権利が国民各自に存在する

305

第1章 親子関係事件

と解することはできない」と判示していることから，市町村長が戸籍法施行規則で認められている字体以外の字体による出生届けを受理しなくても違法ではないとするのが圧倒的です。

「申立人」は，戸籍の届出をしたものの市町村長から不受理処分を受けた者等です。出生届の事件本人は出生子ですが，当事者の欄ではその特定は要しません。

「申立ての趣旨」としては，市長村長がなすべき行為を特定して，家庭裁判所が市町村長に当該行為をなすべきことを命ずるとの審判を求める内容となります。事例としては，市町村長が行った不受理処分に関する不服申立てが多いです。

「申立ての理由」には，市町村長の処分の内容を明らかにして，同処分が不法不当であることを根拠づけるべき理由を記載します。

〔注〕 本事例の「曽」の字については，平成15年12月25日最高裁決定（民集57巻11号2562頁）により認められ，平成16年2月23日法務省令第7号による戸籍法施行規則の一部改正により別表第二の人名用漢字に加えられています。

306

第1　認知の裁判

第2章　認　知

第1　認知の裁判

1　認知の制度

(1)　父子関係の成立

民法779条は「嫡出でない子は，その父又は母がこれを認知することができる。」と規定し，嫡出でない子と血縁上の親との法律上の親子関係は認知により成立することを定めています。もっとも，母と子の法律上の親子関係は子の分娩という事実により成立するものと解されており（最判昭和37・4・27民集16・7・1247），同条のうち，母子に関する部分は死文化しており，同条は，嫡出でない子と父親との法律上の親子関係の成立についてのみ規定しているものと解されています。なお，嫡出子と父との親子関係については，民法772条が，婚姻の成立の日から200日を経過した後又は婚姻の解消若しくは取消しの日から300日以内に生まれた子は，婚姻中の夫婦間に出生した子（嫡出子）と推定すると規定しており，この推定規定に基づき，その成立を認めています。さらに，婚姻の成立の日から200日以内に出生した子については，父が認知しなくても，出生と同時に当然に嫡出子たる身分を取得するものと解されています（大連判昭和15・1・23民集19・1・54）。

(2)　認知の種類

ア　任意認知と裁判認知

民法は，781条において，認知は，戸籍法の定めるところにより届け出ることや，遺言により行うことができることを定めています。また，父が任意に認知しないことがあるので，787条において，子，その直系卑属又はこれらの法定代理人は，認知の訴えを提起することができることを定めています。すなわち，認知には，父の意思表示による任意認知と裁判により認知をする裁判認知（強制認知ともいいます。）とがあります。

307

第2章 認 知

　ところで，任意認知の場合，その届出に当たり父と子とが血縁関係にあることの証明書の添付を求めていないことから，血縁上の父でない者から認知の届出がされることがあります。また，成年者を認知する場合，被認知者の同意が必要ですが（民782条），詐欺や強迫により同意がされて，認知の届出がされることがあります。そこで，認知の無効や取消しの裁判も問題となりますが，これらの裁判については第2以下で説明することとして，ここでは，認知を求める裁判について説明します。

　イ　死後認知

　子又は父の死亡後でも認知が問題となることがあります。死後認知の問題であり，まず，子の死亡後ですが，民法783条2項では，父は子の死亡後でも子に直系卑属がある場合に限り認知をすることができることが規定されています。次に，父の死亡後は，父自らが認知をすることができないので，裁判による認知のみが可能です。すなわち，父の死亡後3年以内であれば，子又はその法定代理人は，認知請求をすることができ（民787条），この場合は，検察官を相手として人事訴訟を提起することを要します（人訴12条3項）。なお，子の死亡後については，子の直系卑属が認知を請求することができます（民787条。同条は，子の直系卑属も認知請求権者である旨を規定し，一見すると子の生存中も認知請求できそうですが，民783条2項が，父は子の死亡後でも子に直系卑属がある場合に限り認知をすることができることが規定されていて，その権衡上，子の死亡後に限り，子の直系卑属は認知請求できるものと解されています。）。

　ウ　胎児認知

　父は，母の承諾を得て胎児を認知することができますが（民783条1項），母は，胎児の法定代理人ではないので，父に対して認知を訴求することはできません。もっとも2(2)ウで説明するように，母は，調停の申立てをすることができます。

2　認知を求める裁判

(1)　調停の申立てと訴えの提起

　民法787条は，「子，その直系卑属又はこれらの者の法定代理人は，認知

の訴えを提起することができる。ただし，父又は母の死亡の日から３年を経過したときは，この限りでない。」と規定し，子らは子の実親に対して認知をするように裁判を提起することができることを定めています。そして，この認知の訴えは，形成の訴えと解されており（最判昭和29・4・30民集8・4・861），裁判の確定により父と子の法律上の親子関係が成立することになります。もっとも，認知の効力について民法784条は，「認知は，出生の時にさかのぼってその効力を生ずる。ただし，第三者が既に取得した権利を害することはできない。」と規定していて，遡及効を認めており，同条は，裁判認知の場合にも適用されます。

認知の裁判についても調停前置がとられていて，まず調停を申し立てることを要しますが，調停により決着をつけることはできません。当事者間に事実関係に争いがないこと等，第１編第１章第３の３で説明した要件の下に，家事法277条に規定する合意に相当する審判をすることにより事件を解決させます。なお，父が認知の届出を速やかに行うとの条項を定める調停は，父の任意の履行を待つことになり，相当ではありません。父が審判を望まない場合は，調停の期日間に認知の届出を行い，申立人がその点を確認した後に，調停の申立てを取り下げる等の方法が考えられます。

調停の申立人又は認知の訴えの原告は，子，その直系卑属又はこれらの者の法定代理人であり，その相手方は父です。子は，行為能力がなくても意思能力があれば法定代理人の同意なくして独立して裁判を提起することができます（人訴42条１項・13条）。母が父との間で認知しない約束のもと，生活費の援助を受けていても同様です。子が認知を望んでいなかった場合であっても，子の死亡後は，その直系卑属は認知の裁判を提起することができます。なお，法定代理人は，代理人の資格で裁判を提起するというのが通説・判例であり，子が意思能力を有するときでも，法定代理人は，子を代理して裁判を提起することができます（最判昭和43・8・27民集22・8・1733）。

認知請求権は，それが身分上の権利であること，親子関係が単に経済的な問題にとどまらないこと等の理由により，同請求権は放棄することができないものと解されています（最判昭和37・4・10民集16・4・693）。なお，

第2章　認　知

　上記のとおり，父は，戸籍法の定めるところにより届け出ることや，遺言により行うことにより子を認知することができるので（民781条），父が調停の申立人又は認知の訴えの原告となることは予定されていません。

　認知の訴えは，父が死亡した後でも提起することができますが，父の死亡の日から3年が経過するとできなくなります。もっとも，同期間内に認知の訴えを提起しなかったことがやむを得ないものであるときは，父の死亡が客観的に明らかになったときから起算されます（最判昭和57・3・19民集36・3・432）。父死亡の場合は，調停は申し立てることができず，検察官を相手に認知の訴えを直ちに行います（人訴12条3項）。

　認知の訴えの相手方は，父ですが，父が成年被後見人等意思能力がない場合は，その法定代理人である成年後見人等が代理します（大判昭和10・10・31民集14・805）。

　なお，認知の訴えは形成の訴えと解されています（最判昭和29・4・30民集8・4・861）。過去においては，意思表示を求める給付の訴えと解されていましたが，死後認知が認められたので，この説は成り立たなくなり，また，判決の効力が第三者にも及ぶこと等の理由で，現在は，形成の訴えと解されています。そこで，申立の趣旨又は請求の趣旨は「相手方（被告）は申立人（原告）を認知する」と記載します。「相手方（被告）は申立人（原告）を認知せよ」だと，給付訴訟のようになり，相手方（被告）の認知の意思表示を擬制するようで正当ではありません。

　ところで，認知の裁判で最も問題となるのは，父と子との間の血縁関係の存在です。父と母との間に内縁関係があって同居している場合は，嫡出推定に関する民法772条の規定を類推適用することが可能ですが（最判昭和29・1・21民集8・1・87），最近では，このような事実の存在の有無を問わず，DNA鑑定をすることが多いです。父が死亡していてDNA鑑定のための資料がない場合等は，血液型や骨相の鑑定を行ったり，父の兄弟のDNAも参考にする等，各種の事情から判断するほかはありません。

(2)　裁判認知の可否が問題となる場合

　以下に，裁判認知の可否が問題となる場合について説明します。

310

第1　認知の裁判

ア　子が血縁上の父以外の者の嫡出子とされる場合

　母Ａが夫Ｂと婚姻中又は婚姻解消後300日以内に分娩した子Ｃは，Ｂの嫡出子とされ，その出生の届出により，婚姻中はＡＢの戸籍に，婚姻解消後はＡＢの婚姻当時の戸籍に入籍します。このように子が夫婦の子として入籍している場合に，血縁上の父Ｄが認知の届出をしても，当該届出は受理されません。仮に届出を受理した場合，当然にはＢを父とする戸籍上の記載は消除することができませんから，Ｃの父がＢとＤの2人となってしまって不適法な記載となるからです。Ｂの子として嫡出推定がされている場合は，同じ理由で，子Ｃ又は法定代理人である母Ａの側からＤを相手に認知の裁判を提起しても，認容されません。この場合は，Ｂが嫡出否認の裁判を提起して，その裁判の確定によりＣがＢの子ではないことが明確となって初めて認知の裁判は認容されるのです。

　他方，子Ｃが上記の期間内に出生したとしても，Ａの懐胎可能時期にＢが刑務所に在監中であったり，Ｂとの婚姻後200日以内に出生した等の理由で嫡出推定が働かない場合は，子Ｃ又はその法定代理人Ａは，血縁上の父Ｄを相手に認知の裁判を提起することができます（最判昭和44・5・29民集23・6・1064）。なお，嫡出推定が働かない場合の例は，第2編第1章第1の1(2)を参照願います。このように，嫡出推定が働かない場合は，戸籍上の父との間で親子関係不存在確認の訴えを提起することなく，当該戸籍の状態のままで，血縁上の父に対して認知の裁判を提起することができます（最判昭和49・10・11家月27・7・46）。そして，子Ｃ又はその法定代理人Ａが認知の裁判を提起したときは，家庭裁判所は，当該裁判における理由中の判断で，ＢＣ間の親子関係について，嫡出推定が働かない事案であり，かつ，実際に血縁上の父子関係が存在しないことを確認した後に，認知を認めることができ，さらに，当該判断に基づき，戸籍法116条に基づく戸籍訂正をすることができます（昭和36・12・11民事甲3065号回答）。他方，嫡出推定が働かない場合であったとしても，戸籍上，ＣがＢの嫡出子として入籍している限り，Ｄは，そのままでは認知の届出をすることができません。認知の届出をする前提として，ＢＣ間の親子関係が存在しないことを裁判で確定し，戸籍訂正を経ていること

311

第2章 認　知

を要します。

イ　子の出生の届出が未了の場合

　次に，子について出生の届出が未了の場合は，父は認知の届出をすることができません。子の本籍が確定しない等のため，認知事項を戸籍に記載することができないからです。そこで，子について出生の届出が未了である場合，子又はその法定代理人等が父に対して認知の裁判を提起することができるかどうかが問題となります。この点，子の母が未婚であったり，子が戸籍上の夫との婚姻後200日経過する前に出生したり，子が前夫との婚姻解消後300日を経過して出生した場合などは，母は子について嫡出でない子として出生届をすることができるので，その後，血縁上の父が認知の届出をする，あるいは，子等が認知の裁判を求めることが可能です。

　この点が実際に問題となるのは，母が夫との婚姻から200日経過後又は婚姻解消後300日以内に夫以外の男との間に分娩した子です。当該子については，出生の届出を提出した場合は嫡出推定に関する民法772条が形式的に適用され，夫（前夫）の子として戸籍に記載されることとなるので，母は，出生届をしないことがあるからです。この場合，出生届出未了のまま，認知の裁判を提起することができるかどうかが問題となりますが，この場合においても，父子の実体関係は上記アの場合と同様であり，母の夫（前夫）が刑務所に在監中であった等の理由で嫡出推定が働かない場合は，子又はその法定代理人は，認知の裁判を提起することができます（昭和41・3・14民事甲655号回答）。そして，家庭裁判所が，当該裁判における理由中の判断で，子と夫（前夫）間の親子関係が存在しないことを確認した上で，認知の裁判をすれば，母は，当該裁判の謄本を添付すれば，子について嫡出でない子として出生届をすることができ，その後，当該裁判の謄本を添付して，裁判認知の届出をすることができます。

ウ　胎児認知請求の可否

　認知者は，胎児についても，母の承諾があれば認知をすることができますが（民783条1項），胎児又は母が血縁上の父を相手に認知を訴求する

ことはできません。胎児の代理人に関する規定は存在しないので，大判
明治32・1・12（民録5・1・7）は，母が胎児に代わって認知の訴えを
提起することは第三者が訴えを提起することに他ならないから不適法で
あると解しています。なお，母は，子の血縁上の父を相手に，胎児認知
の届出をすることを求めて調停の申立てをすることができますが，調停
が成立しても，母は，胎児認知の調停調書に基づいてその届出をするこ
とはできません（昭和25・1・7民事甲22号回答）。調停手続において父が
認知を認めるときは，市町村長に対して胎児認知の届出を行うとの方法
が現実的です。この場合，父は，母の承諾を記載した調書を添付して胎
児認知の届出をすることができます（昭和25・7・28民事甲2024号回答）。調
停が不調に終わったり，父が調停成立にもかかわらず胎児認知の届出を
しないときは，子の出生後に，通常の認知請求をするほかはありません。

3　渉外認知

(1)　子出生後の認知

通則法29条1項前段は「嫡出でない子の親子関係の成立は，父との間の
親子関係については子の出生の当時における父の本国法により，母との間
の親子関係についてはその当時における母の本国法による。」と定め，ま
た，同条2項前段は「子の認知は，前項前段の規定により適用すべき法に
よるほか，認知の当時における認知する者又は子の本国法による。」と定
めており，認知は，子の出生当時における認知する者の本国法，又は認知
の当時における認知する者若しくは子の本国法のいずれでもすることがで
きるものと定めています。もっとも，認知する者の本国法によるときは，
「認知の当時における子の本国法によればその子又は第三者の承諾又は同
意があることが認知の要件であるときは，その要件をも備えなければなら
ない」ものとされ，子の本国法上の保護要件を重複適用すべきことも定め
られています（同条1項後段，2項後段）。このように，認知の準拠法につい
ては，選択的連結の手法が採られ，複数の法のうちいずれかで認知が可能
の場合はわが国で認知を有効と認めています。

渉外戸籍に関して裁判が問題となる事例としては，日本人である子が外

313

第2章 認 知

国人父を相手に認知の請求をする場合と，外国人である子が日本人父を相手に認知の請求をする場合とがあります。このうち前者については，子の本国法である日本の民法は比較的緩やかな要件で認知が認められること，保護要件のために他の法を適用する必要がないことから，民法を準拠法とするのが相当です。民法では認知が認められないものの外国人父の本国法によれば認知することが可能であるとしても，例えば，他の男との間で嫡出推定される場合等，その多くは公序の問題が生ずるので慎重な検討が必要です（公序が問題とならないのは，死後認知の期間が父の死亡後3年よりも若干長い場合程度です。）。外国人の子が日本人父に認知を請求する場合は，子の本国法によることも，父の本国法である日本の民法と子の本国法上の保護要件の重複適用のいずれでも差し支えありません。

なお，渉外認知においても父又は子の死亡後でも認知が問題となることがあります。父の死亡後の死後認知や，子の死亡後の子の直系卑属による認知請求ですが，このための準拠法として，通則法29条3項は「父が子の出生前に死亡したときは，その死亡の当時における父の本国法を第1項の父の本国法とみなす。前項に規定する者が認知前に死亡したときは，その死亡の当時におけるその者の本国法を同項のその者の本国法とみなす。」と規定していて，認知の当時の本国法に代え，死亡当事者の死亡時の本国法がそれぞれの準拠法となることを規定しています。

(2) 渉外的胎児認知

ア 胎児認知の趣旨

父は，胎内にある子（すなわち胎児）でも認知することが認められています（民783条1項）。これは，一般には，父が死亡した場合の子の相続権（民886条）や不法行為に基づく損害賠償請求権（民721条）の帰属を確実にしておく実益があるという趣旨で認められたものとされています。

イ 渉外的胎児認知の届出と効力

胎児認知による一般的な実益は上記のとおりであるところ，近年は，日本人男が外国人女の胎児を認知する事例が多くなっています。その目的の大部分は，認知された胎児が出生した場合に，その出生子に生来的に日本国籍を取得させたいという点にあると考えられます。ちなみに，

胎児認知の効力は，出生の時に生じるとされており，また，現行国籍法は，2条1号において，「出生の時に父又は母が日本国民であるとき」は，子は日本国民とする，と規定しています。このことから，日本人男（父）から認知された外国人女の胎児は，出生した時に日本人の父があることとなり，当該子は生来的に日本国籍を取得します。日本人男が外国人女（婚姻していない）の胎児を認知した場合の戸籍の届出等については，後記4(6)イを参照願います。

ウ　日本人男と婚姻中の外国人女の胎児認知届の取扱い

最近の傾向の中で，例えば，日本人男と婚姻関係にある外国人女の胎児を，他の日本人男から胎児認知の届出をする事例がみられます。この場合，被認知胎児が出生により日本人配偶者の嫡出推定を受けるときは（民772条），当該胎児認知届出の効力は否定されるなどの問題が生じます。そこで，事例のような渉外的胎児認知の届出がされた場合，市町村長は，次のとおり取り扱うこととされています（平成11・11・11民二・民五2420号通知，渉外戸籍実務研究会「設題解説渉外戸籍実務の処理Ⅳ出生・認知編」354頁以下）。

① 胎児認知の届出について相談があった場合

日本人男から，外国人女の胎児を自分の子として認知したい旨の相談があった場合には，外国人女が婚姻中であるか否かにかかわらず，胎児認知の届出の手続があることを説明します。

② 胎児認知の届出があった場合の手続

ⅰ 届書等の受付

胎児認知の届出があった場合には，その届出が適法かどうかを問わず，いったん届書及び添付書類（以下「届書等」という。）を受領（以下「受付」という。）し，その受付年月日を届書に記載する。この受付の後に，民法及び戸籍法等関連する法規に照らして，当該届出の審査をします。

届出を不適法なものと認めたときは，これを不受理とし，戸籍発収簿に発収月日，事件の内容及び不受理の理由を記載した上で，届出人に届書等を返戻します（標準準則31条）。

315

第2章 認 知

ⅱ 届書等に不備がある場合

届書に不備がある場合には，不備な箇所を補正してもらいます。また，母の承諾（民783条1項）を証する書面等届出に必要な添付書類が不足している場合には，それらを補完してもらいます。

なお，即日に補正又は補完することができないため，届出の受理の決定ができないときは，その旨を戸籍発収簿に記載します（標準準則30条1項）。

ⅲ 届出の受理処分及びその撤回

a 届出を適法なものと認めたときは，これを受理し，その旨を受附帳に記載します。

また，届書等の不備により即日に届出の受理の決定ができなかった届出について，後日，補正又は補完がされ，これを適法なものと認めたときは，当初の届書等の受付の日をもって当該届出を受理し，その旨を戸籍発収簿の備考欄に記載します（標準準則30条2項）。

b 胎児認知の届出を受理した後に被認知胎児が出生したことによって，その子が外国人母の前夫の嫡出推定を受けることが明らかになった場合には，当該受理処分を撤回して，不受理処分をします。この場合には，受理処分を撤回して，不受理処分をした旨を受附帳の備考欄に記載し，届出の受理の年月日及び受付番号を消除した上で，届出人に届書等を返戻します。

届書等を返戻する際には，届出人に対し，外国人母の前夫の嫡出推定を排除する裁判等が確定した旨の書面を添付して，返戻された届書によって届出をすれば，不受理処分を撤回し，当初の届書等の受付の日に届出の効力が生ずる旨を説明します。

エ 渉外的胎児認知の届出が効力を生じた場合の効力と戸籍

外国人女の胎児を日本人男が認知した後に，当該被認知胎児が出生したときは，その出生の時に認知の効果が生じるため，当該子は，出生により日本国籍を取得します（国2条1号）。

当該子については，出生の届出をする際に届出人が定めた氏及び本籍をもって単独の新戸籍が編製されます（戸22条，昭和29・3・18民事甲611号

316

第1　認知の裁判

回答）。

4　事例ごとの記載例

　以上のとおり，認知が裁判上問題となる事例としては，子が嫡出でない場合（これが，原則的な事例です。），子が母の夫の嫡出子として出生届が済んでいる場合，子の出生届が済んでいない場合，死後認知の場合，渉外認知の場合，さらには胎児認知の調停の場合が考えられます。そして，これらの各場合に応じて戸籍の取扱いも異なるので，事例ごとに場合を分けて説明します。なお，調停前置となっているので，事例ごとに，調停の申立て→戸籍届出→戸籍の記載と，訴訟の提起→戸籍届出→戸籍の記載の順で説明することとします。もっとも，死後認知の場合は訴訟の提起のみが可能ですから，訴訟の提起→戸籍届出→戸籍の記載の順で説明します。この場合において，認知の裁判の報告的届出以外の届出等が必要となる場合は，「(3)イ　戸籍の届出等」において，必要な届出等を説明した後に記載例を示します。

317

第2章　認　知

(1)　嫡出でない子の強制認知

ア　家事調停（審判）

受付印	☑ **調停** **家事**　　　**申立書　事件名（　　認知　　）** ☐ **審判**

（この欄に申立て1件あたり収入印紙1，２００円分を貼ってください。）

収入印紙	円
予納郵便切手	円

（貼った印紙に押印しないでください。）

○　○　家庭裁判所 御中 令和　元　年　10　月　20　日	申　立　人 （又は法定代理人など） の記名押印	申立人法定代理人親権者母 甲野美咲　　㊞

添付書類	（審理のために必要な場合は，追加書類の提出をお願いすることがあります。） 申立人の戸籍謄本　1通　　相手方の戸籍謄本　1通	準口頭

申 立 人	本　籍 （国　籍）	（戸籍の添付が必要とされていない申立ての場合は，記入する必要はありません。） 東　京　㊞道府県　千代田区平河町1丁目4番地
	住　所	〒102－0093 東京都千代田区平河町1丁目3番2号　　　　（　　　　方）
	フリガナ 氏　名	コウ ノ 甲　野　さくら 大正 昭和 平成 ㊞令和　元　年　7　月　20　日生 （　　0　歳）
※ 申法親 立定権 人代者 　理母 　人人	本　籍 （国　籍）	（戸籍の添付が必要とされていない申立ての場合は，記入する必要はありません。） 東　京　㊞道府県　千代田区平河町1丁目4番地
	住　所	〒102－0093 東京都千代田区平河町1丁目3番2号　　　　（　　　　方）
	フリガナ 氏　名	コウ ノ　ミ　サキ 甲　野　美　咲 大正 昭和㊞平成 令和　3　年　5　月　18　日生 （　28　歳）
※ 相 手 方	本　籍 （国　籍）	（戸籍の添付が必要とされていない申立ての場合は，記入する必要はありません。） 京　都　都道㊞府県　京都市上京区小山町870番地
	住　所	〒155－0033 東京都世田谷区代田4丁目10番19号　　　（　　　　方）
	フリガナ 氏　名	オツ ノ　タク ヤ 乙　野　拓　也 大正 昭和㊞平成 令和　2　年　3　月　10　日生 （　29　歳）

（注）太枠の中だけ記入してください。

第1 認知の裁判

申　立　て　の　趣　旨
申立人が相手方の子であることを認知するとの調停・審判を求めます。

申　立　て　の　理　由
1　申立人の母甲野美咲は，相手方と平成30年8月ころに知り合って，親密な関係となり，結婚の約束までしました。このようなこともあって，美咲は申立人を懐胎し，令和元年7月20日，申立人を出産しました。 　2　相手方は，その後，言を左右にして，美咲との結婚話をはぐらかし，申立人を認知することもしません。相手方の両親が美咲との婚姻に反対し，他の女性を紹介しているようです。最近では，美咲を遠ざけ，美咲とは話をしなくなりました。 　3　申立人は，美咲と相手方との間に出生した子に違いがないので，この申立てを行います。

第2章 認　知

〈申立書の説明〉

　記載例は，子（法定代理人母）が父を相手とする場合のものです。

(1)　当事者

　認知調停の申立人は，「子，その直系卑属又はこれらの者の法定代理人」です。相手方は，父です。

(2)　申立先

　相手方の住所地の家庭裁判所又は当事者が合意で定める家庭裁判所です（家事法245条1項）。

(3)　申立てに必要な費用

　収入印紙1200円

　連絡用の郵便切手（注：金額及び内訳は各裁判所によって異なることから申立裁判所に問合せが必要）

　DNA鑑定等が行われる場合，原則として申立人がこの鑑定に要する費用を負担します。

(4)　申立てに必要な書類

　ア　申立書及びその写し1通

　イ　標準的な申立添付書類

　申立人及び法定代理人並びに相手方の戸籍謄本（全部事項証明書）

(5)　申立ての趣旨

　申立人が子の場合は，記載例のように「申立人が相手方の子であることを認知するとの調停・審判を求めます。」です。この点は，前記解説2(1)を参照願います。

(6)　申立ての理由

　母が相手方と性交渉をもって申立人を懐胎したこと等，相手方が申立人の血縁上の父であることの事情を記載例の中の「申立ての理由」のように記載します。

320

第 1　認知の裁判

　　イ　戸籍の届出等

a　認知届書

認　知　届

令和 2 年 2 月 19 日届出

東京都千代田区　　長殿

受理　令和 2 年 2 月 19 日 第　　　　536 号	発送　令和 2 年 2 月 20 日	
送付　令和 2 年 2 月 25 日 第　　　　365 号	東京都千代田区　長　㊞	
書類調査　戸籍記載　記載調査　附　票　住民票　通　知		

		認 知 さ れ る 子	父母との 続き柄	認 知 す る 父
（よみかた）		こう　　の　　　　　さくら		おつ　　の　　　たく　や
氏　　　名		氏　甲　野　　名　さくら	長　□男 　　☑女	氏　乙　野　　名　拓　也
生 年 月 日		令和 元 年 7 月 20 日		平成 2 年 3 月 10 日
住　　　　　所 （住民登録をして いるところ）		東京都千代田区平河町 1丁目　　3　番地 　　　　　　　番 2 号 世帯主 の氏名　甲　野　美　咲		東京都世田谷区代田 4丁目　　10　番地 　　　　　　　番 19 号 世帯主 の氏名　乙　野　拓　也
本　　　　　籍 （外国人のときは 国籍だけを書い てください）		東京都千代田区平河町 1丁目　　4　番地 　　　　　　　　番 筆頭者 の氏名　甲　野　美　咲		京都市上京区小山町 　　　　870　番地 　　　　　　　　番 筆頭者 の氏名　乙　野　幸　雄
認 知 の 種 別		□ 任意認知 □ 遺言認知（遺言執行者　　　年　月　日　就職）		☑ 審判令和 2 年 2 月 14 日確定 □ 判決　　　年　　　月　　　日確定
子　　の　　母		氏 名　甲　野　美　咲　　　　平成 3 年 5 月 18 日生		
		本　籍　子と同じ　　　　　　　　　　　　番地 　　　　　　　　　　　　　　　　　　　　番		
		筆頭者 の氏名　甲　野　美　咲		
そ の 他		☑ 未成年の子を認知する　□ 成年の子を認知する　□ 死亡した子を認知する　□ 胎児を認知する		

届 出 人	□ 父　☑ その他（　親権者母　）		
	住　所　東京都千代田区平河町1丁目　　　　　3　番地 　　　　　　　　　　　　　　　　　　　　　　　　　　番 2 号		
	本　籍　東京都千代田区平河町1丁目　　4　番地 　　　　　　　　　　　　　　　　　　　番　筆頭者 の氏名　甲野美咲		
	署　名　　甲　野　美　咲　　　㊞　　平成 3 年 5 月 18 日生		

321

第2章 認　知

(注)　1　家庭裁判所における調停で当事者間に合意が成立すると，合意に相当する
審判（家事法277条）がされ，当該審判が確定した場合は，その審判は確定
判決と同一の効力を有します（家事法281条）。
　　　　認知の裁判の確定によって法律上の父子関係が発生しますから，この裁判
の確定による戸籍上の認知の届出は報告的届出であり，届出義務者である訴
え又は調停の申立てを提起した者は，裁判確定の日から10日以内に裁判の謄
本を添付して，届出をしなければなりません（戸63条1項）。なお，裁判が
確定したことを証明する書面として裁判の確定証明書を添付する必要があり
ますが，家庭裁判所から事件本人（認知する父及び認知される子）の本籍地
の市町村長に対し，認知の審判が確定した旨の通知がされます。したがって，
認知の届出が本籍地にされたときに限り，裁判の確定証明書の添付は省略し
て差し支えないとされています（昭和24・2・4民事甲200号回答）。なお，
その通知により届出義務者が期間内に届出をしない事実は，市町村長におい
て把握できますから，届出の催告をすることになります（戸44条）。しかし，
届出がないときは，家庭裁判所の通知を資料とし，管轄局の長の許可を得て
職権で戸籍の記載をすることもできます（昭和23・1・13民事甲17号通達）。
　　　2　認知の訴えを提起した者又は調停の申立てをした者が，裁判確定の日から
10日以内に届出をしないときは，その相手方も届出をすることができます
（戸63条2項）。もっとも，この届出は，届出義務者が期間内に届出をしない
場合に限って認められるものであり，裁判確定の日から10日以内に相手方か
ら届出がされた場合は，届出期間内に届出義務者から届出されるのを待ちま
す。期間内にその届出がない場合に，はじめて相手方の届出を受理します。
この場合でも，届出期間の懈怠の責任は届出義務者が負います（戸137条）。

第1　認知の裁判

b　母の戸籍中子の記載

（2の1）　全部事項証明

本　　　籍	東京都千代田区平河町一丁目4番地
氏　　　名	甲野　美咲
戸籍事項 　　戸籍編製	（編製事項省略）

戸籍に記録されている者	【名】さくら 【生年月日】令和元年7月20日 【父】乙野拓也 【母】甲野美咲 【続柄】長女
身分事項 　　出　　生 　　認　　知	（出生事項省略） 【認知の裁判確定日】令和2年2月14日 【認知者氏名】乙野拓也 【認知者の戸籍】京都市上京区小山町870番地　乙野幸雄 【届出日】令和2年2月19日 【届出人】親権者母
	以下余白

発行番号000001

323

第2章 認 知

c 父の戸籍の記載

<table>
<tr><td></td><td colspan="2">（2の1）</td><td>全 部 事 項 証 明</td></tr>
<tr><td>本　　籍</td><td colspan="3">京都市上京区小山町８７０番地</td></tr>
<tr><td>氏　　名</td><td colspan="3">乙野　幸雄</td></tr>
</table>

<table>
<tr><td>戸籍事項
　戸籍編製</td><td>（編製事項省略）</td></tr>
</table>

<table>
<tr><td>戸籍に記録されている者</td><td>【名】拓也

【生年月日】平成２年３月１０日
【父】乙野幸雄
【母】乙野松子
【続柄】長男</td></tr>
<tr><td>身分事項
　出　　生

　認　　知</td><td>（出生事項省略）

【認知の裁判確定日】令和２年２月１４日
【認知した子の氏名】甲野さくら
【認知した子の戸籍】東京都千代田区平河町一丁目４番地
　甲野美咲
【届出日】令和２年２月１９日
【届出人】親権者母
【送付を受けた日】令和２年２月２５日
【受理者】東京都千代田区長</td></tr>
<tr><td></td><td>　　　　　　　　　　　　　　　　　　　　　　　　以下余白

　（注）　届出人である母の資格を単に「親権者母」と記載す
　　れば足り，母の氏名の記載を要しない。</td></tr>
</table>

発行番号０００００１

324

第1　認知の裁判

ウ　人事訴訟

訴　　状

令和元年10月20日

○家庭裁判所　御中

原告　甲野海斗（印）

本籍　東京都杉並区阿佐谷北３丁目41番地
住所　〒166－0001　東京都杉並区阿佐谷北３丁目２番１号
電話・ＦＡＸ：○○○（○○○）○○○○
　　　原告　　　　　　　　　　甲野海斗
本籍　東京都新宿区下落合５丁目７番地
住所　〒161－0033　東京都新宿区下落合５丁目１番６号
　　　被告　　　　　　　　　　乙野大介

認知請求事件
　　訴額　　　　金160万円
　　貼用印紙　　金１万3000円
　　郵券（注：金額及び内訳は各裁判所によって異なることから申立裁判所に
　　問合せが必要）

第１　請求の趣旨
　　１　原告が被告の子であることを認知する
　　２　訴訟費用は被告の負担とする
との裁判を求める。

第２　請求原因
　　１　原告の母甲野陽子は，平成９年３月ころ被告と知り合い，昵懇の間柄
　　　となった。当時，被告は妻子を有していたが，陽子にはそのことを秘匿
　　　していたとのことである。（甲第２，第４号証）
　　２　陽子は，平成10年１月ころ原告を懐胎したので，被告にそのことを話
　　　したが，被告が一向に陽子との結婚話をしないので陽子は不思議に思っ
　　　ていたところ，臨月になって，被告は，妻子のいることを陽子に打ち明
　　　けた。陽子は，平成10年10月７日，原告を出産したが，その後まもなく，
　　　被告は，陽子に対して，原告を認知しないが，生活費は渡すことを約束
　　　した。（甲第１，第４号証）
　　３　原告は，ものごころが付いてから，陽子に父は誰かと問いただしたが
　　　答えようとはしなかった。しかし，原告が高校生になったころ，陽子は
　　　病弱の身となり，医師から余命宣告をされた後，被告が原告の父である
　　　ことや生活費の送付を受けてきたことを打ち明けた。陽子は，それから
　　　まもなくして死亡した。（甲第１，第３，第４号証）

325

第2章 認 知

　4　原告は，被告に面会を求め，認知をするように求めたが，陽子との約
　　束を盾にこれに応じようとはしない。そこで，原告は被告を相手に認知
　　の調停を求めたが，被告は期日に出頭しなかった。（甲第4号証）
　5　以上の次第であって，原告は被告の実子であるので，請求の趣旨どお
　　りの判決を求める。

証拠方法
　1　甲第1号証　　　原告及び陽子の戸籍謄本
　2　甲第2号証　　　被告の戸籍謄本
　4　甲第3号証　　　陽子の預金通帳
　5　甲第4号証　　　原告の陳述書

附属書類
　1　甲号証写し　　　各1通
　2　調停不成立証明書　1通
　3　戸籍謄本　　　　2通

〈訴状の説明〉

(1)　訴えの提起が必要な場合

　認知請求の訴えが必要なのは，記載例のように，調停期日に相手方が出頭しなかった場
合等です。また，調停期日に出頭したとしても，DNA鑑定に協力しなかったり，合意を
しない場合もあります。

　管轄裁判所は，父又は子の住所地を管轄する家庭裁判所です（人訴4条）。

(2)　訴状の記載

　訴状には，当事者の住所氏名，請求の趣旨，請求原因等を記載しますが，その一例は記
載例のとおりです。

　次に，請求の趣旨ですが，認知請求訴訟は形成訴訟であるため，訴状のように「原告が
被告の子であることを認知する」と記載します。「被告は原告を認知せよ」では給付訴訟
となってしまい，適切ではありません。

　さらに，請求原因ですが，原告が被告の子であることを根拠付けるべき理由を記載しま
す。

(3)　添付書類

　記載例に示したとおりです。

326

第 1　認知の裁判

　　エ　戸籍の届出等

a　認知届書

認　知　届

令和 2 年 2 月 15 日届出

　　　東京都杉並区　長殿

受理　令和 2 年 2 月 15 日 第　　　　910 号	発送　令和 2 年 2 月 16 日
送付　令和 2 年 2 月 18 日 第　　　　565 号	東京都杉並区 長 印
書類調査　戸籍記載　記載調査　附　　票　住民票　通　　知	

		認知される子			認知する父	
（よみかた）		こう の	かい と	父母との 続き柄	おつ の	だい すけ
氏　　名		氏 甲　野	名 海　斗	長 ☑男 　 □女	氏 乙　野	名 大　介
生 年 月 日		平成 10 年 10 月 7 日			昭和 48 年 10 月 10 日	
住　　　所 （住民登録をして いるところ）		東京都杉並区阿佐谷北			東京都新宿区下落合	
		3丁目　　　2 番地 　　　　　　　番 1 号			5丁目　　　1 番地 　　　　　　番 6 号	
		世帯主 の氏名 甲　野　海　斗			世帯主 の氏名 乙　野　大　介	
本　　　籍 （外国人のときは 国籍だけを書い てください）		東京都杉並区阿佐谷北			東京都新宿区下落合	
		3丁目　　　　　41 番地 　　　　　　　　　番			5丁目　　　　　7 番地 　　　　　　　　番	
		筆頭者 の氏名 甲　野　陽　子			筆頭者 の氏名 乙　野　大　介	
認 知 の 種 別		□ 任意認知 □ 遺言認知（遺言執行者			□ 審判　　　　年　　　月　　　　日確定 ☑ 判決令和 2 年 2 月 8 日確定 　　　　年　　　月　　　日　就職）	
子　の　母		氏　名　甲　野　陽　子　　　　　昭和 52 年 3 月 10 日生				
		本　籍　　東京都杉並区阿佐谷北3丁目　　　　　　41 番地 　　　　　　　　　　　　　　　　　　　　　　　　　　　番				
		筆頭者 の氏名 甲　野　陽　子				
そ の 他		□ 未成年の子を認知する　☑ 成年の子を認知する　□ 死亡した子を認知する　□ 胎児を認知する				
届 出 人		□ 父　　☑ その他（　　被認知者　）				
	住　所	東京都杉並区阿佐谷北3丁目　　　　　　　　　2 番地 　　　　　　　　　　　　　　　　　　　　　　　　　番 1 号				
	本　籍	東京都杉並区阿佐谷北3丁目　　　41 番地 　　　　　　　　　　　　　　　　　　番		筆頭者 の氏名 甲　野　陽　子		
	署　名	甲　野　海　斗　　　　　㊞　　　　平成 10 年 10 月 7 日生				

327

第2章 認　知

（注）　本事例は，原告が被告に再会を求め，認知するよう求めたが応じないため，被告を相手方として，家庭裁判所に調停を申し立てました。しかし，被告は調停期日に出頭しないために，調停が不成立となったものです。そこで原告は被告に対し認知を求める人事訴訟を提起したところ，請求の趣旨のとおり原告が被告の子であることを認知する旨の判決があったものです。この場合の戸籍の届出・申請等の処理は，前記「ア家事調停（審判）」と概ね同じであり，「認知届」書の記載中，〔認知の種別〕欄「判決　　年　　　月　　　日」にチェックをする点が異なります。

第1　認知の裁判

b　母の戸籍中子の記載

（2の1）　全 部 事 項 証 明

本　　　籍	東京都杉並区阿佐谷北三丁目41番地
氏　　　名	甲野　陽子
戸籍事項 　戸籍編製	（編製事項省略）

戸籍に記録されている者	【名】海斗 【生年月日】平成10年10月7日 【父】乙野大介 【母】甲野陽子 【続柄】長男
身分事項 　　出　　生 　　認　　知	（出生事項省略） 【認知の裁判確定日】令和2年2月8日 【認知者氏名】乙野大介 【認知者の戸籍】東京都新宿区下落合五丁目7番地　乙野大 　　介 【届出日】令和2年2月15日
	以下余白

発行番号000001

第2章　認　知

c　父の戸籍の記載

（2の1）　| 全 部 事 項 証 明

本　　　籍	東京都新宿区下落合五丁目7番地
氏　　　名	乙野　大介

戸籍事項 　　戸籍編製	（編製事項省略）

戸籍に記録されている者	【名】大介 【生年月日】昭和48年10月10日　【配偶者区分】夫 【父】乙野幸夫 【母】乙野松子 【続柄】長男
身分事項 　　出　　　生	（出生事項省略）
婚　　　姻	（婚姻事項省略）
認　　　知	【認知の裁判確定日】令和2年2月8日 【認知した子の氏名】甲野海斗 【認知した子の戸籍】東京都杉並区阿佐谷北三丁目41番地 　　　　甲野陽子 【届出日】令和2年2月15日 【届出人】甲野海斗 【送付を受けた日】令和2年2月18日 【受理者】東京都杉並区長

以下余白

発行番号000001

第1　認知の裁判

(2)　嫡出子の強制認知（嫡出子として出生届が済んでいる場合）

ア　家事調停（審判）

<table>
<tr>
<td rowspan="2">受付印</td>
<td>☑　調停</td>
</tr>
<tr>
<td>家事　　申立書　事件名（　　　認知　　　）
□　審判</td>
</tr>
<tr>
<td></td>
<td>（この欄に申立て1件あたり収入印紙1，200円分を貼ってください。）

（貼った印紙に押印しないでください。）</td>
</tr>
<tr>
<td>収入印紙　　　　　円
予納郵便切手　　　円</td>
<td></td>
</tr>
</table>

<table>
<tr>
<td>　○　　○　家庭裁判所
　　　　　　　御中
令和　元　年　9　月　3　日</td>
<td>申　立　人
（又は法定代理人など）
の　記名押印</td>
<td>申立人法定代理人親権者母
甲　野　早　紀　　㊞</td>
</tr>
</table>

<table>
<tr>
<td>添付書類</td>
<td>（審理のために必要な場合は，追加書類の提出をお願いすることがあります。）
申立人の戸籍謄本　1通　　　相手方の戸籍謄本　1通</td>
<td>準口頭</td>
</tr>
</table>

<table>
<tr>
<td rowspan="4">申

立

人</td>
<td>本　　籍
（国　籍）</td>
<td colspan="2">（戸籍の添付が必要とされていない申立ての場合は，記入する必要はありません。）
東　京　㊤道府県　　中央区新富2丁目1番地</td>
</tr>
<tr>
<td>住　所</td>
<td colspan="2">〒170 - 0003
東京都豊島区駒込1丁目2番3号　　　　　　　　　（　　　　　　方）</td>
</tr>
<tr>
<td>フリガナ
氏　名</td>
<td>コウ　ノ　ナナ　ミ
甲　野　七　海</td>
<td>大正
昭和
平成　　元　年　8　月　7　日生
⦿令和（　　0　　歳）</td>
</tr>
<tr>
<td colspan="3"></td>
</tr>
<tr>
<td rowspan="3">※
申法親
立　権
定者
代母
理
人人母</td>
<td>本　　籍
（国　籍）</td>
<td colspan="2">（戸籍の添付が必要とされていない申立ての場合は，記入する必要はありません。）
東　京　㊤道府県　　中央区新富2丁目1番地</td>
</tr>
<tr>
<td>住　所</td>
<td colspan="2">〒170 - 0003
東京都豊島区駒込1丁目2番3号　　　　　　　　　（　　　　　　方）</td>
</tr>
<tr>
<td>フリガナ
氏　名</td>
<td>コウ　ノ　サ　キ
甲　野　早　紀</td>
<td>大正
⦿昭和
平成　　7　年　3　月　15　日生
令和（　　24　　歳）</td>
</tr>
<tr>
<td rowspan="3">※
相

手

方</td>
<td>本　　籍
（国　籍）</td>
<td colspan="2">（戸籍の添付が必要とされていない申立ての場合は，記入する必要はありません。）
東　京　㊤道府県　　杉並区方南4丁目1番地</td>
</tr>
<tr>
<td>住　所</td>
<td colspan="2">〒168 - 0062
東京都杉並区方南4丁目1番3号　　　　　　　　　（　　　　　　方）</td>
</tr>
<tr>
<td>フリガナ
氏　名</td>
<td>オツ　ノ　ショウ　タ
乙　野　翔　太</td>
<td>大正
昭和
⦿平成　　6　年　7　月　10　日生
令和（　　25　　歳）</td>
</tr>
</table>

（注）太枠の中だけ記入してください。

第2章 認　知

申　立　て　の　趣　旨
申立人が相手方の子であることを認知するとの調停・審判を求めます。

申　立　て　の　理　由
1　申立人の母甲野早紀は，甲野健太と平成29年5月28日婚姻しましたが，健太は，早紀に対して頻繁に暴力を振ったので，両名は別居しました。その後，健太は飯場を転々とし，終には行方不明となりました。 　2　早紀は，その後，相手方と知り合って親密な関係となり，申立人を懐胎し，令和元年8月7日，申立人を出産しました。 　3　早紀は，申立人を嫡出でない子として出生届を提出しようとしたところ，区役所の担当者から，早紀の嫡出子として届け出なければ出生届を受理することができないと言われました。申立人を無籍の子としたくなかったので，仕方なくそのように出生届を提出しました。 　4　健太は現在なお行方不明であり，早紀は離婚の裁判を提起すべく準備中です。他方，相手方は，申立人を自分の子であると認めており，早紀と健太との離婚ができた後に，婚姻する予定です。 　5　健太と申立人との間の親子関係不存在確認の調停の申立ては，健太が行方不明のため，することができません。そこで，この申立てをします。

第1　認知の裁判

〈申立書の説明〉

　記載例は，母が婚姻継続中に夫以外の男との間で懐胎した事例です。このような場合，形式的には民法772条が規定する嫡出推定が働くため，子について出生届をしても母の夫の子として戸籍に入籍します。この場合において，子が母の夫の子ではないと法的に主張するためには，夫の外国勤務や行方不明等嫡出推定が働かないことを示して，子と夫との間の親子関係不存在確認の裁判をするのが基本です。しかし，嫡出推定が働かない場合の子と夫との間の親子関係不存在の確認は，主文によらずとも，裁判における理由中の判断でもすることができるので，血縁上の父を相手に認知請求をすることによっても，その目的を達成することができます。このことは，子が母の夫の戸籍に入籍していても同様です。本件の記載例は，まさにそのような事案のものです。したがって，裁判所は，合意に相当する審判書の理由中において，嫡出推定が働かない場合であることや子と母の夫との間に親子関係が不存在であることを認定・判断しておくことが必要です。

(1)　当事者

　申立人は子であり，相手方は，血縁上の父です。戸籍上の父は当事者ではありません。

(2)　申立先

　相手方の住所地の家庭裁判所又は当事者が合意で定める家庭裁判所です（家事法245条1項）。

(3)　申立てに必要な費用

　収入印紙1200円

　連絡用の郵便切手（注：金額及び内訳は各裁判所によって異なることから申立裁判所に問合せが必要）

　DNA鑑定等が行われる場合，原則として申立人がこの鑑定に要する費用を負担します。

(4)　申立てに必要な書類

　ア　申立書及びその写し1通

　イ　標準的な申立添付書類

　申立人及び法定代理人並びに相手方の戸籍謄本（全部事項証明書）

(5)　申立ての趣旨

　申立人が子の場合は，記載例のように「申立人が相手方の子であることを認知するとの調停・審判を求めます。」です。

(6)　申立ての理由

　本件のように，母が他の男との婚姻中に申立人を懐胎した場合は，夫の外国勤務や行方不明等，外観上嫡出推定が働かないことを示した上で，母が相手方と性交渉をもって申立人を懐胎したこと等，相手方が申立人の血縁上の父であることの事情を記載例の中の「申立ての理由」のように記載します。

　イ　戸籍の訂正申請・届出等

　　母が婚姻中に夫以外の男との間に子が出生したため，嫡出子として夫婦の戸籍に入籍している子について，子から血縁上の父を相手方として

333

第2章 認 知

提起した認知の裁判が確定した場合における戸籍の訂正申請・届出等の処理は次のようになります。

1　子から真実の父を相手方として提起された認知の裁判が確定すると，その裁判の反射効として，戸籍上の父との関係は否定されることになりますから，これに基づく戸籍法116条の戸籍訂正申請によって表見上の父の記載を消除する等の訂正をします。この手続が認知届をするための前提手続として必要です。

2　母が婚姻中に出生し，夫婦の戸籍に入籍している子について，真実の父を相手方とする認知の裁判が確定し，戸籍上の父との間に親子関係がないことが裁判上明らかとなったとしても，母の嫡出でない子として母の氏（夫婦の氏）を称することとなるため，子の氏に変更はなく，戸籍の移動ということもありません。

3　戸籍訂正の処理として，子の身分事項欄に血縁上の父との認知の裁判が確定した旨の記載をし，父母との続柄は，嫡出でない子ですから，父の認知の有無にかかわらず，母との関係のみにより，母が分娩した嫡出でない子の出生の順によって長男（長女）・二男（二女）等と訂正します（平成16・11・1民二3008号通達）。

　なお，この場合は認知の裁判に基づき，別途戸籍法63条の規定による認知の届出をする必要があり（昭和41・3・14民事甲655号回答），その届出に基づいて父欄に父の氏名を記載します。

第1　認知の裁判

a‑1　戸籍訂正申請書

戸　籍　訂　正　申　請

東京都中央 <s>市区</s> <s>町村</s>長　殿

　　　　　　　令和 2 年 3 月 10 日申請

受付	令和 2 年 3 月 28 日	戸　籍	
第　　215　　号		調査	

				記載	
(一)	事件本人	本　　籍	東京都中央区新富2丁目1番地	記載調査	
		筆頭者氏名	甲　野　健　太		
(二)		住所及び世帯主氏名	東京都豊島区駒込1丁目2番3号　甲野健太	送付	
(三)		氏　　名	甲　野　七　海	住 民 票	
		生年月日	令和 元 年 8 月 7 日	記載	
(四)	裁 判 の 種　 類		認知の裁判	通知	
				附　 票	
				記載	
	裁 判 確 定 年 月 日		令和 2 年 2 月 21 日	通知	
(五)	訂 正 の 趣　 旨		事件本人は父甲野健太，母甲野早紀の嫡出子として戸籍記載されているが，令和2年2月21日東京都杉並区方南4丁目1番地乙野幸夫同籍翔太の事件本人に対する認知の裁判が確定したので，父欄の記載を消除し，父母との続柄を訂正する。		
(六)	添 付 書 類		裁判の謄本，確定証明書，母の申述書（注）		
(七)	申請人	本　　籍	東京都中央区新富2丁目1番地		
		筆頭者氏名	甲　野　健　太		
		住　　所	東京都豊島区駒込1丁目2番3号		
		署名押印	甲　野　早　紀　　　㊞		
		生年月日	平成 7 年 3 月 15 日		

（注）事件本人又は申請人が二人以上であるときは，必要に応じ該当欄を区切って記載すること。

（注）　「母の申述書」とは，父母との続柄を母の嫡出でない子の続柄に訂正するための申出です。

335

第2章　認　知

a‑2　認知届書

認　知　届

令和 2 年 3 月 10日届出

東京都中央区　長殿

受理	令和 2 年 3 月 10日	発送 令和 2 年 3 月 11日
第	216 号	東京都中央区 長 ㊞
送付	令和 2 年 3 月 13日	
第	314 号	

書類調査	戸籍記載	記載調査	附　票	住民票	通　知

		認 知 される 子		父母との続き柄	認 知 する 父	
（よみかた）		こう の　　なな み			おつ の　　しょう た	
氏　　　名		甲 野　七 海		長 □男 ☑女	乙 野　翔 太	
生 年 月 日		令和 元 年 8 月 7 日			平成 6 年 7 月 10 日	
住　　　所 （住民登録をしているところ）		東京都豊島区駒込 1丁目　2 番地番 3 号 世帯主の氏名 甲 野 健 太			東京都杉並区方南 4丁目　1 番地番 3 号 世帯主の氏名 乙 野 幸 夫	
本　　　籍 （外国人のときは国籍だけを書いてください）		東京都中央区新富 2丁目　1 番地番 筆頭者の氏名 甲 野 健 太			東京都杉並区方南 4丁目　1 番地番 筆頭者の氏名 乙 野 幸 夫	

認 知 の 種 別	□任意認知 □遺言認知（遺言執行者　　　　年　　月　　日　就職）	☑審判令和 2 年 2 月 21 日確定 □判決　　　年　　月　　　日確定

子　の　母	氏名 甲 野 早 紀　　　平成 7 年 3 月 15 日生
	本　籍　東京都中央区新富2丁目　　　　　1 番地番
	筆頭者の氏名 甲 野 健 太

その他	☑未成年の子を認知する　□成年の子を認知する　□死亡した子を認知する　□胎児を認知する 認知の裁判確定による戸籍訂正申請を同時に提出

届出人	□父　☑その他（　親権者母　）
住　所	東京都豊島区駒込1丁目　　　　　2 番地番 3 号
本　籍	東京都中央区新富2丁目　1 番地番 筆頭者の氏名 甲 野 健 太
署　名	甲 野 早 紀　　㊞　　　平成 7 年 3 月 15 日生

第1　認知の裁判

b‐1　父母の戸籍中子の記載

	（2の1）　全部事項証明
本　　　籍	東京都中央区新富二丁目1番地
氏　　　名	甲野　健太
戸籍事項 　戸籍編製	（編製事項省略）

戸籍に記録されている者	【名】七海 【生年月日】令和元年8月7日 【父】乙野翔太 【母】甲野早紀 【続柄】長女
身分事項 　　出　　生	【出生日】令和元年8月7日 【出生地】東京都中央区 【届出日】令和元年8月15日 【届出人】母
消　　除	【消除日】令和2年3月10日 【消除事項】父の氏名 【消除事由】東京都杉並区方南四丁目1番地乙野幸夫同籍翔太認知の裁判確定 【裁判確定日】令和2年2月21日 【申請日】令和2年3月10日 【申請人】母 【関連訂正事項】父母との続柄 【従前の記録】 　　【父】甲野健太 　　【父母との続柄】長女
認　　知	【認知の裁判確定日】令和2年2月21日 【認知者氏名】乙野翔太 【認知者の戸籍】東京都杉並区方南四丁目1番地　乙野幸夫 【届出日】令和2年3月10日 【届出人】親権者母
	以下余白

発行番号000001

337

第2章　認　知

b‐2　認知者の戸籍

<table>
<tr><td colspan="2" align="right">（2の1）</td><td>全 部 事 項 証 明</td></tr>
<tr><td align="center">本　　　籍</td><td colspan="2">東京都杉並区方南四丁目1番地</td></tr>
<tr><td align="center">氏　　　名</td><td colspan="2">乙野　幸夫</td></tr>
<tr><td>戸籍事項
　　戸籍編製</td><td colspan="2">（編製事項省略）</td></tr>
</table>

<table>
<tr><td>戸籍に記録されている者</td><td>【名】翔太

【生年月日】平成6年7月10日
【父】乙野幸夫
【母】乙野梅子
【続柄】長男</td></tr>
<tr><td>身分事項
　　出　　生

　　認　　知</td><td>（出生事項省略）

【認知の裁判確定日】令和2年2月21日
【認知した子の氏名】甲野七海
【認知した子の戸籍】東京都中央区新富二丁目1番地　甲野
　　健太
【届出日】令和2年3月10日
【届出人】親権者母
【送付を受けた日】令和2年3月13日
【受理者】東京都中央区長</td></tr>
<tr><td></td><td align="right">以下余白</td></tr>
</table>

発行番号000001

338

ウ　人事訴訟

訴　状

令和元年10月5日

○家庭裁判所　御中

原告法定代理人親権者母　　乙野真由（印）

本籍　東京都中央区新富2丁目6番地
住所　〒166－00002　東京都杉並区高円寺北1丁目3番5号
　　　原告　　　　　　　　　　　甲野結衣
本籍　東京都杉並区高円寺北1丁目5番地
住所　原告に同じ（送達場所）
　　　電話・ＦＡＸ：　○○○（○○○）○○○○
　　　法定代理人親権者母　　　　乙野真由
本籍　東京都杉並区方南2丁目1番地
住所　〒168－0062　東京都杉並区方南2丁目9番5号
　　　被告　　　　　　　　　　　丙野達也

認知請求事件
　　訴額　　　　金160万円
　　貼用印紙　　金1万3000円
　　郵券（注：金額及び内訳は各裁判所によって異なることから申立裁判所に
　　問合せが必要）

第1　請求の趣旨
　1　原告が被告の子であることを認知する
　2　訴訟費用は被告の負担とする
との裁判を求める。

第2　請求原因
　1　原告の母乙野真由は，平成29年5月5日，訴外甲野大輝と婚姻したが，
　　婚姻当初から性格の不一致のため口げんかが絶えなかったところ，大輝
　　は，平成30年3月ころから，アルジェリアに単身赴任した。しかし，真
　　由は同国の治安の問題もあって，一度も同国を訪れたことは無い。他方，
　　大輝は，同国で知り合った女性と同棲しているとのことで，一時帰国し
　　たことはなかった。このため，真由と大輝は，離婚することに合意し，
　　令和元年6月18日，協議離婚した。（甲第1ないし第3号証，第6，第
　　7号証）
　2　真由は，大輝が女性と同棲していることを知った平成30年10月ころ，
　　学生時代の友人である被告に身の上話をしているうちに深い関係となり，
　　まもなく原告を懐胎した。真由は，令和元年8月7日，原告を出産した

第2章 認 知

ので，原告について嫡出でない子として出生届を提出しようとしたところ，区役所の担当者から，原告の出生日は離婚後50日しか経過していないので，大輝の嫡出子としての届出のみ受理することができると言われた。原告を無籍の子としたくなかったので，仕方なくそのように出生届を提出した。（甲第2，第4，第5号証）

3 　原告は，被告に原告を認知をするように調停を申し立てたが，被告は，真由に対して，原告が自分の子であることを認めているものの，結婚していて妻子あることを打ち明け，自ら認知することを拒否し，期日に出頭しなかった。（甲第6号証）

4 　以上の次第であって，原告は被告の実子であるので，請求の趣旨どおりの判決を求める。

証拠方法

1 　甲第1号証　　大輝の戸籍謄本
2 　甲第2号証　　真由の戸籍謄本
2 　甲第3号証　　真由のパスポート
3 　甲第4号証　　被告の戸籍謄本
4 　甲第5号証　　原告の出生証明書
5 　甲第6号証　　大輝の住民票（除票）謄本
6 　甲第7号証　　真由の陳述書

附属書類

1 　甲号証写し　　　各1通
2 　調停不成立証明書　1通
3 　戸籍謄本　　　　　3通

〈訴状の説明〉

　記載例は，母が婚姻継続中に夫以外の男との間で懐胎した事例です。このような場合であっても，母の夫（前夫）との間で親子関係不存在確認の裁判を経ることなく，血縁上の父を相手に，認知の訴えを提起することができることは，(2)の調停申立ての場合と同一です。

第 1　認知の裁判

エ　戸籍の届出等

　本事例は，前夫の子として嫡出の推定が及ぶ場合において，血縁上の父に対する認知の訴えを提起し，勝訴の判決が確定した場合の戸籍の処理に関するものです。

　なお，子が離婚後の母の戸籍に入籍するには，家庭裁判所において民法791条1項に規定する母の氏に変更する許可の審判を得て入籍することができます。

第2章 認 知

a‐1　戸籍訂正申請書

戸 籍 訂 正 申 請

東京都中央 市⓪区町村 長 殿

令和 2 年 3 月 2 日申請

受付	令和 2 年 3 月 2 日		戸　籍	
	第　　215　　号		調査	

(一)	事件本人	本　　籍	東京都中央区新富2丁目6番地	記載
		筆頭者氏名	甲 野 大 輝	記載調査
(二)		住所及び世帯主氏名	東京都杉並区高円寺北1丁目3番5号　乙野真由	送付
(三)		氏　　名	甲 野 結 衣	住民票
		生年月日	令和 元 年 8 月 7 日	記載
(四)		裁　判　の種　　　類	認知の裁判	通知
				附　票
				記載
		裁判確定年月日	令和 2 年 2 月 21 日	通知
(五)		訂　正　の趣　　　旨	事件本人は父甲野大輝，母乙野真由の嫡出子として戸籍に記載されているが，令和2年2月21日東京都杉並区方南2丁目1番地丙野達也の事件本人に対する認知の裁判が確定したので，父欄の記載を消除し，父母との続柄を訂正する。	
(六)		添　付　書　類	裁判の謄本，確定証明書，母の申述書（注）	
(七)	申請人	本　　籍	東京都杉並区高円寺北1丁目5番地	
		筆頭者氏名	乙 野 真 由	
		住　　所	東京都杉並区高円寺北1丁目3番5号	
		署名押印	乙 野 真 由　　㊞	
		生年月日	平成 7 年 3 月 15 日	

（注）事件本人又は申請人が二人以上であるときは、必要に応じ該当欄を区切って記載すること。

（注）「母の申述書」とは，父母との続柄を母の嫡出でない子の続柄に訂正するための申出です。

342

第1　認知の裁判

a‑2　認知届書

認　知　届

令和 2 年 3 月 2 日届出

東京都中央区　長殿

受理　令和 2 年 3 月 2 日 第　　　　216 号	発送　令和 2 年 3 月 3 日
送付　令和 2 年 3 月 5 日 第　　　　328 号	東京都中央区 長 印
書類調査　戸籍記載　記載調査　附　票　住民票　通　知	

		認知される子		認知する父	
（よみかた）		こう の　　　ゆ い	父母との 続き柄	へい の　　　たつ や	
氏　　　　名		氏　　　名 甲　野　　結　衣	長 □ 男 　 ☑ 女	氏　　　名 丙　野　　達　也	
生 年 月 日		令和 元 年 8 月 7 日		平成 6 年 7 月 10 日	
住　　　　所 （住民登録をして いるところ）		東京都杉並区高円寺北 1丁目　　　3 番地番 5 号 世帯主 の氏名 乙　野　真　由		東京都杉並区方南 2丁目　　　9 番地番 5 号 世帯主 の氏名 丙　野　達　也	
本　　　　籍 （外国人のときは 国籍だけを書い てください）		東京都中央区新富 2丁目　　　　6 番地番 筆頭者 の氏名 甲　野　大　輝		東京都杉並区方南 2丁目　　　　1 番地番 筆頭者 の氏名 丙　野　達　也	
認 知 の 種 別		□ 任意認知 　 □ 遺言認知（遺言執行者　　　年　　月　　日　就職）	□ 審判　　　　年　　　月　　　日確定 ☑ 判決令和 2 年 2 月 21 日確定		
子　の　母		氏　名　乙　野　真　由　　　平成 7 年 3 月 15 日生 本　籍　東京都杉並区高円寺北1丁目　　　5 番地番 筆頭者 の氏名　乙　野　真　由			
その 他		☑ 未成年の子を認知する　□ 成年の子を認知する　□ 死亡した子を認知する　□ 胎児を認知する 認知の裁判確定による戸籍訂正申請を同時に提出			
届 出 人		□ 父　☑ その他（　親権者母　）			
	住　所	東京都杉並区高円寺北1丁目　　　　　　3 番地番 5 号			
	本　籍	東京都杉並区高円寺北1丁目　　5 番地番 筆頭者 の氏名 乙野真由			
	署　名	乙　野　真　由　　　　印　　　平成 7 年 3 月 15 日生			

343

第2章 認 知

b‐1　夫婦（母）の戸籍中子の記載

（2の1）｜全 部 事 項 証 明

本　　　籍	東京都中央区新富二丁目6番地
氏　　　名	甲野　大輝

戸籍事項 　戸籍編製	（編製事項省略）

戸籍に記録されている者	【名】結衣 【生年月日】令和元年8月7日 【父】丙野達也 【母】乙野真由 【続柄】長女
身分事項 　出　　生	【出生日】令和元年8月7日 【出生地】東京都中央区 【届出日】令和元年8月18日 【届出人】母
消　　除	【消除日】令和2年3月2日 【消除事項】父の氏名 【消除事由】東京都杉並区方南二丁目1番地丙野達也の認知 　　の裁判確定 【裁判確定日】令和2年2月21日 【申請日】令和2年3月2日 【申請人】母 【関連訂正事項】父母との続柄 【従前の記録】 　　【父】甲野大輝 　　【父母との続柄】長女
認　　知	【認知の裁判確定日】令和2年2月21日 【認知者氏名】丙野達也 【認知者の戸籍】東京都杉並区方南二丁目1番地　丙野達也 【届出日】令和2年3月2日 【届出人】親権者母
	以下余白

発行番号000001

第1 認知の裁判

b - 2 認知者の戸籍

| | （2の1） | 全 部 事 項 証 明 |

本　　籍	東京都杉並区方南二丁目1番地
氏　　名	丙野　達也

戸籍事項 　戸籍編製	（編製事項省略）

戸籍に記録されている者	【名】達也 【生年月日】平成6年7月10日　　　　【配偶者区分】夫 【父】丙野春夫 【母】丙野梅子 【続柄】三男
身分事項 　出　　生	（出生事項省略）
婚　　姻	（婚姻事項省略）
認　　知	【認知の裁判確定日】令和2年2月21日 【認知した子の氏名】甲野結衣 【認知した子の戸籍】東京都中央区新富二丁目6番地　甲野 　大輝 【届出日】令和2年3月2日 【届出人】親権者母 【送付を受けた日】令和2年3月5日 【受理者】東京都中央区長

以下余白

発行番号000001

第2章 認　知

(3) 嫡出子の強制認知（出生届をしていない場合）

　この場合は，母の身分関係いかんによって戸籍の取扱いが異なります。その詳細は後記イを参照願います。

ア　家事調停（審判）

受付印	☑ **調停**
	家事　　　　　申立書 事件名（　　認知　　）
	□ **審判**

（この欄に申立て1件あたり収入印紙1,200円分を貼ってください。）

| 収入印紙　　　　　円 |
| 予納郵便切手　　　円 |

（貼った印紙に押印しないでください。）

| ○　○　家庭裁判所
御中
令和 元 年 11 月 7 日 | 申　立　人
（又は法定代理人など）
の記名押印 | 申立人法定代理人親権者母
甲　野　麻　衣　　㊞ |

| 添付書類 | （審理のために必要な場合は，追加書類の提出をお願いすることがあります。）
申立人の母の戸籍勝本　1通　　相手方の戸籍勝本　1通
出生証明書写し　1通 | 準　口　頭 |

申 立 人	本　籍 （国　籍）	（戸籍の添付が必要とされていない申立ての場合は，記入する必要はありません。） 　　　　都 道 　　　　府 県　出生届未了		
	住　所	〒402－0053 山梨県都留市上谷1丁目1番1号 　　　　　　　　　　　　　　（　　乙野拓也　方）	
	フリガナ 氏　名	コウ ノ ミ サキ ミサキ 甲　野　美　咲こと美咲	大正 昭和 平成 令和　元 年 8 月 7 日生 （　　0　　歳）
※ 申法親 立定権 代者 理母 人人	本　籍 （国　籍）	（戸籍の添付が必要とされていない申立ての場合は，記入する必要はありません。） 山　梨　都 道 　　　　府 県　都留市上谷1丁目10番地	
	住　所	〒402－0053 山梨県都留市上谷1丁目1番1号 　　　　　　　　　　　　　　（　　乙野拓也　方）	
	フリガナ 氏　名	コウ ノ マ イ 甲　野　麻　衣	大正 昭和 平成 令和　7 年 3 月 15 日生 （　　24　　歳）
※ 相 手 方	本　籍 （国　籍）	（戸籍の添付が必要とされていない申立ての場合は，記入する必要はありません。） 山　梨　都 道 　　　　府 県　都留市桂町67番地	
	住　所	〒402－0053 山梨県都留市上谷1丁目1番1号 　　　　　　　　　　　　　　（　　　　　方）	
	フリガナ 氏　名	オツ ノ タク ヤ 乙　野　拓　也	大正 昭和 平成 令和　4 年 1 月 8 日生 （　　27　　歳）

（注）太枠の中だけ記入してください。

346

第1　認知の裁判

申　立　て　の　趣　旨
申立人が相手方の子であることを認知するとの調停・審判を求めます。

申　立　て　の　理　由
1　申立人の母甲野麻衣は，丙野健一と平成27年3月3日婚姻しましたが，丙野は，麻衣に対して頻繁に暴力を振るったので，平成28年6月両名は別居しました。その後，丙野は飯場を転々とし，終には行方不明となりました。 　2　麻衣は，その後，相手方と知り合って，親密な関係となり，申立人を懐胎し，令和元年8月7日，申立人を出産しました。 　3　麻衣は，申立人を出産してから直ちに，丙野を相手に離婚訴訟を提起し，公示送達によって離婚判決がなされ，令和元年10月20日，同判決の確定により，麻衣と丙野とは離婚しました。 　4　申立人について出生の届出をしますと，丙野の子として戸籍に記載されるため，これを行っていません。なお，麻衣と相手方とは婚姻する予定です。 　5　丙野は現在なお行方不明で同人と申立人との間の親子関係不存在確認の調停・審判の申立てをすることができません。しかし，一刻も早く申立人について無籍状態の不利益を解消するために，この申立てをします。

第2章　認　知

〈申立書の説明〉

　記載例は，母が婚姻継続中に夫以外の男との間で懐胎した事例です。このような場合，形式的には民法772条が規定する嫡出推定が働くため，子について出生届をしても婚姻当時の夫の子として戸籍に入籍します。母の現在の戸籍に入籍するためには，夫の外国勤務や行方不明等嫡出推定が働かないことを示して，子と夫との間の親子関係不存在確認の裁判を得るのが基本です。しかし，嫡出推定が働かない場合の子と夫との間の親子関係不存在の確認は，主文によらずとも，裁判における理由中の判断でもすることができるので，血縁上の父を相手に認知請求をすることによっても，その目的を達成することができます。本件の記載例は，まさにそのような事案のものです。したがって，裁判所は，合意に相当する審判書の理由中において，嫡出推定が働かない場合であることや子と夫との間に親子関係が不存在であることを認定・判断しておくことが必要です。

(1)　当事者

　申立人は子であり，相手方は，血縁上の父です。戸籍上の父とされる者は当事者ではありません。

(2)　申立先

　相手方の住所地の家庭裁判所又は当事者が合意で定める家庭裁判所です（家事法245条1項）。

(3)　申立てに必要な費用

　収入印紙1200円

　連絡用の郵便切手（注：金額及び内訳は各裁判所によって異なることから申立裁判所に問合せが必要）

　DNA鑑定等が行われる場合，原則として申立人がこの鑑定に要する費用を負担します。

(4)　申立てに必要な書類

　ア　申立書及びその写し1通

　イ　標準的な申立添付書類

　申立人及び法定代理人並びに相手方の戸籍謄本（全部事項証明書）。子の出生届未了の場合は子の出生証明書の写し。なお，本件では，嫡出推定が働かないことの証明のため，麻衣と丙野との間の離婚判決正本の写しも添付しておくのが相当です。

(5)　申立ての趣旨

　申立人が子の場合は，記載例のように「申立人が相手方の子であることを認知するとの調停・審判を求めます。」です。

(6)　申立ての理由

　本件のように，母が他の男との婚姻中に申立人を懐胎した場合は，夫の外国勤務や行方不明等，嫡出推定が働かないことを示した上で，母が相手方と性交渉をもって申立人を懐胎したこと等，相手方が申立人の血縁上の父であることの事情を記載例の中の「申立ての理由」のように記載します。

348

第1　認知の裁判

イ　戸籍の届出等

　申立人（法定代理人である母）と相手方との間に家庭裁判所において申立人が相手方の子であることを認知するとの合意に相当する審判（家事法277条）がなされ，それが確定すると法律上の父子関係が発生します。申立人に関する出生の届出は未了ですので，この裁判認知の届出と共に出生届をすることが必要です。

（参考）　昭和30年5月30日民事二発第161号回答

　　　　　昭和34年8月28日民事甲1827号通達

　　　　　昭和41年3月14日民事甲655号回答

　この場合の戸籍の処理については，子の出生届が母の後婚の前後のいずれに届出されるかによって，取扱いが異なります。

1　後婚の届出後に出生届を父からするのであれば，後婚の父母の戸籍に子は直接入籍することができます（昭和41年3月14日民事甲655回答）（調停・審判の本事例ではこの場合を示すこととします。）。

2　後婚の届出前に出生届をした場合，子は出生当時の母の氏を称し，出生当時の母の前婚の戸籍に入籍し，認知事項が記載されます。しかし，これでは，出生届を未了とした意味がありません。そこで，前婚離婚後の母の戸籍に直接入籍させるには，子の氏を母の離婚後の氏に変更する旨の家庭裁判所の許可（民法791条1項）を得て，出生届に子の氏変更の許可の審判書を添付し，さらに認知届をも提出することになります（この事例はウの場合の届出等で示すこととします。）。

　なお，母が戸籍上の父との婚姻関係が解消されない等のため，夫婦の戸籍に入籍したままの場合は，認知の裁判が確定しても，子は出生届により，当該母の戸籍に入籍し，その後，その戸籍において認知事項が記載されます。

　次に記す記載例は，審判確定前に母甲野麻衣が父（認知者）乙野拓也と再婚した事例であり，子が父母の戸籍に直接入籍する場合です。

349

第2章 認 知

a‐1 出生届書

出 生 届

令和 2 年 3 月 28 日 届出

山梨県都留市　長 殿

受理	令和 2 年 3 月 28 日	発送	令和　年　月　日
第	691 号		長 印
送付	令和　年　月　日		
第	号		

書類調査	戸籍記載	記載調査	調査票	附 票	住民票	通　知

(1)	子 の 氏 名 (よみかた) (外国人のときは ローマ字を付記 してください)	氏 おつ の　 名 み さき 乙 野　　　美 咲	父母と の 続き柄	☑嫡 出 子　□男 □嫡出でない子 〔長〕☑女
(2)	生まれたとき	令和 元 年 8 月 7 日		☑午前 0 時 20 分 □午後
(3)	生まれたところ	山梨県都留市上谷2丁目10		番地 5 号
(4)	住 所 (住民登録をする ところ)	山梨県都留市上谷1丁目1		番地 1 号
		世帯主 の氏名 乙 野 拓 也	世帯主と の続き柄 長女	

(5)	父 母 の 氏 名 生 年 月 日 (子が生まれたと きの年齢)	父 乙 野 拓 也	母 乙 野 麻 衣
		平成 4 年 1 月 8 日 (満 28 歳)	平成 7 年 3 月 15 日 (満 25 歳)

生まれた子の父と母

(6)	本 籍 (外国人のときは 国籍だけを書い てください)	山梨県都留市桂町67	番地 番
	筆頭者 の氏名	乙 野 拓 也	

(7)	同居を始めた とき	平成 29 年 1 月	(結婚式をあげたとき、または、同居を始め たときのうち早いほうを書いてください)

(8)	子が生まれた ときの世帯の おもな仕事と	□1．農業だけまたは農業とその他の仕事を持っている世帯 □2．自由業・商工業・サービス業等を個人で経営している世帯 ☑3．企業・個人商店等（官公庁は除く）の常用勤労者世帯で勤め先の従業者数が1 　　人から99人までの世帯（日々または1年未満の契約の雇用者は5） □4．3にあてはまらない常用勤労者世帯及び会社団体の役員の世帯（日々または1 　　年未満の契約の雇用者は5） □5．1から4にあてはまらないその他の仕事をしている者のいる世帯 □6．仕事をしている者のいない世帯

(9)	父 母 の 職 業	(国勢調査の年…　年…の4月1日から翌年3月31日までに子が生まれたときだけ書いてください)
		父の職業　　　　　　　　　　母の職業

そ の 他	認知の裁判の謄本添付

届 出 人	☑1．父 □　母　□2．法定代理人（　　　）　□3．同居者 □4．医師 □5．助産師 □6．その他の立会者 □7．公設所の長
	住 所 山梨県都留市上谷1丁目1　　　　番地 番 1 号
	本 籍 山梨県都留市桂町67　　番地 番 筆頭者 の氏名 乙野拓也
	署 名 乙 野 拓 也　　　㊞　　平成 4 年 1 月 8 日生

事 件 簿 番 号	

（※出生証明書省略）

350

第1　認知の裁判

a‑2　認知届書

認　知　届

令和 2 年 3 月 28 日届出

山梨県都留市　長殿

受　理	令和 2 年 3 月 28 日	発送 令和　　年　　月　　日
第	692 号	長　印
送　付	令和　　年　　月　　日	
第	号	
書類調査　戸籍記載　記載調査　附　票　住民票　通　知		

（よみかた）	認　知　さ　れ　る　子			認　知　す　る　父	
	おつ　の　　み　さき		父母との続き柄	おつ　の　　　たく　や	
氏　　　名	氏　　　　名			氏　　　　名	
	乙　野　　美　咲		長　□男　☑女	乙　野　　拓　也	
生 年 月 日	令和 元 年 8 月 7 日			平成 4 年 1 月 8 日	
住　　　所（住民登録をしているところ）	山梨県都留市上谷			山梨県都留市上谷	
	1丁目　　　　1　番地番　1号			1丁目　　　　1　番地番　1号	
	世帯主の氏名 乙　野　拓　也			世帯主の氏名 乙　野　拓　也	
本　　　籍（外国人のときは国籍だけを書いてください）	山梨県都留市桂町			山梨県都留市桂町	
	67　番地番			67　番地番	
	筆頭者の氏名 乙　野　拓　也			筆頭者の氏名 乙　野　拓　也	
認 知 の 種 別	□ 任意認知　　　　　　　　　□ 遺言認知（遺言執行者		□ 審判　　　年　　　月　　　日確定☑ 判決令和 2 年 2 月 21 日確定　年　　月　　日　就職）		
子　の　母	氏名 乙　野　麻　衣　　　　　平成 7 年 3 月 15 日生				
	本籍　山梨県都留市桂町67　　　　　　　番地番				
	筆頭者の氏名 乙　野　拓　也				
そ　の　他	☑ 未成年の子を認知する　□ 成年の子を認知する　□ 死亡した子を認知する　□ 胎児を認知する				
届出人	☑ 父　　□ その他（　　　　　　　）				
	住所　山梨県都留市上谷1丁目　　　　　　　1　番地番　1号				
	本籍　山梨県都留市桂町67　　　番地番　筆頭者の氏名 乙野拓也				
	署名　　　乙　野　拓　也　　　㊞　　平成 4 年 1 月 8 日生				

351

第2章　認　知

b　父母の戸籍中父及び子の記載

<table>
<tr><td colspan="2" align="right">（2の1）</td><td align="center">全 部 事 項 証 明</td></tr>
<tr><td>本　　　籍</td><td colspan="2">山梨県都留市桂町６７番地</td></tr>
<tr><td>氏　　　名</td><td colspan="2">乙野　拓也</td></tr>
<tr><td>戸籍事項
　戸籍編製</td><td colspan="2">（編製事項省略）</td></tr>
<tr><td>戸籍に記録されている者</td><td colspan="2">【名】拓也</td></tr>
<tr><td></td><td colspan="2">【生年月日】平成４年１月８日　　　　　【配偶者区分】夫
【父】乙野幸雄
【母】乙野梅子
【続柄】三男</td></tr>
<tr><td>身分事項
　出　　生</td><td colspan="2">（出生事項省略）</td></tr>
<tr><td>　婚　　姻</td><td colspan="2">（婚姻事項省略）</td></tr>
<tr><td>　認　　知</td><td colspan="2">【認知の裁判確定日】令和２年２月２１日
【認知した子の氏名】乙野美咲
【認知した子の戸籍】山梨県都留市桂町６７番地　乙野拓也
【届出日】令和２年３月２８日</td></tr>
</table>

<table>
<tr><td>戸籍に記録されている者</td><td>【名】美咲</td></tr>
<tr><td></td><td>【生年月日】令和元年８月７日
【父】乙野拓也
【母】乙野麻衣
【続柄】長女</td></tr>
<tr><td>身分事項
　出　　生</td><td>【出生日】令和元年８月７日
【出生地】山梨県都留市
【届出日】令和２年３月２８日
【届出人】父</td></tr>
<tr><td>　認　　知</td><td>【認知の裁判確定日】令和２年２月２１日
【認知者氏名】乙野拓也
【認知者の戸籍】山梨県都留市桂町６７番地　乙野拓也
【届出日】令和２年３月２８日
【届出人】父</td></tr>
<tr><td></td><td align="right">以下余白</td></tr>
<tr><td colspan="2"></td></tr>
</table>

発行番号０００００１

第1　認知の裁判

ウ　人事訴訟

訴　状

令和元年10月5日

○家庭裁判所　御中

原告法定代理人親権者母　甲野桂奈（印）

本籍　出生届未了
住所　〒402-0053　山梨県都留市上谷1丁目1番1号
　　　原告　　　　　　　甲野未来こと　未来
本籍　山梨県都留市桂町678番地
住所　原告に同じ（送達場所）
　　　電話・ＦＡＸ：　○○○（○○○）○○○○
　　　法定代理人親権者母　　　　　甲野桂奈
本籍　静岡県沼津市獅子浜49番地
住所　〒434-0045　静岡県浜松市浜北区内野14番地
　　　被告　　　　　　　　　　丙野和也

認知請求事件
　　訴額　金160万円
　　貼用印紙　金1万3000円
　　郵券（注：金額及び内訳は各裁判所によって異なることから申立裁判所に
　　問合せが必要）

第1　請求の趣旨
　1　原告が被告の子であることを認知する
　2　訴訟費用は被告の負担とする
との裁判を求める。

第2　請求原因
　1　原告の母甲野桂奈は，平成29年10月10日，訴外甲野一郎と婚姻し，現
　　在も，戸籍上，婚姻が継続中である。桂奈と一郎とは，婚姻当初から性
　　格の不一致のため口げんかが絶えなかったところ，一郎は，平成30年1
　　月ころからナイジェリアに単身赴任した。しかし，桂奈は同国の治安の
　　問題もあって，一度も同国を訪れたことは無い。また，一郎も仕事の関
　　係や，休暇期間中は仲間との付き合いのためヨーロッパを転々と旅行す
　　るだけで，一時帰国したことはない。（甲第1，第2，第5，第6号証）
　2　桂奈は，平成30年11月ころ学生時代の友人である被告に身の上話をし
　　ているうちに深い関係となり，まもなく原告を懐胎した。桂奈は，一郎
　　に原告の懐胎を秘したまま，令和元年8月7日，原告を出産した。しか
　　し，このまま出生届をすると原告が一郎の子として同人の戸籍に入籍す

353

第2章 認 知

るため，未だ出生届を行っていない。（甲第3ないし第6号証）

3 原告は，被告に原告を認知をするように調停を申し立てたが，被告は，原告が自分の子であることを認めつつ，一郎を恐れて，自ら認知することに同意せず，期日に出頭しなかった。（甲第6号証）

4 なお，一郎は，ナイジェリアで知り合った女性と同居しているとのことであり，桂奈に対し，離婚の届書を郵送するように伝えてきた。桂奈は同届書を一郎に郵送したので，近々一郎は同届書に署名押印したものを桂奈に郵送する運びとなっている。

5 以上の次第であって，原告は被告の実子であるので，請求の趣旨どおりの判決を求める。

証拠方法

1	甲第1号証	一郎及び桂奈の戸籍謄本
2	甲第2号証	桂奈のパスポート
3	甲第3号証	被告の戸籍謄本
4	甲第4号証	原告の出生証明書
5	甲第5号証	一郎の住民票（除票）写し
6	甲第6号証	桂奈の陳述書

附属書類

1	甲号証写し	各1通
2	調停不成立証明書	1通
3	戸籍謄本	2通

〈訴状の説明〉

記載例は，母が婚姻継続中に夫以外の男との間で懐胎した事例です。このような訴えができることについては，(3)アの調停申立ての場合と同一です。

第1　認知の裁判

エ　戸籍の届出等

前記「イ」の説明「2」を参照してください。下記は，認知の裁判確定後出生届等を提出する前に母が前夫と離婚し，母のための新戸籍が編製された場合の事例です。

a-1　出生届書

（※出生証明書省略）

355

第2章 認 知

a‐2 認知届書

認 知 届

令和 2 年 3 月 5 日届出

山梨県都留市 長殿

| 受理 令和 2 年 3 月 5 日
第　　　　919 号 | 発送 令和 2 年 3 月 6 日 |
| 送付 令和 2 年 3 月 7 日
第　　　　1109 号 | 山梨県都留市 長 印 |

| 書類調査 | 戸籍記載 | 記載調査 | 附 票 | 住民票 | 通 知 | |

		認 知 さ れ る 子		父母との 続き柄	認 知 す る 父	
（よみかた）		おつ の みらい			へい の かず や	
氏 名		氏 乙 野	名 未 来	長 □男 ☑女	氏 丙 野	名 和 也
生 年 月 日		令和 元 年 8 月 7 日			平成 4 年 1 月 8 日	
住 所 （住民登録をして いるところ）		山梨県都留市上谷 1丁目　　　1 番地 番 1 号 世帯主 の氏名 乙 野 桂 奈			静岡県浜松市浜北区内野 　　14 番地 番　　号 世帯主 の氏名 丙 野 幸 雄	
本 籍 （外国人のときは 国籍だけを書い てください）		山梨県都留市桂町 　　678 番地 番 筆頭者 の氏名 乙 野 桂 奈			静岡県沼津市獅子浜 　　49 番地 番 筆頭者 の氏名 丙 野 幸 雄	

認 知 の 種 別	□任意認知 □遺言認知（遺言執行者	□審判　　　年　　月　　日確定 ☑判決令和 2 年 2 月 21 日確定 年　月　　日　就職）

子 の 母	氏 名 乙 野 桂 奈　　　　平成 7 年 3 月 15 日生
	本 籍 山梨県都留市桂町678　　　　　番地 番
	筆頭者 の氏名 乙 野 桂 奈

そ の 他	☑未成年の子を認知する　□成年の子を認知する　□死亡した子を認知する　□胎児を認知する

届 出 人	□父　☑その他（　親権者母　）		
	住 所	山梨県都留市上谷1丁目　　　　　1 番地 番 1 号	
	本 籍	山梨県都留市桂町678 番地 番	筆頭者 の氏名 乙野桂奈
	署 名	乙 野 桂 奈 ㊞	平成 7 年 3 月 15 日生

356

第１　認知の裁判

b‑1　母の戸籍中子の記載

<table>
<tr><td colspan="2" align="right">（2の1）</td><td>全 部 事 項 証 明</td></tr>
<tr><td>本　　　籍</td><td colspan="2">山梨県都留市桂町６７８番地</td></tr>
<tr><td>氏　　　名</td><td colspan="2">乙野　桂奈</td></tr>
<tr><td>戸籍事項
　戸籍編製</td><td colspan="2">（編製事項省略）</td></tr>
</table>

<table>
<tr><td>戸籍に記録されている者</td><td>【名】未来

【生年月日】令和元年８月７日
【父】丙野和也
【母】乙野桂奈
【続柄】長女</td></tr>
<tr><td>身分事項
　出　　生</td><td>【出生日】令和元年８月７日
【出生地】山梨県都留市
【届出日】令和２年３月５日
【届出人】母
【特記事項】令和２年２月２１日丙野和也との認知の裁判確
　　定同年３月５日母の氏を称する入籍届出</td></tr>
<tr><td>　認　　知</td><td>【認知の裁判確定日】令和２年２月２１日
【認知者氏名】丙野和也
【認知者の戸籍】静岡県沼津市獅子浜４９番地　丙野幸雄
【届出日】令和２年３月５日
【届出人】親権者母</td></tr>
<tr><td></td><td align="right">以下余白</td></tr>
</table>

発行番号０００００１

357

第２章　認　知

b‐2　父の戸籍の記載

		（２の１）	全 部 事 項 証 明
本　　　籍	静岡県沼津市獅子浜４９番地		
氏　　　名	丙野　幸雄		
戸籍事項 　戸籍編製	（編製事項省略）		

戸籍に記録されている者	【名】和也 【生年月日】平成４年１月８日 【父】丙野幸雄 【母】丙野梅子 【続柄】長男
身分事項 　　出　　生 　　認　　知	（出生事項省略） 【認知の裁判確定日】令和２年２月２１日 【認知した子の氏名】乙野未来 【認知した子の戸籍】山梨県都留市桂町６７８番地　乙野桂奈 【届出日】令和２年３月５日 【届出人】親権者母 【送付を受けた日】令和２年３月７日 【受理者】山梨県都留市長
	以下余白

発行番号０００００１

第1　認知の裁判

(4)　父死亡後の強制認知

ア　人事訴訟

訴　状

令和元年12月20日

○家庭裁判所　御中

原告法定代理人親権者母　甲野明日香　（印）

本籍　東京都千代田区平河町１丁目４番地
住所　東京都豊島区駒込１丁目２番３号
　　　原告　　　　　　　　　　甲野大翔
本籍　東京都千代田区平河町１丁目４番地
住所　原告に同じ（送達場所）
　　　電話・ＦＡＸ：　○○○（○○○）○○○○
　　　法定代理人親権者母　甲野明日香
住所　東京都千代田区霞ヶ関１丁目１番１号　東京地方検察庁
　　　被告　　　　　　　　　　　東京地方検察庁検事正○○○○

認知請求事件
　　　訴額　　　金160万円
　　　貼用印紙　金１万3000円
　　　郵券（注：金額及び内訳は各裁判所によって異なることから申立裁判所に
　　　問合せが必要）

第1　請求の趣旨
　1　原告が本籍京都市上京区小山町18番地亡乙野和也の子であることを認
　　　知する
　2　訴訟費用は国庫の負担とする
との裁判を求める。

第2　請求原因
　1　原告の母甲野明日香は，勤務先の３年先輩であった亡乙野和也（本
　　　籍・京都市上京区小山町18番地，最後の住所地・東京都文京区白山１丁
　　　目４番８号，死亡日令和元年11月26日）と次第に懇意となり，性交渉を
　　　持つようになった。（甲第２，第３，第５号証）
　2　明日香は，平成30年６月ころ，原告を懐胎したこともあり，和也と結
　　　婚の約束をしたが，和也の両親は，和也に実家の商売を引き継ぐことを
　　　希望し，そのためにはうってつけの女性がいるとして，明日香との結婚
　　　を反対した。和也は，３連休を利用する等して両親の説得に努めていて，
　　　そのために時間を要していたが，令和元年10月30日，交通事故に遭い，
　　　翌月26日に死亡した。（甲第３，第５号証）

第2章　認　知

　　3　明日香は，平成31年2月20日，原告を出産したが，和也と知り合った
　　　後は，他の男性と交際したことは一切ない。なお，血液型は，明日香と
　　　原告がB型であり，和也はAB型であるので，原告と和也との間に血縁
　　　上の父子関係を認めるについて矛盾はない。（甲第1，第2，第4，第
　　　5号証）
　　4　よって，原告は，請求の趣旨どおりの判決を求める。

証拠方法
1　甲第1号証　　明日香及び原告の戸籍謄本
2　甲第2号証　　明日香の原告出産前の戸籍謄本
2　甲第3号証　　乙野和也の戸籍謄本
4　甲第4号証　　母子手帳
5　甲第5号証　　明日香の陳述書

附属書類
1　甲号証写し　　各1通
2　戸籍謄本　　　2通

〈訴状の説明〉

(1)　訴えの提起が必要な場合

　上記記載例は，子が父の死亡後検察官を相手に認知の訴えを提起した事例です。

　死後認知は，父死亡後3年を経過する前に提起することを要します（民787条ただし書）。
検察官を相手とする調停・審判は予定されていないので，調停の申立てをすることなく，
直ちに訴えの提起を行います。

　管轄裁判所は，父の死亡時における住所地又は子の住所地を管轄する家庭裁判所です
（人訴4条）。

(2)　訴状の記載

　訴状には，当事者の住所氏名，請求の趣旨，請求原因等を記載しますが，その一例は記
載例のとおりです。父が死亡しているので，管轄裁判所にある地方検察庁の検事正が被告
となります（人訴12条3項。条文上は「検察官」となっていますが，実務上は被告として
「検事正　○○」と検事正の氏名を具体的に特定して記載します。）。

　次に，請求の趣旨ですが，記載例のように，死亡した父を特定して記載します。

　また，請求原因ですが，原告が死亡した父の血縁上の子であることを示す事実関係を具
体的に記載します。なお，父が死亡したこと及びその年月日も記載することを要します。

第1　認知の裁判

イ　戸籍の届出等

a　認知届書

認　知　届	受理　令和 2 年 3 月 5 日 第　　　　1536 号	発送　令和 2 年 3 月 6 日
令和 2 年 3 月 5 日届出	送付　令和 2 年 3 月 8 日 第　　　　1124 号	東京都千代田区　長 ㊞
東京都千代田区　長殿	書類調査　戸籍記載　記載調査　附　票　住民票　通　知	

		認 知 さ れ る 子		認 知 す る 父	
（よみかた）		こう　の　　ひろ　と	父母との 続き柄	おつ　の　　　かず　や	
氏　　　名	氏 甲 野	名 大 翔	長 ☑男 　□女	氏 乙 野	名 和 也
生 年 月 日	平成 31 年 2 月 20 日			平成 5 年 5 月 7 日	
住　　　所 （住民登録をして いるところ）	東京都豊島区駒込				
	1丁目　　　2 番地番 3 号			番地番　　号	
	世帯主 の氏名 甲 野 明日香			世帯主 の氏名	
本　　　籍 （外国人のときは 国籍だけを書い てください）	東京都千代田区平河町			京都市上京区小山町	
	1丁目　　　　4 番地番			18 番地番	
	筆頭者 の氏名 甲 野 明日香			筆頭者 の氏名 乙 野 幸 雄	
認 知 の 種 別	□ 任意認知		□ 審判　　　　年　　　月　　　日確定 ☑ 判決令和 2 年 2 月 21 日確定		
	□ 遺言認知（遺言執行者　　　　年　　　月　　　日　就職）				
子　の　母	氏 名 甲 野 明日香　　　平成 7 年 3 月 20 日生				
	本 籍 東京都千代田区平河町 1 丁目　　　　4 番地番				
	筆頭者 の氏名 甲 野 明日香				
その他	☑ 未成年の子を認知する　□ 成年の子を認知する　□ 死亡した子を認知する　□ 胎児を認知する				
	父死亡（令和元年11月26日）後の裁判認知				
届出人	□ 父　☑ その他（　親権者母　）				
	住 所 東京都豊島区駒込 1 丁目　　　　　　2 番地番 3 号				
	本 籍 東京都千代田区平河町 1 丁目　　　4 番地番 筆頭者 の氏名 甲野明日香				
	署 名 甲 野 明日香 ㊞　　　平成 7 年 3 月 20 日生				

361

第2章　認　知

b‐1　母の戸籍中子の記載

（2の1）　｜　全 部 事 項 証 明

本　　籍	東京都千代田区平河町一丁目4番地
氏　　名	甲野　明日香

戸籍事項 　　戸籍編製	（編製事項省略）

戸籍に記録されている者	【名】大翔 【生年月日】平成31年2月20日 【父】乙野和也 【母】甲野明日香 【続柄】長男
身分事項 　　出　　生	（出生事項省略）
認　　知	【認知の裁判確定日】令和2年2月21日 【認知者氏名】亡　乙野和也 【認知者の戸籍】京都市上京区小山町18番地　乙野幸雄 【届出日】令和2年3月5日 【届出人】親権者母

以下余白

発行番号000001

362

第1　認知の裁判

b‐2　父の戸籍の記載

	（2の1）全 部 事 項 証 明
本　　　籍	京都市上京区小山町１８番地
氏　　　名	乙野　幸雄
戸籍事項 　　戸籍編製	（編製事項省略）

戸籍に記録されている者 除　　籍	【名】和也 【生年月日】平成５年５月７日 【父】乙野幸雄 【母】乙野梅子 【続柄】二男
身分事項 　　出　　生	（出生事項省略）
死　　亡	【死亡日】令和元年１１月２６日 【死亡時分】午前８時３０分 【死亡地】東京都世田谷区 【届出日】令和元年１１月２７日 【届出人】親族　乙野幸雄
認　　知	【認知の裁判確定日】令和２年２月２１日 【認知した子の氏名】甲野大翔 【認知した子の戸籍】東京都千代田区平河町一丁目４番地 　　甲野明日香 【届出日】令和２年３月５日 【届出人】親権者母 【送付を受けた日】令和２年３月８日 【受理者】東京都千代田区長
	以下余白

発行番号０００００１

第2章 認 知

(5) 渉外認知の場合

　渉外認知の裁判には，日本人子が外国人父を相手に裁判を提起する場合，外国人子が日本人父を相手に裁判を提起する場合，外国人子が外国人父を相手に裁判を提起する場合がありますが，このうち戸籍の届出等が問題となるのは前二者の場合です。そして，いずれの場合も，日本人同士のように子が母の夫の嫡出子として出生届が済んでいる場合，子の出生届が済んでいない場合，死後認知の場合なども問題となり得ますが，ここでは，原則的な事例である子が嫡出でない場合について説明します。そして，家事調停（審判）では，日本人子が外国人父を相手に裁判を提起する場合について，人事訴訟では，外国人子が日本人父を相手に裁判を提起する場合について説明します。

第1　認知の裁判

ア　家事調停（審判）

<table>
<tr><td colspan="2" style="text-align:right">受付印</td><td>☑　調停
家事　　申立書　事件名（　　　認知　　　）
　　　□　審判</td></tr>
<tr><td colspan="2"></td><td>（この欄に申立て1件あたり収入印紙1,200円分を貼ってください。）</td></tr>
<tr><td>収入印紙</td><td>円</td><td rowspan="2">（貼った印紙に押印しないでください。）</td></tr>
<tr><td>予納郵便切手</td><td>円</td></tr>
</table>

○　○　家庭裁判所 御中 平成 31 年 1 月 10 日	申　立　人 （又は法定代理人など） の記名押印	申立人法定代理人親権者母 甲 野 美 咲　　㊞

添付書類	（審理のために必要な場合は，追加書類の提出をお願いすることがあります。） 申立人の戸籍謄本　1通　　相手方の住民票　1通	準口頭

申立人	本籍 （国籍）	（戸籍の添付が必要とされていない申立ての場合は，記入する必要はありません。） 東　京　都道府県　千代田区平河町1丁目4番地
	住所	〒170-0003 東京都豊島区駒込1丁目2番3号　　　　　　（　　　　　方）
	フリガナ 氏名	コウ　ノ 甲　野　さくら　　大正・昭和・平成・令和 30 年 8 月 3 日生（ 0 歳）

※申立人法定代理人親権者母	本籍 （国籍）	（戸籍の添付が必要とされていない申立ての場合は，記入する必要はありません。） 東　京　都道府県　千代田区平河町1丁目4番地
	住所	〒170-0003 東京都豊島区駒込1丁目2番3号　　　　　　（　　　　　方）
	フリガナ 氏名	コウ　ノ　ミ　サキ 甲　野　美　咲　　大正・昭和・平成・令和 7 年 4 月 10 日生（ 23 歳）

※相手方	本籍 （国籍）	（戸籍の添付が必要とされていない申立ての場合は，記入する必要はありません。） 　　　　都道府県　アメリカ合衆国
	住所	〒108-0075 東京都港区港南4丁目5番7号　　　　　　（　　　　　方）
	フリガナ 氏名	ジョン，ドー　　大正・昭和・平成・令和 1993 年 5 月 7 日生（ 25 歳）

（注）太枠の中だけ記入してください。

365

第2章 認 知

申 立 て の 趣 旨
申立人が相手方の子であることを認知するとの調停・審判を求めます。

申 立 て の 理 由
1　相手方は，アメリカ合衆国から同国にある会社の子会社である○○会社に勤務のため日本に来日し，その取締役として就業しています。申立人の母甲野美咲は，同社に事務職として就労していたこともあり，相手方と知り合って，親密な関係となり，申立人を懐胎しました。 　2　美咲は，相手方と婚姻することを希望していましたが，相手方は，本国に妻がいるものの婚姻関係は既に破綻していて，離婚について話し合い中とのことであり，直ちに美咲とは婚姻できないとのことです。 　3　美咲は，平成30年8月3日，申立人を出産し，嫡出でない子として出生届をしました。 　4　相手方は，申立人を自分の子である認めてはいるものの，妻と正式に離婚するまでは任意に認知はしたくないと言っています。 　5　親会社の都合で相手方が急遽本国に帰国すれば，認知の請求も困難となりますので，この申立てをします。

366

第1　認知の裁判

〈申立書の説明〉
　記載例は，日本人母が外国人男との間で子を出生したので，当該外国人男に認知を求めた事例です。
(1)　当事者
　申立人は子であり，相手方は，血縁上の父です。
(2)　申立先
　相手方の住所地の家庭裁判所又は当事者が合意で定める家庭裁判所です（家事法245条１項）。なお，相手方が日本に住所を有しているので，わが国の裁判所が国際的裁判管轄権を有します（改正後の家事法３条の13第１項２号）。
(3)　申立てに必要な費用
　収入印紙1200円
　連絡用の郵便切手（注：金額及び内訳は各裁判所によって異なることから申立裁判所に問合せが必要）
　DNA鑑定等が行われる場合，原則として申立人がこの鑑定に要する費用を負担します。
(4)　申立てに必要な書類
　ア　申立書及びその写し１通
　イ　標準的な申立添付書類
　申立人及び法定代理人の戸籍謄本（全部事項証明書），相手方のパスポート（可能であれば）や外国人住民票です。
(5)　申立ての趣旨
　申立人が子の場合は，記載例のように「申立人が相手方の子であることを認知するとの調停・審判を求めます。」です。
(6)　申立ての理由
　母が相手方と性交渉をもって申立人を懐胎したこと等，相手方が申立人の血縁上の父であることの事情を記載例の中の「申立ての理由」のように記載します。記載例の場合，子の本国法である日本法を準拠法とすることができます。

367

第2章　認　知

イ　戸籍の届出等

　父が外国人の場合，外国人は戸籍に記載されないので，認知届により，子の身分事項欄にのみ認知事項が記載されます。

a　認知届書

認　知　届	受理　令和 元年 5 月 10日	第　　　　1128 号	発送　令和　　年　　月　　日
	送付　令和　　年　　月　　日	第　　　　　号	長印
令和 元年 5 月 10日届出	書類調査　戸籍記載　記載調査　附　票　住民票　通　知		

東京都千代田区　長殿

（よみかた）	認　知　さ　れ　る　子			認　知　す　る　父	
	こう　の		父母との続き柄	氏	名
氏　　　名	氏 甲　野	名 さくら	長 □男 ☑女	ジョン	ドー
生年月日	平成 30 年 8 月 3 日			西暦 1993年 5 月 7 日	
住　　　所	東京都豊島区駒込			東京都港区港南	
（住民登録をしているところ）	1丁目　　　2　番地番　3 号			4丁目　　　5　番地番　7 号	
	世帯主の氏名 甲　野　美　咲			世帯主の氏名 ジョン，ドー	
本　　　籍	東京都千代田区平河町			アメリカ合衆国	
（外国人のときは国籍だけを書いてください）	1丁目　　　　　4　番地番			番地番	
	筆頭者の氏名 甲　野　美　咲			筆頭者の氏名	
認知の種別	□任意認知		☑審判 平成 31 年 4 月 29 日確定 □判決　　　年　　月　　日確定		
	□遺言認知（遺言執行者　　　年　　月　　日　就職）				

子　の　母	氏名 甲　野　美　咲　　　　平成 7 年 4 月 10 日生	
	本籍 東京都千代田区平河町1丁目　　　4 番地番	
	筆頭者の氏名 甲　野　美　咲	

そ の 他	☑未成年の子を認知する　□成年の子を認知する　□死亡した子を認知する　□胎児を認知する

届出人	□父　☑その他（　親権者母　）		
	住所 東京都豊島区駒込1丁目　　　2 番地番 3 号		
	本籍 東京都千代田区平河町1丁目　4 番地番　筆頭者の氏名 甲野美咲		
	署名 甲　野　美　咲　　㊞　　平成 7 年 4 月 10 日生		

368

第1 認知の裁判

b 母の戸籍中子の記載

（2の1）　全部事項証明

本　　　籍	東京都千代田区平河町一丁目4番地
氏　　　名	甲野　美咲
戸籍事項 　戸籍編製	（編製事項省略）

戸籍に記録されている者	【名】さくら 【生年月日】平成30年8月3日 【父】ジョン，ドー 【母】甲野美咲 【続柄】長女
身分事項 　　出　　生	（出生事項省略）
認　　知	【認知の裁判確定日】平成31年4月29日 【認知者氏名】ジョン，ドー 【認知者の国籍】アメリカ合衆国 【認知者の生年月日】西暦1993年5月7日 【届出日】令和元年5月10日 【届出人】親権者母
	以下余白

発行番号000001

第2章　認　知

ウ　人事訴訟

訴　状

令和元年10月15日

○家庭裁判所　御中

原告法定代理人親権者母　　Maria Bernard
（サイン）

国籍　フィリピン
住所　〒170-0003　東京都豊島区駒込1丁目2番3号
　　　原告　　　　　　　　　　　ベルナール，フミヤ
国籍　フィリピン
住所　原告に同じ（送達場所）
　　　電話・ＦＡＸ：　○○○（○○○）○○○○
　　　法定代理人親権者母　　　　　ベルナール，マリア
本籍　東京都千代田区平河町1丁目4番地
住所　〒108-0075　東京都港区港南4丁目5番7号
　　　被告　　　　　　　　　　　甲野拓也

認知請求事件
　　訴額　　　金160万円
　　貼用印紙　金1万3000円
　　郵券（注：金額及び内訳は各裁判所によって異なることから申立裁判所に
　　問合せが必要）

第1　請求の趣旨
　1　原告が被告の子であることを認知する
　2　訴訟費用は被告の負担とする
との裁判を求める。

第2　請求原因
　1　原告は，国籍をフィリピン共和国とし，日本に居住している。（甲第
　　1，第2号証）
　2　原告の母ベルナール，マリアは，○○大学の修士課程受講のため来日
　　していたところ，平成30年1月ころ，被告と知り合って同棲を開始し，
　　平成30年4月ころ，原告を懐胎した。（甲第3，第5号証）
　3　被告は，マリアと婚姻の約束をしていたものの，翌年1月ころに他の
　　日本人女性と知り合ったらしく，マリアと食事をともにすることもなく
　　なった。（甲第5号証）
　4　マリアは，平成31年2月20日，原告を出産したが，被告は，マリアと
　　の婚姻を拒否するのみならず，原告は自分の子ではないとまで言い出し
　　た。（甲第4，第5号証）

5 原告は，被告に原告を認知をするように調停を申し立てたが，被告は，期日に出頭しなかった。（甲第5号証）

6 以上の次第であって，原告は被告の実子であるので，請求の趣旨どおりの判決を求める。

証拠方法

1 甲第1号証　　マリア及び原告のパスポート
2 甲第2号証　　マリア及び原告の外国人住民票
3 甲第3号証　　被告の戸籍謄本
4 甲第4号証　　原告の出生証明書
5 甲第5号証　　マリアの陳述書

附属書類

1 甲号証写し　　　各1通
2 調停不成立証明書　1通
3 戸籍謄本　　　　　1通
4 住民票写し　　　　2通

〈訴状の説明〉

　記載例は，外国人母が日本人男との間で子を出生したので，当該日本人男に認知を求めた事例です。なお，被告が日本に住所を有しているので，わが国の裁判所が国際的裁判管轄権を有します（改正後の人訴法3条の2第2号）。

　通則法29条によれば，父の本国法である日本法に基づき認知をすることができます。なお，フィリピン家族法では，事実主義を採用していて，認知に関する保護要件の定めはありませんから，記載例では，日本法のみが認知について適用されます。

第2章 認 知

エ 戸籍の届出

子が外国人の場合，日本人父の身分事項欄にのみ認知事項が記載されます。

a 認知届書

認　知　届	受理 令和 2 年 3 月 10 日 第　　　1230 号	発送 令和　年　月　日
令和 2 年 3 月 10 日届出	送付 令和　年　月　日 第　　　　　号	長印
東京都千代田区　長殿	書類調査 戸籍記載 記載調査 附　票 住民票 通　知	

（よみかた）	認 知 さ れ る 子		父母との 続き柄	認 知 す る 父　こう の　たく や	
氏　　名	氏 ベルナール	名 フミヤ	□ 男 □ 女	氏 甲 野	名 拓 也
生 年 月 日	西暦 2019 年 2 月 20 日			平成 6 年 3 月 10 日	
住　　所 （住民登録をして いるところ）	東京都豊島区駒込 1丁目　2 番地番 3 号 世帯主 の氏名 ベルナール，マリア			東京都港区港南 4丁目　5 番地番 7 号 世帯主 の氏名 甲野 拓也	
本　　籍 （外国人のときは 国籍だけを書い てください）	フィリピン 番地番 筆頭者 の氏名			東京都千代田区平河町 1丁目　　4 番地番 筆頭者 の氏名 甲野 拓也	
認知の種別	□ 任意認知 □ 遺言認知（遺言執行者　　年　月　日 就職）		□ 審判　　　年　　月　　日確定 ☑ 判決令和 2 年 2 月 25 日確定		
子 の 母	氏名 ベルナール，マリア　西暦 1994 年 10 月 7 日生 本籍 フィリピン　番地番 筆頭者 の氏名				
そ の 他	☑ 未成年の子を認知する　□ 成年の子を認知する　□ 死亡した子を認知する　□ 胎児を認知する				
届 出 人	□ 父　☑ その他（ 親権者母 ）				
	住所 東京都豊島区駒込1丁目　　　　2 番地番 3 号				
	本籍 フィリピン　番地番 筆頭者 の氏名				
	署名（サイン）ベルナール，マリア　印　西暦 1994 年 10 月 7 日生				

372

b　父の戸籍

（1の1）　|　全 部 事 項 証 明

本　　　籍	東京都千代田区平河町一丁目４番地
氏　　　名	甲野　拓也

戸籍事項 　　戸籍編製	（編製事項省略）

戸籍に記録されている者	【名】拓也 【生年月日】平成６年３月１０日 【父】甲野幸夫 【母】甲野梅子 【続柄】長男

身分事項 　　出　　生	（出生事項省略）
認　　知	【認知の裁判確定日】令和２年２月２５日 【認知した子の氏名】ベルナール，フミヤ 【認知した子の国籍】フィリピン 【認知した子の生年月日】西暦２０１９年２月２０日 【認知した子の母の氏名】ベルナール，マリア 【届出日】令和２年３月１０日 【届出人】親権者母

以下余白

発行番号０００００１

第2章 認 知

(6) 胎児認知の調停の申立て

ア 家事調停

受付印	☑ **調停**
	家事 **申立書** 事件名（ 胎児認知 ）
	□ **審判**

（この欄に申立て1件あたり収入印紙1,200円分を貼ってください。）

収入印紙	円
予納郵便切手	円

（貼った印紙に押印しないでください。）

○ ○ 家庭裁判所 御中 令和 2 年 1 月 20 日	申 立 人 （又は法定代理人など） の 記 名 押 印	周 千 鳥 ㊞

添付書類	（審理のために必要な場合は，追加書類の提出をお願いすることがあります。） 申立人の住民票 1通　　相手方の戸籍謄本 1通	準 口 頭

（注）太枠の中だけ記入してください。

	本 籍 （国 籍）	（戸籍の添付が必要とされていない申立ての場合は，記入する必要はありません。） 　都 道 　府 県 **中 国**	
申	住 所	〒168－0062 東京都杉並区方南1丁目2番3号	（　　　　　　方）
立	フリガナ 氏 名	シュウ　　　　チ　ドリ **周 千 鳥**	大正 西暦 昭和 1994 年 10 月 5 日生 平成 令和 （　　25　　歳）
人			
相	本 籍 （国 籍）	（戸籍の添付が必要とされていない申立ての場合は，記入する必要はありません。） **東 京** ㊤道 府県 杉並区方南4丁目1番地	
手	住 所	〒168－0062 東京都杉並区方南1丁目2番3号	（　　　　　　方）
方	フリガナ 氏 名	オツ ノ　ケン タ **乙 野 健 太**	大正 昭和 ㊥成 5 年 2 月 20 日生 令和 （　　26　　歳）

374

第1 認知の裁判

```
┌─────────────────────────────────────────────────────────┐
│            申　立　て　の　趣　旨                            │
├─────────────────────────────────────────────────────────┤
│  相手方が申立人の胎児を認知するとの調停・審判を求めます。       │
│                                                           │
│                                                           │
│                                                           │
│                                                           │
└─────────────────────────────────────────────────────────┘
```

```
┌─────────────────────────────────────────────────────────┐
│            申　立　て　の　理　由                            │
├─────────────────────────────────────────────────────────┤
│  1  申立人は，相手方と平成31年4月ころに知り合って，親密な関係とな │
│ り，結婚の約束までしました。このようなこともあって，申立人は現在相手 │
│ 方の子を懐胎しています。                                     │
│  2  しかしながら，相手方の両親が申立人との婚姻に反対しているらしく， │
│ 婚姻届を提出してくれません。                                 │
│  3  申立人は，お腹の子を，相手方の子として出生させ，日本国籍を付与 │
│ させたいので，この申立てを行います。                         │
│                                                           │
└─────────────────────────────────────────────────────────┘
```

第2章　認　知

〈申立書の説明〉

記載例は，外国人女が，その胎児の認知を求めて日本人男を相手に調停を申し立てた事案です。日本人男が胎児認知することにより，子は，出生とともに日本国籍を付与されます（国2条1号）。

(1) 当事者

申立人は，妊娠中の女であり，相手方は，父となるべき男です。胎児は，認知請求に関しては権利能力がないので，申立人となることはできません。

(2) 申立先

相手方の住所地の家庭裁判所又は当事者が合意で定める家庭裁判所です（家事法245条1項）。なお，相手方が日本に住所を有しているので，わが国の裁判所が国際的裁判管轄権を有します（改正後の家事法3条の13第1項1号）。

(3) 申立てに必要な費用

収入印紙1200円

連絡用の郵便切手（注：金額及び内訳は各裁判所によって異なることから申立裁判所に問合せが必要）

DNA鑑定等が行われる場合，原則として申立人がこの鑑定に要する費用を負担します。

(4) 申立てに必要な書類

ア　申立書及びその写し1通

イ　標準的な申立添付書類

申立人の住民票の写し又はパスポート及び相手方の戸籍謄本（全部事項証明書）

(5) 申立ての趣旨

申立人が子の場合は，記載例のように「相手方が申立人の胎児を認知するとの調停・審判を求めます。」です。胎児認知については審判をすることができませんが，調停の申立ては可能です。この点は，前記第1の解説2の(2)のウ及び3を参照願います。

(6) 申立ての理由

申立人が相手方と性交渉をもって申立人を懐胎したこと等，相手方が申立人の胎児の父であることの事情を記載例の中の「申立ての理由」のように記載します。

イ　戸籍の届出等

1　申立人である外国人女は，日本人男との間に懐胎した子に，出生とともに日本国籍を取得させたいことから，相手方である日本人男に胎児認知の届出を求めたが，応じられなかったので，「相手方の胎児を認知する」との調停を求めたものです。この調停が申立ての趣旨に沿って合意に達したとしても，調停調書の内容は，日本人男がすみやかに胎児認知の届出を行うというものであり，胎児認知をした旨の調停条項は記載されません。そして，調停調書が作成された場合，戸籍上の処理は次のようになります。

なお，日本人男と婚姻中の外国人女の胎児認知届の取扱いについては，前記第1の3の(2)を参照願います。

2　母親の胎内にある子を認知するには，認知届書にその旨，母の氏名及び本籍を記載し，母の本籍地で届け出なければなりません（戸61条）。この場合，本件のように母が日本在住の外国人の場合は，母の住所地の市町村にしますが，子が出生したときに父の戸籍の身分事項欄に記載すべき認知事項の記載が遺漏するおそれもあるので，胎児認知届書2通の提出を求め，前もってその1通を認知者の本籍地市町村長に送付しておくのが相当とされています（昭和29・3・6民事甲509号回答）。

　　また，この届出には母の承諾を要し（民783条1項），これを欠く胎児認知の届出は受理されません。ただし，本件のように家庭裁判所の調停調書に「父からの胎児認知の届出を母が承諾する」旨の条項があり，その調書が胎児認知の届書に添付されて届出された場合は，これを便宜母の承諾書として取り扱って差し支えないとされています（昭和25・7・28民事甲2024号回答）。

3　胎児認知の届出をしても，直ちにこれが戸籍に記載されず，出生の届出をまって出生事項とともに戸籍に記載されます。したがって，胎児認知の届出を受理した母の本籍地（本件のように母が外国人の場合では，住所地）の市町村長は，後に出生届があるまではこれをそのまま保存します（大正4・1・9民1009号回答）。

　　出生届があれば，出生事項とともに戸籍に記載することになります。胎児認知の事項は，子だけでなく父の戸籍にも記載すべきですから，父の本籍地が他の市町村であるときは，これに胎児認知届及び出生届を送付する必要があります。

4　なお，参考までに日本人男に胎児認知された中国人母の子が出生した場合，その出生届により新戸籍を編製する場合の戸籍の記載例は，次のとおりです。

　　この場合の出生届書の記載要領

(1)　日本人男が外国人女の胎児を認知している場合は，出生子は出生により日本の国籍を取得します（国2条1号）から，届出人が出生届の際に定

第2章　認　知

めた氏名及び本籍により子について新戸籍を編製します（戸22条，昭和
29・3・18民事甲611号回答）。

(2)　届書の「その他」欄に「氏」及び「本籍」を設定する旨記載します。

　　出生地と本籍地を定めた市町村が異なる場合は，新本籍地と定めた市
町村長に出生届を送付するときは，胎児認知届も同時に送付します。

　　以下の事例は，出生地を本籍地と定め，認知した父の本籍地に出生届
書と胎児認知届書を送付する場合です。

378

第 1　認知の裁判

a‒1　認知届書

認 知 届

令和 2 年 3 月 10 日届出

東京都杉並区　長殿

受　理　令和 2 年 3 月 10 日 第　　　　　　987 号	発送 令和　　年　　月　　日
送付　令和　　年　　月　　日 第　　　　　　　　号	長　印
書類調査　戸籍記載　記載調査　附　票　住民票　通　知	

（よみかた）	認 知 さ れ る 子		父母との続き柄	認 知 す る 父 おつ　の　　けん　た	
氏　　　　名	氏 胎	名 児	□ 男 □ 女	氏 乙　野	名 健　太
生 年 月 日	年　　　月　　　日			平成 5 年 2 月 20 日	
住　　　所 （住民登録をしている ところ）		番地 番　　　　号		東京都杉並区方南 1丁目　　　2 番地 番 3 号	
	世帯主 の氏名			世帯主 の氏名　乙　野　健　太	
本　　　籍 （外国人のときは 国籍だけを書い てください）		番地 番		東京都杉並区方南 4丁目　　　　　　1 番地 番	
	筆頭者 の氏名			筆頭者 の氏名　乙　野　幸　夫	
認 知 の 種 別	□ 任意認知 □ 遺言認知（遺言執行者　　　　年　　　月　　　日　就職）		□ 審判　　　年　　　月　　　日確定 □ 判決　　　年　　　月　　　日確定		
子　の　母	氏名　周　　　千　鳥　　西暦 1994 年 10 月 5 日生				
	本　籍　国籍　中華人民共和国　　　　　　　　番地 番				
	筆頭者 の氏名				
そ の 他	□ 未成年の子を認知する　□ 成年の子を認知する　□ 死亡した子を認知する　☑ 胎児を認知する				
	この認知を承諾します。周　千鳥㊞ 母の住所　東京都杉並区方南1丁目2番3号				
届 出 人	☑ 父　　□ その他（　　　　　　　　）				
	住　所　東京都杉並区方南1丁目　　　　　　　2 番地 番 3 号				
	本　籍　東京都杉並区方南4丁目　　　　1 番地 番　筆頭者 の氏名　乙野幸夫				
	署　名　　乙　野　健　太　　　㊞　　平成 5 年 2 月 20 日生				

379

第2章　認　知

a‑2　出生届書

出　生　届	受理　令和 2 年 10 月 5 日 第　　　　2181　号	発送　令和　　年　　月　　日
令和 2 年10月 5 日届出	送付　令和　　年　　月　　日 第　　　　　　号	長印
東京都杉並区　長殿	書類調査　戸籍記載　記載調査　調査票　附　票　住民票　通　知	

(1) 生まれた子	子の氏名 （よみかた） （外国人のときは ローマ字を付記 してください）	氏　おつの　　名　やまと 乙　野　　　大　和	父母との続き柄	□嫡 出 子　　☑男 ☑嫡出でない子　〔長〕□女
(2)	生まれたとき	令和 2 年 9 月 25 日		☑午前　5 時 30 分 □午後
(3)	生まれたところ	東京都杉並区成田東4丁目5		番地　1 号 番
(4)	住　所 （住民登録をする ところ）	東京都杉並区方南1丁目2		番地　3 号 番
		世帯主の氏名　乙　野　健　太		世帯主との続き柄　子
(5) 生まれた子の父と母	父母の氏名 生 年 月 日 （子が生まれたと きの年齢）	父　乙　野　健　太		母　周　　千　鳥
		平成 5 年 2 月 20 日(満 27 歳)		西暦1994 年 10 月 5 日(満 26 歳)
(6)	本　　　籍 （外国人のときは 国籍だけを書い てください）	東京都杉並区方南4丁目1		番地 番
		筆頭者の氏名　乙　野　幸　夫		母の国籍　中華人民共和国
(7)	同居を始めたとき	令和　　年　　月　（結婚式をあげたとき、または、同居を始め たときのうち早いほうを書いてください）		
(8)	子が生まれたときの世帯のおもな仕事と	□1．農業だけまたは農業とその他の仕事を持っている世帯 □2．自由業・商工業・サービス業等を個人で経営している世帯 □3．企業・個人商店等（官公庁は除く）の常用勤労者世帯で勤め先の従業者数が1人から99人までの世帯（日々または1年未満の契約の雇用者は5） ☑4．3にあてはまらない常用勤労者世帯及び会社団体の役員の世帯(日々または1年未満の契約の雇用者は5) □5．1から4にあてはまらないその他の仕事をしている者のいる世帯 □6．仕事をしている者のいない世帯		
(9)	父 母 の 職 業	（国勢調査の年…　年…の4月1日から翌年3月31日までに子が生まれたときだけ書いてください） 父の職業		母の職業

その他	(1)　出生子は令和2年3月10日東京都杉並区方南四丁目1番地乙野幸夫同籍健太により胎児認知されている。 (2)　出生子は国籍法2条1号により日本国籍を取得，氏を「乙野」と定め東京都杉並区方南1丁目2番地に新戸籍を編製する。

届出人	□1.父　□2.法定代理人（　　　）　□3.同居者　□4.医師　□5.助産師　□6.その他の立会者 ☑母 □7.公設所の長
	住　所　　東京都杉並区方南1丁目2　　　　　　　　　　番地　3 号 番
	本　籍　　国籍　中華人民共和国　　番地　筆頭者 番　　の氏名
	署　名　　周　　千　鳥　　　　㊞　　西暦1994 年 10 月 5 日生

事 件 簿 番 号	

（※出生証明書省略）

第 1 認知の裁判

b‑1 子の新戸籍

		（1の1）	全 部 事 項 証 明

本　　　籍	東京都杉並区方南一丁目2番地
氏　　　名	乙野　大和

戸籍事項 　　戸籍編製	【編製日】令和2年10月5日

戸籍に記録されている者	【名】大和 【生年月日】令和2年9月25日 【父】乙野健太 【母】周千鳥 【続柄】長男

身分事項 　　出　　　生	【出生日】令和2年9月25日 【出生地】東京都杉並区 【母の国籍】中華人民共和国 【母の生年月日】西暦1994年10月5日 【届出日】令和2年10月5日 【届出人】母
認　　　知	【胎児認知日】令和2年3月10日 【認知者氏名】乙野健太 【認知者の戸籍】東京都杉並区方南四丁目1番地　乙野幸夫

以下余白

発行番号000001

第2章　認　知

b‑2　父の戸籍の記載

（2の1）　全 部 事 項 証 明

本　　　籍	東京都杉並区方南四丁目1番地
氏　　　名	乙野　幸夫

戸籍事項 　戸籍編製	（編製事項省略）

戸籍に記録されている者	【名】健太 【生年月日】平成5年2月20日 【父】乙野幸雄 【母】乙野梅子 【続柄】長男
身分事項 　　出　　生 　　認　　知	（出生事項省略） 【胎児認知日】令和2年3月10日 【認知した子の氏名】乙野大和 【認知した子の戸籍】東京都杉並区方南一丁目2番地　乙野 　大和

以下余白

発行番号000001

第**2** 認知無効の裁判 ─────────────────────────────●

1 認知が無効である場合

認知の要件は，認知者と認知される者との間に血縁的な親子関係があることと，認知者が意思能力を有していて，その真正な意思に基づき適正な手続により行うことです。

そこで，任意認知がされたものの，父と子との間に血縁的な親子関係がないときは，その認知は事実に反しているので無効と解されています。最判昭和50・9・30（家月28・4・81）は，「認知により法律上の親子関係が発生するには血縁関係にある父又は母において認知することを要し，そうではない者を戸籍上嫡出子として届け出ても，それにより認知の効力を生ずるものと解することはできない」としています。

また，認知者が意思能力を有していなかったり，認知者の意思に基づかない届出による認知は，認知者と子との間に血縁上の親子関係がある場合であっても，無効です（最判昭和52・2・14家月29・9・78）。

さらに，死亡した嫡出でない子の認知は，当該子に直系卑属がいる場合に限りすることができ（民783条2項），当該子に直系卑属がないにもかかわらず認知した場合は，当該認知は無効と解されています。

これらの事由がある場合は，「子その他の利害関係人は，認知に対して反対の事実を主張することができる」（民786条）ので，これらの者は，認知無効の裁判を提起することができます。

2 認知無効の対象となる認知

認知無効の対象となる認知には，任意認知と遺言による認知とがあります。なお，戸籍法62条の嫡出子出生届による認知の場合については，上記最判昭和50・9・30は，血縁関係にない者を戸籍上嫡出子として届け出ても，それにより認知の効力を生ずるものと解することができないとした上で，「戸籍上嫡出子の届出がされている場合であつても，財産上の紛争に関する先決問題として，その訴訟において父子関係の不存在を審理確定することは妨げないものと解すべきである」と判示しており，この場合は，認知無効の裁判手

第2章　認　知

続ではなく，親子関係不存在確認の裁判手続によることを示唆しています。
さらに，最判昭和53・2・24（家月30・8・39）は，「嫡出でない子につき，
父から，これを嫡出子とする出生届がされ，又は嫡出でない子としての出生
届がされた場合において，右各出生届が戸籍事務管掌者によつて受理された
ときは，その各届は認知届としての効力を有するものと解するのが相当であ
る。」としていますが，このような認知効のある出生届による認知の場合も，
同様の手続となるものと考えられます。問題は，この場合において認知無効
の裁判を提起した場合，それが不適法になるかどうかですが，東京高裁平成
13・10・16（判例秘書・登載番号L05620774）は，戸籍法62条の嫡出子出生届に
よる認知の場合についても，認知無効の裁判をしており，主文を「被控訴人
が平成8年3月6日A県B市長に対してした認知届出の効力を有する出生届
出にかかる控訴人に対する認知は，無効であることを確認する。」としてい
ます。そこで，いずれの手続によっても差し支えないものと考えられます。
　他方，裁判認知（調停・審判による認知を含む。）については，これが真実と
異なっていても，認知無効の裁判を提起することはできません。この場合は，
再審事由がある場合に限り，再審又は準再審（審判認知の場合）の手続によっ
てのみ，認知の無効を確定することができます（最判昭和28・6・26民集7・
6・787）。

3　認知無効の裁判

(1)　提起者

　認知無効の裁判は，子その他の利害関係人が提起することができます
（民786条）。ここにいう利害関係人には，認知者自身も含まれ，血縁上の父
子関係がないことを知りながら認知した場合であっても，父は，認知の無
効を主張することができます（最判平成26・1・14民集68・1・1，最判平成
26・3・28裁判所時報1601・1）。認知者が死亡した後であっても，被認知者は，
検察官を相手に，認知無効の訴えを提起することができます（最判平成1・
4・6民集43・4・193）。

(2)　認知請求との併合

　認知の無効は，法律上当然に無効であるのか（当然無効説），裁判の確定

384

があって初めて遡及的に無効となるのか（形成無効説）見解の対立があります。これは，例えば，Aが血縁的な親子関係のないBを認知していた場合ですが，Bが真実の父Cに対して裁判上の認知を請求する前提として，Aによる認知が無効であることを裁判上確定すること（少なくとも，同時にこの点の裁判も提起しておくこと）を要するのか（形成無効説），あるいは，Cに対する認知請求の裁判の理由中においてBによる認知の無効が判断されていればよいのか（当然無効説），その手続に差異がでてきます。この点，判例（大判大正11・3・27民集1・137，東京地判昭和56・7・27家月35・1・119）は，形成無効説に立っています。この場合，Bは，Aの認知を無効とする裁判とCへの認知を求める裁判を併合して提起することができます。その理由につき，東京高裁平成13・7・31（判タ1136・222）は，「客観的な父子関係の存否が両訴訟に共通の主要な争点になるものであり，これを併合して審理判断することが訴訟経済に適うとともに，併合により相互に矛盾抵触する判断の回避が制度的に保証されることとなるのであるから，この併合を許すことは，人事訴訟手続法32条1項が準用する同法7条2項ただし書の趣旨に沿うものということができるからである」としています。

4 事例ごとの記載例

未婚の母の戸籍に入籍している子に対して，父とされる者（他の女性との婚姻の有無を問わない。）が認知した事例において，母と認知者とが婚姻していないまま，認知無効の裁判が確定した場合は，戸籍法116条に基づき，当該認知事項を消除する旨の戸籍訂正をすれば足ります。しかしながら，母が認知者と婚姻して，子が認知者の準正子となり，父母の戸籍に入籍した後，認知無効の裁判が確定した場合は，関連する事項の訂正のため，別途戸籍法114条の戸籍訂正の許可審判の申立てが必要となります。

例えば，後記の家事調停（審判）の事例では，子は，申立人である父が認知の後に母と婚姻したことにより，準正子となっていますが，このような場合は，民法791条2項，戸籍法98条の規定に従い，父母の婚姻後の戸籍に父母の氏を称する旨の入籍届により，従前の母の戸籍から父母の戸籍へ入籍することが多いです（この場合は，家庭裁判所の許可を要しません。民791条2項）。こ

第2章 認　知

のような状況のもとで認知無効の裁判が確定した場合は，入籍した戸籍が父母の戸籍ではなかったことになるので，当該入籍は無効であったことになります（なお，この場合でも，母は婚姻により氏を改めていますから，民791条1項に該当しますが，同項では家庭裁判所の許可を要するところ，その許可を欠く入籍届は，戸籍の実務上，無効と解されています。）。そこで，父母の戸籍への入籍についても戸籍訂正が必要となりますが，認知無効の裁判が確定したことが戸籍に記載されると，入籍も無効であったことは戸籍面上明らかとなりますから，戸籍法114条の規定に基づく戸籍訂正をすべきこととなります。もっとも，この手続は，認知無効の裁判が確定した後に行うべきものですから，まずは，認知無効の裁判を提起して確定審判又は確定判決を得て，これに基づく戸籍訂正の申立てを市町村長に行う傍ら，家庭裁判所に戸籍法114条の戸籍訂正の許可審判の申立てを行い，許可があった後に，入籍に関する戸籍訂正の申請を行うとの手順となります。以下の記載例では，これに関する許可申立書や戸籍訂正申請書の記載例も付加しておきます。

第2　認知無効の裁判

(1)　認知者が裁判を求める場合

ア　裁判の提起

<table>
<tr><td rowspan="2">受付印</td><td>☑　調停</td></tr>
<tr><td>家事　　　　　申立書　事件名（　認知無効　）
□　審判</td></tr>
<tr><td></td><td>（この欄に申立て1件あたり収入印紙1，200円分を貼ってください。）</td></tr>
<tr><td>収入印紙　　　　　円
予納郵便切手　　　円</td><td>（貼った印紙に押印しないでください。）</td></tr>
</table>

○　　○　家庭裁判所 　　　　　　　御中 令和　元　年 6 月 5 日	申　立　人 （又は法定代理人など） の　記　名　押　印	甲　野　翔　太　　㊞	
添付書類	（審理のために必要な場合は，追加書類の提出をお願いすることがあります。） 申立人，相手方及び法定代理人の戸籍謄本　1通		準 口 頭

申立人	本　籍 （国　籍）	（戸籍の添付が必要とされていない申立ての場合は，記入する必要はありません。） 東　京　㊞道府県　千代田区平河町1丁目4番地	
	住　所	〒102-0072 東京都千代田区飯田橋3丁目10番8号　　　　　　（　　　　　方）	
	フリガナ 氏　名	コウ　ノ　ショウ　タ 甲　野　翔　太	大正 昭和 ㊞平成 令和　4 年 10 月 7 日生 （　26　歳）
※相手方	本　籍 （国　籍）	（戸籍の添付が必要とされていない申立ての場合は，記入する必要はありません。） 東　京　㊞道府県　千代田区平河町1丁目4番地	
	住　所	〒102-0072 東京都千代田区飯田橋3丁目10番8号　　　　　　（　　　　　方）	
	フリガナ 氏　名	コウ　ノ　ユ　イ 甲　野　結　衣	大正 昭和 ㊞平成 令和　27 年 8 月 3 日生 （　3　歳）
※相手方法定代理人親権者母	本　籍 （国　籍）	（戸籍の添付が必要とされていない申立ての場合は，記入する必要はありません。） 東　京　㊞道府県　千代田区平河町1丁目4番地	
	住　所	〒102-0072 東京都千代田区飯田橋3丁目10番8号　　　　　　（　　　　　方）	
	フリガナ 氏　名	コウ　ノ　ミ　サキ 甲　野　美　咲	大正 昭和 ㊞平成 令和　5 年 4 月 10 日生 （　26　歳）

（注）太枠の中だけ記入してください。

第2章 認 知

申 立 て の 趣 旨

申立人の相手方に対する認知は無効であるとの調停・審判を求めます。

申 立 て の 理 由

1　申立人は，相手方の母甲野美咲と平成26年9月ころから内縁関係に入りましたが，美咲は，そのとき既に他の男性との間で相手方を懐胎しており，平成27年8月3日に相手方を出産しました。

2　申立人は，それでも美咲との婚姻を希望し，相手方との養子縁組も考えたのですが，美咲の希望を取り入れて，平成28年9月7日，相手方を認知する旨の届出をしました。

3　その後の平成28年10月10日に，申立人は美咲と婚姻し，3人で暮らしていましたが，やがて美咲とは，性格不一致のため不和となり，協議離婚することになりました。美咲は，相手方を引き取って，2人で生活する予定です。

4　以上の次第で，相手方への認知は真実に反して無効であるので，その無効確認を求めるために，この申立てをします。

第2　認知無効の裁判

〈申立書の説明〉

　記載例は，血縁関係に無い子を，その母と婚姻する際に，一緒に生活するため，虚偽の認知届をした事例です。

(1)　当事者

　申立人は父であり，相手方は，被認知者である子です。被認知者が未成年のときは，その親権者（母）が法定代理人となります。

(2)　申立先

　相手方の住所地の家庭裁判所又は当事者が合意で定める家庭裁判所です（家事法245条1項）。

(3)　申立てに必要な費用

　収入印紙1200円

　連絡用の郵便切手（注：金額及び内訳は各裁判所によって異なることから申立裁判所に問合せが必要）

(4)　申立てに必要な書類

　ア　申立書及びその写し1通

　イ　標準的な申立添付書類

　申立人並びに相手方及び法定代理人の戸籍謄本（全部事項証明書）

(5)　申立ての趣旨

　申立人が認知者の場合は，記載例のように「申立人の相手方に対する認知は無効であるとの調停・審判を求めます」です。認知無効の裁判は，その性質上，形成の訴えですが，実務上「申立人の相手方に対する認知は無効であることを確認するとの調停・審判を求めます」と無効確認の体裁で申立てをすることもあります。

(6)　申立ての理由

　本件のように，自己とは血縁上の繋がりの無い子を認知した事情を記載例の中の「申立ての理由」のように記載します。

389

第2章　認　知

戸籍訂正許可の審判の申立書

受付印	□　調停
	家事　　　　　　申立書　事件名（　戸籍訂正　）
	☑　審判
	（この欄に申立て1件あたり収入印紙1,200円分を貼ってください。）
収入印紙　　　　　円	
予納郵便切手　　　円	（貼った印紙に押印しないでください。）

| ○　　○　家庭裁判所
御中
令和　元　年　9　月　10　日 | 申　立　人
（又は法定代理人など）
の　記　名　押　印 | 甲　野　美　咲　　㊞ |
| 添付書類 | （審理のために必要な場合は，追加書類の提出をお願いすることがあります。）
申立人の婚姻中及び婚姻前の戸籍謄本　各1通 | 準口頭 |

申 立 人	本　籍 （国　籍）	（戸籍の添付が必要とされていない申立ての場合は，記入する必要はありません。） 東　京　　㊞道　　　千代田区平河町1丁目4番地 　　　　　　府県	
	住　所	〒168－0062 東京都杉並区方南4丁目2番1号 　　　　　　　　　　　　　　　（　　　　　　　方）	
	フリガナ 氏　名	コウ　ノ　ミ　サキ 甲　野　美　咲	大正 昭和 平成　5　年　4　月　10日生 令和 （　　26　　歳）
相 手 方	本　籍 （国　籍）	（戸籍の添付が必要とされていない申立ての場合は，記入する必要はありません。） 　　　　　　都道 　　　　　　府県	
	住　所	〒　　－	
	フリガナ 氏　名		大正 昭和 平成 令和　　　年　　月　　日生 （　　　　　歳）

（注）太枠の中だけ記入してください。

390

申　立　て　の　趣　旨

次のとおり戸籍訂正を許可するとの審判を求めます。
1　東京都千代田区平河町１丁目４番地甲野翔太戸籍の結衣の身分事項欄中
　父母の氏を称する入籍の記載を消除の上，同人の記載を消除する。
2　東京都杉並区方南４丁目９番地乙原美咲除籍を回復した上結衣の身分事
　項欄中父母の氏を称する入籍の記載を消除の上同人を末尾に回復する。

申　立　て　の　理　由

　申立人の子結衣は準正されたことにより平成28年10月10日父母の戸籍に入
籍していたところ，令和元年９月１日認知無効の裁判が確定したため，申立
ての趣旨の審判を求めるため，この申立をします。

第2章 認 知

　イ　戸籍の訂正

a‑1　認知無効に関する戸籍訂正申請書

戸籍訂正申請

東京都千代田 市㋛町村 長　殿

　　　　　　　令和 元 年 9 月 7 日申請

受	令和 元 年 9 月 7 日	戸　　籍	
付	第　　3210　　号	調査	

(一)	事件本人	本　　籍	東京都千代田区平河町1丁目4番地		記載
		筆頭者氏名	甲野翔太		記載調査
(二)		住所及び世帯主氏名	東京都千代田区飯田橋3丁目10番8号　甲野翔太		送付
(三)		氏　　名	甲野結衣	甲野翔太	住民票
		生年月日	平成 27 年 8 月 3 日	平成 4 年 10 月 7 日	記載
(四)	裁判の種類		認知無効の裁判		通知
					附　　票
					記載
	裁判確定年月日		令和 元 年 9 月 1 日		通知

(五)	訂正の趣旨	事件本人甲野結衣は母の夫（甲野翔太）の認知により準正されたので，平成28年10月10日父母の氏を称する入籍届によって父母の戸籍に入籍していたところ，令和元年9月1日認知無効の裁判が確定したので関連戸籍について次のとおり訂正する。 1　東京都千代田区平河町1丁目4番地甲野翔太戸籍中，同人及び結衣の各身分事項欄の認知事項を消除するほか，結衣について父欄の記載を消除し，父母との続柄を「長女」と訂正する。 2　東京都杉並区方南4丁目9番地乙原美咲除籍中，結衣の身分事項欄記載の認知事項及び父欄の記載を消除し，父母との続柄を「長女」と訂正する。
(六)	添付書類	裁判の謄本，確定証明書

(七)	申請人	本　　籍	東京都千代田区平河町1丁目4番地
		筆頭者氏名	甲野翔太
		住　　所	東京都千代田区飯田橋3丁目10番8号
		署名押印	甲野翔太　　㊞
		生年月日	平成 4 年 10 月 7 日

（注意）　事件本人又は申請人が二人以上であるときは、必要に応じ該当欄を区切って記載すること。

第 2　認知無効の裁判

a‑2　入籍無効に関する戸籍訂正申請書

戸 籍 訂 正 申 請

東京都千代田 市区 町村 長　殿

令和 元 年 10 月 7 日申請

| 受 | 令和 元 年 10 月 7 日 | 戸　　籍 |
| 付 | 第　　3410　　号 | 調査 |

(一)	事件本人	本　　籍	東京都千代田区平河町1丁目4番地	記載
		筆頭者氏名	甲 野 翔 太	記載調査
(二)		住所及び世帯主氏名	東京都杉並区方南4丁目2番1号　甲野美咲	送付
(三)		氏　　名	甲 野 結 衣	住民票
		生年月日	平成 27 年 8 月 3 日	記載
(四)		裁　判　の種　　類	戸籍訂正許可の裁判	通知 附　票 記載
		裁判確定年　月　日	令和 元 年 10 月 2 日	通知
(五)		訂　正　の趣　　旨	事件本人は準正されたことにより平成28年10月10日父母の戸籍に入籍していたところ，令和元年9月1日認知無効の裁判が確定し，それに関して，令和元年10月2日父母の氏を称する入籍届無効の戸籍訂正許可の裁判が確定したので，下記のとおり訂正する。 1　東京都千代田区平河町1丁目4番地甲野翔太戸籍の結衣の身分事項欄中父母の氏を称する入籍の記載を消除の上，同人の記載を消除する。 2　東京都杉並区方南4丁目9番地乙原美咲除籍を回復した上結衣の身分事項欄中父母の氏を称する入籍の記載を消除の上同人を末尾に回復する。	
(六)		添 付 書 類	審判の謄本，確定証明書	
(七)	申請人	本　　籍	東京都千代田区平河町1丁目4番地	
		筆頭者氏名	甲 野 翔 太	
		住　　所	東京都杉並区方南4丁目2番1号	
		署名押印	甲 野 美 咲　　㊞	
		生年月日	平成 5 年 4 月 10 日	

（注意）事件本人又は申請人が二人以上であるときは、必要に応じ該当欄を区切って記載すること。

393

第2章　認　知

b‑1　父母の戸籍

<table>
<tr><td colspan="2" align="right">（2の1）</td><td align="center">全 部 事 項 証 明</td></tr>
<tr><td align="center">本　　　籍</td><td colspan="2">東京都千代田区平河町一丁目4番地</td></tr>
<tr><td align="center">氏　　　名</td><td colspan="2">甲野　翔太</td></tr>
</table>

戸籍事項 　　戸籍編製	【編製日】平成28年10月10日
戸籍に記録されている者	【名】翔太 【生年月日】平成4年10月7日　　　　【配偶者区分】夫 【父】甲野義太郎 【母】甲野松子 【続柄】長男
身分事項 　　出　　生	（出生事項省略）
婚　　姻	【婚姻日】平成28年10月10日 【配偶者氏名】乙原美咲 【従前戸籍】東京都千代田区平河町一丁目4番地　甲野義太郎
消　　除	【消除日】令和元年9月7日 【消除事項】認知事項 【消除事由】乙原結衣を認知無効の裁判確定 【裁判確定日】令和元年9月1日 【申請日】令和元年9月7日 【従前の記録】 　　【認知日】平成28年9月7日 　　【認知した子の氏名】乙原結衣 　　【認知した子の戸籍】東京都杉並区方南四丁目9番地 　　　乙原美咲
戸籍に記録されている者	【名】美咲 【生年月日】平成5年4月10日　　　　【配偶者区分】妻 【父】乙原一夫 【母】乙原梅子 【続柄】長女
身分事項 　　出　　生	（出生事項省略）
婚　　姻	【婚姻日】平成28年10月10日 【配偶者氏名】甲野翔太 【従前戸籍】東京都杉並区方南四丁目9番地　乙原美咲

発行番号000001

第2　認知無効の裁判

（2の2）　全部事項証明

戸籍に記録されている者 消　除	【名】結衣 【生年月日】平成２７年８月３日 【父】 【母】乙原美咲 【続柄】長女
身分事項 　　出　　生	（出生事項省略）
消　　除	【消除日】令和元年９月７日 【消除事項】父の氏名 【消除事由】認知無効の裁判確定 【裁判確定日】令和元年９月１日 【申請日】令和元年９月７日 【申請人】甲野翔太 【関連訂正事項】父母との続柄 【従前の記録】 　　【父】甲野翔太 　　【父母との続柄】長女
消　　除	【消除日】令和元年１０月７日 【消除事項】入籍事項 【消除事由】父母の氏を称する入籍届出無効につき戸籍訂正 　　許可の裁判確定 【裁判確定日】令和元年１０月２日 【申請日】令和元年１０月７日 【申請人】母 【従前の記録】 　　【届出日】平成２８年１０月１０日 　　【入籍事由】父母の氏を称する入籍 　　【届出人】親権者父母 　　【送付を受けた日】平成２８年１０月１３日 　　【受理者】東京都杉並区長 　　【従前戸籍】東京都杉並区方南四丁目９番地　乙原美咲
	以下余白

発行番号０００００１

第2章　認　知

b‐2　母の婚姻前の戸籍

除　　　籍	（2の1）　　全部事項証明
本　　　籍	東京都杉並区方南四丁目9番地
氏　　　名	乙原　美咲

戸籍事項 　戸籍編製 　消　　　除	（編製事項省略） 【消除日】令和元年9月9日 【消除事項】戸籍消除事項 【消除事由】戸籍消除の記録錯誤 【従前の記録】 　　【消除日】平成28年10月10日
戸籍に記録されている者 　除　　籍	【名】美咲 【生年月日】平成5年4月10日 【父】乙原一夫 【母】乙原梅子 【続柄】長女
身分事項 　出　　　生 　子の出生 　婚　　　姻	（出生事項省略） 【入籍日】平成28年8月15日 【入籍事由】子の出生届出 【従前戸籍】東京都杉並区方南四丁目9番地　乙原一夫 【婚姻日】平成28年10月10日 【配偶者氏名】甲野翔太 【送付を受けた日】平成28年10月12日 【受理者】東京都千代田区長 【新本籍】東京都千代田区平河町一丁目4番地 【称する氏】夫の氏
戸籍に記録されている者 　消　　除	【名】結衣 【生年月日】平成27年8月3日 【父】 【母】甲野美咲 【続柄】長女
身分事項 　出　　　生 　更　　　正	（出生事項省略） 【更正日】平成28年10月12日 【更正事項】母の氏名 【更正事由】母の婚姻 【従前の記録】 　　【母】乙原美咲

発行番号000001

第2 認知無効の裁判

（2の2）｜全 部 事 項 証 明

消　　除	【消除日】令和元年９月１０日 【消除事項】認知事項 【消除事由】認知無効の裁判確定 【裁判確定日】令和元年９月１日 【申請日】令和元年９月７日 【申請人】甲野翔太 【送付を受けた日】令和元年９月１０日 【受理者】東京都千代田区長 【従前の記録】 　　【認知日】平成２８年９月７日 　　【認知者氏名】甲野翔太 　　【認知者の戸籍】東京都千代田区平河町一丁目４番地 　　　甲野翔太 　　【送付を受けた日】平成２８年９月１０日 　　【受理者】東京都千代田区長 　　【関連訂正事項】父母との続柄 【従前の記録】 　　【父母との続柄】長女
消　　除	【消除日】令和元年９月１０日 【消除事項】父の氏名 【消除事由】認知無効の裁判確定 【裁判確定日】令和元年９月１日 【申請日】令和元年９月７日 【申請人】甲野翔太 【送付を受けた日】令和元年９月１０日 【受理者】東京都千代田区長 【関連訂正事項】父母との続柄 【従前の記録】 　　【父】甲野翔太 　　【父母との続柄】長女
消　　除	【消除日】令和元年１０月９日 【消除事項】入籍事項 【消除事由】父母の氏を称する入籍届出無効につき戸籍訂正 　許可の裁判確定 【裁判確定日】令和元年１０月２日 【申請日】令和元年１０月７日 【申請人】母 【送付を受けた日】令和元年１０月９日 【受理者】東京都千代田区長 【従前の記録】 　　【届出日】平成２８年１０月１０日 　　【除籍事由】父母の氏を称する入籍届出 　　【届出人】親権者父母 　　【入籍戸籍】東京都千代田区平河町一丁目４番地　甲野 　　翔太
	以下余白

発行番号０００００１

第2章　認　知

b‐3　母の回復後の戸籍

（2の1）　全　部　事　項　証　明

本　　籍	東京都杉並区方南四丁目9番地
氏　　名	乙原　美咲

戸籍事項
　戸籍編製
　戸籍回復

（編製事項省略）
【回復日】令和元年10月9日
【回復事由】戸籍消除の記録錯誤につき戸籍訂正許可の裁判
　　確定
【裁判確定日】令和元年10月2日
【申請日】令和元年10月7日
【送付を受けた日】令和元年10月9日
【受理者】東京都千代田区長

戸籍に記録されている者

【名】結衣

【生年月日】平成27年8月3日
【父】
【母】甲野美咲
【続柄】長女

身分事項
　出　　生

（出生事項省略）

以下余白

発行番号000001

398

第 2　認知無効の裁判

(2)　認知された子が裁判をする場合

　ア　裁判の提起

　　①　人事訴訟

訴　　状

令和元年 5 月15日

○家庭裁判所　御中

　　　　　　　　　　原告法定代理人親権者母　　乙野麻衣（印）

本籍　東京都千代田区平河町 1 丁目 4 番地
住所　〒168－0062　東京都杉並区方南 4 丁目 2 番 1 号
　　　原告　　　　　　　　　　甲野芽依
本籍　東京都杉並区方南 4 丁目 9 番地
住所　原告に同じ（送達場所）
　　　電話・ＦＡＸ：　○○○（○○○）○○○○
　　　法定代理人親権者母　　　　乙野麻衣
本籍　東京都千代田区平河町 1 丁目 4 番地
住所　〒102－0072　東京都千代田区飯田橋 3 丁目10番 8 号
　　　被告　　　　　　　　　　甲野和也

認知無効請求事件
　　訴額　　　金160万円
　　貼用印紙　金 1 万3000円
　　郵券（注：金額及び内訳は各裁判所によって異なることから申立裁判所に
　　問合せが必要）

第 1　請求の趣旨
　1　被告の原告に対する認知は無効である
　2　訴訟費用は被告の負担とする
との裁判を求める。

第 2　請求原因
　1　原告の母乙野麻衣は，平成27年 5 月ころ，妻子のある丙野次郎と昵懇
　　の間柄となり，原告を懐胎し，平成28年 8 月 3 日に原告を出産した。
　　（甲第 1 ないし第 3 号証，第 5 号証）
　2　その後，麻衣は，被告と知り合い，被告に前項の顛末を伝えたが，被
　　告は，それでも麻衣との婚姻を希望し，平成28年10月10日，麻衣と婚姻
　　した。その際，麻衣と被告とは，被告と原告との養子縁組も検討したが，
　　いずれにせよ親子の関係になるとして，被告は，同日，婚姻届の提出に
　　先立ち，原告を認知する旨の届出をした。（甲第 1 ，第 4 ，第 5 号証）

399

第2章　認　知

3　その後，麻衣，被告及び原告との3人で暮らしていたが，被告は，他の女性と知り合い，協議離婚の届書に署名押印をした上で，家を出て，同女との同棲を開始した。(甲第5号証)

4　他方，丙野次郎は，その妻との間が不和となって，協議離婚し，麻衣との交際を再び申し入れた。次郎は，麻衣と婚姻し，さらには，原告を認知する意図を有している。(甲第2号証，第5号証)

5　原告は，被告を相手に認知無効の調停を申し立てたが，被告は，原告の法定代理人である麻衣に対し，早く協議離婚の届出をするように言うのみであって，麻衣や原告とは関わり合いたくないとして，調停期日の出頭を拒否した。なお，麻衣は，令和元年5月5日，協議離婚の届書を提出した。(甲第3ないし第5号証)

6　以上の次第で，被告の原告への認知は真実に反して無効であるので，請求の趣旨どおりの判決を求める。

証拠方法

1　甲第1号証　　麻衣の除籍謄本
2　甲第2号証　　丙野次郎の戸籍謄本
3　甲第3号証　　麻衣の戸籍謄本
4　甲第4号証　　被告の戸籍謄本
5　甲第5号証　　麻衣の陳述書

附属書類

1　甲号証写し　　　各1通
2　調停不成立証明書　1通
3　戸籍謄本　　　　　2通

〈訴状の説明〉

　記載例は，認知された子が認知者を相手に認知無効の訴えを提起した事例です。認知無効の裁判は，その性質上，形成の訴えのため，「AのBに対する認知は無効である」と記載し，「認知が無効であることを確認する」とは記載しません。

第2　認知無効の裁判

②　戸籍訂正許可の審判の申立書

受付印	□　　調停 家事　　　　　申立書　事件名（　戸籍訂正　） ☑　審判
	（この欄に申立て1件あたり収入印紙1,200円分を貼ってください。）
収入印紙　　　　　円	
予納郵便切手　　　円	（貼った印紙に押印しないでください。）

	家庭裁判所 御中 令和　元　年　9　月　10　日	申　立　人 （又は法定代理人など） の　記　名　押　印	乙　野　麻　衣　　㊞		準口頭

添付書類	（審理のために必要な場合は，追加書類の提出をお願いすることがあります。） 申立人の婚姻前及び婚姻中並びに離婚後の戸籍謄本　各1通

申立人	本　籍 （国　籍）	（戸籍の添付が必要とされていない申立ての場合は，記入する必要はありません。） 東　京　　㊞道　府県　　杉並区方南4丁目9番地	
	住　所	〒168－0062 東京都杉並区方南4丁目2番1号	（　　　　　　方）
	フリガナ 氏　名	オツ　ノ　マイ 乙　野　麻　衣	大正 昭和 ㊪平成 令和　5　年　4　月　10　日生 （　　26　　歳）
相手方	本　籍 （国　籍）	（戸籍の添付が必要とされていない申立ての場合は，記入する必要はありません。） 都　道 府　県	
	住　所	〒　　－	（　　　　　　方）
	フリガナ 氏　名		大正 昭和 平成 令和　　年　月　日生 （　　　　歳）

（注）太枠の中だけ記入してください。

401

第2章　認　知

申　立　て　の　趣　旨

　次のとおり戸籍訂正を許可するとの審判を求めます。
1　東京都千代田区平河町1丁目4番地甲野和也戸籍の芽依の身分事項欄中
　父母の氏を称する入籍の記載を消除の上，同人の記載を消除する。
2　東京都杉並区方南4丁目9番地乙野麻衣除籍の芽依の身分事項欄中父母
　の氏を称する入籍の記載を消除の上回復し，東京都杉並区方南4丁目9番
　地乙野麻衣戸籍に入籍させる。

申　立　て　の　理　由

　申立人の子芽依は準正されたことにより平成28年10月16日父母の戸籍に入
籍していたところ，令和元年9月1日認知無効の裁判が確定したため，申立
ての趣旨の審判を求めるため，この申立てをします。

第2　認知無効の裁判

イ　戸籍の訂正

a‑1　認知無効に関する戸籍訂正申請書

戸 籍 訂 正 申 請

東京都千代田 市区
町村 長　殿

令和 元 年 9 月 7 日申請

受	令和 元 年 9 月 7 日	戸	籍
付	第　2618　号	調 査	

(一)事件本人	本　籍	東京都千代田区平河町1丁目4番地		記載
	筆頭者氏名	甲 野 和 也		記載調査
(二)	住所及び世帯主氏名	東京都杉並区方南4丁目2番1号　乙野麻衣	東京都千代田区飯田橋3丁目10番8号　甲野和也	送付
(三)	氏　名	甲 野 芽 依	甲 野 和 也	住民票
	生年月日	平成 28 年 8 月 3 日	平成 4 年 10 月 7 日	記載

(四)	裁判の種類	認知無効の裁判	通知 / 附票 / 記載
	裁判確定年月日	令和 元 年 9 月 1 日	通知

(五)	訂正の趣旨	事件本人は母の夫（甲野和也）の認知により準正されたので，平成28年10月16日父母の氏を称する入籍届によって父母の戸籍に入籍していたところ，令和元年5月5日父母離婚後の令和元年9月1日認知無効の裁判が確定したので，関連戸籍について次のとおり訂正する。 1　東京都千代田区平河町1丁目4番地甲野和也戸籍中，同人の身分事項欄に記載の認知事項を消除するほか，芽依については，親権者指定事項及び父欄の記載を消除し，父母との続柄を「長女」と訂正する。 2　東京都杉並区方南4丁目9番地乙野麻衣除籍中，芽依の身分事項欄に記載の認知事項及び父欄の記載を消除し，父母との続柄を「長女」と訂正する。
(六)	添付書類	裁判の謄本，確定証明書

(七)申請人	本　籍	東京都杉並区方南4丁目9番地
	筆頭者氏名	乙 野 麻 衣
	住　所	東京都杉並区方南4丁目2番1号
	署名押印	乙 野 麻 衣　㊞
	生年月日	平成 5 年 4 月 10 日

（注意）事件本人又は申請人が二人以上であるときは、必要に応じ該当欄を区切って記載すること。

403

第2章　認　知

a‐2　入籍無効に関する戸籍訂正申請書

戸 籍 訂 正 申 請

東京都杉並 ⓧ市区町村 長　殿

令和元年10月7日申請

受付	令和元年10月7日	戸　籍
	第　2963　号	調査

				記載
(一)	事件本人	本　籍	東京都千代田区平河町1丁目4番地	記載
		筆頭者氏名	甲 野 和 也	記載調査
(二)		住所及び世帯主氏名	東京都杉並区方南4丁目2番1号　乙野麻衣	送付
(三)		氏　名	甲 野 芽 依	住民票
		生年月日	平成28年8月3日	記載
(四)		裁判の種類	戸籍訂正許可の裁判	通知
				附　票
				記載
		裁判確定年月日	令和元年10月1日	通知
(五)		訂正の趣旨	事件本人は準正されたことにより平成28年10月16日父母の戸籍に入籍していたところ，令和元年9月1日認知無効の裁判が確定し，それに関連して，令和元年10月1日父母の氏を称する入籍届出無効の戸籍訂正許可の裁判が確定したので，下記のとおり訂正する。 1　東京都千代田区平河町1丁目4番地甲野和也戸籍の芽依の身分事項欄中父母の氏を称する入籍の記載を消除の上，同人の記載を消除する。 2　東京都杉並区方南4丁目9番地乙野麻衣除籍の芽依の身分事項欄中父母の氏を称する入籍の記載を消除の上回復し，東京都杉並区方南4丁目9番地乙野麻衣戸籍に入籍させる。	
(六)		添付書類	審判の謄本，確定証明書	
(七)	申請人	本　籍	東京都杉並区方南4丁目9番地	
		筆頭者氏名	乙 野 麻 衣	
		住　所	東京都杉並区方南4丁目2番1号	
		署名押印	乙 野 麻 衣　　㊞	
		生年月日	平成5年4月10日	

（注意）事件本人又は申請人が二人以上であるときは、必要に応じ該当欄を区切って記載すること。

第2 認知無効の裁判

b‑1　父の婚姻前の戸籍

<table>
<tr><td colspan="2" align="right">（2の1）</td><td align="center">全 部 事 項 証 明</td></tr>
<tr><td align="center">本　　　籍</td><td colspan="2">東京都千代田区平河町一丁目4番地</td></tr>
<tr><td align="center">氏　　　名</td><td colspan="2">甲野　義太郎</td></tr>
<tr><td>戸籍事項
　戸籍編製</td><td colspan="2">（編製事項省略）</td></tr>
</table>

<table>
<tr><td>戸籍に記録されている者</td><td rowspan="2">【名】和也

【生年月日】平成4年10月7日
【父】甲野義太郎
【母】甲野梅子
【続柄】長男</td></tr>
<tr><td align="center">除　　籍</td></tr>
<tr><td>身分事項
　　出　　生</td><td>（出生事項省略）</td></tr>
<tr><td>　　婚　　姻</td><td>（婚姻事項省略）</td></tr>
<tr><td>　　消　　除</td><td>【消除日】令和元年9月7日
【消除事項】認知事項
【消除事由】乙野芽依を認知無効の裁判確定
【裁判確定日】令和元年9月1日
【申請日】令和元年9月7日
【申請人】親権者母
【従前の記録】
　　【認知日】平成28年10月10日
　　【認知した子の氏名】乙野芽依
　　【認知した子の戸籍】東京都杉並区方南四丁目9番地
　　　乙野麻衣</td></tr>
<tr><td></td><td align="right">以下余白</td></tr>
</table>

発行番号000001

第2章　認　知

b‑2　父母の戸籍

（2の1）　全部事項証明

本　　　籍	東京都千代田区平河町一丁目4番地
氏　　　名	甲野　和也

戸籍事項 　　戸籍編製	【編製日】平成28年10月10日

戸籍に記録されている者	【名】和也
	【生年月日】平成4年10月7日 【父】甲野義太郎 【母】甲野梅子 【続柄】長男
身分事項 　　出　　生	（出生事項省略）
婚　　姻	【婚姻日】平成28年10月10日 【配偶者氏名】乙野麻衣 【従前戸籍】東京都千代田区平河町一丁目4番地　甲野義太郎
離　　婚	【離婚日】令和元年5月5日 【配偶者氏名】甲野麻衣

戸籍に記録されている者 除　　籍	【名】麻衣
	【生年月日】平成5年4月10日 【父】乙野一夫 【母】乙野花子 【続柄】長女
身分事項 　　出　　生	（出生事項省略）
婚　　姻	【婚姻日】平成28年10月10日 【配偶者氏名】甲野和也 【従前戸籍】東京都杉並区方南四丁目9番地　乙野麻衣
離　　婚	【離婚日】令和元年5月5日 【配偶者氏名】甲野和也 【新本籍】東京都杉並区方南四丁目9番地

戸籍に記録されている者 消　　除	【名】芽依
	【生年月日】平成28年8月3日 【父】 【母】甲野麻衣

発行番号000001

第2　認知無効の裁判

（2の2）　　全　部　事　項　証　明

	【続柄】長女
身分事項	
出　　　生	（出生事項省略）
消　　　除	【消除日】令和元年９月７日 【消除事項】父の氏名 【消除事由】認知無効の裁判確定 【裁判確定日】令和元年９月１日 【申請日】令和元年９月７日 【申請人】親権者母 【関連訂正事項】父母との続柄 【従前の記録】 　　【父】甲野和也 　　【父母との続柄】長女
消　　　除	【消除日】令和元年９月７日 【消除事項】親権事項 【消除事由】認知無効の裁判確定 【裁判確定日】令和元年９月１日 【申請人】母 【従前の記録】 　　【親権者を定めた日】令和元年５月５日 　　【親権者】母 　　【届出人】父母
消　　　除	【消除日】令和元年１０月７日 【消除事項】入籍事項 【消除事由】父母の氏を称する入籍届出無効につき戸籍訂正 　　許可の裁判確定 【裁判確定日】令和元年１０月１日 【申請日】令和元年１０月７日 【申請人】母 【従前の記録】 　　【届出日】平成２８年１０月１０日 　　【入籍事由】父母の氏を称する入籍 　　【届出人】親権者父母 　　【送付を受けた日】平成２８年１０月１３日 　　【受理者】東京都杉並区長 　　【従前戸籍】東京都杉並区方南四丁目９番地　乙野麻衣
	以下余白

発行番号０００００１

第２章　認　知

b‐3　母の婚姻前の戸籍

除　　籍		（２の１）	全 部 事 項 証 明
本　　籍	東京都杉並区方南四丁目９番地		
氏　　名	乙野　麻衣		

戸籍事項 　戸籍編製 　戸籍消除	（編製事項省略） （消除事項省略）

〜〜〜〜〜〜〜〜〜〜〜〜〜〜〜〜〜〜〜〜〜〜〜〜〜〜〜〜〜〜〜〜〜〜〜

戸籍に記録されている者 　消　　除	【名】芽依 【生年月日】平成２８年８月３日 【父】 【母】乙野麻衣 【続柄】長女
身分事項 　出　　生 　消　　除 　消　　除	（出生事項省略） 【消除日】令和元年９月１３日 【消除事項】認知事項 【消除事由】認知無効の裁判確定 【裁判確定日】令和元年９月１日 【申請日】令和元年９月７日 【申請人】母 【送付を受けた日】令和元年９月１３日 【受理者】東京都千代田区長 【従前の記録】 　【認知日】平成２８年１０月１０日 　【認知者氏名】甲野和也 　【認知者の戸籍】東京都千代田区平河町一丁目４番地 　　　甲野義太郎 　【送付を受けた日】平成２８年１０月１２日 　【受理者】東京都千代田区長 　【関連訂正事項】父母との続柄 【従前の記録】 　【父母との続柄】長女 ------ 【消除日】令和元年９月１３日 【消除事項】父の氏名 【消除事由】認知無効の裁判確定 【裁判確定日】令和元年９月１日 【申請日】令和元年９月７日 【申請人】母 【送付を受けた日】令和元年９月１３日 【受理者】東京都千代田区長

発行番号０００００１

第2　認知無効の裁判

（2の2）　　全 部 事 項 証 明

消　　除	【関連訂正事項】父母との続柄 【従前の記録】 　　【父】甲野和也 　　【父母との続柄】長女
	【消除日】令和元年１０月７日 【消除事項】入籍事項 【消除事由】父母の氏を称する入籍届出無効につき戸籍訂正 　　許可の裁判確定 【裁判確定日】令和元年１０月１日 【申請日】令和元年１０月７日 【申請人】母 【回復後の戸籍】東京都杉並区方南四丁目９番地　乙野麻衣 【従前の記録】 　　【届出日】平成２８年１０月１０日 　　【除籍事由】父母の氏を称する入籍 　　【届出人】親権者父母 　　【入籍戸籍】東京都千代田区平河町一丁目４番地　甲野 　　和也
	以下余白

発行番号０００００１

第2章 認 知

b‐4 母の離婚後の戸籍

	（1の1） 全 部 事 項 証 明
本　籍	東京都杉並区方南四丁目9番地
氏　名	乙野　麻衣
戸籍事項 　戸籍編製	【編製日】令和元年5月7日
戸籍に記録されている者	【名】麻衣 【生年月日】平成5年4月10日 【父】乙野一夫 【母】乙野花子 【続柄】長女
身分事項 　出　生 　離　婚	（出生事項省略） 【離婚日】令和元年5月5日 【配偶者氏名】甲野和也 【送付を受けた日】令和元年5月7日 【受理者】東京都千代田区長 【従前戸籍】東京都千代田区平河町一丁目4番地　甲野和也
戸籍に記録されている者	【名】芽依 【生年月日】平成28年8月3日 【父】 【母】乙野麻衣 【続柄】長女
身分事項 　出　生 　入　籍	（出生事項省略） 【入籍日】令和元年10月7日 【入籍事由】父母の氏を称する入籍届出無効につき戸籍訂正 　　許可の裁判確定 【裁判確定日】令和元年10月1日 【申請日】令和元年10月7日 【申請人】母 【従前戸籍】東京都杉並区方南四丁目9番地　乙野麻衣
	以下余白

発行番号000001

410

第3 認知取消しの裁判

1 認知の取消しの可否

　民法785条は「認知をした父又は母は，その認知を取り消すことができない。」と規定しており，認知者による認知の取消しは，することができないことを定めています。第2で説明したとおり，認知者は，血縁上の父子関係がないことを知りながら認知した場合であっても，認知の無効を主張することができることから，実際に認知者による取消しが問題となるのは，血縁上の父子関係がある場合において，認知者が詐欺又は強迫により認知をした場合です。従前の通説的な見解では，この場合は，同条の規定にかかわらず，認知の取消しをすることができると解していましたが（同条を認知の撤回の禁止の趣旨であると解釈し，詐欺・強迫取消しは含まないとしていたのです。），近時の通説的な見解は，認知の本質が血縁上の親子関係という客観的な事実の承認であると解し，血縁上の親子関係がある以上，認知が詐欺・強迫により行われ，認知の意思に瑕疵があったとしても，認知の効力に影響はなく，取り消すことができないものと解しています。

　このような通説的な見解によれば，認知の取消しは，成年者を認知するに当たり，被認知者の承諾を欠いたり，承諾に瑕疵がある場合等に限られることになります。まず，民法では，782条で，成年者を認知するには，被認知者の承諾を要することを定め，また，783条2項では，死亡した子についても，当該子に直系卑属があれば認知することができるものの，当該直系卑属が成年に達しているときは，その承諾を要するものと定めています。さらに，胎児認知の場合は，母の承諾を要するものと定めています（同条1項）。これらの承諾者の承諾を欠く認知については，無効説，取消説，有効説の対立がありますが，成年者の承諾は，被認知者又はその直系卑属の利益（子を養育する責任を果たさなかった父の利己的な恣意を制限する趣旨）のためにあることからすれば，なされた認知の効力を承諾する権利のある者に委ねるのが相当であるので，取消説が正当と考えられます。また，胎児認知における母の承諾は，母の名誉保全と真実性担保のためにあり，同様と考えられます（胎児認知者が血縁上の父ではない場合は，認知無効の裁判により，その無効を争うこととなるので，取消

第2章 認　知

しが問題となるのは母の名誉です。）。そうすると，その承諾が詐欺又は強迫によりなされた場合も同様であり，取り消し得るものとなります。

　認知の取消しは，裁判所が裁判により取り消すことにより，認知が最初からなかったものとなるのであって，認知取消しの訴えは形成訴訟であると解されています。

2　認知取消しの裁判の提起者

　認知取消しの裁判の原告（訴訟の場合）又は申立人（調停・審判の場合）は，認知の取消権者に限られています。そこで，通説的な見解によれば，成年に達した被認知者若しくはその直系卑属又は母となります。認知が詐欺又は脅迫によりなされた場合も，認知者自身が取り消し得ると解すれば，当該認知者も裁判を提起することができます。取消権の期間については民法その他の法律での明文の定めはありませんが，いつまでも認知を不安定な状態に置くのは不適切であるとして，民法747条や808条を類推適用し，承諾のない認知届が受理されたことを知った時から，又は詐欺若しくは強迫を免れた時から6か月以内とする説があります。取消権者が追認したときは，取消権は消滅します。

第3 認知取消しの裁判

3 事例ごとの記載例
(1) 被認知者の承諾を欠く場合
ア 家事調停（審判）

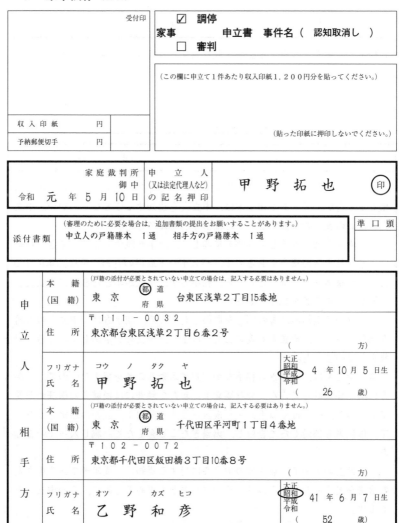

413

第2章 認 知

申 立 て の 趣 旨
相手方の申立人に対する認知を取り消すとの調停・審判を求めます。

申 立 て の 理 由
1 申立人は，母甲野智子の嫡出でない子として，平成4年10月5日に出生しましたが，父である相手方は，申立人を認知することなく，かつ，申立人のための養育費も出費したことはありませんでした。 2 申立人は，苦学して大学を卒業して，無事就職することができ，社命により海外出張の機会もあるので，パスポート取得のため，平成30年10月20日に戸籍謄本を取り寄せたところ，相手方が，平成29年5月8日に申立人を認知していることを知りました。 3 急いで認知の届書の写しを取得したところ，相手方は，申立人の署名を偽造した上で，申立人名義の三文判により，申立人が承諾している旨の記載をしていました。 4 申立人は，いまさら相手方が父親と名乗ることを望まないので，相手方に問い合わせたところ，会社経営上，新たな融資には後継者の保証が必要であるので，行く行くは申立人を後継者とする意図で，認知の届出をした上で，保証書も偽造したと告白し，出過ぎたことをしたと，恥じ入っていました。 5 以上の次第で，相手方の申立人に対する認知は，成年者である申立人の承諾を欠くものであるので，その取り消しを求めるために，この申立てをします。

第 3　認知取消しの裁判

〈申立書の説明〉

　記載例は，被認知者の承諾を要する認知につき，その承諾なしに認知がされたので，被認知者が認知の取消しを求めた事例です。

(1)　当事者

　申立人は被認知者であり，相手方は認知者です。

(2)　申立先

　相手方の住所地の家庭裁判所又は当事者が合意で定める家庭裁判所です（家事法245条1項）。

(3)　申立てに必要な費用

　収入印紙1200円

　連絡用の郵便切手（注：金額及び内訳は各裁判所によって異なることから申立裁判所に問合せが必要）

(4)　申立てに必要な書類

　ア　申立書及びその写し1通

　イ　標準的な申立添付書類

　申立人及び相手方の戸籍謄本（全部事項証明書）

(5)　申立ての趣旨

　認知取消しの裁判は，その性質上，形成の訴えなので，申立人が被認知者の場合は，記載例のように「相手方の申立人に対する認知を取り消すとの調停・審判を求めます。」と記載します。

(6)　申立ての理由

　本件のように，承諾権者の承諾のないままに認知がされたことと，認知の事実を知った日時等を記載例の中の「申立ての理由」のように記載します。なお，詐欺・強迫により認知の承諾をしたときは，詐欺・強迫に関する具体的な事実関係と詐欺・強迫を免れた日時も記載します。

415

第２章　認　知

イ　戸籍の訂正

a　戸籍訂正申請書

戸 籍 訂 正 申 請

東京都台東 市㋖町村 長 殿

令和 元 年 10 月 20 日申請

| 受 | 令和 元 年 10 月 20 日 | | 戸 | 籍 |
| 付 | 第　　3165　　号 | | 調 査 | |

(一)事件本人	本　　籍	東京都台東区浅草２丁目15番地	東京都千代田区平河町１丁目４番地	記載
	筆頭者氏名	甲 野 智 子	乙 野 和 彦	記載調査
(二)	住所及び世帯主氏名	東京都台東区浅草２丁目６番２号　甲野智子	東京都千代田区飯田橋３丁目10番８号　乙野和彦	送付
(三)人	氏　　名	甲 野 拓 也	乙 野 和 彦	住民票
	生年月日	平成 ４ 年 10 月 ５ 日	昭和 41 年 ６ 月 ７ 日	記載
(四)	裁 判 の種 類	認知取消しの裁判		通知
				附　票
				記載
	裁 判 確 定年　月　日	令和 元 年 10 月 10 日		通知
(五)	訂 正 の趣　　旨	被認知者甲野拓也と認知者乙野和彦との間に令和元年10月10日認知取消しの裁判が確定したので関連戸籍を次のとおり訂正する。 (1)　東京都台東区浅草２丁目15番地甲野智子戸籍中拓也の身分事項欄に記載の認知事項を消除するとともに父欄の記載を消除する。 (2)　東京都千代田区平河町１丁目４番地乙野和彦戸籍中，同人の身分事項欄に記載の認知事項を消除する。		
(六)	添 付 書 類	裁判の謄本，確定証明書		
(七)申請人	本　　籍	東京都台東区浅草２丁目15番地		
	筆頭者氏名	甲 野 智 子		
	住　　所	東京都台東区浅草２丁目６番２号		
	署名押印	甲 野 拓 也　　㊞		
	生年月日	平成 ４ 年 10 月 ５ 日		

（注意）事件本人又は申請人が二人以上であるときは、必要に応じ該当欄を区切って記載すること。

416

第3　認知取消しの裁判

b‐1　認知者の戸籍

		（1の1）	全 部 事 項 証 明

本　　　籍	東京都千代田区平河町一丁目4番地
氏　　　名	乙野　和彦

戸籍事項 　戸籍編製	（編製事項省略）

戸籍に記録されている者	【名】和彦 【生年月日】昭和41年6月7日 【父】乙野義太郎 【母】乙野梅子 【続柄】長男

身分事項 　出　　　生 　消　　　除	（出生事項省略） 【消除日】令和元年10月22日 【消除事項】認知事項 【消除事由】認知取消しの裁判確定 【裁判確定日】令和元年10月10日 【申請日】令和元年10月20日 【申請人】甲野拓也 【送付を受けた日】令和元年10月22日 【受理者】東京都台東区長 【従前の記録】 　　【認知日】平成29年5月8日 　　【認知した子の氏名】甲野拓也 　　【認知した子の戸籍】東京都台東区浅草二丁目15番地 　　　　甲野智子

以下余白

発行番号000001

第2章　認　知

b‑2　母の戸籍中子の記載

（2の1）　全 部 事 項 証 明

本　　　籍	東京都台東区浅草二丁目15番地
氏　　　名	甲野　智子

戸籍事項 　戸籍編製	（編製事項省略）

戸籍に記録されている者	【名】拓也 【生年月日】平成4年10月5日 【父】 【母】甲野智子 【続柄】長男
身分事項 　出　　生	（出生事項省略）
消　　除	【消除日】令和元年10月20日 【消除事項】認知事項 【消除事由】認知取消しの裁判確定 【裁判確定日】令和元年10月10日 【申請日】令和元年10月20日 【従前の記録】 　　【認知日】平成29年5月8日 　　【認知者氏名】乙野和彦 　　【認知者の戸籍】東京都千代田区平河町一丁目4番地 　　　　乙野和彦 　　【送付を受けた日】平成29年5月10日 　　【受理者】東京都千代田区長
消　　除	【消除日】令和元年10月20日 【消除事項】父の氏名 【消除事由】認知取消しの裁判確定 【裁判確定日】令和元年10月10日 【申請日】令和元年10月20日 【従前の記録】 　　【父】乙野和彦
	以下余白

発行番号000001

第3　認知取消しの裁判

(2)　被認知者が承諾を取り消す場合

ア　人事訴訟

訴　状

令和○年○月○日

○家庭裁判所　御中

原告　甲野次郎（印）

本籍　○県○市○町○丁目○番地
住所　〒○○○－○○○○　○県○市○町○丁目○番○号
電話・ＦＡＸ：　○○○（○○○）○○○○
　　　　原告　　　　　　　　甲野次郎
本籍　○県○市○町○丁目○番地
住所　〒○○○－○○○○　○県○市○町○丁目○番○号
　　　　被告　　　　　　　　乙野一郎

認知無効請求事件
　　訴額　　　　金160万円
　　貼用印紙　　金1万3000円
　　郵券（注：金額及び内訳は各裁判所によって異なることから申立裁判所に
　　問合せが必要）

第1　請求の趣旨
　1　被告の原告に対する認知を取り消す
　2　訴訟費用は被告の負担とする
との裁判を求める。

第2　請求原因
　1　原告は，甲野春子の嫡出でない子として，平成○年○月○日に出生し
　　たが，父である被告は，当時，乙野夏子と婚姻しており，原告を認知し
　　ないまま放置した。(甲第1，第2，第4号証)
　2　被告は，令和○年○月ころ，原告と母甲野春子に面会を求め，妻乙野
　　夏子とは離婚したが，同人との間には子がなく，被告の唯一の子は原告
　　であること，被告の家業は順調に推移し，多額の資産を有しており，原
　　告に家業を継いで欲しいこと，ついては，原告を認知するので，その原
　　告の承諾を得たいと説明した。(甲第2ないし第4号証)
　3　原告は，被告の言うことを信じて認知の承諾をしたので，被告は，令
　　和○年○月○日，原告に対する認知を届け出た。(甲第1，第2号証)
　4　原告は，令和○年○月○日に被告の店舗を訪れ，店の帳簿を見せても
　　らったところ，金融機関から相当額の融資を受けていて，経営が苦しい
　　状況にあることを知った。被告は，第2項の面会時に，残高が相当額あ

第2章 認 知

る預金通帳を示したが，その後，金融機関に返済していて，預金額は殆
ど無くなっていた。原告が被告を問い詰めたところ，被告は，家業が倒
産寸前であり，身寄りが無いので，春子と原告に頼るため原告を認知し
たと告白した。(甲第3号証)
5 原告は，被告を相手に認知取消しの調停を申し立てたが，被告は，調
停期日に出頭しなかった。(甲第3号証)
6 以上の次第で，原告の承諾は，被告の欺罔によりなされたものである
から，認知を取り消す旨の判決を求める。

証拠方法
1 甲第1号証　春子及び原告の戸籍謄本
2 甲第2号証　被告の戸籍謄本
3 甲第3号証　原告の陳述書
4 甲第4号証　春子の陳述書

附属書類
1 甲号証写し　各1通
2 調停不成立証明書　1通
3 戸籍謄本　2通

〈訴状の説明〉

記載例は，認知された子が認知者を相手に詐欺を理由に認知の取消しの訴えを提起した
事例です。認知取消しの裁判は，その性質上，形成の訴えのため，記載例のように「被告
の原告に対する認知を取り消す」と記載します。なお，被認知者が死亡しており，その直
系卑属が欺罔等により承諾した場合は，「被告の亡甲野次郎（本籍　○県○市○町○丁目
○番地，生年月日　平成○年○月○日）に対する認知を取り消す」と記載します。

イ　戸籍の訂正

本事案の戸籍訂正の処理については前掲((1)のイ)と同様であるので
省略します。

第4 認知に関するその他の事例

1　解　説

認知に関し裁判が問題となる事例は，これまで説明した，強制認知又は認
知無効若しくは取消しの裁判のほか，届出に基づく認知（任意認知）について，

420

第4　認知に関するその他の事例

その無効が戸籍面上明らかである場合や無効又は取消事由以外の事由がある場合において，家事審判により戸籍訂正する場合があります。また，認知届を提出したところ，市町村長が不受理処分をした等のため，市町村長の処分に対して不服申立てをする場合があります。

2　戸籍訂正

(1)　戸籍訂正の種類

ア　概　説

　第1編第3章第2で説明したとおり，戸籍訂正には，職権による訂正（戸24条2項）と申請に基づく訂正（戸113条以下）とがあります。このうち，申請に基づく訂正には，家庭裁判所の許可を得て行うものと，確定裁判に基づいて行うものとがありますが，認知が無効であることを理由とする認知事項の消除を求める戸籍訂正は，原則として認知無効の裁判に基づき戸籍法116条に基づいて行うべきであり，このことは，第2において説明したとおりです。例えば，血縁上の親子関係がないのに認知をした場合，当該認知は無効と解されていますが，この無効については，戸籍面上明らかではなく，認知無効確認の裁判により対世的に宣言した後に，戸籍法116条に基づく戸籍訂正を行うべきものであると解されています。名古屋高裁平成21年4月14日決定（家月62・5・70）も，胎児認知が無効の場合，戸籍法113条に基づく戸籍訂正はすることができないとしています。なお，家庭裁判所の許可を得て行う訂正には，戸籍法113条に基づき行うものと114条に基づき行うものがあります。

イ　戸籍法113条に基づく戸籍訂正

　認知に関して，戸籍法113条に基づき行う戸籍訂正としては，遺言認知があるのにこれを知らずに死後認知の裁判を提起し，その確定判決に基づき認知事項を記載していたような場合に，その訂正をする場合があります。この場合は，当該判決は，再審事由がない限り当然には無効とはならないのですが，遺言認知のほうが先になされているので，その報告的な届出に基づき認知事項を記載するものとされています。しかし，認知事項の重複記載は相当でないので，戸籍法113条に基づく戸籍訂正

421

第2章 認 知

により，裁判認知事項を消除します（昭和42・3・8民事甲373号回答）。な
お，この場合，戸籍法113条に基づく戸籍訂正許可審判によって先の死
後認知裁判が無効となるものではありません。この許可審判は，戸籍に
おける重複記載を避けるために行われるものであり，仮に，認知にかか
る遺言が無効であることが裁判により確定した場合，遺言認知事項を消
除したり，当初の裁判認知事項の記載を復活させることが必要です。

　また，単純に，戸籍に氏名や生年月日等の記載が誤っている場合も，
戸籍法113条に基づく訂正となります。認知届には記載の誤りがないも
のの，戸籍への記載の段階で誤りが生じた場合は，戸籍法24条2項に基
づく職権訂正をするのが相当ですが，認知届自体に記載の誤りがあり，
それを見過ごして戸籍に記載した場合は，関係者の同一性に問題が生ず
るおそれがあるので，戸籍法113条に基づき行う戸籍訂正をしておくの
が相当です。

ウ　戸籍法114条に基づく戸籍訂正

　戸籍法114条に基づく戸籍訂正は，届出によって効力を生ずべき行為
（法第60条，第61条，第66条，第68条，第70条から第72条まで，第74条及び第76条の
規定によりする届出に係る行為を除く。）について戸籍の記載をした後に，当
該行為が無効である場合が対象とされ，そのうち，訂正事項が軽微であ
る場合や，その無効が戸籍面上明らかな場合に限られています。例えば，
嫡出でない子について認知届をしたものの，届出時に，子が既に死亡し
ており，かつ，当該子に直系卑属が無いような場合です。この場合は，
子について後に死亡届に基づき死亡事項が記載される等の理由で，その
認知届の無効が戸籍面上明らかな場合に該当します。また，同一人に対
して2人の男がそれぞれ認知した場合において，後に本籍地で行った認
知届のほうが先に戸籍に記載され，先に非本籍地で受理された認知届が
後れて本籍地に送付されることがあります（例えば，在外公館に認知の届出
がされたときは，本籍地に送付されるまでに相当の日時を要するので，その間に2
人目の男が本籍地で認知届をしたような場合です。）。この場合における戸籍事
務の取扱いとしては，いずれの届出が正当かの実質審査を行うことがで
きないため，先に届出のされた認知を優先せざるを得ないので，後に本

籍地に送付された認知届に基づき認知事項を並列的に記載する（父の氏名は，そのままとする）ものとしています（昭和33・10・29民事二発509号回答）。そして，後の届出にかかる認知事項を消除し，かつ，父の氏名を訂正するための戸籍訂正は，戸籍法114条に基づき行います。

(2)　裁判手続

戸籍法113条に基づく戸籍訂正と114条に基づく戸籍訂正のいずれについても，家庭裁判所の許可審判を得てから行います。この審判に関する詳細は，第2編第1章第5を参照願います。

第2章　認　知

(3)　具体的事案の記載例（遺言認知があった場合）

ア　戸籍訂正許可の裁判

<table>
<tr><td rowspan="3">受付印</td><td>□　調停</td></tr>
<tr><td>家事　　　申立書　事件名（　　戸籍訂正　　）</td></tr>
<tr><td>☑　審判</td></tr>
</table>

（この欄に申立て1件あたり収入印紙1,200円分を貼ってください。）

（貼った印紙に押印しないでください。）

| 収入印紙 | 円 |
| 予納郵便切手 | 円 |

| | 家庭裁判所 御中
令和　元　年 9 月 1 日 | 申　立　人
（又は法定代理人など）
の 記 名 押 印 | 甲　野　陽　子 | ㊞ |

| 添付書類 | （審理のために必要な場合は，追加書類の提出をお願いすることがあります。）
申立人の戸籍謄本　1通　　事件本人の戸籍謄本　1通 | 準口頭 |

（注）太枠の中だけ記入してください。

	本　籍 （国　籍）	（戸籍の添付が必要とされていない申立ての場合は，記入する必要はありません。） 東京　㉑道府県　千代田区平河町1丁目4番地	
申	住　所	〒100-0004 東京都千代田区平河町1丁目3番7号 （　　　　　　方）	
立	フリガナ 氏　名	コウ　ノ　ダイ　キ 甲　野　大　輝	大正昭和㉝平成令和　27 年 6 月 8 日生 （　　3　　歳）
人		

	本　籍 （国　籍）	（戸籍の添付が必要とされていない申立ての場合は，記入する必要はありません。） 東京　㉑道府県　文京区白山2丁目2番地	
事	住　所	〒　- （　　　　　　方）	
件		
本	フリガナ 氏　名	オツ　ノ　ダイ　スケ 乙　野　大　介	大正㉞昭和平成令和　49 年 9 月 10 日生 （　　44　　歳）
人		

424

第4　認知に関するその他の事例

申　立　て　の　趣　旨
東京都千代田区役所備付けの, 　千代田区平河町１丁目４番地甲野陽子戸籍の長男「大輝」の身分事項欄に記載の裁判による認知事項を消除し, 　東京都文京区役所備付けの, 　文京区白山２丁目２番地乙野大介戸籍中同人の身分事項欄に記載の裁判による認知事項を消除する との戸籍訂正許可の審判を求めます。

申　立　て　の　理　由
１　申立人は,事件本人が平成30年10月12日に死亡してから半年を経過した後の平成31年４月15日に,検察官を相手方として東京家庭裁判所に死後認知の裁判を提起したところ,令和元年７月８日,同裁判の勝訴判決が確定したので,その旨の届出を行い,申立人及び事件本人の戸籍のいずれにも裁判による認知事項が記載されました。 　２　ところが,事件本人は,遺言により申立人を認知しており,遺言執行者丙野三郎による届出に基づき,申立人及び事件本人の戸籍に遺言による認知事項が記載されました。 　３　このため,認知事項が重複して記載されていますが,遺言認知は事件本人の死亡により効力が生じ,その後に確定した裁判認知の記載事項は無意味のものとなり,その記載を消除するのが相当であるので,申立ての趣旨記載のとおり戸籍訂正の許可の審判を願いたく,申し立てます。

（別紙）

申立人母 法定代理人 親権者	本　籍 (国　籍)	（戸籍の添付が必要とされていない申立ての場合は,記入する必要はありません。） 東　京　㋫道府県　千代田区平河町１丁目４番地
	住　所	〒１９０－００１３ 東京都千代田区平河町１丁目３番７号 （　　　　　　方）
	フリガナ 氏　名	コウ　ノ　ヨウ　コ 甲　野　陽　子	大正㋛和平成令和　54 年 2 月 5 日生 （　　40　　歳）

425

第2章　認　知

〈申立書の説明〉

　上記は，父の死亡後に死後認知の裁判を提訴し，その裁判が確定したので裁判認知事項が戸籍に記載されていたところ，父が遺言認知をしていて，遺言執行者の届出によりその旨も戸籍に記載された場合の戸籍法113条に基づく戸籍訂正許可の審判の申立書の記載例です。

　この場合の「当事者」ですが，事件本人（戸籍訂正をすべき記載の対象者である本人）は，父と子の両名ですが，子は申立人として，その特定がされているので，死亡した父の特定のため，「事件本人」として申立書に記載しておきます。

　「申立ての趣旨」では，訂正すべき戸籍と訂正すべき事項を特定します。前者の訂正すべき戸籍の特定は，本籍と筆頭者の氏名により行いますが，認知事項は，認知者である父の戸籍と被認知者である子の戸籍の双方になされるので，双方の戸籍を特定します。後者については，消除すべき戸籍の記載事項を特定して行います。

　「申立ての理由」では，戸籍の記載が誤った理由を具体的に記載します。

第4 認知に関するその他の事例

イ 戸籍の訂正

a 戸籍訂正申請書

戸 籍 訂 正 申 請

東京都千代田 <u>市区</u>
町村 長 殿

令和 元 年 10 月 8 日申請

受付	令和 元 年 10 月 8 日		戸 籍
	第 910 号		調査

				記載
(一)	事件本人	本 籍	東京都千代田区平河町1丁目4番地	東京都文京区白山2丁目2番地	記載調査
(二)		住所及び世帯主氏名	東京都千代田区平河町1丁目3番7号 甲野陽子		送付
(三)		氏 名	甲 野 大 輝	乙 野 大 介	住民票
		生年月日	平成 27 年 6 月 8 日	昭和 49 年 9 月 10 日	記載

(四)	裁判の種類	戸籍訂正許可の裁判	通知
			附 票
			記載
	裁判確定年月日	令和 元 年 10 月 3 日	通知

(五)	訂正の趣旨	事件本人甲野大輝は，東京都文京区白山2丁目2番地乙野大介死亡後，令和元年7月8日検察官を相手方とする認知の裁判が確定し，その届出をしたが，その後に至り乙野大介が遺言認知をしていたことが判明したため，先の裁判認知は錯誤としてこれを消除する旨の戸籍訂正許可の裁判が確定したので，各事件本人につき上記の戸籍中その身分事項欄に記載の裁判による認知事項を消除する。

(六)	添付書類	審判の謄本，確定証明書

(七)	申請人	本 籍	東京都千代田区平河町1丁目4番地
		筆頭者氏名	甲 野 陽 子
		住 所	東京都千代田区平河町1丁目3番7号
		署名押印	甲 野 陽 子 ㊞
		生年月日	昭和 54 年 2 月 5 日

（注）事件本人又は申請人が二人以上であるときは，必要に応じ該当欄を区切って記載すること。

427

第2章　認　知

b‐1　子の戸籍

（2の1）　　全 部 事 項 証 明

本　　　籍	東京都千代田区平河町一丁目4番地
氏　　　名	甲野　陽子

戸籍事項 　戸籍編製	（編製事項省略）

〜〜〜〜〜〜〜〜〜〜〜〜〜〜〜〜〜〜〜〜〜〜〜

戸籍に記録されている者	【名】大輝 【生年月日】平成27年6月8日 【父】乙野大介 【母】甲野陽子 【続柄】長男
身分事項 　出　　生	（出生事項省略）
認　　知	【認知日】平成30年10月12日 【認知者氏名】乙野大介 【認知者の戸籍】東京都文京区白山二丁目2番地　乙野大介 【届出日】令和元年8月21日 【届出人】遺言執行者　丙原仁助 【送付を受けた日】令和元年8月24日 【受理者】東京都文京区長
消　　除	【消除日】令和元年10月8日 【消除事項】裁判による認知事項 【消除事由】裁判による認知の記録錯誤につき戸籍訂正許可の裁判確定 【裁判確定日】令和元年10月3日 【申請日】令和元年10月8日 【申請人】母 【従前の記録】 　【認知の裁判確定日】令和元年7月8日 　【認知者氏名】亡　乙野大介 　【認知者の戸籍】東京都文京区白山二丁目2番地　乙野大介 　【届出日】令和元年7月10日 　【届出人】母
	以下余白

発行番号000001

第4　認知に関するその他の事例

b‑2　父の戸籍

（2の1）　全部事項証明

本　　　籍	東京都文京区白山二丁目2番地
氏　　　名	乙野　大介

戸籍事項 　戸籍編製	（編製事項省略）

戸籍に記録されている者 　　除　　籍	【名】大介 【生年月日】昭和49年9月10日 【父】乙野義夫 【母】乙野松子 【続柄】長男

身分事項 　出　　生	（出生事項省略）
婚　　姻	（婚姻事項省略）
死　　亡	（死亡事項省略）
認　　知	【認知日】平成30年10月12日 【認知した子の氏名】甲野大輝 【認知した子の戸籍】東京都千代田区平河町一丁目4番地 　　甲野陽子 【届出日】令和元年8月21日 【届出人】遺言執行者　丙原仁助
消　　除	【消除日】令和元年10月11日 【消除事項】裁判による認知事項 【消除事由】裁判による認知の記録錯誤につき戸籍訂正許可 　の裁判確定 【裁判確定日】令和元年10月3日 【申請日】令和元年10月8日 【申請人】甲野陽子 【送付を受けた日】令和元年10月11日 【受理者】東京都千代田区長 【従前の記録】 　　【認知の裁判確定日】令和元年7月8日 　　【認知した子の氏名】甲野大輝 　　【認知した子の戸籍】東京都千代田区平河町一丁目4番 　　　地　甲野陽子 　　【届出日】令和元年7月10日 　　【届出人】甲野陽子 　　【送付を受けた日】令和元年7月12日 　　【受理者】東京都千代田区長

以下余白

発行番号000001

第2章 認 知

3 市町村長の処分

(1) 認知届に対する市町村長の処分に対する不服申立て

　戸籍法122条は，戸籍事件に関する市町村長の処分に対する不服は家庭裁判所に申し立てるべきものと定めています。

　認知に関しては，認知の届出をしたところ，市町村長が認知届を不受理とした処分に関する不服申立てを想起することができます。例えば，甲・乙夫婦の子として戸籍に記載されている丙女を丁男が認知の届出をしたところ，不受理処分を受けたので，丙女は，甲の刑務所在監中に，丁男と乙女との間に懐胎したとして不服を申し立てるような場合です。しかし，この場合は，市町村長は，その事実が裁判により確定していない以上，不受理処分は正当であると主張することとなり，当該主張は正当です。この場合は，丁等が甲丙間の親子関係不存在確認の裁判を提起するなり，丙が丁を相手に認知の裁判を提起することが必要です。なお，市町村長が認知届を受理して認知事項を記載したことは誤りであるとして，認知された子等の利害関係人がその受理処分を戸籍法122条により不服を申し立てることはできません。この場合は，認知無効の裁判等を提起することを要します。

　家庭裁判所が不服申立てを認容する可能性のある場合としては，成年被後見人が認知届を提出したところ，市町村長が同人の挙動から意思能力に問題があるとして不受理処分をしたような場合です。民法780条は「認知をするには，父又は母が未成年者又は成年被後見人であるときであっても，その法定代理人の同意を要しない。」と定め，行為能力がなくても認知を単独ですることができることを定めています。もっとも，認知をするには，意思能力を有することが必要であり（最判昭和52・2・14家月29・9・78），成年被後見人が，意思能力を有しない時に認知届をしても，その認知は無効と解されます。そこで，上記の市町村長は不受理処分をしたのですが，上記不受理処分の不服申立てについては，家庭裁判所は，精神鑑定をした後に審判をすることとなると考えられます。未成年者についても同様の問題があり，縁組届では，養子となるべき者が15歳以上の場合は，法定代理人の代諾ではなく本人が届出人となること（民797条1項）や，15歳以上の者は遺言をすることができること（民法961条）などから，15歳以上の未成年

第4　認知に関するその他の事例

者は意思能力があるものとされていますが，15歳未満の未成年者が認知届をした場合，意思能力に問題が生ずるので，市長村長は，法務局に受理照会をした上で，受否を決定するものとされています（昭和49・7・25～26徳島地方法務局戸籍事務協議会決議）。なお，制限行為能力者の法定代理人が本人に代わって（本人を代理して）認知をすることができないので，意思能力に問題がある制限行為能力者との間に出生した嫡出でない子が法律上の親子関係を形成するためには，子の側から認知の裁判を提起することが必要です。

　なお，戸籍事件に関する市町村長の処分に対する不服申立てに関する裁判手続については，第2編第1章第5の3(2)を参照願います。

431

第2章 認 知

(2) 具体的事案の記載例（成年被後見人がした認知届）

ア 市町村長の処分に対する不服申立て

受付印	□ 調停 家事 　　申立書 事件名（ 不服申立 ） ☑ 審判
	（この欄に申立て1件あたり収入印紙1，200円分を貼ってください。） （貼った印紙に押印しないでください。）

| 収入印紙 　　　円 |
| 予納郵便切手 　　円 |

○ ○ 家庭裁判所 　　　　　御中 令和 元 年 9 月 15 日	申 立 人 （又は法定代理人など） の 記 名 押 印	甲 野 翔 太 ㊞

添付書類	（審理のために必要な場合は，追加書類の提出をお願いすることがあります。） 申立人の戸籍謄本 1通 事件本人の戸籍謄本 1通 認知届の不受理証明書 1通 後見登記事項証明書 1通	準 口 頭

申 立 人	本 籍 (国 籍)	（戸籍の添付が必要とされていない申立ての場合は，記入する必要はありません。） 東 京 　㊞道 ○○区○○町1丁目4番地 　　　　府県	
	住 所	〒100-0004 東京都○○区○○町1丁目3番5号 （ 　　　　　　方）	
	フリガナ 氏 名	コウ ノ ショウ タ **甲 野 翔 太**	大正 昭和 ㊙平成 4 年 2 月 10 日生 令和 （ 27 歳）
相 手 方	本 籍 (国 籍)	（戸籍の添付が必要とされていない申立ての場合は，記入する必要はありません。） 　　　　都道 　　　　府県	
	住 所	〒 　－ （ 　　　　　　方）	
	フリガナ 氏 名		大正 昭和 平成 年 月 日生 令和 （ 歳）

（注）太枠の中だけ記入してください。

432

第4　認知に関するその他の事例

申　立　て　の　趣　旨
東京都○○区長に対し令和元年9月7日申立人がなした丙野美咲の長女さくら（本籍・東京都○○区○○4丁目9番地，生年月日・平成28年5月7日）に対する認知の届出を受理すべきことを命ずるとの審判を求めます。

申　立　て　の　理　由
1　申立人は，令和元年9月7日，東京都○○区長に対し，申立書添付の認知届を提出しましたが，同区長は，申立人の挙動から意思能力に問題があるとして，その届出の受理を拒否しました。 　2　同届出については，成年後見人である乙野次郎が同席している際に，申立人が自らの意思で届書を記載し，その際，申立人に意思能力があることは成年後見人も現認しています。届出に当たり，成年後見人も同席しましたが，申立人は極度の対人障害を有しており，区の担当者からの詰問に何ら答えられなかったので，意思能力に問題があるとして，当該届出は受理されなかったものです。 　3　しかしながら，申立人が認知の届出の際にも意思能力を有していることは明らかであるので，○○区長の届出不受理の処分に対し，不服を申し立てます。

（別紙）

	本　籍 (国　籍)	（戸籍の添付が必要とされていない申立ての場合は，記入する必要はありません。） 東　京　㊞道 　　　　府県　○○区○○町2丁目5番地			
申立人 法定代理人 成年後見人	住　　所	〒190－0013 東京都○○区○○町1丁目1番3号		（　　　　　方）	
	フリガナ 氏　名	オツ　ノ　ジ　ロウ 乙　野　次　郎	大正 ㊪昭和 平成 令和　56年10月7日生 （　　37　　歳）		

433

第2章　認　知

〈申立書の説明〉

　上記の記載例は，認知届の不受理処分に対する不服申立てに関するものです。

　「申立人」は，戸籍の届出をしたものの市町村長から不受理処分を受けた者等です。記載例では，申立人は成年被後見人ですが，成年後見人は法定代理人として，この不服申立てに関与することができます。なお，認知届の事件本人は出生子ですが，当事者の欄ではその特定は要しません。

　「申立ての趣旨」としては，市長村長がなすべき行為を特定して，家庭裁判所が市町村長に当該行為をなすべきことを命ずるとの審判を求める内容となります。

　「申立ての理由」には，市町村長の処分の内容を明らかにして，同処分が不法不当であることを根拠づけるべき理由を記載します。

> （注）　認知届の審査にあたり，市町村長は形式的審査権しか有しないことから，認知者の届出意思能力の有無を実質的に確認するまでもなく，受理することになるので，本事例のような事案は生じないと思われますが，あえて不服申立ての事案として参考のため掲載したものです。

第4 認知に関するその他の事例

イ 不服申立てが認められた場合の戸籍の届出等

a 認知届書

認　知　届

令和 元 年 9 月 7 日届出

東京都○○区　長殿

受理 令和 元 年 9 月 7 日 第 2130 号	発送 令和 元 年 10 月 16 日
送付 令和 元 年 10 月 18 日 第 3100 号	東京都○○区 長 ㊞
書類調査 戸籍記載 記載調査 附　票 住民票 通　知	

		認　知　さ　れ　る　子	父母との続き柄	認　知　す　る　父	
（よみかた）		へい の　　　　　氏　　　　　名		こう の　　　　　氏　　　　　名 しょう た	
氏　　　名		丙　野　　　さくら	長 □男 ☑女	甲　野　　　翔　太	
生　年　月　日		平成 28 年 5 月 7 日		平成 4 年 2 月 10 日	
住　　　所 （住民登録をしているところ）		東京都○○区○○		東京都○○区○○町	
		4丁目　1番地番6号		1丁目　3番地番5号	
		世帯主の氏名 丙　野　美　咲		世帯主の氏名 甲　野　義　郎	
本　　　籍 （外国人のときは国籍だけを書いてください）		東京都○○区○○		東京都○○区○○町	
		4丁目　9番地番		1丁目　4番地番	
		筆頭者の氏名 丙　野　美　咲		筆頭者の氏名 甲　野　義　郎	

認　知　の　種　別	☑ 任意認知 □ 遺言認知（遺言執行者　　　　年　　月　　日　就職）	□ 審判　　　　年　　月　　日確定 □ 判決　　　　年　　月　　日確定

子　の　母	氏　名 丙　野　美　咲	平成 4 年 4 月 5 日生
	本　籍 東京都○○区○○4丁目　9番地番	
	筆頭者の氏名 丙　野　美　咲	

その他	☑ 未成年の子を認知する　□ 成年の子を認知する　□ 死亡した子を認知する　□ 胎児を認知する
	令和元年10月15日受理を命ずる裁判確定，審判の謄本，確定証明書添付

届出人	☑ 父　□ その他（　　　　　　　）		
	住　所 東京都○○区○○町1丁目　3番地番5号		
	本　籍 東京都○○区○○町1丁目　4番地番	筆頭者の氏名 甲野義郎	
	署　名 甲　野　翔　太 ㊞	平成 4 年 2 月 10 日生	

435

第2章　認　知

b‑1　父の戸籍

	（2の1）	全 部 事 項 証 明

本　　　籍	東京都○○区○○町一丁目4番地
氏　　　名	甲野　義郎

戸籍事項 　　戸籍編製	（編製事項省略）

戸籍に記録されている者	【名】翔太 【生年月日】平成4年2月10日 【父】甲野義郎 【母】甲野梅子 【続柄】長男
身分事項 　　出　　生 　　認　　知	（出生事項省略） 【認知日】令和元年9月7日 【認知した子の氏名】丙野さくら 【認知した子の戸籍】東京都○○区○○四丁目9番地　丙野 　　　　美咲 【記録日】令和元年9月16日 【特記事項】令和元年10月15日受理を命ずる裁判確定
	以下余白

発行番号000001

第4　認知に関するその他の事例

b‐2　子の戸籍

<table>
<tr><td colspan="2" style="text-align:right"></td><td>（2の1）</td><td>全　部　事　項　証　明</td></tr>
</table>

本　　　籍	東京都○○区○○四丁目9番地
氏　　　名	丙野　美咲

戸籍事項 　　戸籍編製	（編製事項省略）

戸籍に記録されている者	【名】さくら 【生年月日】平成28年5月7日 【父】甲野翔太 【母】丙野美咲 【続柄】長女
身分事項 　　出　　　生 　　認　　　知	（出生事項省略） 【認知日】令和元年9月7日 【認知者の氏名】甲野翔太 【認知者の戸籍】東京都○○区○○町一丁目4番地　甲野義郎 【送付を受けた日】令和元年10月18日 【受理者】東京都○○区長 【特記事項】令和元年10月15日受理を命ずる裁判確定

以下余白

発行番号000001

家事裁判から戸籍まで
――事例からみる手続の一体的解説と書式・記載例――
【親子・認知編】

2019年11月7日　初版発行

編著者	南	敏	文
著　者	木村	三	男
	青木		惺
発行者	和田		裕

発行所　日本加除出版株式会社

本　　社　　郵便番号 171-8516
　　　　　　東京都豊島区南長崎3丁目16番6号
　　　　　　T E L （03）3953-5757（代表）
　　　　　　　　　（03）3952-5759（編集）
　　　　　　F A X （03）3953-5772
　　　　　　U R L　www.kajo.co.jp
営 業 部　　郵便番号 171-8516
　　　　　　東京都豊島区南長崎3丁目16番6号
　　　　　　T E L （03）3953-5642
　　　　　　F A X （03）3953-2061

組版 ㈱郁文 ／ 印刷 ㈱精興社 ／ 製本 牧製本印刷㈱

落丁本・乱丁本は本社でお取替えいたします。
★定価はカバー等に表示してあります。
Ⓒ 2019
Printed in Japan
ISBN978-4-8178-4600-6

JCOPY 〈出版者著作権管理機構 委託出版物〉
　本書を無断で複写複製（電子化を含む）することは，著作権法上の例外を除き，禁じられています。複写される場合は，そのつど事前に出版者著作権管理機構（JCOPY）の許諾を得てください。
　また本書を代行業者等の第三者に依頼してスキャンやデジタル化することは，たとえ個人や家庭内の利用であっても一切認められておりません。

〈JCOPY〉　H P：https://www.jcopy.or.jp，e-mail：info@jcopy.or.jp
　　　　　　電話：03-5244-5088，FAX：03-5244-5089

全訂 戸籍届書の審査と受理

木村三男・神崎輝明 著
2019年3月刊 A5判 560頁 本体5,400円＋税 978-4-8178-4549-8

商品番号：40037
略　　号：審受

- 主な戸籍届書について、その審査及び受理にあたり理解しておくべき基本的事項と審査の要点を解説。
- 戸籍制度の根幹をおさえ、法令・判例・先例を根拠とする明確な解説。自信をもって「審査と受理」ができる。

詳解 戸籍訂正の実務
夫婦・親子関係の訂正を中心として

新谷雄彦 編集代表
2013年9月刊 A5判 716頁 本体6,000円＋税 978-4-8178-4117-9

商品番号：40530
略　　号：詳戸

- 難解とされる訂正処理がこの一冊で理解できるよう、処理手順や方法を網羅。
- 具体的事案ごとに、戸籍訂正の流れがひと目でわかる図を掲載。
- 具体的な戸籍のひな形により処理を簡潔に解説。

家庭の法と裁判
FAMILY COURT JOURNAL

家庭の法と裁判研究会 編
年6回(4・6・8・10・12・2月)刊 B5判 本体1,800円＋税 2189-1702

- 「家事事件」「少年事件」の最新裁判例を発信する家裁実務及び支援の現場のための専門情報誌。
- 収録の家事裁判例・少年裁判例には、実務上参考となる、その判断の意義や位置づけ等を示す「解説（コメント）」を裁判例毎に掲載。

日本加除出版

〒171-8516　東京都豊島区南長崎3丁目16番6号
TEL (03)3953-5642　FAX (03)3953-2061（営業部）
www.kajo.co.jp